영원한 맞수와 적수들의 세계

정신건강의학과 전문의 이병욱 지음

학지사

프롤로그: 영원한 적도 영원한 동지도 없다지만

세상에는 영원한 적도 영원한 동지도 없다는 말이 있듯이 살아가면서 겪는 가장 큰 어려움 중에 인간관계처럼 힘겨운 일도 없을 것이다. 그래서 일찍이 로마의 철인 세네카는 "공동의 적에 대한 원한만큼 사람을 결속시키는 것이 없다."라고 했으며, 링컨도 동지란 곧 공동의 적을 둔 사람이라고 말했다. 심지어는 현대에 이르러 적의 친구 역시 적으로 간주한다는 할슈타인 원칙까지 나타났으며, 서양격언에도 "적의 적은 곧 나의 친구다."라는 말이 전해져 왔다.

하지만 세상에는 적과 동지만 있는 게 아니다. 선의의 경쟁을 벌이는 라이벌 관계도 있기 때문이다. 우리는 그것을 맞수 또는 호적수로 부르기도 하는데, 제거해야 할 적도 아니고 그렇다고 내 편도 아니면서 우열을 가리기 힘들 정도로 실력이 팽팽한 상대를 그렇게 부르는 것이다. 요즘처럼 치열한 생존경쟁을 벌이는 세상에서 상대를 짓밟고 올라서지 않으면 출세를 보장할 수 없다고 믿는 시절에 영원한 맞수로 선의의 경쟁을 벌인다는 개념은 어쩌면 배부르고 팔자 좋은 넋두리쯤으로 치부되기 쉽다.

그러나 역사적으로 보더라도 그렇게 선의로 맞선 경쟁자들은 얼마든지 찾아볼 수 있으며, 사실 따지고 보면 그런 쟁쟁한 맞수들의 경쟁을 통해 학문과 예술도 발전해 간다고 볼 수 있다. 다만 정치와 종교 분야에서는 한 치의 양보도 없는 적대관계를 통해 숱한 희생자들을 낳았다는 점에서 진정한 맞수 관계의 복원이 필요하다고 본다. 왜냐하면 그동안 정치에서는 숙청이란 명목으로, 종교에서는 이단이라는 미명하에 수많은 경쟁자들을 제거하기에만 급급한 나머지 적과 동지, 정통과 이단이라는 매우 유아적이고도 배타적인 이분법적 사고에 머물러 수많은 인명들을 살상해 왔기 때문이다.

우리는 그런 경우를 십자군전쟁을 포함한 수많은 성전(聖戰)과 러시아혁명, 두 차례의 세계대전과 유대인 학살, 한국전쟁과 베트남전쟁, 킬링필드, 유고 내전, 루안다 내전, 9·11 테러 등을 통해 얼마든지 확인할 수 있다. 물론 학문과 예술의 세계에서도 그런 피 터지는 싸움이 전혀 없었다고 감히 주장할 수는 없겠지만, 적어도 입장이 다르다고 해서 상대를 죽이는 일은 없었다. 오히려 수많은 학자들과 예술가들을 희생시킨 주도세력은 정치와 종교였다고 해도 과언이 아닐 것이다.

불과 물의 관계는 원래 그 속성상 서로 타협의 여지가 없다. 불을 끄는 것은 물이지만, 그런 물도 거센 불길에 휩싸이면 한순간에 말라 버리기 때문이다. 그런 점에서는 차라리 물과 기름의 관계가 더욱 바람직할지도 모른다. 서로를 삼켜 버리지도 않고 그나마 상호 공존을 유지하기 때문이다. 따라서 지금까지 정치와 종교가 인류에게 불과 물의 관계를 조장해 왔다면, 학문과 예술은 물과 기름의 평화적인 공존 관계를 통해 문명의 발전을 촉진해 왔다고 볼 수 있지 않겠는가.

저자가 이 책을 통해 독자들에게 보여 주고 싶은 것은 적대적인 적과 동지의 관계보다는 선의의 경쟁관계에 있던 맞수들의 모습이다. 하지만 아무리 적대적인 관계에 있는 입장이었다 하더라도 넬슨 제독이나 을지문덕 장군, 계백 장군, 이순신 장군, 롬멜 원수처럼 적으로부터도 존경을 받은 인물들이 전혀 없는 것도 아니었다. 그런 점에서 본다면, 정치든 종교든 간에 권력을 행사하는 지도적 인물의 인격적 성숙함이 더욱 중요한 문제라 할 수 있다. 같은 물도 소가 마시면 우유가 되고 뱀이 마시면 독이 되듯이, 그리고 같은 칼도 의사의 손에 들어가면 생명을 살리고 강도의 손에 들어가면 인명을 해치듯이 결국에는 문제를 해결하는 당사자의 마음가짐에 따라 인류의 행복도 얼마든지 좌우될 수 있다는 말이다. 우리는 그런 예들을 이 책을 통해 부분적으로나마 확인할 수 있을 것이다. 다만 한 가지 독자들에게 양해를 구하고 싶은 점이 있다면, 너무도 광범위한 분야의 인물을 다루다 보니 전문적 지식의 부족으로 일부 내용에 미흡한 부분이 있을 것으로 예상되기도 하나 그런 점은 독자들의 넓은 아량에 맡기기로 한다.

끝으로 부족한 점이 많은 원고를 책으로 펴내는 데 흔쾌히 허락해 주신 학지사 김진환 사장님 이하 수고해 주신 편집부 임직원 여러분께 감사의 말씀 올린다.

이병욱

차 례
c o n t e n t s

2부 동양의 맞수와 적수들

3부 한국의 맞수와 적수들

1부

•

서양의
맞수와
적수들

그리스 비극의 거장 소포클레스와 에우리피데스

아이스킬로스와 함께 그리스의 3대 비극 작가로 손꼽히는 소포클레스(Sophocles, BC 497~BC 406)와 에우리피데스(Euripides, BC 480~BC 406)는 동시대에 활동한 시인이다. 아테네에서 태어난 두 사람 모두 종교적 축제 기간 중에 개최된 비극 경연대회에서 수시로 경합을 벌였는데, 우승은 소포클레스가 24회로 훨씬 더 많았으며, 대중적인 인기 면에서도 단지 4회 우승에 머문 에우리피데스를 앞질렀다. 하지만 소포클레스가 쓴 것으로 알려진 123편의 작품 가운데 현재까지 전해지고 있는 것은 7편에 불과하며, 에우리피데스는 92편 중에서 18편만이 남아 있다.

소포클레스는 장대하고 화려함보다는 치밀한 구성과 완벽한 기교를 구사해 비극적인 운명의 굴레에 휘말린 인간의 모습을 묘사하는 데 일가견이 있었으며, 대

소포클레스

화의 기법을 동원하여 등장인물들의 성격적인 특성을 극대화시킴으로써 운명극 또는 성격극의 대가로 자리 잡았다. 그런 재능 때문에 그는 아테네 시민의 우상이 되어 큰 사랑을 받았는데, 《오이디푸스 왕》, 《안티고네》, 《엘렉트라》, 《콜로노스의 오이디푸스》 등이 대표작이다. 프로이트가 그의 작품에서 힌트를 얻어 '오이디푸스 콤플렉스'라는 용어를 만든 것이나 카를 융이 '엘렉트라 콤플렉스' 용어를 사용한 것은 너무도 잘 알려진 사실이다.

에우리피데스

한편 에우리피데스는 인간을 고통에 빠트리는 모든 운명에 저항하고 합리적인 이성을 통해 그런 비극에서 탈피하고자 하는 인도주의적 자유사상을 드러내고 있는데, 거기에는 인간의 고뇌에 대한 깊은 이해와 동정이 내포되어 있어서 당대의 관객들보다 오히려 후세 관객들에게 더욱 어필한 작가로 평가된다. 에우리피데스의 대표작은 《메데이아》, 《헬레네》, 《헤라클레스》, 《이온》, 《오레스테스》, 《헤카베》, 《트로이아 여인들》, 《키클롭스》 등이다.

그중에서도 특히 《메데이아》는 질투와 복수심에 눈이 먼 여인 메데이아가 자신의 어린 자식들까지 죽이는 잔혹함과 폭력성을 통해 어두운 인간세상의 비극뿐 아니라 그런 비극에 무관심한 신들의 세계에 대한 분노 역시 드러내고 있는데, 아리스토텔레스는 《시학》에서 그토록 강렬한 리얼리즘과 신화적 요소의 충돌을 묘사한 에우리피데스야말로 가장 비극적인 시인이라고 평하기도 했다.

서양철학의 양대 수원지 플라톤과 아리스토텔레스

서양철학의 원조로 알려진 그리스 철학자 가
운데 플라톤(Plátōn, BC 428~BC 348)과 아리스토텔레
스(Aristotélēs, BC 384~BC 322)는 가장 큰 영향력을 행
사한 철학자라 할 수 있다. 물론 고대 그리스를
대표하는 철학자 중에는 소크라테스, 제논, 엠페
도클레스, 탈레스, 피타고라스, 헤라클레이토스,
데모크리토스 등 쟁쟁한 인물들이 즐비하지만,
소크라테스는 아무런 저술도 남기지 않았으며,
오히려 그 제자인 플라톤에 의해 소크라테스의

플라톤

철학이 세상에 알려지게 되었다고 해도 과언이 아닐 것이다.

플라톤과 그의 제자 아리스토텔레스가 서양철학의 양대 수원지로 알
려지게 된 연유는 그들의 상반된 입장 때문일 것이다. 다시 말해서 플라

라파엘의 작품 〈아테네 학당〉에서
플라톤과 아리스토텔레스의 모습

톤은 이상적인 이데아 세계를 내세
운 반면 아리스토텔레스는 특히 자
연과학적인 철학을 대표하는 인물이
다. 플라톤의 방법론이 매우 추상적
이고도 선험적인 데 반해 아리스토
텔레스의 방법론은 오히려 귀납적이
고 연역적이어서 특히 경험과 관찰
에 역점을 두는 중세 과학의 발전에
결정적인 영향을 끼쳤다고 본다. 그
런 대조적인 입장 차이는 라파엘의

작품 〈아테네 학당〉에서도 여실히 드러나고 있는데, 플라톤이 손으로 하늘을 가리키는 반면에 아리스토텔레스는 땅을 가리키고 있기 때문이다.

어쨌든 플라톤은 스승인 소크라테스의 철학에서 큰 영향을 받고 오늘날 대학의 원형이라 할 수 있는 세계 최초의 고등교육기관 '아카데미아'를 아테네에 세운 장본인으로, 아리스토텔레스를 비롯해 수많은 제자들을 키워냈다. 원래 그는 정치에 뜻을 두었으나 스승인 소크라테스가 신성을 모독한 죄로 독배를 마시고 죽자 큰 충격을 받은 나머지 제자 양성과 저술활동에만 몰두하게 되었다.

플라톤은 《소크라테스의 변명》, 《크리톤》, 《파이돈》, 《향연》, 《국가》 등의 저술을 통해 서양 관념철학에 큰 영향을 주었는데, 영국 과정철학의 대가 화이트헤드는 2,000년에 걸친 서양철학의 모든 것은 단지 플라톤의 각주에 불과하다고까지 말할 정도로 플라톤을 높이 평가했다. 영혼의 불멸을 주장한 플라톤은 특히 초월적인 이데아 세계를 인식함으로써 진정한 진리의 세계에 도달한다고 말했는데, 그런 인식을 바탕으로 철학자가 국가를 통치하는 철인정치야말로 가장 이상적인 국가의 형태라고 주장했다. 어쨌든 이처럼 초월적인 관념론에 머문 플라톤이었기에 서구 사회에서는 가장 순수한 사랑의 형태를 '플라토닉 러브(Platonic love)'라고 부르기도 했다.

반면에 알렉산더 대왕의 스승이기도 했던 아리스토텔레스는 형이상학적 관념론에 머문 플라톤에 비해 물리학, 생물학, 동물학, 시학, 윤리학, 수사학, 논리학, 정치학 등 다양한 분야에 걸친 저술활동으로 보다 광범위한 철학체계를 수립했으며, 특히 자연과학 부문에서 중세 서양의 학문 발전에 크게 기여했다. 그는 만물의 근원이 지수화풍(地水火風) 4개의 원소로 이루어졌다는 엠페도클레스의 주장과는 달리 사물의 운동과 변화에 초점을 맞추어 재료와 형상, 작용과 목적의 차원에서 접근했는데, 그런 접근방법은 자연과학의 기초를 제공한 토대가 되었다.

아리스토텔레스

이처럼 자연현상의 작용과 목적에 관심을 기울인 아리스토텔레스는 스승인 플라톤이 관념론적 이상주의로 일관한 것과는 달리 경험론적 현실주의를 대표한 인물로 평가되는데, 그런 특성은 예술에 대한 관점을 통해서도 드러난다. 단적인 예로 플라톤은 자연의 모방에 불과한 예술이 이데아의 참된 인식에 방해가 될 뿐이라고 부정적인 견해를 비쳤으나 아리스토텔레스는 예술이야말로 인간의 정신을 정화(카타르시스)시키는 역할을 한다고 긍정적인 태도를 보인 것이다.

플라톤과 아리스토텔레스의 이런 관점의 차이는 수천 년이 지난 20세기에 이르러 미국의 언어학자 촘스키와 행동심리학자 스키너의 치열한 논쟁으로까지 이어졌다고 볼 수 있는데, 선험적 문법구조의 존재를 주장한 촘스키가 플라톤의 선험론을 따르는 입장이라면, 모든 언어기능은 출생 후 학습을 통해 이루어진다고 주장한 스키너는 아리스토텔레스의 경험론을 따른 것으로 볼 수 있다.

디오게네스의 금욕주의와 에피쿠로스의 쾌락주의

인류 역사를 통해 금욕주의와 쾌락주의는 모든 종교와 철학에서 가장 중요한 화두로 작용한 골치 아픈 주제가 아닐 수 없다. 실제로 그런

디오게네스

입장 차이 때문에 숱한 분파가 일어나고 심지어는 전쟁까지 벌어질 정도였으니 사실상 인간의 욕망 문제는 수천 년의 세월을 두고 끊임없이 세상을 괴롭혀 온 미완의 숙제라 할 수 있다. 그런데 그토록 골치 아픈 금욕과 쾌락의 문제에 대해 고대 그리스의 철학자 디오게네스(Diogenes of Sinope, BC 412~BC 323)와 에피쿠로스(Epicurus, BC 341~BC 270)는 이미 수천 년 전에 서로 다른 입장으로 첨예하게 대립하고 있었다.

시노페의 디오게네스는 문명을 거부하고 자연생활을 몸소 실천한 철학자로 모든 탐욕을 멀리하고 오로지 자연을 사랑하며 일생을 살았던 인물이다. 그는 단 한 벌의 옷을 걸친 채 지팡이와 자루 하나가 전 재산인 상태로 통 속에 웅크리고 살았는데, 길에서 노숙하며 통 속에서 잔다고 해서 개라는 뜻의 그리스어 키노스(kynos)로 불렸다. 그래서 견유학파(犬儒學派)를 대표하는 철학자로 통한다.

원래 흑해 연안에 위치한 이오니아 식민지 시노페 태생인 그는 고향에서 아버지와 함께 동전 주조사업에 관여하다가 동전 위조사건에 연루되어 시민권을 박탈당하고 추방되었는데, 그런 배경 때문에 일생 동안 물질적 탐욕과는 등을 돌린 채 빈손으로 지낸 것으로 보인다. 그에 관해 유명한 일화가 있는데, 한번은 알렉산더 대왕이 그의 소문을 듣고 찾아와 원하는 것이 있으면 말해 보라고 하자 그는 단지 "햇빛을 가리지 말고 비켜서 주면 좋겠다."라고 답했다고 한다. 최고의 권력자와 걸인 철학자의 대면은 그렇게 싱겁게 끝나고 말았다.

한편 쾌락주의를 대표하는 철학자 에피쿠로스는 철학의 목적을 행복

에 두고 고통이 없는 상태야말로 쾌락이라고 주
장했다. 그는 쾌락과 고통이야말로 선악의 척도
가 된다고 하면서, 따라서 죽음조차도 모든 쾌락
과 고통의 종말을 의미하기 때문에 두려워할 필
요가 없다고 말했다. 더 나아가 신은 인간을 벌
하거나 상을 주는 그런 존재가 아니며, 실제로
신들은 인간에 대해 아무런 관심도 보이지 않는
다고 주장했다. 또한 그는 세상의 만물은 결국
빈 공간을 움직이는 원자들의 무분별한 상호작

에피쿠로스

용에서 비롯되는 것이라고 가르쳤는데, 이는 마치 석가모니의 공사상(空
思想)이나 무상론(無常論) 또는 현대물리학에서 말하는 불확정성의 원리
와도 비슷하다고 할 수 있다. 카를 마르크스의 박사학위 논문제목도「데
모크리토스와 에피쿠로스의 자연철학의 차이점」이었다.

　일생 동안 독신을 고수한 그는 극심한 통증을 유발하는 요로결석에
시달렸는데, 철학적 사색을 통해 그런 고통을 극복해 나갔다. 따라서 그
의 쾌락주의는 단순히 무분별한 쾌락을 의미하는 것이 아니라 고통과
혼란으로부터의 해방을 가리키는 평정상태를 뜻하는 것으로 볼 수 있
다. 결국 그가 진정으로 원했던 것은 고통이 없는 상태, 죽음의 공포에
서 벗어난 상태, 신의 징벌과 보상으로부터 벗어난 자유로운 상태였다
고 할 수 있으며, 보다 좁은 의미로는 개인적 피해의 최소화, 그리고 행
복의 극대화를 추구한 것으로 볼 수 있다. 따라서 그는 세상의 주목을
받지 않는 가운데 사소한 것에서 즐거움을 느끼며 살아가는 은둔생활을
권유한 것이다.

　특히 그는 죽음을 두려워할 필요가 없다고 했는데, 그 이유는 우리가

존재할 때는 죽음이 존재하지 않으며, 죽음이 이루어진 후에는 우리가 존재하지 않기 때문이라고 했다. 다시 말해서 죽음과 더불어 모든 의식과 감각 또한 사라지기 때문에 죽음에는 그 어떤 고통이나 쾌락도 존재하지 않으며, 죽은 후에도 죽음에 대한 인식이 계속 남아 있을 것이라는 잘못된 믿음 때문에 두려움이 생긴다고 설명했다. 결국 죽음에 대한 그의 인식은 그가 남긴 유명한 문장, "나는 존재하지 않았다. 나는 존재했다. 나는 존재하지 않는다. 나는 신경 쓰지 않는다(Non fui, fui, non sum, non curo)."라는 말로 명쾌하게 요약되었다고 볼 수 있다.

한니발을 굴복시킨 스키피오

고대 로마제국을 건국 이래 가장 큰 위기로 몰아넣었던 제2차 포에니 전쟁은 결국 카르타고의 몰락과 로마의 승리로 판가름 나고 말았다. 하지만 당시 카르타고의 장군 한니발(Hannibal, BC 247~BC 183)이 대군을 이끌고 피레네 산맥과 알프스를 넘어 로마로 진격할 줄은 그 누구도 예상하지 못한 충격적인 일이었다. 한니발이 로마 군대를 격파하고 이탈리아 북부뿐 아니라 로마시를 제외한 중부와 남부지방까지 점령하자 고립무원의 상태에 빠진 로마 시민들은 크게 동요할 수밖에 없었는데, 그때 혜성처럼 나타나 로마를 구한 것은 20대에 불과한 젊은 장군 스키피오 아프리카누스(Publius Cornelius Scipio Africanus, BC 235~BC 183)였다.

한니발

한니발은 지중해의 패권을 두고 승부를 겨룬 제1차 포에니 전쟁에서 로마에 대패한 후 이베리아 반도로 이주한 카르타고 장군 하밀카르 바르카의 아들로 태어나 이미 9세 때 로마에 대한 복수를 신 앞에 맹세했는데, 마침내 기원전 218년 28세가 되었을 무렵 10만 대군을 이끌고 로마 원정에 나섰다. 그는 로마군이 예상하고 있던 해안가를 행군지로 선택하지 않고 피레네 산맥을 넘어 곧바로 알프스 산악지대로 진군했는데, 마르세유 지역에 집결해 있던 로마 군대는 완전히 허를 찔리고 만 셈이었다.

하지만 코끼리까지 동원한 한니발의 군대는 한겨울에 험준한 알프스 산맥을 넘으면서 막대한 손실을 입고 병력도 1/4로 줄어들고 말았다. 천신만고 끝에 알프스를 넘은 한니발은 남은 병력을 이끌고 북부 이탈리아 티키누스에서 마주친 스키피오 부자를 격파했는데, 당시 17세 나이로 아버지와 함께 전투에 참여했던 스키피오는 그 후 20대 장군이 되어 한니발이 이탈리아 반도에서 승전을 거듭하던 시기에 오히려 한니발의 본거지인 이베리아 반도를 공격해 카르타고 군대를 격파함으로써 그 기세를 꺾기 시작했다.

무리한 행군으로 눈병에 걸려 한쪽 눈의 시력까지 잃게 된 한니발은 결국 오도 가도 못하는 신세가 되어 이탈리아 최남단까지 쫓기게 되었다. 게다가 기원전 204년 당시 31세에 불과한 스키피오가 총사령관이 되어 카르타고의 본거지인 북아프리카를 직접 공격하자 어쩔 수 없이 본국으로 철수하고 말았다. 하지만 이미 한니발의 전술을 꿰뚫어 본 스키피오에게 자마 전투에

스키피오 아프리카누스

서 대패함으로써 제2차 포에니 전쟁은 막을 내리고 소아시아로 도주한 한니발은 결국 그곳에서 독을 마시고 자살하고 말았다.

한편 한니발을 물리치고 영웅이 되어 로마로 개선한 스키피오는 그후 집정관과 원로원을 지내면서 승승장구했으나 정치적 음모에 휘말려 은퇴한 후 얼마 가지 않아 세상을 떴다. 스키피오는 자신이 위기에서 구한 조국으로부터 오히려 푸대접을 받자 그런 로마를 원망하며 자신의 무덤에도 "배은망덕한 조국이여, 그대는 나의 뼈를 갖지 못할 것이다." 라는 묘비명을 새기도록 지시했다고 한다. 공교롭게도 그는 자신의 숙적인 한니발과 같은 해에 숨을 거두었다.

스파르타쿠스의 반란을 진압한 크라수스

스파르타쿠스

기원전 73년에서 71년에 이르기까지 4년간에 걸쳐 로마인들을 두려움에 떨게 했던 스파르타쿠스의 노예반란은 로마제국 내에서 벌어진 전투로는 한니발 이래 가장 규모가 큰 싸움이었다. 당시 일개 노예검투사에 불과했던 스파르타쿠스(Spartacus, BC 111~BC 71)는 이탈리아 남부에 위치한 카푸아 검투사 양성소를 탈출해 동료 검투사 70명과 함께 반란을 일으켰는데, 그 소문을 듣고 수많은 노예들이 속속 합류하여 나중에는 수만 명으로 그 세력이 불어났다. 처음에는 대수롭지 않게 여긴 로마 원로원도 노예반란군에 의한 피해가 날이 갈수록 걷잡을 수 없이 커지자 결국 로마 최고의 갑부이자 장군인 마르쿠스 크라수스(Marcus Licinius Crassus,

BC 115~BC 53)로 하여금 8개 군단의 병력을 이끌고 토벌하도록 했다.

원래 흑해 연안의 트라키아 출신인 스파르타쿠스는 노예로 끌려와 카푸아 검투사 양성소에서 훈련을 받던 중이었는데, 로마인의 가혹한 처우에 불만을 품고 동료들과 함께 탈출에 성공해 베수비우스 산으로 달아났으며, 그곳에 진을 치고 점차 세를 불려 나갔다. 당시 토벌에 나선 집정관 글라베르는 반란군의 진지를 포위한 상태로 계속 시간을 끌고 있었는데, 반란군이 곧 식량이 떨어져 항복할 것으로 기대했기 때문이다. 하지만 스파르타쿠스는 반란군을 얕잡아 보고 경비조차 허술한 토벌군에 오히려 기습을 가해 거의 궤멸시켜 버렸고, 이 소문이 널리 퍼지면서 로마 전국에서 노예들이 물밀듯이 모여들기 시작해 나중에는 7만 명으로까지 그 수가 불어났다.

마침내 이탈리아 반도 남부의 대부분을 장악한 스파르타쿠스는 노예들을 착취하고 억압하는 로마에 정면으로 도전하기 위해 북진을 시도하고 로마로 향하기 시작했으나 그 과정에서 반란군 내부는 노선 갈등을 일으키며 내분에 휘말리고 말았다. 왜냐하면 노예들의 대다수는 전쟁보다 각자의 고향으로 돌아가기를 더욱 간절히 원했기 때문이다. 어쨌든 스파르타쿠스의 북진 시도는 4만 명의 병력을 이끌고 나타난 크라수스에 의해 차단당하고 점차 밀리기 시작해 시실리 앞바다를 마주한 이탈리아 반도 최남단 지역으로 몰리게 되었다.

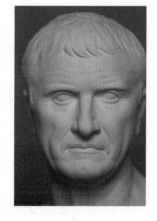

마르쿠스 크라수스

더 이상 빠져나갈 수 없는 막다른 골목에 처한 스파르타쿠스는 시실리 해적과 협상을 벌여 시실리 섬으로 이동할 계획까지 있었으나 해적들의 배신으로 뜻을 이루지 못하고 말았다. 더욱이 스페인 토벌을 마치고 귀환하는 폼페이우스의 군대가 크라수스를 지원하기 위해 합류하면서 결국 크라수스와 최후의 결전을 치른 스파르타쿠스는 전투 중에 부상을 입고 걸을 수조차 없게 된 상태에서도 끝까지 물러서지 않고 싸우다 죽었다. 3만 6천 명에 달하는 반란군 역시 거의 전멸하고 말았으며, 살아남은 6천 명의 노예들도 크라수스의 명에 따라 모조리 십자가형에 처해져 아피아 가도에 전시되었다. 두 번 다시 로마에 도전하는 행위는 절대로 용납하지 않겠다는 의지를 만천하에 과시한 셈이다. 달아난 5천 명도 폼페이우스 군대에 의해 모두 죽임을 당했다. 스파르타쿠스의 반란을 진압하고 기세가 등등해진 크라수스는 그 후 카이사르, 폼페이우스 등과 함께 삼두정치를 이끌다가 시리아 총독으로 파견되었는데, 파르티아와 전쟁을 벌이던 중에 참패를 당하고 죽었다.

스탠리 큐브릭 감독의 영화 〈스파르타쿠스〉에는 로마군에 붙들린 반란군 포로들을 향해 크라수스가 "누가 스파르타쿠스냐"고 묻자 저마다 나서서 자기가 스파르타쿠스라고 소리치는 감동적인 장면도 나오지만, 그것은 허구적인 각색에 불과하며 실제의 스파르타쿠스는 이미 전투 중에 죽은 상태였다. 영화의 원작자 하워드 패스트는 공산주의자 혐의로 매카시즘 선풍에 휘말린 끝에 블랙리스트에 오른 인물이었으며, 소련의 작곡가 하차투리안은 발레곡 〈스파르타쿠스〉를 작곡하기도 했는데, 독일에서 무력봉기를 일으켰다가 살해당한 여성 혁명가 로자 룩셈부르크가 이끌었던 단체의 이름도 스파르타쿠스단이었으니 고대 로마시대에 가장 최초로 대규모 노예반란을 일으킨 스파르타쿠스야말로 오늘날에 이르기까지 계급혁명의 상징적 존재로 비쳐지기에 충분한 인물이라 할 수 있다.

클레오파트라를 차지한 카이사르와 안토니우스

프랑스의 철학자 파스칼은 클레오파트라의 코가 조금만 낮았더라도 세계 역사가 달라졌을 것이라고 말했는데, 그 말은 결코 과장이 아니었다. 왜냐하면 그녀를 차지한 두 인물 율리우스 카이사르(Gaius Julius Caesar, BC 100~BC 44)와 마르쿠스 안토니우스(Marcus Antonius, BC 83~BC 30) 모두 로마제국의 역사를 뒤흔든 장본인들이었기 때문이다.

율리우스 카이사르

내전을 일으키고 도주한 폼페이우스를 추격해 이집트까지 원정을 갔던 카이사르의 도움으로 여왕의 자리에 복귀한 클레오파트라(Cleopatra, BC 69~BC 30)는 그와 관계를 맺고 아들 카이사리온을 낳았으나 그 후 카이사르가 암살당하자 그의 심복 안토니우스와 혼인해 2남 1녀를 낳았다. 옥타비아누스에 대항한 그녀와 안토니우스는 악티움 해전에서 패하자 자살했으며, 그녀의 아들 카이사리온은 도주하던 중에 로마 군대에 붙들려 처형당했다.

원래 카이사르는 집정관의 딸 코르넬리아와 결혼해 딸 율리아를 낳았으나 첫 아내가 젊은 나이로 죽자 집정관 술라의 딸 폼페이아와 재혼하지만 불과 5년 만에 이혼하고 말았으며, 그 후 칼푸르니아와 혼인했는데, 그녀는 카이사르의 딸 율리아보다 나이가 더 어렸다. 칼푸르니아와의 사이에서는 자식이 없었다. 반면에 이집트의 여왕 클레오파트라와는 아들까지 낳고 오랜 기간 관계를 지속했으나 결혼까지 하지는 않았는데, 당시 로마법에서는 로마시민과의 결혼만 인정했기 때문이다.

어쨌든 카이사르와 안토니우스는 갈리아를 정복하고 폼페이우스와

마르쿠스 안토니우스

벌인 내전 당시 루비콘 강을 건너 로마로 진격할 때 생사고락을 함께한 동지로서 혈맹관계에 있었다. 하지만 매우 이성적이었던 카이사르는 방탕하고 자유분방한 성격의 안토니우스를 별로 달가워하지 않았으며, 오히려 브루투스를 크게 신임했지만 결국에는 배신을 당하고 말았다.

실제로 안토니우스는 매우 야심찬 기회주의자로 클레오파트라와 혼인한 것도 그녀의 막강한 권력과 재력을 노렸기 때문이며, 옥타비아를 아내로 맞아들인 것 역시 그녀의 오빠 옥타비아누스와 화친을 원했기 때문이다. 정략 결혼으로 맺어진 네 번째 아내 옥타비아는 두 딸을 낳았는데, 장녀는 폭군 네로의 조모이며, 차녀는 칼리굴라 황제의 조모가 되니 결국 안토니우스는 이들 폭군의 조상이 되는 셈이다. 다섯 번째 아내 클레오파트라가 낳은 2남 1녀는 전처 옥타비아에게 맡겨져 자랐으나 그 후의 행적은 알 수가 없다.

로마제국의 양대 지성 키케로와 세네카

지중해 일대를 제패하며 숱한 민족을 무자비하게 짓밟고 노예로 부린 로마제국이지만 그래도 로마의 양심과 지성을 대표한 지식인이 전혀 없는 것은 아니었다. 마르쿠스 키케로(Marcus Tullius Cicero, BC 106~BC 43)와 루키우스 세네카(Lucius Annaeus Seneca, BC 4~65)가 바로 그런 인물들로 두 사람 다 뛰어난 웅변술과 문장가로 한 시대를 풍미했던 사상가요, 철학자였다.

키케로는 철저한 공화제를 주장함으로써 독재로 치달은 카이사르에 대해 정치적인 반대 입장을 유지했으나 개인적으로는 친분관계를 계속 유지한 것으로 알려졌다. 처음부터 원로원파인 폼페이우스를 지지한 그는 카이사르와 폼페이우스 사이에 내전이 벌어지자 선택의 갈림길에서 고민하다가 결국에는 폼페이우스 진영에 가담했는데, 결과는 카이사르의 승리로 끝나고 말았다.

마르쿠스 키케로

키케로의 목숨이 경각에 달렸을 때 카이사르는 그를 사면해 주고 오히려 로마를 위해 정치활동을 계속해 줄 것을 권유했지만, 카이사르의 일인 독재에 회의를 느낀 그는 주로 철학적인 주제의 저술활동에만 몰두했다. 비록 그는 자신의 정치적 이상을 실현하진 못했으나 그가 남긴 저술들은 고전 라틴어의 표본으로 간주될 정도로 뛰어난 문장력을 갖춘 것으로 평가된다.

하지만 카이사르가 암살당하자 공화정을 다시 부활시키려던 키케로는 정치적 야심을 지닌 안토니우스를 탄핵하는 글을 발표함으로써 일인 독재에 의한 폭력정치를 규탄하고 나섰지만, 결국 안토니우스가 보낸 자객에 의해 살해당하고 말았다. 로마의 양심과 지성이 폭력 앞에 허무하게 무너져 버린 순간이었다.

루키우스 세네카

키케로의 뒤를 이은 세네카는 키케로에 비해 더욱 힘겨운 시절을 겪어야 했는데, 폭군으로 악명이 자자한 칼리굴라 황제와 네로 황제 시대를 살았기 때문이다. 세네카는 바른말을 했다가 칼리굴라 황제에게 죽임을 당할 뻔한 적도 있으며, 그 뒤를 이은 클라우디우스 황제에 의해 코르시카 섬으로 쫓겨났다가 아그리피나 황후의 도움으로 간신히 복권되기도 했다.

아그리피나는 황제를 독살하고 자신의 아들 네로를 황제의 자리에 앉혔는데, 세네카는 그의 스승이 되어 집권 초기 선정을 베풀게 하는 데 크게 기여했다. 그러나 모친과 아내를 독살하고 기독교도를 무참하게 학살하는 등 날이 갈수록 포악해진 네로는 자신을 암살하려던 피소의 음모에 연루되었다는 이유로 충신 페트로니우스를 비롯해 자신의 스승인 세네카에게도 자살을 명함으로써 결국 세네카는 아내와 함께 나란히 혈관을 끊고 자살했다.

비록 세네카는 폭군에 의해 어이없게 죽임을 당하고 말았지만, 그가 남긴 수많은 저서들은 인생론, 행복론, 도덕론 등 삶의 문제들에 관한 조언으로 유명하다. 특히 《서간집》과 에세이집 《대화》는 그야말로 주옥같은 글을 담고 있어 로마 문학을 대표하는 작품들로 손꼽힌다. 특히 그가 남긴 수많은 명언은 오늘날의 독자에게도 즐겨 인용되는 내용들로 시대를 뛰어넘는 강한 호소력을 지니고 있다.

그중에서 몇 가지만 소개해 본다. "때로는 살아 있는 것조차도 용기가 될 때가 있다." "약간의 광기를 띠지 않은 위대한 천재란 없다." "가장 강한 사람은 스스로를 통제할 수 있는 자다." "말해야 할 때와 침묵해야 할 때를 아는 것은 훌륭한 일이다." "불운을 당해 보지 않은 사람만큼 불행한 사람은 없다." "현자는 삶을 갖는 동안만 산다고 생각하지 않고, 삶이 필요한 동안만 산다고 생각한다." 참으로 놀라운 지혜가 아닌가. 이런 스승을 죽게 만든 네로는 굴러들어온 복을 걷어차 버린, 그야말로 어리석기 그지없는 정신적 미숙아였음에 틀림없다.

폭군의 대명사 칼리굴라와 네로

칼리굴라

인류 역사에는 수많은 폭군이 존재했지만, 로마제국의 황제 칼리굴라(Caligula, 12~41)와 네로(Nero, 37~68)만큼 포악한 통치자도 드물 것이다. 예수 그리스도의 십자가처형 사건 이후에 권좌에 오른 칼리굴라 황제는 폭군 네로의 외삼촌으로 티베리우스 황제의 뒤를 이어 20대 젊은 나이로 황제의 자리에 오르지만, 즉위한 지 얼마 지나지 않아 정신이상 증세를 보이기 시작해 사치와 방탕이 극에 달했다.

칼리굴라는 잔인한 검투사 시합을 즐기며 도박을 일삼는가 하면 향락적인 연회로 국고를 탕진함으로써 민심의 이반을 가져왔다. 그는 스스로 자신을 신격화시키는 과대망상뿐 아니라 자신의 누이들과 근친상간도 마다하지 않았는데, 결국에는 근위대장 카시우스 카에레아에게 죽임을 당했으며, 그의 아내와 딸 역시 살해당했다.

네로

칼리굴라의 재위 기간은 4년도 못 채운 상태로 그의 뒤를 이어 근위대의 지지를 받은 클라디우스가 황제가 되었지만, 부인이자 네로의 어머니인 아그리피나에 의해 독살된 것으로 알려져 있다. 그러나 클라우디스의 뒤를 이어 황제가 된 네로는 그런 어머니마저 독살하고 양부였던 클라우디스의 친아들이자 이복동생인 브리타니쿠스도 죽였으며, 심지어는 자신의 아내 클라우디아 옥타비아도 죽게 했다. 그녀의 잘린 목은 네로의 후처 포페아 사비나에게 보내졌다.

하지만 자신의 어머니와 아내 클라우디아를 죽음으로 몰고 가도록 부추겼던 포페아가 아기를 사산하면서 숨을 거두자 크게 낙담한 네로는 그 후 포페아의 외모를 빼닮은 어린 소년 스포루스를 거세시키고 그와 결혼했으며, 심지어는 이름을 부를 때도 그녀의 이름으로 불렀다고 전해진다. 갈바의 반란으로 네로가 자살하자 스포루스 역시 그의 뒤를 따라 자살했다. 당시 스포루스의 나이 불과 19세였다.

르네상스 미술의 거장 레오나르도 다 빈치와 미켈란젤로

서양미술사 전체를 통틀어 가장 위대한 화가로 손꼽히는 레오나르도 다 빈치(Leonardo da Vinci, 1452~1519)와 미켈란젤로 부오나로티(Michelangelo Buonarrotti, 1475~1564)는 중세 르네상스 시대를 대표하는 천재화가들이다. 동시대에 활동한 천재로는 라파엘(Raffaello Sanzio, 1483~1520)과 독일의 뒤러(Albrecht Dürer, 1471~1528)를 들 수 있지만, 감히 레오나르도 다 빈치와 미켈란젤로에 견주기에는 다소 힘이 부친다.

레오나르도 다 빈치는 그야말로 천재 중의 천재로 화가일 뿐만 아니라 발명가, 건축가, 도시계획가, 식물학자, 천문학자, 지리학자인 동시에 음악가이기도 했으며, 해부학에도 조예가 깊었다. 흔히 그를 지칭할 때 '다 빈치'라 줄여서 부르는 것은 잘못된 호칭이다. 정확히 말하면 '빈치 출신의 레오나르도'라는 뜻이기 때문이다.

평생을 결혼하지 않고 독신을 고수하며 육식을 거부하는 등 매우 금욕적인 삶을 살았던 레오나르도 다 빈치는 이탈리아 중부 토스카나 지방의 산골마을 빈치에서 사생아로 태어났다. 어린 시절 피렌체로 가서 그림을 배우기 시작한 그는 곧바로 스승을 능가할 정도로 천부적인 재능을 발휘하기 시작했는데, 〈수태고지〉를 비롯해 〈암굴의 성모〉, 〈성 모자와 성 안나〉등 수많은 성모상을 그렸으며, 신비의 미소로 알려진 〈모나리자〉에서 보듯이 모성지향적인 작품을 많이 남겼다. 그래서 프로이트

레오나르도 다 빈치

도 그에 대한 분석에서 모성 콤플렉스를 언급했는지도 모르지만, 더욱 중요한 지적은 동성애적 환상에 관한 부분이라 할 수 있다.

실제로 레오나르도 다 빈치는 여성기피증이 심했으며, 20대에는 다른 청년들과 함께 남창을 상대로 남색 행위를 벌였다는 혐의로 법정에 고소를 당한 적이 있었다. 비록 증거 불충분으로 풀려나긴 했지만, 그것은 피고인 중 한 명이 당시 세도가 막강했던 메디치 일가에 속했던 인물로 결국 외압에 의해 사건이 흐지부지 종결되었기 때문이다.

더욱이 그는 애제자였던 살라이, 프란체스코 멜치 등과 함께 오랜 세월 동반자적 관계를 유지했으며, 임종 시에도 자신의 재산 일체를 멜치에게 물려주기도 했다. 특히 관심의 대상이 되는 인물은 사기성이 농후했던 제자 살라이라 할 수 있다. 레오나르도와 함께 30년 이상을 같이 지낸 살라이는 매우 잘생긴 미남형으로, 레오나르도의 작품 가운데 가장 에로틱한 그림으로 유명한 〈세례 요한〉에서 한 손으로 하늘을 가리키며 야릇한 미소를 머금고 서 있는 요염한 자태의 모습이 바로 살라이의 얼굴 그대로다.

살라이는 레오나르도와 함께 지내면서 돈을 훔쳐 달아나는 등 말썽을 부리기 일쑤였는데, 레오나르도는 그런 제자를 도둑놈에다 거짓말쟁이라 욕하면서도 이례적으로 그에게 강한 집착을 보이며 30년 넘게 곁에 두고 지냈다. 심지어 살라이는 〈모나리자〉의 누드판이라 할 수 있는 〈모나 반나〉를 그리기도 했다. 모나리자와 똑같은 포즈를 취하며 미소를 머금고 있는 살라이 자신의 모습이 매우 유혹적인데, 상체를 홀랑 벗고 있는 데다가 통통한 젖가슴까지 내보이고 있으니 뭐라 할 말을 잊게 만든다. 살라이는 레오나르도가 세상을 뜬 지 6년 뒤에 사망했는데, 죽을 때까지 레오나르도의 걸작 〈모나리자〉를 보관하고 있었던 것으로 전해진다.

레오나르도 다 빈치와 더불어 중세 르네상스 시대가 낳은 가장 위대한 화가이자 조각가로 알려진 미켈란젤로는 불후의 걸작으로 꼽히는 시스티나 성당의 벽화와 천장화, 걸작 조각상의 상징인 〈다비드〉, 〈피에타〉 등으로 유명하지만, 개인적으로는 매우 고통스럽고 우울한 삶을 보냈으며, 90세 가까이 장수했으면서도 금욕주의로 일관해 독신으로 생을 마감했다.

미켈란젤로 부오나로티

마치 수도승처럼 매우 금욕적인 삶으로 일관한 그는 오로지 일에만 몰두했을 뿐 먹고 마시며 인생을 즐기는 일 따위에 일체 관심을 기울이지 않았으며, 심지어는 잘 때도 옷을 입은 채로 잠들었는데 장화조차 벗지 않았다고 한다. 그는 성격 자체도 매우 거칠고 무례하기 짝이 없었으며, 일상적인 생활습관도 무질서하고 불결하기 그지없었던 것으로 알려져 있다.

게다가 항상 우울하고 말이 없었으며, 동료들과도 제대로 어울리지 못하는 고립된 모습을 보였는데, 그의 기이한 성격과 생활태도 때문에 더욱 그런 고립을 자초했던 것으로 보인다. 한마디로 그는 정상적인 대인관계를 맺고 유지하는 데 매우 미숙하고 어려움을 지니고 있어서 사람들과의 접촉을 극도로 회피하며 살았는데, 그것은 아마 어려서 일찍 어머니를 잃고 남의 집에 맡겨져 자랐던 불행한 아동기 경험 때문일 것이다.

그는 6세 때 어머니를 잃고 아버지가 소유했던 채석장에서 일하는 석공에게 맡겨졌는데, 조각에 대한 그의 관심은 이미 그때부터 움트고 있었을 것으로 짐작된다. 외로운 소년시절 그에게 유일한 위안거리는 그림을 그리는 일이었다. 일찌감치 회화와 조각을 배우기 시작한 그는 불과 20대에 불후의 걸작 〈피에타〉와 〈다비드〉를 제작했으니 그의 천재성에 혀를 내두르지 않을 수 없다.

그의 천재성에 관한 소문이 바티칸에도 전해져 결국 교황의 부름을 받고 시스티나 성당의 천장화 완성에 착수한 그는 4년에 걸친 무리한 작업으로 극심한 허리 통증에 시달렸으며, 천장에서 떨어지는 물감 때문에 안질까지 얻어 고생하면서도 결코 작업을 중단하지 않았다. 그 후 60대 노령에도 불구하고 다시 교황의 지시로 시스티나 성당의 대벽화 〈최후의 심판〉을 4년에 걸쳐 완성했는데, 기력이 이미 쇠한 상태에서 작업하다 발판 위에서 떨어져 부상까지 입으면서도 예술에 대한 집념 하나로 초인적인 힘을 발휘해 끝내 완성을 보고야 말았다.

한 가지 흥미로운 사실은 〈최후의 심판〉 장면 가운데 성 바솔로뮤의 손에 매달린 처참한 몰골의 희생자 모습이 바로 미켈란젤로 자신이라는 점이다. 일종의 자화상을 그려 넣은 셈인데, 가죽만 앙상하게 남은 그의 모습은 실로 비참한 지경에 이른 자신의 처지를 매우 자학적으로 묘사한 듯이 보인다. 비록 과장된 표현으로 볼 수도 있겠지만, 권력자의 지시에 따라 혹사당하는 자신의 비극적인 현실을 드러내 보였다는 점에서 일종의 자조적인 화풀이로 볼 수도 있겠다.

이처럼 사회적으로 철저히 고립된 채 오로지 일에만 몰두했던 미켈란젤로였지만, 사랑에 대한 열정만큼은 결코 남들 못지않았던 것으로 보인다. 그는 수백 편에 달하는 시를 쓰기도 했는데, 특히 그의 나이 57세 때 처음 만난 23세의 젊은 청년 토마소 카발리에리에게 보낸 연애시는 내용이 매우 에로틱한 것으로 알려져 있다. 비록 노골적인 연인관계로 발전하지는 않았지만, 카발리에리는 미켈란젤로가 죽을 때까지 매우 헌신적으로 대해 주었다.

하지만 미켈란젤로는 60대에 접어들어 로마에서 만난 귀족 출신의 미망인이자 시인이었던 비토리아 콜로나에 대한 뜨거운 열정에 휘말리기도 했다. 이들 남녀는 서로 뜨거운 연애시를 주고받았는데, 그녀가 죽을 때까지 두 사람의 관계는 계속 유지되었다. 미켈란젤로는 그녀의 얼굴에 키스 한 번 제대로 못한 사실을 두고두고 후회했다고 전해진다.

지동설을 주장한 코페르니쿠스와 갈릴레이

중세 기독교사회에서는 천년의 세월이 넘도록 고대 그리스의 프톨레마이오스가 주장한 천동설을 굳게 믿고 있었다. 하지만 지구를 중심으로 태양계가 움직인다는 그런 오랜 생각은 폴란드의 천문학자 니콜라스 코페르니쿠스(Nicolaus Copernicus, 1473~1543)에 의해 여지없이 무너지고 말앉다. 성직자가 되기 위해 신학을 공부한 그는 천문학에도 조예가 깊어 행성들의 움직임을 꼼꼼하게 관찰하고 기록해 두었는데, 자신의 태양 중심설을 골자로 하는 저서 《천체의 회전에 관하여》는 1529년에 집필을 시작했지만, 그가 뇌출혈로 쓰러져 세상을 하직한 1543년에 가서야 비로소 출간하게 되었다.

니콜라스 코페르니쿠스

비록 그는 70세 나이로 숨을 거둘 때까지 결혼도 하지 않고 독신으로 일관했지만, 그가 쓴 이 한 권의 저서로 인해 천 년 동안 서구 기독교사회에 군림했던 지구중심설은 완전히 무너지고 태양중심설이 천문학의 기둥으로 자리 잡으면서 그야말로 코페르니쿠스적인 인식론적 혁명이 이루어지게 된 것이다. 물론 항간에는 코페르니쿠스 자신이 교회의 박해를 두려워한 나머지 생전에 발표를 미룬 것이라는 주장도 있지만, 그에 대한 증거는 확실치가 않다. 어쨌든 그가 내세운 지동설은 1616년에 로마 교황청에 의해 금서목록으로 지정되는 운명을 겪어야 했다.

결국 코페르니쿠스 이론의 핵심은 지구가 우주의 중심이 아니라는 것이며, 오히려 우주의 중심은 태양 근처에 있고, 따라서 지구는 다른 행성들과 마찬가지로 태양을 중심으로 회전한다는 것이었다. 그런데 코페르니쿠스가 죽은 후 태어난 덴마크의 천문학자 티코 브라헤(Tycho Brahe, 1546~1601)는 코페르니쿠스의 지동설과 프톨레마이오스의 천동설을 결합해 태양이 지구 둘레를 도는 동시에 다른 행성들이 태양 둘레를 돈다는 기묘한 절충설을 내세우기도 했다.

하지만 그 후 이탈리아의 천문학자 갈릴레오 갈릴레이(Galileo Galilei,

갈릴레오 갈릴레이

1564~1642)는 코테르니쿠스의 지동설을 지지하는 발언으로 1633년 종교재판에 회부되어 가택연금 조치를 당했다. 당시 그가 재판정을 나서면서 "그래도 지구는 돈다."라는 말을 했다는 유명한 일화는 사실이 아닌 것으로 밝혀졌다. 왜냐하면 그 재판은 피고가 출석하지 않은 궐석재판으로 이루어졌기 때문이다.

더욱이 그는 당시 교황이었던 우르바노 8세와 개인적으로도 친분이 있던 사이로, 항간에 알려진 것처럼 그렇게 가혹한 박해를 받은 것도 아니었다. 다만 교황청의 지시로 가택 연금에 처해진 그는 탈장과 불면증에 시달렸으며, 1638년에는 시력을 완전히 잃기까지 했다. 그러나 77세 나이로 사망하기까지 병을 치료하기 위한 여행이나 방문객들과의 접촉도 자유롭게 허용되는 특혜를 받았다.

망원경을 개량해 천체의 움직임을 직접 관찰했으며, 중력의 법칙을 확립해 근대 물리학의 기초를 쌓기도 했던 갈릴레이는 파두아 대학에서 18년간 교수로 지내면서 태양의 흑점을 발견하는 등 수많은 과학적 발견을 이루었다. 특히 피사의 사탑에서 이루어진 낙하실험으로 유명하지만, 실제로 그런 실험은 없었으며, 그에 관한 전기를 쓴 제자 비비아니가 스승을 돋보이게 하려고 제멋대로 꾸며낸 내용임이 밝혀졌다.

이처럼 숱한 전설적인 신화를 남긴 갈릴레이지만 그는 정식 결혼을 회피한 채 마리나 감바와 동거하며 1남 2녀를 낳았는데, 이들 3남매는 모두 아버지가 없는 사생아로 등록되었다. 교수로서의 명예를 지키기 위해 그랬던 것으로 보이지만, 마리나는 얼마 가지 않아 42세 나이로 일찍 세상을 뜨고 말았다. 갈릴레이는 사생아로 태어난 두 딸이 결혼해서는 안 된다고 여기고 그녀들을 수녀원으로 보냈는데, 수녀가 된 장녀 비르지니아는 34세라는 젊은 나이로 아버지보다 8년이나 먼저 죽었고, 역시 수녀가 된 차녀 리비아는 일생 동안 병을 앓다 죽었다.

지동설을 지지한 갈릴레이가 가택 연금이라는 비교적 가벼운 처벌을 받은 사실에 반해, 무한우주론을 펼친 브루노(Giordano Bruno, 1548~1600)는 교황청 이단 심문소에서 사형선고를 받고 로마에서 산 채로 공개화형에 처해지고 말았다. 그는 태양조차도 우주의 중심이 아니라 수많은 항성 가운데 하나일 뿐이며, 우주는 무한대로 퍼져 있다고 주장했다. 그런 주장뿐 아니라 삼위일체설과 성모 마리아의 처녀잉태설을 부인하고 윤회설을 주장하는 등 당시로서는 매우 위험하기 그지없는 발언을 함으로써 결국에는 이단으로 몰려 화형까지 당하고 만 것이다. 그에 비하면 갈릴레이는 운이 좋은 편이었다.

루터의 종교개혁과 바티칸의 수호자 로욜라

종교개혁의 아버지 마르틴 루터(Martin Luther, 1483~1546)는 신성로마제국 시절 독일의 작센 지방 출신으로 아버지의 뜻에 따라 대학에서 법학을 공부하던 도중에 갑자기 성직자가 되기로 마음을 바꾸고 수도회에 들어간 후 24세에 사제 서품을 받았는데, 그 후 비텐베르크 대학 신학교수로 취임해 죽을 때까지 그곳에서 신학을 강의했다. 1517년 교황청의 면죄부 판매에 항의해 그 유명한 '95개조 반박문'을 마인츠 대주교 앞으로 발송한 일로 심문을 받기 시작했지만, 교황청의 압력에 굴복하지 않

마르틴 루터

은 루터가 마침내 공개적으로 교회 법규집과 교황의 교서 내용을 불태우자 1521년 교황 레오 10세는 루터의 공식 파문을 선고했으며, 독일 황제 카를 5세 역시 그에게 이단을 선고했다.

이에 아랑곳하지 않고 자신의 신념을 계속 밀고 나간 루터는 신약성서의 독일어 번역을 완성하고, 농민전쟁이 한창이던 42세 때 카타리나 폰 보라와 결혼해 6남매를 낳았다. 성직자의 혼인을 몸소 실천한 셈이다. 그런 점에서 루터의 종교개혁은 사실상 성직자의 성 해방 운동이었다고 볼 수도 있다. 실제로 그는 왕성한 성욕의 소유자로 모든 성직자에게 강요되는 금욕주의를 도저히 견딜 수 없었던 것이다. 따라서 루터의 개혁을 통해 개신교의 모든 성직자들은 결혼이 가능해졌으며, 인위적인 금욕의 사슬에서 해방된 것이다.

한때 프로이트와 교류했던 스위스의 개신교 목사 오스카 피스터는 가톨릭의 이상은 결국 자연이 준 본능적 욕구의 억압에 있으며, 많은 성자들 역시 도덕적으로는 존경을 받고 있지만, 그들이 한평생 노력한 것은 결국 자신의 욕망을 부분적으로 승화시킨 것에 지나지 않는다고 주장하기도 했는데, 그런 점에서 루터는 성직자에게 주어지는 가장 큰 짐 가운데 하나를 덜어 준 위대한 공로자였다고 볼 수 있다.

그러나 사람들은 루터가 자신의 가족에 대해 각별한 애정의 소유자였음에도 불구하고 그에 못지않은 가족애를 지니고 살던 유대인 마을을 불태우라고 독려한 언행에 대해서는 애써 언급을 회피하는 듯 보인다. 분명한 사실은 루터가 이성적이기보다는 매우 격정적인 감정에 사로잡힌 인물이었다는 점이다. 그는 항상 불안정하고 때로는 우울에 빠졌으며, 자신의 신념에 대해서도 끝없는 회의와 확신 사이를 오가며 갈등하고 고뇌한 인물이기도 했기 때문이다. 결국 반항과 복종, 항명과 죄의식의 반복에 시달리던 루터는 63세 때 여행을 떠났다가 병세가 악화되어 곧 숨을 거두었다. 그의 유해는 비텐베르크 교회에 안장되었다.

루터와 동시대를 살면서 그와는 정반대로 예수회를 창설하고 교황권의 수호를 위해 일생 동안 몸 바친 이냐시오 로욜라(Ignatius de Loyola, 1491~1556)는 스페인 북부의 명문 귀족인 바스크 가문에서 13명의 자녀 가운데 막내로 태어났다. 귀족 가문의 막내아들로 태어났다는 사실만으로도 그는 이미 기득권 사회의 수호천사 역을 떠맡을 운명이 예정되어 있었던 것처럼 보이기도 한다. 하지만 그는 처음부터 신앙심이 돈독했던 인물은 아니었다. 오히려 26세에 이를 때까지 세속적인 허영과 야심에 가득 찬 인물이었다.

1521년 프랑스 군대가 피레네산맥을 넘어 스페인을 침공하자 로욜라는 나바르공의 군대에 합류해 용감하게 싸우다가 다리에 심한 부상을 입어 귀향하게 되었다. 그는 로욜라성에 머물면서 어느 정도 상처가 아물 무렵, 성인열전과 그리스도의 생애를 읽고 깊은 감명을 받았으며, 기력을 회복하자 곧바로 신에 대한 봉사를 결심하고 집을 떠나 수도원에 기거하던 중에 옷과 검을 모두 버리고 순례자가 되었다.

그 후 카르도넬 강가의 작은 동굴 안에서 기도와 금식으로 고행을 계속했는데, 당시 로욜라는 매우 심한 죄의식과 우울에 빠져 자살까지 생각

이냐시오 로욜라

할 정도였으며, 그런 고통스러운 심적 과정을 거치면서 드디어 영적인 체험을 하기에 이르렀다. 그 후로 전혀 다른 사람이 된 로욜라는 신을 위한 봉사의 첫 단계로 다른 사람들을 돕기로 결심하고 그러기 위해서는 무엇보다 사도의 길을 걸어야겠다고 생각했다.

파리에서 대학 공부를 끝내고 46세에 이르러 마침내 사제 서품을 받은 그는 1537년 로마로 가는 도중에 라스토르타의 성당에서 영적 환시를 경험하고 '예수의 동반자'라는 단체를 조직했다. 1539년 로욜라와 그의 추종자들은 새로운 수도회인 예수회 설립을 구상하고 교황 바오로 3세에게 청원하여 1546년 마침내 인가를 받기에 이르렀다. 로욜라는 선언하기를, 교황의 지시에 대한 무조건적인 충성과 믿음으로 강력한 예수 그리스도의 군대가 될 것임을 공표했는데, 초대 총장으로 선출된 이후 그를 따르는 예수회 사도들이 모든 대륙으로 흩어져 파견되어 나가면서 오늘날에 이르렀다. 그의 사후 66년이 지난 1622년 로욜라는 교황 그레고리우스 15세의 공식 발표에 의해 성인으로 추대되었다.

세속적인 야심에 가득 찼던 로욜라가 갑자기 신성한 그리스도의 군대를 지휘하는 사령관으로 변신한 배경에는 그를 괴롭힌 죄의식을 들 수 있겠다. 전장에서 숱한 생명을 살상한 경험이 그에게 남다른 죄의식을 불러일으킨 것으로 보인다. 실제로 삶의 고통과 고달픔이 무엇인지 제대로 겪어보지 못하고 곱게 자란 귀족 가문의 막내아들로서 단순한 영웅심과 허영심에 이끌려 끔찍스러운 살육의 현장에 동참하면서 느꼈을 정신적 충격과 그에 따른 죄의식이 로욜라를 회심으로 유도했기 쉽다. 어쨌든 부모의 곁을 떠나 오랜 수도생활과 조직운영에 몸담게 된 로욜라의 생애는 금욕과 기도, 그리고 교황에 대한 절대적인 충성으로 일관한 삶이었다. 당연히 그는 루터와는 달리 금욕의 길을 충실히 따랐다.

칼뱅과 세르베투스의 맞대결

장 칼뱅

프랑스의 신학자이자 종교개혁가 장 칼뱅(Jean Calvin, 1509~1564)은 장로교와 청교도에 큰 영향을 준 개신교신학의 완성자로 성서제일주의와 신의 예정설을 주장하고 교회일치운동의 선구자로도 알려져 있다. 프랑스의 개신교 박해를 피해 스위스 제네바로 망명한 그는 오랜 기간에 걸쳐 시의회와 시민들을 상대로 치열한 정치투쟁에 몰두했는데, 결국에는 모든 반대파들을 물리치고 승리를 쟁취한 후 54세를 일기로 생을 마감했다.

하지만 칼뱅은 지나치게 엄격한 도덕적 기준과 타협을 모르는 독선과 아집으로 인해 수많은 적들을 만들었을 뿐만 아니라 그들을 매우 냉혹한 방법으로 제거했다. 그중에서도 삼위일체에 관한 신학적 논쟁으로 유명한 스페인 출신의 신학자 미카엘 세르베투스(Michael Servetus, 1511~1553)를 화형에 처하도록 한 것은 칼뱅에게 가장 큰 도덕적 불명예를 남긴 사건으로 기록된다.

프랑스 몽펠리에 대학에서 의사 자격을 얻은 세르베투스는 천문학과 약학, 지리학 등에도 조예가 깊었던 유대계 지식인으로 라틴어, 그리스어, 히브리어 등 언어에 정통했다. 당시 스페인 당국이 10만여 명에 달하는 유대인을 강제 추방하고 수많은 이슬람교도를 화형시키는 등 이교도 탄압이 극심한 현실을 목격하면서 중세교회의 타락과 부패상을 비판하는 가운데 삼위일체론의 오류를 지적하여 기독교 사회 전체로부터 거센 반발을 샀다. 세르베투스는 스위스의 제네바에서 종교활동을 펼치다 칼

미카엘 세르베투스

뱅주의자들이 주도한 제네바 시의회로부터 이단자로 정죄되어 결국 화형에 처해지고 말았다.

세르베투스는 이미 20세 때 《삼위일체의 오류에 대하여》라는 저서를 출간해 가톨릭사회의 반발을 샀으며, 그 후 이탈리아로 가는 도중에 들른 스위스 제네바에서 종교개혁가 칼뱅과 격렬한 신학적 논쟁으로 대립해 그의 적이 되고 말았다. 당시 칼뱅은 스위스에서 종교개혁의 지도자로 군림하며 그의 말이 곧 법이 될 정도로 강력한 영향력을 행사하고 있었다.

루터의 종교개혁으로 인해 신교와 구교가 서로 첨예하게 대립하고 있던 그 시기에 공교롭게도 세르베투스는 기독교의 근본교리인 삼위일체론을 부정함으로써 가톨릭 사회뿐 아니라 개신교로부터도 배척을 받기에 이르렀지만, 성서 해석의 자유마저 인정하지 못하고 그를 화형에 처해 버린 칼뱅의 행동은 자가당착에 빠진 모습이 아닐 수 없다. 개신교의 탄생 자체가 자유로운 성서 해석에 기반을 두고 있기 때문에 더욱 그렇다.

세르베투스 자신도 이르기를, "성경 해석상의 문제로 그 어떤 오류에 빠졌다 하더라도 사람을 죽이는 일이 있어서는 안 되며, 신에게 선택받은 사람들조차 오류에 빠질 수 있다."고 말한 적이 있는데, 그의 지적은 오늘날에 와서도 여전히 종교적 독단에 빠져 있는 수많은 사람들에게 타산지석이 될 수 있는 내용이라 할 수 있다.

어쨌든 칼뱅은 위대한 종교개혁가임에 틀림없지만, 자신의 적수인 세르베투스를 제거함으로써 도덕적 권위에 심각한 타격을 입은 것만큼은 확실하다. 다만 한 가지 칼뱅이 자비심을 베푼 게 있다면, 세르베투스를 화형이 아니라 참수형에 처할 것을 권유했다는 점이겠다. 그러나 그의 제안은 받아들여지지 않았으며, 세르베투스는 산채로 묶여 화형대에 올라 한줌의 재로 화하고 말았다. 그는 칼뱅에게 가장 큰 위협이 되었던 적수인 동시에 개신교사회에서 화형당한 유일한 희생자이기도 했다.

인도를 찾아 항해를 떠난 콜럼버스와 바스쿠 다 가마

인류 역사의 흐름을 바꿔 놓은 가장 놀라운 사건 중 하나는 바로 신대륙의 발견이었다. 그런데 신대륙 발견은 그야말로 우연한 결과였으며, 신대륙을 처음 발견한 크리스토퍼 콜럼버스(Christopher Columbus, 1450~1506)는 죽을 때까지도 자신이 발견한 대륙이 인도라 믿었다. 그런 이유 때문에 오늘날에 이르기까지 아메리카 원주민을 인디언으로 부르게 된 것이다. 하지만 그는 단순한 탐험가에 그친 것이 아니라 상당 기간 서인도 제도에 머물며 폭정을 일삼은 지배자이기도 했다.

크리스토퍼 콜럼버스

콜럼버스는 스페인의 이사벨라 여왕을 설득해 1492년 3척의 배를 이끌고 팔로스 항을 떠난 후 두 달 만에 바하마 제도의 산살바도르 섬에 착륙했으며, 그곳이 인도라 여기고 원주민을 인디언이라고 지칭했다. 많은 황금을 지니고 금의환향한 그는 곧바로 현지 총독에 임명되었으며, 이듬해 2차 항해 때는 17척의 배에 1,200명에 이르는 대선단을 이끌고 식민지에 도착했으나 기대한 만큼 황금이 모이지 않자 수많은 원주민을 학살하고 노예로 삼아 1496년 본국으로 끌고 갔다. 하지만 약속을 지키지 않았다는 이유로 오히려 문책을 당해야 했다. 그 후 3차 항해에는 히브리어에 능통한 선원들을 동행시켰는데, 자신이 발견할지도 모를 에덴동산의 주민들이 히브리어를 사용할 것으로 여겼기 때문이다.

콜럼버스는 특히 2차 항해에서 타이노족 원주민을 상대로 잔혹한 만행을 일삼았는데, 자신에게 바칠 황금의 할당량을 채우지 못하면 고문을 가하고 수족을 자르거나 심지어 코와 귀를 자르는 형벌까지 가하고 이에 겁을 먹고 도망치는 원주민은 짐승을 사냥하듯이 마구 살해했다. 그토록 잔인했던 콜럼버스에 뒤질세라 그의 동생 바르톨로메 역시 한 원주민 여성을 발가벗긴 채 온 마을을 끌고 다닌 후 혀를 자르는 만행을 저지르기도 했다. 더욱이 선단에 묻어 들어온 전염병이 창궐해 수많은 원주민들이 죽어 갔으며, 고통에 못 이겨 가족들과 함께 집단자살하는 일까지 벌어졌다. 결국 25만 명에 달하던 타이노족은 불과 2년 사이에 인구가 절반으로 줄어들 정도로 그 피해가 실로 막심했다.

콜럼버스가 탐험을 시작한 것은 전적으로 신비의 땅 인도를 찾아 황금과 보물을 얻는 데 있었다. 당시 유럽은 향신료 수입에 혈안이 되어 있었으며, 어떻게든 인도로 갈 수 있는 항로를 개척하기 위해 무진 애를 쓰고 있었다. 왜냐하면 인도로 가는 육로는 이슬람세계에 의해 가로막혀 있었기 때문이다. 그런 점에서 콜럼버스는 인도와 정반대 방향으로 간 셈이다. 하지만 실제로 인도 항로를 최초로 개척한 인물은 포르투갈의 탐험가 바스쿠 다 가마(Vasco da Gama, 1460~1524)였다.

콜럼버스의 신대륙 발견으로 스페인이 부국이 되었다면, 포르투갈이 새로운 해상 대국으로 떠오르게 된 것은 전적으로 바스쿠 다 가마의 인도항로 개척에 따른 결과였다. 그는 1497년부터 1524년에 이르기까지 모두 세 차례에 걸친 항해를 통해 인도 해안에 당도했는데, 1497년 4척의 배를 이끌고 리스본 항을 떠나 아프리카 남해안에서 희망봉을 발견하고 그곳을 다시 지나쳐 인도양을 가로지른 후 칼리쿠트와 고아에 도착한 것이다. 그는 이 공로로 귀족 작위를 받았으며, '인도양의 제독'이라는 호

바스쿠 다 가마

칭까지 얻었다. 1502년 2차 항해 때는 20척의 군함을 이끌고 인도로 향했는데, 인도 원주민들의 반란을 진압하기 위한 것이었다. 그 후 인도 총독에 임명된 그는 3차 항해에 나섰으나 인도에 도착한 지 얼마 되지 않아 말라리아에 걸려 숨지고 말았다.

피의 정복자 코르테스와 피사로

북미 대륙과는 달리 중남미에는 원주민이 세운 거대한 제국들이 존재했는데, 멕시코의 아즈텍 왕국과 페루의 잉카제국이 번영을 누리고 있었다. 스페인의 정복자 에르난 코르테스(Hernán Cortés, 1485~1547)와 프란시스코 피사로(Francisco Pizarro, 1471~1541)는 이들 제국을 무자비한 방법으로 정복했는데, 그 과정은 실로 참담한 것이었다.

코르테스는 아즈텍 문명을 멸망시킨 스페인의 정복자로 불과 600여 명의 병사를 이끌고 유카탄 반도에 상륙해 예상 외로 간단히 아즈텍 왕

에르난 코르테스

국을 무너뜨렸는데, 그렇게 손쉽게 정복이 가능했던 이유는 흰 얼굴의 신이 태양력 1500년 무렵에 멕시코를 정복하러 온다는 아즈텍의 오랜 신화 내용 때문이었다. 신화 내용을 믿은 몬테수마 2세가 두려움에 떨며 코르테스를 신으로 맞아들였는데, 황제는 결국 폭동을 일으킨 백성들의 손에 의해 죽임을 당하고 말았다.

더군다나 어리석은 왕도 왕이지만 백성들 또한 무지했다. 끔찍한 피의 의식 현장을 보고 놀란 코르테스가 신전에 대포를 발사해 겁을 주고 사제들과 경비병들을 모두 총살시킨 후 산 채로 신의 제단에 바쳐질 운명에 처했던 원주민 1만 명을 풀어 주자 오히려 그를 지지하는 백성들까지 생겨났다. 또한 코르테스는 스페인 군대와 함께 묻어 들어온 천연두로 수많은 아즈텍인들이 죽어 나가자 이를 기회로 황금을 자신에게 바치면 괴질이 낫는다는 거짓말을 퍼뜨리기도 했다. 결국 아즈텍 왕국은 1522년 자중지란 끝에 허망하게 무너지고 말았다. 그토록 손쉽게 무너진 가장 결정적인 이유는 역시 그들이 처음 본 총과 대포의 위력에 대한 두려움 때문이었다.

코르테스는 여러 원주민 여성들을 거느리며 많은 자식을 낳았는데, 그중에서도 자신의 아들을 낳은 노예 말린체는 통역을 겸한 앞잡이로 내세워 아즈텍인들을 교란시키는 데 실컷 이용한 뒤 정복지의 귀족인 후안 아라미요에게 넘겨주었으며, 아즈텍의 황제 몬테수마의 딸이자 쿠아우테목의 왕비였던 테추키포는 자신의 노예로 삼아 딸까지 낳았음에도 불구하고, 그녀 역시 자신의 부하인 알폰소 데 그라도에게 넘겨주는 등 백인 정복자로서 온갖 방자한 짓을 마다하지 않았다.

이처럼 제멋대로 왕국을 찬탈하고 수많은 귀족들을 학살했을 뿐만 아니라 황족의 여인을 노예로 부리는 등 만용을 일삼은 코르테스는 1522년 현지 총독에 임명되었다가 4년 뒤에는 월권 혐의로 파면당하고 본국 스페인에 송환되었다. 그 후 카를로스 왕을 설득해 캘리포니아 등지를 탐험하기도 했지만 죽을 때까지 왕의 인정을 받지 못하고 실의의 나날을 보내다 생을 마감하고 말았다.

코르테스와 친척 간인 사생아 출신의 피사로는 잉카제국을 멸망시킨 정복자로 200명도 채 안 되는 병사들을 이끌고 잉카제국을 공격해 아타후알파 황제를 인질로 사로잡은 후 제멋대로 처형시켜 버렸는데, 이는 일국의 왕을 본국의 허락도 없이 처형시키는 것은 불법이라며 말리는 동생들의 의견조차 묵살한 일방적인 결정이었다. 심지어 그는 잉카의 마지막 황제 아타후알파의 여동생과 혼인해서 두 아들을 낳았으며, 당시

프란시스코 피사로

열 살에 불과했던 황후 유팡키는 나중에 첩으로 삼아 두 아들까지 출산했으니 백인 정복자의 오만방자함이 어느 정도였는지 알 만하다.

잉카제국을 멸망시킨 후 페루의 도시 리마를 건설하고 마지막 생애 2년간을 그곳에서 왕처럼 군림하며 지내던 피사로는 동료였던 디에고 데 알마그로와 불화를 일으킨 나머지 그를 처형했는데, 알마그로의 수하들이 그에 대한 보복으로 피사로가 머물던 궁에 침입해 그를 칼로 찔러 암살했다. 피사로는 숨을 거두는 순간에도 자신의 목에서 흐르는 피로 십자가를 그리며 죽었다고 전해지지만, 그것은 무자비한 정복자의 이미지를 희석시키기 위해 미화된 내용일 가능성이 많다.

반면에 마젤란(Ferdinand Magellan, 1480~1521)은 태평양을 횡단한 최초의 인물로 지구가 둥글다는 사실을 실질적으로 입증한 포르투갈 출신의 탐험가다. 그는 코르테스나 피사로와는 달리 어느 한 곳에 정착해 원주민을 지배한 적이 없으며, 단지 인류 최초로 지구를 한 바퀴 돌아 필리핀에 도달했을 뿐이다. 그는 원주민을 상대로 기독교 신앙을 전파하다가 막탄섬의 추장 라푸라푸의 습격으로 무참하게 살해당하고 말았는데, 처음 출발할 때 이끌었던 5척의 배와 300명의 선원들 가운데 마지막까지 스페인으로 무사히 귀환한 것은 빅토리아 호 1척과 18명의 선원들뿐이었다.

메리 여왕과 엘리자베스 여왕의 원한관계

영국의 메리 1세(Mary I, 1516~1558)와 그 뒤를 이은 엘리자베스 1세 여왕(Elizabeth I, 1533~1603)은 그야말로 철천지원수 간이었다. 메리 여왕이 엘리자베스를 그토록 미워했던 것은 물론 앤 불린의 딸이었기 때문이다. 그녀 입장에서 보자면 계모인 앤 불린이 자신의 어머니 캐서린을 불행에 빠트린 장본인이었으니 원한을 가질 만도 했다.

스페인의 이사벨라 여왕의 딸이었던 캐서린은 헨리 8세와 혼인했으나 아들을 낳지 못하고 폐경을 맞이하고 말았는데, 설상가상으로 헨리 8세가 자신의 시녀였던 앤 불린과 혼인하기 위해 결혼 무효를 요구하자 일언지하에 거절함으로써 왕의 분노를 샀으며, 그 일로 해서 헨리 8세

메리 여왕

와 교황청 사이에 분란이 일어나 마침내 따로 독립적인 영국성공회가 탄생한 셈이다.

결국 캐서린은 왕궁에서 쫓겨나고 어머니와 헤어진 메리 역시 천덕꾸러기 신세가 되어 이복동생인 엘리자베스의 시중이나 드는 처지로 전락했으니 그 원한이 뼈에 사무칠 수밖에 없었을 것이다. 그러나 어쨌든 최후의 승리는 끝까지 참고 인내한 엘리자베스에게로 돌아갔으며, 메리 여왕은 불과 5년에 지나지 않는 짧은 재위 기간을 마치고 숨을 거둠으로써 그녀가 그토록 증오했던 엘리자베스에게 왕위를 물려주고 말았다.

메리 1세의 통치시대는 '피의 메리(Bloody Mary)'라는 별명에서 보듯이 영국 역사에서 가장 어두운 시기로 평가된다. 스페인 왕가의 혈통을 이어받은 메리 여왕은 독실한 가톨릭 신자로 개신교와 성공회를 철저히 탄압함으로써 악명이 자자했는데, 성공회 기도서 사용을 금지시키고 수많은 성직자와 신도들을 무자비하게 처형해 '피의 메리'라 불렸다. 칵테일의 일종인 블러디 메리 역시 그녀의 별명에서 따온 명칭이다.

메리 여왕은 국민의 반대여론에도 불구하고 스페인의 펠리페 2세와 결혼을 강행했는데, 그 때문에 여기저기서 반란이 일어나기까지 했다. 그녀는 아이 갖기를 간절히 원했지만 난소암 때문에 뜻을 이루지 못했으며, 결국 5년 남짓 재위한 후 42세를 일기로 세상을 뜨고 말았다. 메리 여왕이 후손을 남기지 못하고 세상을 뜨자 국민들은 비로소 폭압정치에서 해방되었음을 진심으로 기뻐했으며 메리 여왕이 일생을 두고 증오했던 엘리자베스의 즉위에 모두 쌍수를 들어 환호했다.

잉글랜드의 여왕 엘리자베스 1세는 당시만 해도 프랑스와 스페인에 밀려 후진국 수준에 머물러 있던 잉글랜드를 세계 최강대국의 반열에 오르게 한 장본인으로 일생 동안 독신을 고수하며 자신은 국가와 혼인

엘리자베스 여왕

한 여성임을 공언함으로써 국민들의 전폭적인 지지를 한 몸에 받은 것으로 유명하다. 북미 대륙에 건설된 영국 식민지 버지니아는 '처녀 여왕(The Virgin Queen)'으로 불리기도 했던 그녀의 별명에서 붙여진 명칭이다.

그러나 다른 한편으로는 그녀의 독신주의를 어릴 때 받은 정신적 상처 때문인 것으로 보는 견해도 있다. 그녀의 어머니 앤 불린은 간통 및 반역죄 혐의로 헨리 8세의 지시에 따라 참수되는 비극을 겪었는데, 그 후 엘리자베스는 사생아로 취급되어 궁 안에서 항상 외톨이로 지냈으며, 한치 앞을 내다볼 수 없는 매우 불안정한 나날을 보내야만 했다. 게다가 이복 언니인 메리 공주가 그녀의 일거수일투족을 감시하고 구박해 몹시 위축된 상태에서 지낼 수밖에 없었다.

엘리자베스에게 상처를 준 사건이 또 있다. 그녀의 이복동생 에드워드 6세가 왕위에 오른 뒤 부왕인 헨리 8세의 마지막 부인 캐서린 파는 왕의 삼촌인 토머스 시모어 제독과 재혼했는데, 이들 부부는 엘리자베스를 입양해 딸처럼 키웠지만, 당시 나이 40세인 토머스는 어린 그녀를 상대로 성추행을 일삼았던 것이다. 두 남녀가 서로 포옹하고 있는 장면을 목격한 캐서린 파는 곧바로 엘리자베스를 집에서 내쫓아 버렸다.

문제는 거기서 끝나지 않았다. 캐서린 파가 출산 직후 사망하자 야심 많은 토머스 시모어는 엘리자베스와 결혼할 의도로 계속해서 그녀에게 접근해 추근대며 괴롭혔는데, 그런 사건뿐 아니라 반역을 꾀했다는 혐의까지 받아 결국 참수형을 당하고 말았다. 이런저런 사건을 통해 엘리자베스는 어려서부터 남녀 사이에 벌어지는 문제에 대해 이미 질릴 대로 질려 버렸는지도 모른다.

더군다나 에드워드 6세가 어린 나이로 세상을 뜨자 여왕의 자리에 오른 이복언니 메리 1세는 노골적인 박해를 가했는데, 목숨을 부지하기 위해 엘리자베스는 가톨릭 신도로 위장하기도 했지만, 그럼에도 불구하고 런던탑에 갇혀 고문과 협박에 시달리며 고통을 받기도 했다. 그러나 엘리자베스는 놀라운 의지력을 발휘해 그런 위기를 극복해 나갔다. 그녀가 겪었던 시련과 고통이 그 후 대영제국을 이끌어 나간 원동력이 되었는지도 모른다. 특히 그녀의 애민정책은 여론을 중시하는 모습을 통해 국민들의 사랑을 독차지하게 만드는 가장 강력한 힘으로 작용했다.

엘리자베스 시대는 스페인의 무적함대를 격파한 영국 해군이 오대양을 누비며 전 세계에 해외 식민지 개척의 발판을 마련한 시기이기도 했다. 신대륙은 물론 동인도회사를 통해 아시아까지 세력을 넓혔으며, 적어도 유럽에서는 영국에 대적할 세력이 없을 정도로 국력이 강성해졌다. 그녀의 강인한 카리스마적 지도력에 힘입어 사상 유례가 없는 번영의 기틀을 마련한 영국은 그 후 400년간 세계를 제패하는 초강대국이 되었다. 비록 말년에는 우울증을 앓으며 기력이 쇠퇴했지만, 그녀는 죽을 때까지도 흐트러짐 없이 여왕으로서의 품위를 유지했다.

셰익스피어의 《햄릿》과 세르반테스의 《돈키호테》

동시대에 활동한 세계적인 문호로 공교롭게도 같은 해 같은 날에 사망한 영국의 극작가 셰익스피어(William Shakespeare, 1564~1616)와 스페인의 소설가 미구엘 데 세르반테스(Miguel de Cervantes, 1547~1616)는 '햄릿'과 '돈

윌리엄 셰익스피어

키호테'라는 매우 대조적인 인물상을 창조한 작가들로 이들의 작품은 시대적 간격을 뛰어넘어 오늘날에 이르기까지 수많은 독자들로부터 사랑을 받고 있다.

영국이 자랑하는 위대한 시인이며 극작가인 윌리엄 셰익스피어는 영국의 비평가 토머스 칼라일이 자신들의 식민지 인도와도 바꿀 수 없다고 호언장담할 정도로 영국인의 사랑을 독차지해 온 대문호다. 그만큼 셰익스피어 연극은 영국인의 문화생활에 빠트릴 수 없는 삶의 일부로 자리 잡은 지 오래다. 영국인들의 그런 자부심은 독일인들이 바그너를 신주단지처럼 떠받드는 것에 비견할 만하다.

잉글랜드 중부에 위치한 작은 마을 스트랫퍼드에서 부유한 상인의 아들로 태어난 셰익스피어는 불과 18세 때 자신보다 8년이나 연상인 앤 해서웨이와 혼인해서 맏딸 수잔나와 쌍둥이 남매 햄니트와 주디스를 낳았는데, 아들 햄니트는 11세 나이로 일찍 죽고 말았다. 어쨌든 셰익스피어는 아내에게 정이 별로 없었던지 쌍둥이 남매를 낳자마자 곧바로 집을 떠나 떠돌이 생활로 접어들었으며, 그 후 7년간의 행적은 알려진 사실이 없다.

20대 중반에 갑자기 런던에 나타난 그는 그때부터 배우, 극작가로 활동하기 시작했는데, 그 후 20여 년에 이르는 전성기를 통해 수많은 걸작 희곡을 발표했으며, 당시 엘리자베스 여왕도 그의 연극을 보고 극찬을 아끼지 않을 정도로 명실상부한 대작가로 크게 성공했다. 《햄릿》, 《맥베스》, 《오셀로》, 《리어왕》, 《로미오와 줄리엣》, 《베니스의 상인》, 《한 여름밤의 꿈》등 그가 남긴 주옥같은 작품들은 수백 년에 걸쳐 끊임없이 공연되고 있는데, 그런 점에서 그를 두고 '셰익스피어는 어느 한 시대의 사람이 아니라 모든 시대의 사람'이라고 추켜세웠던 어느 평자의 말은 결코 과장이 아닌 듯하다.

셰익스피어의 대표작 《햄릿》은 처음부터 끝까지 긴박하게 돌아가는 심리적 갈등 상황을 보여 주는 걸작 복수극으로, 프로이트는 부친살해 욕과 관련해서 자신에게 가장 큰 영감을 준 작품으로 소포클레스의 《오이디푸스 왕》, 셰익스피어의 《햄릿》, 도스토예프스키의 《카라마조프가의 형제들》을 꼽기도 했다.

'햄릿'의 성격은 매우 사색적이면서도 행동상으로는 매우 우유부단하기 그지없는 강박적인 성향이 농후해 보이는데, 우울하고 염세적인 특성 때문에 애정관계에도 소심하기 그지없어 오필리아의 사랑조차 받아들이지 못한다. 결국 햄릿의 불행은 "사느냐, 죽느냐, 그것이 문제로다."라는 그의 유명한 독백에서도 보듯이 오로지 생각에만 머물러 있을 뿐 사랑을 주고받을 능력의 부족에서 비롯되는 문제라고 할 수 있다.

반면, 세르반테스의 '돈키호테'는 스페인의 라만차 지방에 사는 50대 시골 귀족으로 사색적인 햄릿과는 전혀 상반된 매우 저돌적이고도 몽상에 사로잡힌 인간상이다. 그는 기사 이야기만을 탐독하며 지내다가 어느 날 정신이 이상해진 나머지 스스로 방랑의 기사가 되기로 작심하고 세상의 악을 물리쳐 공을 세우기 위한 모험의 길에 나선다. 조상 대대로 내려온 갑옷을 입은 그는 로시난테라는 이름의 다 말라비틀어진 말을 타고 집을 나선다. 그는 가까운 이웃에 사는 농부의 딸에게 둘시네아라는 이름을 제멋대로 붙이고는 자신의 이상적인 고귀한 여성으로 삼은 그녀를 위해 큰 공을 세우기로 작심한다.

미구엘 드 세르반테스

　드넓은 벌판에서 돈키호테는 풍차의 무리를 보자 그것이 거인의 무리라고 판단하고 느닷없이 공격을 감행하지만 때마침 불어닥친 강풍으로 말과 함께 나동그라지고 만다. 따라나선 시종 산초의 만류에도 불구하고 돈키호테는 그런 어리석은 행동을 멈추려 하지 않는다. 그는 그것이 정의를 위해 싸우는 것이라고 굳게 믿고 있기 때문이다. 수차례의 도전과 모험이 반복된 후 결국 돈키호테는 자신의 어리석음을 깨닫고 고향으로 돌아가지만 곧 병석에 눕게 되어 세상을 뜬다.

　많은 평자들은 돈키호테의 주제를 이상과 현실 사이에서 고뇌하는 보편적 인간 갈등의 표출로 풀이하기도 하며, 돈키호테가 제시하는 특이한 유형의 성격을 전형적인 인간형의 하나로 간주한다. 그런 점에서 햄릿은 행동하지 않는 사색가인 반면에, 돈키호테는 올바로 생각하지 못하는 행동파라 할 수 있다. 사람들은 그것을 햄릿형과 돈키호테형이라고 부르기도 하는데, 실제로 우리 주변에는 그런 인물들이 많이 존재한다.

　돈키호테와 마찬가지로 세르반테스의 삶은 실로 기구한 사건들로 이루어진 것이었다. 전쟁에서 입은 부상으로 한손을 쓰지 못하는 불구가 되었을 뿐만 아니라 오랜 노예생활과 수치스러운 감옥생활 등 그는 평탄한 삶을 제대로 영위해 본 적이 별로 없었다. 그는 자신의 그런 불운한 현실에 대한 보상으로 돈키호테라는 기이한 인물을 내세워 새로운 자기만의 세계를 창조했다. 그에게 작가로서의 성공은 그 무엇보다 큰 보상이 되었을 것이다.

동시대에 활동한 셰익스피어가 영국을 상징하는 인물이 되었다면 세르반테스는 곧 스페인을 상징하는 인물이 되었다. 물론 그가 들려주는 돈키호테의 기묘한 모험담은 단지 웃음과 즐거움을 선사하기 위한 것만은 결코 아니다. 이상과 현실 사이에서 좌절하고 분노하는 한 노신사의 고뇌와 갈등을 우화적인 형태를 빌려 묘사한 것이기도 하지만, 그토록 우스꽝스러운 행태를 통해 세르반테스는 인간의 어리석은 측면을 우회적으로 드러내 보인 것일 수도 있다.

데카르트의 이성과 파스칼의 감성

"나는 생각한다. 고로 존재한다(Cogito ergo sum)." 프랑스의 철학자 르네 데카르트(René Descartes, 1596~1650)가 그의 대표적인 저서 《방법서설》에서 한 말이다. 이에 대해 블레즈 파스칼(Blaise Pascal, 1623~1662)은 《팡세》를 통해 인간은 자연 가운데서 가장 약한 갈대에 불과하지만, "인간은 생각하는 갈대이다."라는 유명한 말로 응수했는데, 이는 곧 생각도 중요하지만 어차피 인간의 생각이란 감정에 흔들리기 쉽다는 뜻으로 한 말이기 쉽다. 다시 말해서 데카르트는 이성이 전부인 것처럼 말했지만, 파스칼은 감성의 중요성을 간과해선 안 될 것이라고 강조한 것이 아니겠는가.

인간은 생각하기 때문에 존재한다고 감히 주장한 데카르트는 근대 합리주의 철학을 대표하는 인물로 해석기하학의 창시자로도 불린다. 특

르네 데카르트

히 그는 인간의 정신과 육체를 따로 구분함으로써 이분법적 사고의 전형으로 알려지기도 했는데, 오늘날에 이르기까지 수많은 의사들이 그의 지침을 충실히 따라 뇌의 기능과 정신 기능을 따로 구분해 받아들일 정도로 그의 영향력은 지대하다고 하겠다. 하지만 아직까지도 뇌와 정신의 관계는 많은 부분이 여전히 미지수로 남아 있다. 특히 인간의 감정문제는 더욱 큰 수수께끼에 속한다고 할 수 있다.

그런 점에서 인간의 감성을 강조한 파스칼은 생각이 전부가 아니라는 사실을 처음으로 부각시킨 철학자라 할 수 있으며, 그것은 프로이트의 무의식 이론을 통해 분명한 사실로 드러났다. 인간의 사고와 감정을 주도하는 것으로 알려진 자아의 의식세계마저 인식하지 못하는 무의식의 존재야말로 데카르트의 명제가 완전치 않음을 충분히 입증했기 때문이다. 더 나아가 프랑스의 정신분석가 자크 라캉은 "인간의 주체는 내가 생각하지 않는 곳에 존재한다."라고 함으로써 데카르트에 정면으로 맞서기도 했다.

30대에 접어들어 그 유명한 파스칼의 원리를 발견하고 수압 프레스

블레즈 파스칼

장치까지 발명한 파스칼은 어느 날 마차를 타고 가다 갑자기 말고삐가 풀려 마차가 다리로 돌진하는 바람에 거의 죽을 뻔한 적이 있었는데, 그날 이후로 신학과 자기성찰에 몰두하게 되면서 《팡세》와 같은 걸작을 쓰게 된 것으로 보인다. 인간을 세상에서 가장 약한 갈대에 비유한 것도 그런 충격 때문이었을 것이다. 더군다나 30대 중반 무렵부터 엄청난 치통과 두통에 시달리기 시작한 그는 극심한 통증에서 벗어나기 위해 입체

도형 연구에 몰두하기도 했지만, 결국 39세라는 젊은 나이로 아깝게 요절하고 말았다.

스위프트의《걸리버 여행기》와 디포의《로빈슨 크루소》

동시대에 활동한 영국의 소설가 대니얼 디포(Daniel Defoe, 1660~1731)와 아일랜드 태생의 조너선 스위프트(Jonathan Swift, 1667~1745)는 문학의 맞수라기보다는 오히려 정치적인 적수에 가깝다고 할 수 있는데, 두 사람 모두 정치적 야심이 컸던 인물들로 토리당과 휘그당을 오가며 줄타기를 했으나 불행한 말로를 겪기는 마찬가지였다.

아일랜드 출신으로 성공에 대한 야심이 매우 컸던 스위프트는 영국 국교 성직자로 처음에는 당시 집권당인 토리당을 옹호하고 지지했으나 그 후 토리당이 실각하고 휘그당이 실세로 등장하자 휘그당에도 접근했다. 하지만 양측 모두에게 위험한 논객으로 간주된 끝에 결국 변방인 아일랜드로 좌천되어 성 패트릭 성당의 사제로 일했다. 그 후 영국의 혹독한 식민정책으로 수탈당하며 살아가는 아일랜드의 비참한 현실에 눈을 돌리고 영국의 귀족과 성직자들을 통렬하게 비판하는 작품들을 썼는데, 그 대표적인 소설이《걸리버 여행기》와《통 이야기》라 할 수 있다.

1726년에 발표된《걸리버 여행기》는 일종의 우화소설이지만, 세상에 대한 극도의 불신과 인간에 대한 혐오감이 노골적으로 드러난 그의 대표작이다. 특히 상류 귀족사회에 대한 그의 조롱 섞인 야유와 험담은 타의 추종을 불허하는 예리함으로 정평이 나 있다.《통 이야기》는 자신이

조녀선 스위프트

몸담았던 영국국교회를 옹호하고 정통 가톨릭과 개신교 및 정치세계의 부패와 타락상에 대한 신랄한 조소와 공격을 가한 풍자소설이다.

이런 그의 태도에 대한 가장 강력한 적수는 당시 필명을 날렸던 개신교도 영국작가 대니얼 디포였다. 하지만 스위프트는 번번이 디포에게 판정패를 당해야만 했다. 정치적 야심으로 치면 스위프트 못지않게 욕심이 컸던 디포는 아일랜드 출신의 시골뜨기 스위프트 정도는 안중에도 없었다. 스위프트의 심리적 좌절은 이래저래 지배층인 영국 귀족사회에 대한 분노와 적개심으로 이어졌는데, 《걸리버 여행기》에서 그가 가장 이상적인 국가로 다루었던 휴이넘을 통해서도 알 수 있듯이 고도의 문화를 이루었다고 자랑하는 인간들의 모습이 한낱 짐승보다 못한 추악한 동물에 불과하다고 빈정댄다. 귀국한 이후에도 걸리버는 휴이넘을 잊지 못해 그리움에 젖어 지낸다.

《걸리버 여행기》를 통해 스위프트가 전하고자 했던 가장 기본적인 주제는 결국 악에 물든 인간사회 현실에 대한 고발이다. 가상적인 사회를 통해 그는 정치적 부패와 파벌 싸움, 왕족과 귀족들의 사치와 향락, 공정치 못한 법의 운영과 잘못된 교육제도, 빈부의 차이, 약육강식의 국제사회 등에 대해 예리한 칼날을 들이대면서 특히 말들의 나라에서는 인간의 도덕성 자체를 부인하며 심하게 평가절하한다. 그곳에 사는 가상적 존재 '야후'에서 이름을 따온 것이 오늘날 인기를 얻고 있는 인터넷 검색엔진 야후(YAHOO)이다.

반면에 《걸리버 여행기》보다 앞서 1719년에 발표된 디포의 《로빈슨 크루소》는 무인도에 표류한 주인공이 깊은 신앙심을 바탕으로 오로지 혼자만의 힘으로 새로운 땅을 개척하며 지내다가 식인종의 포로였던 프라이데이를 구출해 충복으로 삼고 그와 함께 28년 만에 고국으로 돌아온다는 내용인데, 당시 해외 식민지 건설에 혈안이 되어 있던 영국에서는 백인의 우월성과 식민정책을 정당화시키는 내용으로 인해 폭발적인 인기를 얻은 작품이다.

이처럼 스위프트와 디포는 비슷한 설정의 무인도 표류기를 통해서도 내용은 전혀 판이한 메시지를 전하고 있는데, 스위프트는 착취적인 식민정책을 맹렬히 비난하고 있는 반면에, 디포는 오히려 그 정당성을 뒷받침하고 있음을 알 수 있다. 그런 점에서 스위프트와 디포는 서로 양립하기 어려운 입장에 놓여 있었음에 틀림없다. 그것은 스위프트 자신이 성 패트릭 성당 묘지 벽면에 붙인 라틴어 비문에서도 분명히 드러난다. '이제는 격한 분노가 더 이상 그의 가슴을 괴롭히지 못하리라.' 영국 지배층에 대한 분노가 얼마나 뼈에 사무쳤으면 그런 비문까지 썼을까 싶기도 하다.

하지만 철저한 개신교도였던 디포 역시 영국 국교를 야유하는 글 때문에 한때는 투옥되어 필로리 형까지 받았다. 그것은 죄수의 사지를 꼼짝 못하게 고정시킨 상태로 사람들이 오가는 길거리에 내놓아 행인들로부터 심한 모욕을 당하도록 하는 형벌이었지만, 오히려 그런 일 때문에 디포는 더욱 큰 대중적 인기를 얻게 되었다. 반면에 스위프트는 말년에 이르러 정신착란 증세를 보이기 시작해 툭 하면 주위 사람들과 언쟁을

대니얼 디포

벌이고 시비를 거는 등 폭력적으로 변하는 모습을 보였고, 마지막 일 년 동안은 거의 말을 하지 못하는 실어증 상태에 있다가 78세를 일기로 생을 마쳤다.

음악의 아버지 바하와 음악의 어머니 헨델

서양음악사에서 바하(Johann Sebastian Bach, 1685~1750)는 대위법을 완성시킨 음악의 아버지로 불린다. 바하는 〈마태 수난곡〉, 〈브란덴부르크 협주곡〉, 〈토카타와 푸가〉, 〈무반주 첼로 모음곡〉, 〈평균율 클라비어곡집〉, 〈관현악 모음곡〉, 〈골드베르크 변주곡〉, 〈음악의 헌정〉 등 수많은 걸작을 남겼지만, 동시대에 활동한 비발디나 헨델처럼 국제적인 명성을 지니지 못했다. 그는 한동안 그 존재가 무시되었다가 19세기에 들어 새롭게 재조명되면서 위대함이 더욱 빛을 발하게 되었다.

반면, 독일 태생으로 영국에 귀화해서 활동한 헨델(Georg Friedrich Händel, 1685~1759)은 바하와 동갑내기로 오라토리오 〈메시아〉, 〈왕궁의 불꽃놀이 조곡〉, 〈수상음악 조곡〉 등의 걸작을 남겼는데, 엄밀하고 진지하며 매우 종교적인 바하와는 달리 장중하고 화려하며 단순명쾌한 작품으로 대중적인 인기를 얻어 음악의 어머니로 통한다. 영국 왕실의 총애와 대중적 사랑을 받은 헨델은 당시 음악가로서는 매우 드물게도 상당한 부와 명예를 동시에 거머쥔 행운아이기도 했다.

바하의 집안은 200년 이상 대대로 음악가를 배출한 가문이었지만, 어릴 때 부모를 모두 잃은 바하는 오르간 주자였던 형으로부터 음악을 배웠다. 독실한 루터교 신자였던 바하는 일생 동안 교회음악 작곡가, 오르간 주자로 활동했으며, 국제적인 활약을 펼친 헨
델과는 달리 죽을 때까지 독일을 벗어나 본 적이
없었다. 말년에 눈병으로 고생한 그는 65세를 일
기로 라이프치히에서 생을 마감했는데, 그곳에
서만도 무려 300곡의 칸타타를 작곡한 것으로
알려졌다. 일생 동안 그는 1,000곡 이상의 작품
을 남긴 바로크 음악 최대의 거장이었다.

바하는 1707년 뮐하우젠의 교회 오르간 주자

바하

로 취임한 직후 사촌인 마리아 바르바라와 결혼
해 7남매를 낳았는데, 1720년 아내가 젊은 나이로 세상을 뜨자 이듬해
에 15세 연하인 안나 막달레나와 재혼해 무려 13명의 자식을 낳았다. 하
지만 총 20명에 달하는 자식들의 절반은 어려서 사망하고 말았으며, 바
하는 첫 아내와 10명의 자식들의 장례식을 치르는 아픔을 겪으면서도
결코 낙심하는 법이 없이 음악활동에만 전념했으니 참으로 대단한 인물
이 아닐 수 없다.

74년에 걸친 생애 중 47년을 영국에서 지낸 헨델은 독일의 작센지방
할레에서 궁정 이발사를 겸한 외과의사의 아들로 태어나 어려서부터 음
악적 재능을 나타냈다. 음악을 몹시 싫어한 아버지의 눈을 피해 다락방
에 숨어서 몰래 악기를 연주할 정도로 음악을 좋아했던 그는 결국 법률
가가 되기를 바란 아버지의 뜻을 마다하고 음악가의 길로 들어서게 되
었다. 이탈리아 여행을 마친 후에 런던으로 건너간 그는 귀국하지 않고
그곳에 그대로 눌러 앉아 영국 시민이 되었으며, 46편의 가극과 26곡의
오라토리오 등을 작곡해 바로크 음악을 대표하는 거장의 반열에 오르게
되었다.

헨델

말년에 이르러 백내장을 앓은 헨델은 당시 돌팔이 안과의사 존 테일러에게 수술까지 받았지만 결국 실명하고 말았는데, 존 테일러는 바하의 눈도 수술했지만, 바하 역시 시력을 되찾지 못하고 수개월 뒤에 숨지고 말았다. 어쨌든 바하와 헨델은 비록 일생 동안 단 한 번도 상면할 기회가 없었지만 서로 깊은 존경심을 지니고 있었다고 한다.

루소의 과거를 폭로한 볼테르

프랑스의 계몽주의 사상가이자 작가로 유명한 장 자크 루소(Jean-Jacques Rousseau, 1712~1778)와 볼테르(Voltaire, 1694~1778)는 공교롭게도 같은 해에 사망했는데, 두 사람 모두 프랑스대혁명을 보지 못하고 죽었으며, 일생 동안 쫓기며 여기저기를 전전하며 살았던 도망자 신세였다는 점에서도 똑같다. 하지만 루소와 볼테르는 프랑스대혁명에 지대한 영향을 준 사상가였음에도 불구하고 서로 뿌리 깊은 앙숙관계에 있었다.

《사회계약론》과 《인간 불평등 기원론》 등을 통해 프랑스혁명의 사상적 아버지로 불리는 루소는 사회평등사상뿐 아니라 《에밀》, 《신엘로이즈》, 《참회록》 등의 저서를 통해 교육, 문화, 문학 등 사회 전반에 걸쳐 폭넓은 안목을 보여 준 18세기 최대의 계몽사상가였다. 스위스 제네바에서 가난한 시계공의 아들로 태어난 그는 태어나자마자 어머니를 잃었으며, 어린 시절 아버지마저 자식들을 내버리고 사라지는 바람에 졸지

에 고아가 되어 여기저기를 떠돌아다니는 신세
가 되었다.

일정한 직업이 없는 무일푼 상태에서 젊은 재
봉사 테레즈와 동거생활에 들어간 루소는 자식
들을 양육할 능력이 없자 자신의 아이들을 모두
고아원에 맡겨 버렸다. 비록 루소는 《사회계약
론》 등 사상적인 저술로 명성을 쌓기 시작했지
만, 《에밀》에서 기술한 반종교적인 내용이 교회
의 반발을 불러일으켰으며, 결국 그에게 내려진

장 자크 루소

체포령을 피해 스위스로 도피한 후 유럽 각지를 전전해야만 했다. 오랜
도피생활을 마치고 간신히 귀국한 그는 《고독한 산책자의 몽상》을 완성
하지 못하고 66세를 일기로 생을 마감했다.

루소는 사후에 출간된 《참회록》을 통해 자신의 온갖 치부를 과감하
게 드러내 보이기도 했는데, 그중에는 피학적 성도착 증세와 여성들의
속옷을 훔치는 병적인 도벽, 바랑 부인과 치른 성인의식을 비롯한 여러
불륜사실과 하녀에게 도둑의 누명을 뒤집어씌운 일, 자신의 다섯 아이
들을 차례로 고아원에 내버린 일 등이 모두 포함되어 있다. 물론 루소는
한때 자식들을 찾기 위해 애쓰기도 했으나 성공하진 못했다. 위대한 사
상가의 운명치고는 너무도 얄궂은 삶이 아닐 수 없다.

루소가 《참회록》을 쓰게 된 직접적인 계기는 오랜 숙적 관계에 있던
볼테르가 자식들을 모두 내버린 루소의 과거 행적을 폭로했기 때문이
다. 볼테르로 인해서 도덕적인 치명타를 입게 된 루소는 결국 《참회록》
을 통해서 자신이 자식들을 포기할 수밖에 없었던 이유를 변명처럼 둘
러대기는 했으나 그것은 설득력이 매우 떨어지는 내용이 아닐 수 없다.

볼테르

왜냐하면 당시 자신의 능력으로는 아이들을 키울 형편이 못 되었으며, 자기 밑에서 성장하여 건달이나 사기꾼이 되느니 차라리 공공기관에 위탁해서 평범한 노동자나 농민이 되도록 하는 것이 어버이로서의 도리에 맞는 일이라고 생각했다는 구차한 변명이었기 때문이다.

또한 루소는 평생을 두고 자기 부모를 증오하고, 경우에 따라서는 부모를 배신할 수 있을지도 모르게 키워지는 것보다는 차라리 자기 부모가 누구인지 모르는 편이 훨씬 더 낫다는 궤변까지 늘어놓으며, 자신은 고아원에 맡겨진 아이들의 처지가 오히려 부럽다는 말까지 했는데, 자세한 언급은 적당히 생략하고 넘어가겠다고 하면서도 그런 비밀을 지키지 못하고 발설한 사람들의 도덕성에 대해 강한 불쾌감을 드러내기도 했다. 어쨌든 루소는 오랜 동거생활 끝에 1768년 뒤늦게나마 테레즈와 결혼식을 올리지만 공식적인 혼인신고를 한 것은 아니며, 따라서 이들은 죽을 때까지 합법적인 부부관계는 아니었다.

이처럼 루소의 비밀을 폭로한 볼테르는 루소보다 더욱 노골적으로 절대왕정과 로마가톨릭의 비리를 공격하고 폭로함으로써 당국의 체포를 피해 영국, 스위스 등지로 도망쳐야 했는데, 불온사상가로 간주된 그의 저서들은 압수되어 불에 태워지기 일쑤였으며, 두 번씩이나 바스티유 감옥에 갇히기까지 했다. 《철학서간》, 《관용론》, 《철학사전》, 《랭제뉘》, 《미크로메가스》 등이 그 대표적인 저서로 봉건제의 병폐와 기독교적 광신에 대해 신랄한 비판을 가한 내용들로 이루어져 있다. 이처럼 평생을 행동하는 양심으로 비판적 활동을 계속한 볼테르는 84세까지 장수했지만, 루소와는 달리 죽을 때까지 독신을 고수했으며, 루소보다 한 달 앞서 숨을 거두었다.

희대의 난봉꾼 카사노바와 성도착자 사드

프랑스대혁명을 전후해 세상이 온통 몸살을 앓고 있던 시기에 그런 시대적 혼란과 무관하게 오로지 성적인 탐닉에 몰두했던 두 거물이 있었으니 그들은 다름 아닌 사랑의 전도사임을 자처한 희대의 바람둥이 지아코모 카사노바(Giacomo Casanova, 1725~1798)와 '사디즘'이라는 명칭이 유래된 인물로 알려진 마르키 드 사드 후작(Marquis de Sade, 1740~1814)이었다. 그들이 평생을 통해 벌인 엽색행각의 실상을 보면 그야말로 상상을 뛰어넘는 것으로 좋게 말하면 시대를 앞서간 성 해방자요, 나쁘게 말하면 성적으로 타락한 도착자요 인격파탄자의 원형으로 볼 수도 있다.

카사노바는 베니스에서 태어나 대학에서 법학을 공부한 인텔리였으며, 한때는 성직자를 꿈꾸기도 했으나 항상 염문을 일으키는 바람에 어느 한곳에 정착하기 힘들었다. 항상 경찰에 쫓기는 신세였던 그는 일생을 여기저기 방랑하면서도 온갖 엽색행각을 벌인 것으로 유명하다. 그는 말년에 쓴 《회상록》을 통해 그동안 자신이 벌였던 애정행각을 세밀히 밝힘으로써 당시의 성 풍속도를 이해하는 데 아주 유용한 자료를 남기기도 했는데, 물론 그는 자신을 사랑의 화신으로 미화시켰지만 일종의 애정결핍증에 사로잡힌 성격장애자라 할 수 있겠다.

그가 상대한 수많은 여성은 국적뿐 아니라 신분 또한 실로 다양했다. 귀족과 하녀들, 창녀와 수녀에 이르기까지 신분 고하를 막론하고 상대

지아코모 카사노바

했다는 점에서 가히 그의 명성에 걸맞는 사랑의 행적을 남겼지만, 수천 페이지에 달하는 방대한 자료 속에 드러낸 노골적인 성 묘사로 인해 그의 《회상록》은 사드의 저술과 더불어 오랜 기간 금서 목록에 오를 수밖에 없었다.

한때 군인이 되기도 했지만 따분한 생활을 견디지 못한 그는 마침내 전문 도박사가 되었으나 남은 돈마저 몽땅 잃고 파르마로 도주했다. 그 후 카사노바는 정처 없는 여행길에 올라 유럽 각지를 전전하며 엽색행각은 물론 도박과 복권사업 등에 몰두하며 한때는 프랑스 외무성의 스파이 노릇도 마다하지 않았다. 이 때문에 그는 항상 쫓기는 몸이었으며 오갈 데 없는 신세로 전락했을 뿐만 아니라 스페인에서는 암살을 모면하기 위해 스스로 자청해서 감옥에 들어간 적도 있었다.

결국 그는 로마에 머물며 베니스에 재입국할 수 있는 방도를 찾는 데 몰두했는데, 당국의 눈에 들기 위해 다시 산업스파이 노릇을 자청하기까지 했다. 그리고 마침내 입국 허가가 떨어지자 그는 감격의 눈물을 흘렸다. 그때가 1774년이었으니 그가 추방된 지 18년만의 일이었다. 나이 50을 바라보는 시기에 이르러 이미 정력이 쇠할 대로 쇠한 그는 비로소 고향땅을 밟을 수 있게 된 것이다. 그리고 그의 《회상록》에 기록된 엽색행각도 이 시기를 끝으로 그 발길을 멈춘다.

이때 그는 이미 예전의 세련되고 멋진 모습이 아니었다. 초췌한 몰골에 얼굴은 천연두로 인한 곰보자국 투성이인 데다가 볼이 움푹 들어간 볼품없는 모습이었다. 더군다나 그는 가진 돈도 없었을 뿐만 아니라 그에게 관심 갖는 여성들도 없었고 지인들도 보이지 않았다. 결국 그는 나이 60에 이르러 독일의 발트슈타인 백작의 사서로 고용되어 죽을 때까지 보헤미아 지방의 둑스 성에 기거하게 되었지만, 그곳 사람들에게 노골적으로 무시를 당했으며 건강도 눈에 띄게 약해졌다.

이런 생활에 낙담한 그는 모멸과 좌절감에서 벗어나기 위해 결국 자신의 성적 모험에 가득 찬 과거 행적을 기록으로 남기기로 작심하고 1789년 집필에 들어가 죽을 때까지 멈추지 않고 계속 글을 썼다. 그것이 그의 유일한 위안거리였기 때문이다. 공교롭게도 그 기간은 프랑스혁명 시기와 일치한다. 그리고 1797년 마침내 베니스 공국이 무너졌다는 소식이 들려왔다. 나폴레옹 군대가 베니스를 점령했기 때문이다. 귀향길이 다시 열렸지만 때는 이미 늦어서 이 희대의 난봉꾼은 둑스 성에서 73세 나이로 외롭게 숨을 거두고 말았다.

한편, 카사노바와 동시대에 프랑스에서 엽기적인 활동을 벌인 사드는 20대 초에 결혼한 후 불과 수개월 만에 온갖 방탕한 생활과 신성 모독죄로 투옥되었으며, 그 후에도 바스티유 감옥을 비롯해 수많은 감옥을 전전하며 지낸 매우 특이한 인물이다. 프랑스대혁명으로 가까스로 자유의 몸이 된 그는 소설, 희곡 등 많은 작품을 써서 필명을 날렸지만, 노골적인 성 묘사와 변태성욕 장면으로 악명이 자자했으며, 새로운 작품이 나올 때마다 당국의 검열대상이 되었을 뿐만 아니라 오랜 기간 금서목록 1호로 지정되기도 했다.

74세로 죽은 사드는 생의 절반에 해당하는 32년을 감옥과 정신병원에서 보냈는데, 바스티유 감옥에만 10년을 있었으며, 샤랑통 정신병원에서 13년을 지내다가 그곳에서 죽었다. 따라서 그의 대부분의 작품은 감옥에서 쓴 것들이다. 사드의 사생활은 그야말로 사회에서 격리될 수밖에 없는 비행의 연속으로 점철되었으며, 실제로 그는 지독한 성도착증 환자이기도 했다.

　사드는 자신의 저택에 창녀들을 고용해 성적으로 괴롭혔으며, 심지어는 처제를 건드리기까지 했다. 20대 초에 이미 그는 창녀들에게 변태적인 성행위를 강요한다는 소문을 일으켜 경찰의 감시를 받았는데, 그런 이유 때문에 여러 차례 감옥에 다녀왔다. 그중에서도 가장 큰 사건은 그가 거리를 배회하는 한 걸인 여성을 돈을 주고 유혹해 집으로 데려가 성적인 학대를 가했던 일이다. 그는 그녀의 옷을 벗기고 침대에 사지를 묶은 뒤 채찍질을 했는데, 그녀의 몸에 뜨거운 촛농을 붓고 때리기도 했다. 결국 견디다 못한 그녀는 창문을 통해 도망치고 말았으며, 이 사건 이후부터 사드에게는 법원의 영장 없이 체포, 구금이 가능한 조치가 내려져 행동에 큰 제약이 따르게 되었다.

　그러나 사드의 못 말리는 욕구는 그 후에도 계속되어 마르세유에서 또 다른 사건을 일으키고 말았다. 1772년 그는 자신의 하인과 남색을 벌이고, 창녀들에게 최음제를 강제로 먹여 궐석재판에서 사형선고를 받았는데, 이탈리아로 도망친 사드와 하인은 결국 체포되어 감옥에 갇혔지만 수개월 후 탈옥에 성공했다. 몰래 자신의 집으로 돌아온 후에도 어린 하녀들을 성적으로 괴롭히던 그는 도망친 하녀의 아버지가 찾아와 총을 쏘는 바람에 죽을 뻔한 적도 있었지만, 운 좋게 총이 불발해 간신히 살아남았다.

　당시 그는 어머니가 위독하다는 연락을 받고 병문안을 갔다가 현장에서 체포되었는데, 사실

마르키 드 사드

그의 어머니는 이미 죽은 상태였으며, 단지 그를 체포하기 위한 속임수에 넘어간 것이었다. 바스티유 감옥으로 이송된 후 사드는 그곳에서 죄수들이 자신을 죽이려 든다고 소리 지르며 난동을 부리는 바람에 결국 샤랑통 정신병원으로 옮겨졌다.

이듬해에 정신병원에서 풀려난 사드는 자유를 얻고 집으로 귀가하지만 그 후 나폴레옹이 사드의 소설을 문제 삼아 그에 대한 체포령을 내리는 바람에 다시 감옥에 갔고, 그곳에서도 여전히 젊은 죄수들을 유혹하는 행동을 보여 결국 다시 또 샤랑통 정신병원으로 이송되었다. 이미 노년에 접어든 나이였음에도 불구하고 사드는 병원 직원의 어린 딸 마들렌을 성추행하기까지 했으니 참으로 그의 욕구는 지칠 줄 모르는 활화산에 비유할 수 있겠다. 결국 74세를 일기로 정신병원에서 눈을 감은 사드의 두개골은 따로 분리되어 의학적 연구 표본으로 보관되기에 이르렀지만, 200년이 지난 오늘날에 와서도 성도착증의 기질적 원인은 정확히 밝혀진 사실이 없다.

프랑스대혁명의 지도자 당통과 마라

프랑스대혁명을 이끈 3대 거물로 꼽히는 로베스피에르(Maximilien de Robespierre, 1758~1794)와 조르주 당통(Georges Danton, 1759~1794), 그리고 장폴 마라(Jean-Paul Marat, 1743~1793)는 세 사람 모두 자코뱅파에 속하는 인물들이다. 그중에서도 특히 피의 공포정치를 주도한 로베스피에르와 마라는 악명이 자자했으며, 공포정치에 반대한 당통은 동료인 로베스피에르에 의해 단두대 처형에 처해지고 말았다. 하지만 로베스피에르 역시 불과 3개월 뒤에 반대파에 의해 단두대의 이슬로 사라졌다. 공포정치를 추진했던 마라는 그들이 처형당하기 일 년 전에 이미 지롱드파의 사주를 받은 여성 샤를로트 코르데이의 칼에 찔려 자신의 욕조 안에서 암살당한 상태였다.

이처럼 서로 물고 물리는 혼란의 와중에서 그래도 가장 당당한 태도로 용기 있게 자신의 소신을 밀고나간 당통은 법률을 공부한 변호사 출신답게 뛰어난 웅변술로 명성을 날렸는데, 프랑스혁명이 일어나자 자코뱅당에 가입해 국민공회 의원으로 활동했으며, 혁명 재판소를 설치해 국왕을 포함한 왕당파 처형을 주도했다. 민중 선동에 일가견이 있었던 그는 왕정을 지지하는 주변국들과의 전쟁에서 프랑스군이 연달아 패하자 대국민 연설을 통해 프랑스국민의 용기를 불어넣기도 했다.

하지만 지롱드당을 의회에서 추방한 후에도 자코뱅당 자체가 온건파와 강경파로 나뉘어 서로 대립한 상황에서 사사건건 로베스피에르와 의견 충돌을 보인 그는 온건파의 지도자로 공포정치의 즉각적인 중지와 반혁명인사들에 대한 선처를 주장하다가 오히려 강경파인 로베스피에르의 역공을 받고 뇌물수수 혐의로 재판을 받게 되었다. 평소 당파 싸움을 멈추기 위해 지롱드당과 접촉하기도 했던 당통은 왕당파로부터 뇌물을 받는다는 의심과 더불어 비리 의혹에 휘말림으로써 예기치 못한 정치적 곤경에 빠지고 만 것이다.

조르주 당통

법정에서 당통은 자신의 특기인 뛰어난 웅변 실력을 발휘해 스스로를 변호했으나 주변의 방해로 뜻을 이루지 못하고 결국에는 사형언도를 받고 말았다. 그는 단두대로 끌려가는 도중에도 "다음은 로베스피에르 당신 차례다!"라고 외치며 당당한 태도로 단두대에 올랐는데, 마지막 죽는 순간에도 사형집행인에게 "내 머리를 사람들에게 보여 주는 걸 잊지 마시오. 그럴 만한 가치는 충분히 있다오."라는 말을 남길 정도로 의연한 태도를 보였다고 한다.

장 폴 마라

로베스피에르에 대적했다가 처형당한 당통과는 달리 마라는 공포정치의 주역으로 활동하다가 반대파인 지롱드당에 속한 여성에게 암살당하고 말았다. 원래 의사였던 그는 프랑스혁명을 전후해 반체제 운동에 관여하기 시작하면서 정치에 발을 들여놓기 시작했으며, 혁명이 발발하자 하층민을 지지하는 신문을 발행해 민중의 인기를 얻었다. 당시 의회를 장악한 지롱드파를 맹공격한 나머지 한때 체포되기도 했으나 곧 풀려났으며, 결국 뛰어난 언변과 지도력으로 파리 민중을 봉기시켜 지롱드파를 축출하고 자코뱅당의 득세를 도왔다.

그가 살해당하기 6개월 전 루이 14세가 단두대의 이슬로 사라졌는데, 왕의 공개처형은 왕당파의 봉기를 촉발시켜 프랑스 정국을 더욱 큰 소용돌이 속으로 이끌고 말았다. 하지만 마라의 도움으로 지롱드파를 의회에서 제거하는 데 성공한 로베스피에르는 더 이상 마라의 존재가 필요 없다고 판단해 거리를 두기 시작했으며, 의회 역시 노골적으로 마라의 의견을 무시하는 태도를 보임으로써 마라는 그야말로 고립무원의 상태에 빠지고 말았다.

당시 고질적인 피부병을 앓아 매일 욕조에 누워 치료를 받고 있던 마라는 아내의 만류에도 불구하고 자신을 찾아온 젊은 여성 코르데이와 단독 면담을 가졌는데, 그녀는 몰락한 왕족의 일원으로 단숨에 마라의 심장을 칼로 찔러 살해했다. 마라를 암살한 직후 그녀는 단두대 처형을 받고 죽었지만, 법정에서 자신은 단독범행을 저지른 것이며, 10만 명을 구하기 위해 단 한 사람을 죽였을 뿐이라고 강변했다.

마라의 암살사건은 그 후 그의 존재를 신격화시키는 데 크게 기여했다. 특히 화가 자크 루이 다비드의 그림 〈마라의 죽음〉은 마라의 암살사건을 묘사한 걸작으로 손꼽히기도 하는데, 공포정치의 주역이었던 그를 지나치게 영웅시한 것으로 비난받기도 했다. 비록 마라는 많은 사람들에 의해 혁명을 위한 순교자로 신격화되기도 했으나, 실제로 그는 반대파의 숙청에 매우 잔혹했으며, 학살도 서슴지 않았던 인물이었다.

나폴레옹의 몰락을 가져온 쿠투조프 장군

나폴레옹 보나파르트

프랑스혁명 당시 혜성처럼 나타나 마침내 공화정을 무너뜨리고 황제의 자리에 오른 나폴레옹 보나파르트(Napoléon Bonaparte, 1769~1821)는 지중해에 위치한 프랑스의 변방 코르시카 섬 태생으로 1795년 왕당파의 봉기를 과감하게 대포로 진압해 일약 영웅으로 떠오르며 20대 젊은 나이에 사단장이 되었다. 그 후 알프스 산맥을 넘어 이탈리아 원정에 나섰을 때 그의 나이 불과 27세였다. 이집트 원정을 마치고 귀국한 후 국민들의 폭발적인 인기에 힘입어 1804년 마침내 황제가 되었는데, 루이 16세가 단두대의 이슬로 사라진 지 불과 10년 만에 절대왕정이 다시 부활한 셈이다.

하지만 나폴레옹 법전 등 강력한 개혁정책으로 국민들의 압도적인 지지를 얻은 그는 "내 사전에 불가능이란 단어는 없다."라는 말에서도 보듯이, 전 유럽을 제패하고자 하는 야심에 불타오른 나머지 결국 나폴레옹 전쟁까지 일으켜 처음에는 프로이센과 오스트리아 군대를 격파함으로써 프랑스 국민들을 열광시켰다. 그러나 영국의 넬슨 제독에 패해 해상권을 빼앗기면서 나폴레옹의 위세도 한풀 꺾이게 되었다.

더욱이 영국을 고립시키기 위해 내린 대륙봉쇄령을 러시아가 위반하자 나폴레옹은 1812년 70만 대군을 이끌고 러시아 원정에 나섰는데, 처음에는 승승장구하며 모스크바까지 점령했으나 그의 과대망상은 거기서 끝이 나고 말았다. 러시아의 혹독한 추위를 예상하지 못했던 게 가장 큰 실수였던 것이다. 그런 실수는 140년 후 히틀러의 소련 침공에서도 재확인되었지만, 어쨌든 나폴레옹은 그때부터 몰락의 길을 걸어 결국에는 엘바 섬에 유배되고 말았다. 그 후 재기를 꿈꾸고 엘바 섬을 탈출한 나폴레옹은 자신의 추종자들을 이끌고 파리로 돌아가 루이 18세를 내쫓고 다시 권좌에 올랐으나 워털루 전투에서 영국의 웰링턴 공작이 이끄는 연합군에 패한 후 세인트헬레나 섬에 유배되어 그곳에서 숨을 거두고 말았다.

물론 사람들은 나폴레옹을 몰락시킨 장본인으로 워털루 전투에서 승리한 웰링턴 공작을 꼽고 있지만, 사실 나폴레옹의 몰락은 그에게 참담하고도 굴욕적인 패배를 안겨 준 러시아의 미하일 쿠투조프 장군(Mikhail Kutuzov, 1745~1813)의 교묘한 전략에 의해 이루어진 결과였다. 노토전쟁에

미하일 쿠투조프

서 혁혁한 전공을 세운 그는 나폴레옹이 러시아를 침공하자 총사령관이 되어 보로디노에서 처음으로 프랑스군과 격전을 벌였는데, 25만 이상의 병력이 참전한 이 전투에서 프랑스군은 막대한 전력 손실을 입었지만, 러시아군은 더욱 큰 손실을 입었다.

결국 쿠투조프는 전군에 퇴각명령을 내리고 지구전에 돌입했는데, 모스크바를 포기하면서까지 프랑스군을 러시아 내부로 깊숙이 유인하는 전술을 폈다. 당시 모스크바 시민들은 전면적인 소개령에 따라 모두 짐을 꾸려 도시를 벗어났으며, 승승장구하던 나폴레옹 군대를 맞이한 것은 텅 빈 도시였을 뿐이었다. 쿠투조프가 노린 것은 바로 그 점이었다. 다가올 동장군을 염두에 둔 그는 프랑스군이 추위와 식량 부족에 허덕이다 제 풀에 지쳐 떨어져 나갈 것을 미리 예상하고 그런 전술을 펼친 것이다.

물론 그의 전술은 매우 위험천만한 도박으로 간주되어 강력한 반대에 부딪히기도 했으나 쿠투조프는 침착한 태도로 휘하 장성들을 설득해 자신의 전략을 밀고 나갔다. 결국 그의 예상대로 프랑스군은 모스크바에서 약탈과 방화를 일삼다가 스스로 견디지 못하고 퇴각하기 시작했는데, 쿠투조프는 나폴레옹의 뒤를 추격하면서도 결코 서두르는 법이 없이 서서히 적군의 숨통을 조여 가는 전법으로 프랑스군의 사기를 떨어트렸다. 그리고 러시아 국경에서 추격전을 멈춘 뒤 더 이상의 공격을 가하지 않았다. 이미 오합지졸로 전락해 도주하기에 급급한 프랑스군을 공격한다는 것은 아무런 의미도 없다고 여겼기 때문이다. 어쨌든 러시아 침공에서 나폴레옹과 함께 살아서 돌아간 프랑스군 병력은 27,000명에 불과했으며, 38만 명이 죽거나 실종되고, 10만 명이 포로로 잡히는 치욕적인 결과를 낳았는데, 러시아군도 20만 명 이상이 전사하는 막대한 손실을 입었다. 당시 67세의 노장이었던 쿠투조프는 프랑스군을 몰아낸 후 조국을 위기에서 구해낸 영웅으로 대접받았으나 그런 영예를 충분히 누리지도 못하고 이듬해 병사하고 말았다.

노년에도 정력을 과시한 대문호 괴테와 위고

나폴레옹 전쟁으로 전 유럽이 혼란에 빠진 시기임에도 불구하고 걸작 《파우스트》의 완성에 몰두한 독일의 작가 요한 괴테(Johann Wolfgang von Goethe, 1749~1832)와 보불전쟁으로 나폴레옹 3세가 몰락하자 20년 가까운 망명생활을 접고 귀국한 프랑스의 작가 빅토르 위고(Victor Hugo, 1802~1885)는 자타가 공인하는 세계적인 대문호들이다. 그런데 이들은 왕성한 창작의욕뿐 아니라 이례적일 정도로 정력 또한 매우 왕성해서 80대 나이로 죽기 직전까지도 뜨거운 열정을 과시한 정력의 맞수이기도 했다.

요한 괴테

전성기 시절 《젊은 베르테르의 슬픔》, 《빌헬름 마이스터의 수업시대》 등 독일 낭만주의 문학을 대표하는 수많은 걸작을 남겼으며, 작가로서의 명성뿐 아니라 색채론과 식물학 등 자연과학에 대해서도 깊은 조예를 지닌 다재다능한 천재였던 괴테는 정치가로서도 명성을 누린 행운

아이기도 했지만, 젊은 시절부터 노년에 이르기까지 지칠 줄 모르는 정열을 불태운 보기 드문 정력의 소유자로 10대 사춘기에 이미 자신보다 두 살 연상인 소녀와 사랑에 빠져 연애시를 쓸 정도로 뜨거운 열정을 가졌다. 이처럼 젊은 시절 괴테는 첫사랑과 헤어진 후 안나 카타리나 쇤코프, 프리데리케 브리온, 샬로테 부프 등 숱한 여성과 사랑을 나누었지만, 그 사랑은 모두 불발에 그치고 말았다.

그의 나이 불과 25세 때 발표한 소설 《젊은 베르테르의 슬픔》도 샬로테 부프와의 연애 실패담을 토대로 쓴 것으로 당시 그는 이미 약혼자가 있는 처녀를 사랑하다 거절당한 아픔을 겪었는데, 당연히 그것은 이루어질 수 없는 사랑이었다. 이 소설은 주인공 베르테르를 모방한 젊은이들의 자살이 줄을 이을 만큼 엄청난 사회적 파장을 불러일으키며 괴테의 이름을 전 유럽에 떨치도록 만들었는데, 그런 명성에 힘입어 그때부터 그는 바이마르공국의 대신이 되어 일하기 시작했다.

괴테는 바이마르 시절 궁정관의 부인 샬로테 폰 슈타인에게 무려 1,500통에 달하는 편지를 보낼 정도로 슈타인 부인을 이상적인 여인으로 삼고 숭배하기도 했지만, 결국에는 16년 연하인 크리스티아네 불피우스와 오랜 동거생활에 들어가 여러 자녀들을 낳았는데, 그들의 합법적인 결혼식은 괴테의 나이 57세에 이르러 뒤늦게 치러졌다. 아내가 1816년 51세 나이로 먼저 세상을 떠나자 그 후 괴테는 73세에 이르러 자신보다 무려 55년이나 연하인 18세의 울리케 폰 레베초프와 사랑에 빠져 결혼까지 원했으나 그녀의 어머니가 한사코 반대하는 바람에 한동안 실의에 빠지기도 했다. 그 후 다시 폴란드의 피아니스트로 40년 연하인 마리아 지마노프스카와 열애에 빠졌으나 그녀는 콜레라에 걸려 괴테보다 먼저 사망했다. 이처럼 끝없이 샘솟는 용광로처럼 뜨거운 열정을 주

체할 수 없었던 괴테는 결국 바이마르에서 82세
를 일기로 세상을 떠났다.

빅토르 위고

　19세기를 대표하는 프랑스의 대문호 빅토르
위고는 군인의 아들로 태어나 20세 때 처녀시집
을 출간하면서 본격적인 작가생활로 접어들었
다. 이후에 소설 《사형수 최후의 날》, 《노트르담
의 꼽추》, 《레 미제라블》 등 수많은 걸작을 발표
한 그는 프랑스 문학의 거장으로 괴테와 마찬가
지로 말년에 이르기까지 지칠 줄 모르는 정력을
과시한 노익장이기도 했다.

　위고는 어릴 때 소꿉친구였던 아델 푸셰와 사랑에 빠져 비밀리에 약
혼까지 했으나 어머니의 완강한 반대에 부딪히자 어머니가 세상을 뜰
때까지 참고 기다린 끝에 20세가 되던 해에 그녀와 결혼했는데, 신혼 첫
날밤에도 무려 아홉 차례나 성관계를 치를 정도로 넘치는 정력을 과시
하기도 했다. 하지만 그의 끊임없는 욕정은 결코 멈출 줄을 몰라서 여러
차례 난산을 거듭한 아내는 기력이 소진한 나머지 마침내 잠자리를 거
부함으로써 심각한 불화를 겪기도 했다.

　어쨌든 위고 부부는 5남매를 낳았지만, 장녀 레오폴딘은 갓 결혼한
후 남편과 함께 센 강에서 익사했으며, 차녀 아델은 정신병에 걸려 오랜
세월 카리브해 지역을 떠돌다가 간신히 귀국해 정신병원에서 40년을 보
낸 후 84세 나이로 죽었다. 공화파를 지지한 위고는 나폴레옹 3세가 집
권하자 해외 망명을 결심하고 영불해협의 작은 섬에 20년 가까이 거주
했는데, 망명 시절부터 이미 배우 출신의 여비서 쥘리엣 드루에와 불륜
관계에 있었으며, 아내가 죽은 후로는 쥘리엣과 동거생활을 계속 유지

했다. 왕성한 정력의 소유자였던 위고는 놀랍게도 세상을 뜨기 직전인 80대의 나이에도 성관계를 계속한 것으로 알려져 있으니 그의 뜨거운 열정은 말년의 괴테를 능가하고도 남는다 하겠다.

모차르트의 천재성을 시기한 살리에리

서양음악사에서 가장 뛰어난 신동으로 알려진 볼프강 모차르트 (Wolfgang Amadeus Mozart, 1756~1791)는 35세라는 젊은 나이로 요절하기까지 교향곡, 협주곡, 실내악곡, 오페라 등 거의 모든 장르에 걸쳐 600곡 이상의 많은 걸작을 남긴 불세출의 음악가였지만, 그의 때 이른 죽음으로 인해 숱한 의혹을 남기기도 했다.

어려서부터 신동으로 소문난 모차르트는 아버지의 손에 이끌려 유럽 각지를 순회하면서 연주여행을 다녀야 하는 혹사를 당했는데, 아버지는 아들의 건강보다 수입에 더 신경을 쓸 정도로 욕심으로 가득 찬 인물이었다. 빈에서 피아노 연주로 명성을 얻기 시작한 모차르트는 콘스탄츠 베버와 결혼한 이후 초인적인 능력을 발휘하며 수많은 명곡들을 작곡하기 시작했는데, 1791년 갑자기 전신이 붓고 극심한 통증과 구토 증세를 동반한 원인을 알 수 없는 질병에 시달리며 몸조차 제대로 가누지 못하는 상태로 숨을 거두고 말았다.

당시 그는 자신의 죽음을 예감이라도 한듯 마지막으로 남긴 걸작 〈진혼곡〉 완성에 필사적으

볼프강 모차르트

로 매달렸는데, 끝내 완성을 보지 못한 채 세상을 떴다. 모차르트는 기력이 눈에 띄게 떨어져 가자 아내 콘스탄츠에게 수시로 자신이 독극물에 중독된 것 같다는 호소를 하기도 했다. 이런 사실 때문에 영국의 극작가 피터 셰퍼는 자신의 희곡 〈아마데우스〉에서 그가 살리에리의 음모에 의해 죽은 것처럼 묘사했을 수 있으며, 영화 〈아마데우스〉도 그런 의혹을 뒷받침하고 있다.

하지만 모차르트의 사인에 대해서는 수은중독, 인플루엔자, 급성 신장염, 사혈요법 부작용, 뇌혈종 등 여러 다른 의혹들이 제기되고 있으며, 가장 널리 인정받고 있는 병명은 급성 류마티스성 열로 되어 있다. 실제로 모차르트는 어릴 때부터 천연두를 비롯해 폐렴, 기관지염, 편도선염, 장티푸스 등을 앓아 신체적으로 병약했으며, 정서적으로도 매우 불안정한 상태에서 살았던 것으로 보인다.

그런 점에서 사실 가장 억울한 누명을 쓴 장본인은 안토니오 살리에리(Antonio Salieri, 1750~1825)라 할 수 있다. 그에 대한 오명은 러시아의 작가 푸시킨의 희곡에서 처음 찾아볼 수 있는데, 여기서 푸시킨은 살리에리를 질투심에 가득 찬 사악한 인물로 묘사함으로써 그에 대한 악소문을 더욱 크게 조장하고 말았다.

하지만 질투심으로 말하자면, 모차르트가 더욱 컸던 것으로 보인다. 빈 초창기 시절 모차르트는 아버지에게 보낸 편지에서 수시로 살리에리에 대한 불만과 시기심을 털어놓고 있었는데, 황제의 총애를 받는 살리에리가 특히 이탈리아 출신이라는 점에서 모차르트 부자에게는 눈엣가

안토니오 살리에리

시 같은 존재로 비쳐졌음에 틀림없다.

모차르트는 살리에리의 권모술수에 대해 계속 비난을 퍼부으며 그에게서 그 어떤 도움도 받지 않겠다고 다짐하기도 했는데, 그의 존재를 독일인 음악가들의 앞길을 가로막는 가장 큰 장애물로 여긴 점에서는 부자의 의견이 일치했다. 결국 모차르트가 살리에리에 의해 독살당했다는 소문이 그토록 끈질기게 나돈 것은 독일계와 이탈리아계 음악인 사이에 벌어진 치열한 경쟁관계에서 비롯된 것으로 볼 수 있다.

살리에리는 이탈리아 출신이지만 거의 60년 가까이 빈에서 살았으며, 그의 음악 역시 이탈리아풍이 아니라 글룩과 같은 독일 음악 전통에 더욱 충실히 따른 것이었는데, 모차르트 부자가 특히 살리에리에게 반감을 지니게 된 것은 공주의 개인 음악교사 자리를 번번이 살리에리에게 빼앗긴 경험이 있었기 때문이다.

그럼에도 불구하고 살리에리는 모차르트의 천재성을 인정하고 그에게 여러 작품을 의뢰했으며 본인이 직접 지휘를 맡기도 했는데, 오페라 〈마적〉 공연에도 직접 참석해 열렬한 찬사를 보내기도 했다. 게다가 그는 모차르트가 죽은 해에 태어난 아들 프란츠에게 음악을 지도하기도 했으니 살리에리의 독살설은 신빙성이 매우 낮은 주장이기 쉽다. 살리에리는 비록 말년에 이르러 정신병원에 입원하기는 했으나 그것은 정신병이 아니라 치매 때문이었다.

숙적관계인 해밀턴과 버의 결투

미국 건국의 아버지로 꼽히는 인물 가운데 한 사람이었던 알렉산더 해밀턴(Alexander Hamilton, 1755~1804)은 1787년 미국 헌법 제정에 공헌하고, 조지 워싱턴 대통령에 의해 초대 재무부 장관에 임명된 후 1791년 미합중국 은행을 설립해 미국 경제의 기초를 다짐으로써 오늘날까지도 10달러 지폐에 초상이 실려 있는 인물이다. 대통령이 아닌 인물로 달러화 인물에 오른 사람은 해밀턴과 벤저민 프랭클린뿐일 정도로 그는 미국 초기 역사에서 매우 중요한 부분을 차지한 인물이기도 했다.

알렉산더 해밀턴

알렉산더 해밀턴은 1804년 당시 부통령으로 재직하고 있던 에런 버 2세(Aaron Burr, Jr., 1756~1836)로부터 결투 제의를 받고 이에 응했다가 상대가 쏜 총에 맞고 숨지고 말았는데, 당시 해밀턴의 나이 48세였다. 사실 해밀턴은 이미 3년 전에 아들이 결투 중에 목숨을 잃은 사건이 있었던 터라 결투에 응하고 싶지 않았으나 결투를 회피할 경우 자신의 명예가 실추될 것을 염려해 마지못해 응했던 것이었는데, 그가 쏜 총알은 빗나가고 에런 버의 총알은 정확히 해밀턴의 몸을 관통하고 말았다. 이 사건은 미국 역사상 초유의 정치적 스캔들로 간주될 정도로 그만큼 두 사람은 서로 한 치의 양보도 허용하지 않는 오랜 숙적관계에 있었다.

해밀턴은 평소에 에런 버를 비열한 정치가로 맹렬히 비난했는데, 조지 워싱턴과 함께 열렬한 연방주의자였던 해밀턴은 당시 연방제도에 반대한 토머스 제퍼슨과도 앙숙관계에 있었다. 그럼에도 불구하고 해밀턴은 1800년 대선 후보에 나선 에런 버를 경계한 나머지 제퍼슨을 후원했지만, 대통령직에 오른 제퍼슨이 자신의 경쟁자였던 에런 버를 부통령에 지명하자 다소 체면을 구기고 말았다. 하지만 해밀턴에게 원한을

에런 버

갖고 있던 에런 버는 마침내 결투를 신청해 해밀턴을 숨지게 했는데, 그 일로 해서 제퍼슨 대통령으로부터 격렬한 비난을 들어야 했다.

정치 생명이 끊긴 에런 버는 그 후 제임스 윌킨슨 장군과 모의해 남부 루이지애나에 새로운 정부를 세우려던 계획이 탄로 나자 반역죄 혐의로 체포되어 법정에 섰으나 증거 불충분으로 풀려났다. 그 후 프랑스로 망명한 그는 나폴레옹과 만나 프랑스가 미국을 공격하도록 설득했지만, 그의 속셈을 간파한 나폴레옹은 일언지하에 거절하고 말았다. 결국 모든 것을 체념한 그는 다시 미국으로 귀국해 변호사로 활동하다 생을 마감했다.

헤겔의 변증법과 쇼펜하우어의 염세철학

19세기 서양철학에서 양대 산맥을 이루었던 게오르크 헤겔(Georg Wilhelm Friedrich Hegel, 1770~1831)과 아르투르 쇼펜하우어(Arthur Schopenhauer, 1788~1860)는 동시대에 활동한 철학자로 19세기 유럽의 지식사회에 지대한 영향을 끼친 주역들이다. 특히 헤겔의 변증법적 철학은 정치, 사회 분야에 큰 영향을 끼쳤으며, 쇼펜하우어의 염세철학은 문학과 음악, 심리학 분야에 많은 영향을 끼쳤는데, 정작 두 사람은 일생 동안 상종한 적이 없다.

독일 강단철학의 거두로 칸트의 관념적 이원론을 일원화시키고 정반합에 기초한 변증법적 철학을 전개해 관념에 치우친 철학적 관심을 자연과 역사, 종교와 사회 등 현실적인 문제의 발전과정으로 확대시킴으로써 특히 카를 마르크스에 지대한 영향을 끼친 것으로 알려진 헤겔은, 하이델베르크 대학을 거쳐 베를린 대학 철학교수로 재직하면서 자신의 독자적인 철학체계를 수립했다. 그의 사상은 국가와 종교, 철학을 하나로 묶는 것을 목표로 삼았으나 자신의 조국 프로이센을 가장 이상적인 형

게오르크 헤겔

태의 국가로 보는 등 편협한 시각을 드러내기도 했다.

그런 이유 때문에 프로이센 정부는 당연히 헤겔 철학을 적극 권장하며 적절히 이용했는데, 그 덕분에 헤겔은 출세 가도를 달렸지만, 헤겔 철학을 비판한 마르크스, 엥겔스 등은 정부의 탄압을 받아야 했다. 특히 그의 대표적인 저서 《정신현상학》에서 다룬 주인과 노예의 변증법은 노동의 가치를 강조한 내용이지만, 나중에 나치 독일은 그 내용을 차용해 아우슈비츠 수용소 정문에 '노동이 너희를 자유롭게 하리라(Arbeit Macht Frei).'는 문구의 현판을 내걸기도 했다. 노예는 오로지 노동을 통해서만 자신의 가치를 유지할 수 있다는 이런 메시지를 읽으면서 수용소 안으로 걸어 들어간 수백만 유대인의 심정이 어땠을지 헤겔은 짐작도 못했을 것이다.

죽을 때까지 철학교수로 지내며 명성을 떨친 헤겔과는 달리 강단철학을 몹시 경멸했던 쇼펜하우어는 대학과는 인연이 없어 일생 동안 재야학자로 남아 그만의 독특한 염세철학으로 수많은 추종자들을 낳았다. 특히 그의 대표적인 저서 《의지와 표상으로서의 세계》는 니체와 키

아르투르 쇼펜하우어

에르케고르, 비트겐슈타인 등의 철학자뿐 아니라 바그너, 톨스토이, 도스토예프스키, 체호프, 모파상, 에밀 졸라, 프루스트, 토머스 만, 헤르만 헤세, 카프카, 버나드 쇼, 토머스 하디, 피란델로, 사무엘 베케트 등 수많은 예술가들과 심층심리학의 프로이트, 융 등에게도 큰 영감을 주었다.

한때 베를린 대학 강사가 되어 헤겔과 치열한 경합을 벌이기도 했던 쇼펜하우어는 헤겔의 인기에 밀려 수강생이 5명밖에 없게 되자 결국 한 학기로 강의가 중단되고 대학에서도 쫓겨나는 치욕을 겪어야 했는데, 그 원한이 얼마나 깊었던지 그 후로도 계속해서 헤겔 철학을 비난하고 깎아내렸다. 그는 헤겔이 무책임한 낙관론과 몽상적인 이론을 퍼뜨려 대중을 속이고 오염시키는 비열한 사기꾼이요, 난센스 삼류작가에 불과하다고 몰아붙였으며, 그를 추종하는 세력에 대해서도 그런 당파성 때문에 독일 철학계가 심각하게 오염되었다고 싸잡아 맹비난을 퍼부었다.

일생을 독신으로 지낸 쇼펜하우어는 지독한 여성혐오증으로도 유명하지만, 소문처럼 그렇게 금욕적인 인물은 아니었던 것으로 보인다. 《의지와 표상으로서의 세계》를 완성한 직후 그는 자신이 묵고 있던 집 하녀와 관계를 맺고 사생아 딸을 낳기도 했는데, 그 아기는 태어난 직후 사망했다. 물론 사생아를 낳았다는 점에서는 헤겔이나 쇼펜하우어 두 사람 모두 오십보백보라 할 수 있다. 그 후 쇼펜하우어는 한 여성을 폭행한 혐의로 법정소송에 휘말렸는데, 문밖에서 그 여성이 큰소리를 내 성가시게 했다는 이유로 폭력을 휘둘렀기 때문이다. 결국 패소한 그는

20년 동안이나 그녀에게 벌금을 물어 줘야 했으니 여성혐오증에 대한 대가를 톡톡히 치른 셈이다. 그 후 19세 오페라 가수와 사랑에 빠지기도 했으나 결혼을 포기했으며, 43세 때는 17세 소녀에게 구애했다가 거절 당한 적도 있었다. 비록 여성을 혐오하긴 했지만, 엄밀한 의미에서 금욕 주의자는 아니었던 셈이다. 그는 죽을 때 자신의 묘비에 이름 외에는 아무것도 적지 말라고 유언하기도 했다.

대영제국의 번영을 가져온 디즈레일리와 글래드스턴

해가 지지 않는 나라 대영제국의 기틀을 다진 쌍두마차 벤저민 디즈레일리(Benjamin Disraeli, 1804~1881)와 윌리엄 글래드스턴(William Ewart Gladstone, 1809~1898)은 두 사람 모두 빅토리아 여왕 밑에서 수상을 역임하며 국력 강화에 힘써 영국 역사상 가장 번영을 이룬 황금기를 대표하는 정치가들이다. 디즈레일리는 보수파 토리당을 이끌고, 글래드스턴은 자유당을 이끌어 정치적으로는 항상 라이벌 관계였다.

런던의 유대인 가정에서 태어난 디즈레일리는 법률과 문학을 공부한 후 젊은 시절 한때는 작가로 활동하기도 했으나 정계에 입문한 뒤로는 토리당 소속으로 의정활동을 하며 1867년 선거법 개정을 통해 농민과 노동자에게 선거권을 주는 업적을 낳기도 했다. 그런 업적에 힘입어 1868년 수상에 취임한 그는 수에즈 운하를 확보

벤저민 디즈레일리

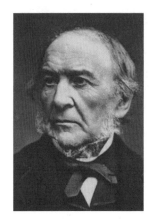

윌리엄 글래드스턴

해 동방무역의 길을 텄으며, 남아프리카에서는 줄루전쟁을 승리로 이끌고, 빅토리아 여왕에게 인도 여황제의 칭호를 바치는 등 제국주의 식민 정책에도 크게 기여했다. 그러나 1880년 선거에서 패배함으로써 자유당의 글래드스턴에게 정권을 이양한 후 정계에서 은퇴하고 소설 창작에 힘쓰다가 76세를 일기로 생을 마감했다.

1867년 자유당 당수가 된 이래 보수당의 디즈레일리와 정치적으로 대립했던 글래드스턴은 보호무역주의를 고수한 디즈레일리에 대항해 자유무역주의를 실천하는 등 획기적인 경제정책으로 승부수를 던졌는데, 이들은 엎치락뒤치락 반전을 거듭하며 수상직을 교대로 맡는 등 정치적으로 매우 치열한 경쟁 관계에 있었지만, 그것은 상대를 헐뜯고 모함하는 그런 치졸한 관계가 아닌 선의의 라이벌 관계로 그야말로 신사다운 진정한 맞수였다고 할 수 있다.

천식과 통풍에 시달리며 건강이 여의치 못했던 디즈레일리에 비해 90세 가까이 장수한 글래드스턴은 무려 네 차례나 수상을 역임했지만, 빅토리아 여왕과는 매우 껄끄러운 관계를 유지했던 것으로 알려졌다. 이들 두 수상을 거느리고 오대양을 호령했던 여걸 빅토리아 여왕(Queen Victoria, 1819~1901)은 64년간이나 재위에 머무르며 대영제국을 지배했는데, 두 사람보다 더 오래 살았다.

동화의 아버지 안데르센과 어린이의 수호신 캐럴

전 세계 어린이들로부터 사랑을 받고 있는 동화작가로 굳이 두 사람을 꼽자면 덴마크의 한스 안데르센(Hans Christian Andersen, 1805~1875)과 영국의 루이스 캐럴(Lewis Carroll, 1832~1898)을 들 수 있다. 물론 그림 형제의 동화도 많은 사랑을 받아 온 것이 사실이지만, 이들은 창작동화가 아니라 전래동화를 수집한 사람들이기 때문에 진정한 의미의 작가로 보기는 어려울 것이다.

동화의 아버지로 불리는 안데르센은 《인어공주》, 《빨간 구두》, 《미운 오리 새끼》, 《성냥팔이 소녀》, 《벌거벗은 임금님》, 《엄지 공주》, 《눈의 여왕》 등 수많은 동화를 통해 어린이들에게 매우 친숙한 작가지만, 실제로 그의 삶은 매우 불행하기 그지없어 평생을 독신으로 외롭게 살았을 뿐만 아니라 가난과 정신적 고통에 시달리는 이중고에 허덕이며 지내야 했다.

안데르센은 덴마크의 오덴세에서 가난한 제화공의 외아들로 태어났는데, 어머니는 글조차 제대로 읽을 줄 모르는 무학에다 교양도 없고 아주 천박한 여성이었다. 그녀는 어린 시절부터 구걸을 하며 살아야 할 정도로 가난한 빈민 출신인 데다가 성적으로도 몹시 난잡해서 안데르센을 낳기 6년 전에 이미 떠돌이 행상과의 사이에서 사생아를 낳기도 했다. 그래서 안데르센은 평생 동안 사생아 누이의 존재를 숨기고 살아야만 했다.

안데르센이 일곱 살이 되던 무렵 아버지는 정

한스 안데르센

신이상 증세를 보이다가 죽었는데, 그 후 어머니는 곧바로 젊은 남자와 재혼했지만 그 역시 사망하자 생활고에 허덕이던 어머니는 결국 알코올 중독자가 되어 정신병원에 수용되었고 그곳에서 죽음을 맞이하였다. 또한 안데르센의 외할머니는 사생아를 셋이나 낳은 죄로 감옥생활을 했던 인물이며, 숙모도 매춘업에 종사했던 여성이었다. 친가 쪽은 성적으로 난잡하지는 않았지만 매우 가난한 소작농 출신들로 친할아버지는 가난한 제화공으로 여러 마을을 전전하며 행상노릇도 하면서 아이들의 놀림감이 되곤 했는데, 안데르센은 그런 할아버지를 몹시 수치스럽게 여겼다.

이처럼 치욕스러운 가족 배경을 지녔던 안데르센은 그런 이유 때문에 평생을 혈육에 대한 편집증적 불안과 열등감에 사로잡혀 살았으며, 자신의 가족 배경이 드러나지 않을까 전전긍긍하며 지낼 수밖에 없었다. 심지어 안데르센은 자서전에서조차 자신의 부끄러운 가족 배경을 철저히 감추고 있다. 그런 점에서 그의 동화 《미운 오리 새끼》는 매우 자전적인 요소가 강한 작품이라 할 수 있다.

더욱이 그는 추남에다 소심한 성격으로 뭇 여성들로부터도 냉대를 받았던 처량한 신세였다. 자신의 부끄러운 과거 때문에 어머니의 장례식조차 참석하지 않았던 그는 가난과 모멸로 가득 찬 세월뿐 아니라 연이은 사랑의 실패로 더욱 큰 좌절에 시달려야 했는데, 그가 그토록 짝사랑했던 한 미모의 여가수로부터 받은 치욕적인 수모와 굴욕감은 그에게 이루 말할 수 없는 마음의 상처를 남겼다. 그런 이유 때문에 일생 동안 결혼도 포기하고 독신으로 지내게 되었지만, 그럼에도 불구하고 그는 항상 낙천적인 세계관을 유지하며 창작에 몰두함으로써 자신의 수치스러운 과거를 보상하며 적절히 승화시켜 나간 것으로 보인다.

한편 고전동화의 걸작으로 손꼽히는《이상한 나라의 앨리스》를 쓴 루이스 캐럴은 이 한 편의 동화만으로도 전 세계 어린이의 친근한 벗이 되었으며, 일생을 독신으로 보내면서도 어린이에 대한 한결같은 애정으로 경건한 삶을 보낸 사랑의 전도사요 어린이의 수호천사로 알려져 왔다. 찰스 도지슨이 본명인 그는 크라이스트처치 대학의 수학교수로 오랜 기간 근무하며 학생들을 가르쳤는데, 그는 사회적으로 존경받는 동화작

루이스 캐럴

가이자 수학자인 동시에 사진작가이기도 했지만, 독신을 고수하는 독실한 신앙인의 이미지와는 달리 어린 소녀들에 대한 기이한 집착과 관심 등으로 여러 문제를 일으킨 장본인이기도 했다.

특히 전문 사진작가이기도 했던 그는 자신이 근무하던 대학에 새로운 학장으로 부임한 헨리 리델의 어린 딸 앨리스 리델에 이끌린 나머지 그녀를 모델로 많은 사진을 찍었는데, 당시 여덟 살 난 앨리스 리델은 《이상한 나라의 앨리스》를 쓰는 데 가장 큰 영감을 준 것으로 알려졌다. 나중에 밝혀진 사실이지만, 그는 특히 어린 소녀들의 누드사진 찍기를 좋아했는데 월경을 시작하고 성에 눈뜰 나이인 만 14세가 지난 소녀들에게는 거의 흥미를 보이지 않았다는 점도 특이하다.

물론 앨리스 리델의 어머니는 캐럴의 정중한 사진 촬영 제의에 아무런 의심 없이 딸을 그에게 맡겼지만, 모종의 불미스러운 사건이 생긴 후부터 화가 머리끝까지 난 나머지 그동안 자신의 딸에게 보낸 캐럴의 편지를 모두 불태워 버리고 두 번 다시 캐럴을 만나지 못하게 금지시키고 말았다. 캐럴이 자신의 딸에게 어떤 짓을 했는지 짐작이 가지 않고서야

그토록 화를 내고 갑자기 태도가 돌변할 리는 없었을 것이다.

비록 세상에 알려지기로는 경건한 삶을 살아가는 독신주의자요, 독실한 기독교신자인 동시에 존경받는 대학교수이며 학자이기도 했던 캐럴의 명성을 고려한다면, 앨리스의 어머니가 지나친 과민반응을 보인 것으로 해석할 수도 있겠으나, 그는 분명 자신의 은밀한 욕망을 사진과 동화라는 방편을 통해 부분적으로 충족시킨 일종의 꿈을 찍는 사진사였다고 할 수 있다. 그런 점에서 안데르센과 마찬가지로 일생을 독신으로 지낸 그는 성에서 자유롭고 순수한 어린 소녀들과의 접촉을 통해 뭔가 정화된 느낌을 받았는지도 모른다.

링컨과 더글러스의 노예제도 논쟁

미국의 16대 대통령으로 노예해방 선언과 남북전쟁을 통해 국론분열의 종식과 더불어 민주주의 제도의 기틀을 다진 에이브러햄 링컨(Abraham

Lincoln, 1809~1865)은 역대 대통령 가운데 가장 위대한 인물로 존경받는 미국의 자존심이기도 하다. 그런 링컨에게 한때 가장 위협적인 정적이 되었던 인물은 당시 민주당 소속 상원의원 스티븐 더글러스(Stephen Arnold Douglas, 1813~1861)였다. 특히 1858년 이들 두 사람 사이에 노예제도를 두고 벌어진 격렬한 찬반논쟁(Lincoln-Douglas debates)은 미국 정치사에 길이 남을 명장면으로 기억된다.

에이브러햄 링컨

당시 링컨은 일리노이 주 공화당 후보로 연방 상원의원 선거에 출마한 입장이었으며, 스티븐 더글러스는 민주당 소속 현직 의원으로 재선에 나선 상태였는데, 2미터 가까운 장신에 깡마른 체격의 링컨이 매우 온순한 성격의 소유자였던 데 반해, 비록 키가 작지만 단단한 체격의 더글러스는 크고 우렁찬 목소리로 좌중을 압도하는 카리스마적인 성격의 소유자로 '작은 거인'이라

스티븐 더글러스

는 별명으로 통하는 정계의 거물이었다. 이처럼 매우 대조적인 두 사람이 강단에 함께 서서 치열한 논쟁을 벌였으니 당시로서는 큰 화젯거리가 아닐 수 없었다.

링컨은 1858년 벌어진 논쟁에서 노예제도는 악의 제도라고 비판하며 분열된 민심을 바로잡기 위해 애썼지만, 결국에는 노예제도의 결정을 포함한 모든 주권이 국민에게 있다고 밀어붙인 더글러스에게 근소한 차이로 상원의원 선거에서 패배하고 말았다. 당시 민주당의 지도적인 인물로 1850년대 상원을 지배하며 좌지우지하던 더글러스는 특히 정책 토론과 법안 통과에 탁월한 능력을 발휘한 지략가였으니 링컨도 당해낼 재간이 없었다. 설상가상으로 이듬해인 1859년에는 급진적 노예폐지론자인 존 브라운이 추종자들을 이끌고 웨스트버지니아의 연방 무기고를 습격한 사건이 일어나 전국이 들끓었다. 브라운은 로버트 리 대령이 이끄는 진압군에 체포되어 교수형에 처해지긴 했으나 브라운의 행위에 대해 북부 사람들마저 부정적인 태도를 보일 정도로 분위기는 링컨에게 불리한 쪽으로 흘러가는 듯 보였다.

그럼에도 불구하고 더글러스와의 논쟁을 통해 이미 국가적인 인물로

떠오른 링컨은 1860년 공화당 대통령 후보로 지명되어 대선에 나섰으며, 마침내 선거에서 더글러스를 따돌리고 승리해 16대 대통령에 취임하기에 이르렀다. 당시 더글러스 역시 대선을 노리고 민주당 대통령 후보에 오르기도 했으나 노예제도를 두고 강온파로 분열된 민주당의 자중지란으로 인해 결국 링컨에 무릎을 꿇고 말았다.

역사적인 노예해방을 선언하고 남북전쟁을 승리로 이끈 링컨은 그 유명한 게티즈버그 연설을 통해 "국민의, 국민에 의한, 국민을 위한 정부"라는 명언을 남김으로써 자유와 평등, 민주주의로 상징되는 미국 정신을 더욱 확고히 부각시켰으며, 전후 남부 재건을 위해서도 매우 관용적인 화해정책을 펼쳐 국가 통합에도 힘썼다. 하지만 링컨은 1865년 부인 메리 토드와 함께 연극 관람 도중에 남부 지지자였던 배우 존 윌크스 부스가 쏜 총에 맞아 암살당하고 말았다.

부인 메리 토드는 그렇지 않아도 어린 두 아들 에디와 윌리를 연달아 잃고 크게 상심해 있는 상태에서 남편마저 비운의 암살로 세상을 뜨게 되자 큰 충격을 받은 나머지 항상 검은 상복 차림만을 고집했으며, 그 후 설상가상으로 막내아들 태드마저 병으로 죽자 혼자 중얼거리며 거리를 배회하는 등 정신이상 증세를 보여 정신병원 신세까지 졌다. 그런데 공교롭게도 그녀는 링컨과 결혼하기 전에 스티븐 더글러스와 교제하던 사이였으니 링컨과 더글러스는 정적관계뿐 아니라 한 여성을 두고도 연적관계였다는 점에서 참으로 기묘한 인연을 맺은 사이였다고 할 수 있다.

다윈의 진화론과 골턴의 우생학

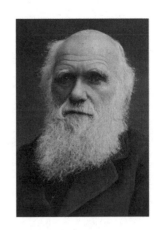

찰스 다윈

19세기 유럽 사회에 엄청난 충격을 던진 찰스 다윈(Charles Darwin, 1809~1882)의 저서《종의 기원》은 인류의 조상이 원숭이라는 진화론적 주장 때문에 기독교사회의 창조론과 맞붙어 격렬한 논쟁의 불씨를 낳는 계기가 되었다. 다윈의 그런 폭탄 선언은 코페르니쿠스의 지동설 못지않은 인식론적 혁명을 일으킨 사건으로 서구 사회의 수많은 지식인에게 큰 영향을 주었으며, 서구의 많은 학교에서 그의 진화론을 학생들에게 가르쳐야 하느냐 마느냐의 문제로 교사들과 학부모들 간에 극심한 충돌을 낳기도 했다.

어려서부터 동식물 채집에만 관심을 기울였던 다윈은 의사였던 아버지의 권유로 에든버러 대학에서 의학을 공부했으나 의학에는 전혀 관심이 없어 도중에 학업을 중단하고 말았는데, 아버지는 아들이 의사가 되지 못할 바에야 차라리 성직자가 되는 게 낫겠다 싶어 다윈을 케임브리지 대학 신학과에 입학시켰다. 물론 다윈은 신학보다 박물학에 더 관심이 많았지만 성직자가 되면 남는 시간에 박물학 연구를 할 수 있겠다는 생각으로 아버지의 뜻에 따랐다.

대학을 졸업한 후 탐사선 비글호를 타고 세계일주 여행에 나선 그는 남미의 갈라파고스 제도와 남태평양 등지에서 수많은 동물의 견본과 화석을 수집하며 꼼꼼히 그 내용을 기록했는데, 5년간에 걸친 탐사활동을 통해 진화론에 대한 확신을 얻게 되었으며, 귀국 후 학회활동을 통해 자신의 생각을 발표하기 시작했다. 하지만 진화론을 집대성한《종의 기원》이 발표된 것은 그의 나이 50세 때였으니 생각보다 상당히 뒤늦게 세상에 모습을 드러낸 것이라 할 수 있다.

그때까지 다윈은 부유한 집안 배경과 아내 엠마의 헌신적인 도움으로 오로지 연구에만 몰두할 수 있었는데, 그동안 10남매를 낳아 키우며 남편을 내조했던 아내가 48세라는 늦은 나이에 출산한 막내아들 찰스가 선천성 기형인 다운증후군으로 태어나 만 2세로 죽게 되었다. 그렇지 않아도 두 딸이 일찍 죽는 바람에 크게 상심했던 다윈은 막내아들마저 기형아로 태어나면서 자신의 자식들이 유전병에 걸리지나 않을까 두려움에 사로잡혔다. 게다가 아내 엠마가 자신의 가장 가까운 사촌이었기 때문에 근친혼에 의한 유전병을 더욱 두려워한 다윈은 그런 이유 때문인지 1871년 저서 《인간의 유래와 성 선택》을 통해 성과 관련한 자연선택 이론을 발표하기도 했다. 다행히 살아남은 자녀들은 모두 건강하게 자라 성공적인 삶을 살았다.

우연의 일치인지는 모르겠으나 다윈의 이복 외사촌 동생인 인류학자 프랜시스 골턴(Francis Galton, 1822~1911) 역시 유전에 많은 관심을 기울였

는데, 그는 한술 더 떠서 인류의 발전을 위한다는 명목으로 우생학을 창시해 생물진화 분야에 가장 큰 오점을 남기기도 했다. 오점이 되었다는 것은 학문적으로 잘못되었다는 것이 아니라 정치적으로 악용되었기 때문인데, 우수한 인종을 만든다는 명분으로 나치가 저지른 단종정책이 가장 단적인 예라 할 수 있다.

나치는 1933년 단종법을 제정하고 정신질환자와 동성애자를 포함한 유전적 결함을 지닌 수

프랜시스 골턴

십만 명을 집단적으로 살해했는데, 나치뿐 아니라 일제도 소록도의 나병 환자들을 상대로 단종을 시행했으며, 20세기 초 미국의 인종차별주의자들에게도 우생학은 자신들의 정당성을 입증하는 과학적 자료로 악용되는 폐단을 낳았던 것이다.

이처럼 큰 폐단을 낳은 우생학에 만족하지 않고 골턴은 역시 비슷한 명분을 내세워 인체측정학도 발전시켰는데, 지문을 이용해 범죄자를 가려내는 방법에 관한 연구결과를 저서로 출간하기도 했지만, 사실 지문에 관한 연구는 이미 그 이전에 일본에서 의료선교사로 활동하던 헨리 폴즈(Henry Faulds, 1843~1930)가 1880년에 영국의 과학잡지 《네이처》에 발표한 내용으로 생전에는 그 업적을 인정받지도 못한 채 세상을 뜨고 말았다. 골턴은 그 후 1892년에 출간한 저서 《지문》을 통해 지문 연구의 권위자로 세상에 알려졌지만, 엄밀히 말하자면 헨리 폴즈의 연구결과를 도용한 것이라 할 수 있다.

오페라의 거장 베르디와 바그너

세계적인 성악가를 수없이 배출한 노래의 나라 이탈리아는 오페라의 발상지로 수많은 오페라 작곡가들 역시 배출했는데, 로시니, 베르디, 도니제티, 푸치니, 벨리니, 레온카발로 등이 대표적인 인물들이다. 그중에서도 특히 주세페 베르디(Giuseppe Verdi, 1813~1901)는 이탈리아 가극을 대표하는 작곡가로 그의 작품은 푸치니의 가극

주세페 베르디

과 더불어 전 세계에 걸쳐 가장 많은 사랑을 받으며 공연되고 있다. 반면에 가극 전통이 거의 없던 독일에서는 리하르트 바그너(Richard Wagner, 1813~1883)라는 걸출한 인물이 나타나 베르디에 맞서 새로운 악극을 만들었는데, 이들 두 사람은 동갑내기로 19세기 오페라에 지대한 영향을 끼쳤다.

연극적인 요소에 장대한 규모의 선율과 무대로 정평이 나 있는 베르디의 가극은 〈나부코〉, 〈에르나니〉, 〈맥베스〉, 〈리골레토〉, 〈일 트로바토레〉, 〈라 트라비아타〉, 〈가면 무도회〉, 〈운명의 힘〉, 〈돈 카를로〉, 〈아이다〉, 〈오텔로〉, 〈팔스타프〉 등 그야말로 이탈리아 가극의 정점이라 할 수 있는 불멸의 걸작들이다. 특히 〈아이다〉의 '개선행진곡'과 〈리골레토〉의 '여자의 마음', 〈라 트라비아타〉의 '축배의 노래'와 '사랑의 이중창', 〈나부코〉의 '히브리 노예들의 합창'은 지금까지도 많은 사랑을 받고 있는 명곡들이다.

나폴레옹이 러시아 침공에서 패배하고 몰락의 길로 접어들었을 무렵 북이탈리아의 작은 마을 론콜레에서 태어난 베르디는 무명 시절에 만난 마르게리타와 결혼해 남매를 낳았으나 태어난 직후 두 아기를 모두 잃었으며, 얼마 가지 않아 아내 역시 26세라는 젊은 나이로 세상을 뜨고 말았다. 나이 30도 되기 전에 처자식을 모두 잃고 절망에 빠진 그는 작곡을 포기할 생각까지 했으나 심기일전해 완성한 작품 〈나부코〉의 성공으로 마침내 원기를 되찾고 애국적인 내용을 담은 10여 편의 오페라를 작곡한 후 주세피나와 재혼도 했으며, 그 사이에 대부분의 걸작을 작곡했다. 자신의 명성에 힘입어 한때 정계에도 진출했던 베르디는 밀라노의 호텔에서 뇌졸중으로 쓰러져 87세를 일기로 세상을 떴다.

한편 베르디와 동시대에 활동한 독일의 작곡가 리하르트 바그너

리하르트 바그너

(Richard Wagner, 1813~1883)는 반음계적 어법을 사용한 대규모의 오케스트라 반주와 풍부한 화성을 동원해 장엄하고도 비장감이 감도는 새로운 형태의 오페라를 작곡했는데, 그는 그것을 '악극'이라 부르고 종래의 가극과 차별화시켰다. 자신이 직접 대본까지 쓴 바그너는 독일의 중세 전설에 바탕을 둔 〈탄호이저〉, 〈로엔그린〉, 〈트리스탄과 이졸데〉, 〈니벨룽의 반지〉를 비롯해서 〈리엔치〉, 〈방황하는 네덜란드인〉, 〈뉘른베르크의 명가수〉, 〈파르지팔〉 등 가장 독일적인 악극을 창조해 그동안 이탈리아 가극의 위세에 눌려 있던 독일 가극의 자존심을 회복하는 데 결정적인 역할을 담당했다.

바그너의 악극은 매우 교향악적이어서 성악에 치중한 이탈리아 가극과는 분위기가 매우 다르지만, 그래도 〈탄호이저〉에 나오는 아리아 '저녁별의 노래', 〈트리스탄과 이졸데〉의 '사랑과 죽음'이 특히 유명하며, 〈로엔그린〉의 결혼행진곡은 멘델스존의 결혼행진곡과 함께 전 세계 결혼식장에서 연주되는 명곡으로 꼽힌다.

바그너의 열렬한 팬이었던 바이에른 왕국의 루트비히 2세의 후원에 힘입어 바이로이트에 극장을 세우고 매년 성대한 바이로이트 축제를 개최하게 되면서 그 후 바이로이트는 독일인의 민족적 자긍심을 일깨워 주는 일종의 성지처럼 되었으며, 특히 바그너를 숭배한 히틀러에 의해 그런 분위기가 더욱 조장되어 수많은 독일인이 마치 순례길에 오르듯 바이로이트 축제에 몰려들기도 했다.

비록 바그너는 1883년 70세를 일기로 세상을 떴지만, 그의 노골적인 반유대주의 때문에 히틀러가 그를 더욱 숭배했는지 모르나 어쨌든 바그너의 아내 코지마는 나치로부터 융숭한 대접을 받으며 93세까지 장수를 누리다가 1930년에 바이로이트에서 사망했으며, 그런 역사적 배경 때문에 바그너의 작품은 지금까지도 이스라엘에서는 연주가 사실상 금지된 상태에 있다.

마르크스와 엥겔스의 공산당 선언

공산주의 역사에서 카를 마르크스(Karl Marx, 1818~1883)와 프리드리히 엥겔스(Friedrich Engels, 1820~1895)는 가장 중추적인 역할을 맡은 인물들로 마르크스주의 창시자인 동시에 1847년에 발표한 그 유명한 《공산당 선언》의 공동 집필자다. 두 사람은 40년 넘게 이념적 동지로 함께 활동했는데, 공산주의 역사에서 이들처럼 흔들리지 않는 우정과 의리를 죽을 때까지 변치 않고 유지한 경우는 매우 드물다고 하겠다.

카를 마르크스

공산주의 사상의 창시자 카를 마르크스의 본명은 카를 피셔이며, 유대인 변호사의 아들로 태어났다. 그는 고등학교 재학시절부터 세상의 불합리한 모순에 갈등을 겪으며 고민에 빠졌는데, 10대 후반에 쓴 졸업 논문에서 이미 이상과 현실 사이에 가로놓인 모순과 갈등에 대해 예리한 비판의식을 보여 주고 있었다. 대학 시절 그는 헤겔 좌파로 불리는 동료들과 어울리면서 인식론적 혁명에 대한 토론에 열을 올리기도 했는데,

특히 헤겔의 변증법은 마르크스에게 큰 영향을 주었다. 그러나 마르크스는 점차 헤겔의 관념론에서 벗어나 유물론적 변증법으로 기울게 되었다.

예나 대학에서 철학박사 학위를 받은 그는 당시 프로이센 귀족의 딸인 예니 폰 베스트팔렌과 결혼했는데, 네 살이나 연상인 그녀는 마르크스가 일정한 직업도 없고 장래가 매우 불투명했음에도 평생 반려자로서 남편에게 매우 헌신적이었다. 반체제적 성향의 신문 발간으로 독일 정부의 탄압을 받게 되자 프랑스 파리로 활동무대를 옮긴 그는 그곳에서 마침내 《공산당 선언》을 발표함으로써 본격적인 혁명운동에 접어들었다.

그러나 그의 급진적인 사상에 위기감을 느낀 프랑스정부는 마르크스를 해외로 추방했으며, 결국 그는 영국으로 건너가 경제적 궁핍 속에서도 계속해서 저술활동에 전념하며 《자본론》을 완성했다. 일정한 직업을 구하지 못한 그는 거의 매일 대영박물관 도서실에 틀어박혀 살다시피 하면서 그의 독특한 역사적 유물론을 발전시켜 나갔지만, 경제적으로 여유가 있었던 엥겔스의 도움으로 그나마 생계를 꾸려 나갈 수 있었다.

마르크스는 궁핍한 생활 속에서도 처자식에게 매우 자상한 가장 노릇을 한 것으로 알려졌는데, 모두 7남매를 낳았지만 대부분 일찍 죽고 세 딸만 살아남았다. 그러나 그가 그토록 아꼈던 장녀 제니는 암으로 아버지보다 먼저 세상을 떴으며, 차녀 로라와 막내딸 일리노어는 자살하고 말았다. 아내의 장례식에 참석조차 할 수 없을 정도로 건강이 악화된 마르크스는 잠든 상태에서 조용히 숨을 거두었는데, 당시 그의 죽음은 세상의 주목을 전혀 끌지 못하고 불과 십여 명의 지인들만이 장례식에 참석했을 뿐이었다.

프리드리히 엥겔스

중산층 유대인 변호사의 아들로 태어난 마르크스에 비해 방적공장을 운영하는 사업가의 아들로 태어난 엥겔스는 상대적으로 더욱 부유한 상류계층 출신이었다. 하지만 성장하면서 무신론에 빠진 그는 독실한 기독교신자인 부모와 갈등을 겪기 시작했으며, 한때는 가출해 숨어 다니기도 했다. 결국 고등학교를 중퇴한 그는 한동안 베를린에서 청년헤겔운동에 가담해 사회개혁 의지를 불태우다가 1842년 아버지의 권유로 영국 맨체스터에 있는 아버지 소유의 공장에 근무하면서 노동자계급의 사회적 위치와 자본주의 사회의 모순에 대해 깊이 연구하기 시작했다.

그 결과 두 권의 저서 《정치경제학 비판 요강》과 《영국 노동자계급의 상태》를 출간함으로써 프롤레타리아의 위대한 미래와 그들이 맡은 역사적 사명에 대해 확고한 신념을 정립한 최초의 인물로 떠오른 엥겔스는 귀국길에 들른 파리에서 마르크스를 만나 자신들의 공통된 이념을 확인하고 그 후 일생 동안 지속된 우정관계를 맺게 되었다. 결국 두 사람은 공동 저작으로 《신성 가족》과 《독일 이데올로기》를 발표해 변증법적 사적 유물론의 기초를 다지는 한편, 공산주의 동맹을 결성해 그 강령으로 《공산당 선언》을 발표하기에 이르렀다.

그 후 엥겔스는 독일 혁명에 가담했으나 혁명이 실패로 돌아가자 다시 영국 맨체스터로 돌아갔으며, 그 경험을 토대로 《독일 농민전쟁》과 《독일의 혁명과 반혁명》을 집필하고, 런던에 망명 중인 마르크스의 생계는 물론 그의 《자본론》 완성을 돕는 일에 힘을 쏟았다. 1870년 아예 런던으로 이주해 마르크스와 함께 활동한 그는 《자연변증법》, 《반뒤링

론》,《가족, 사유재산 및 국가의 기원》,《포이에르바하론》 등을 집필했
는데, 마르크스가 사망한 이후로는 《자본론》 간행에 전념하면서 유럽
노동운동의 지도자로 활동했다.

결혼제도를 부르주아의 관습으로 간주한 엥겔스는 결혼을 거부하는
대신 아일랜드 노동자계급 출신의 여성 메리 번즈와 오랜 기간 동거했
는데, 그녀가 1863년 40세로 사망하자 그 후로는 그녀의 동생 리지 번즈
와 동거생활을 유지하다가 그녀가 암에 걸리자 숨을 거두기 직전 서둘
러 결혼식을 치렀다. 그 후 엥겔스는 1895년 인후암으로 생을 마쳤는데,
그의 유언에 따라 화장한 재는 바다에 뿌려졌다.

러시아 문학의 양대 산맥 도스토옙스키와 톨스토이

19세기 러시아 문학을 대표하는 표도르 도스토옙스키(Fyodor Dostoevsky,
1821~1881)와 레오 톨스토이(Leo Tolstoy, 1828~1910)는 러시아뿐만 아니라 세
계문학사에 길이 빛나는 명작들을 남긴 대문호
로 기억되는 인물들이다. 러시아혁명이 일어나
기 이전 제정러시아 시절에 활동한 이들은 비록
신분은 전혀 달랐지만, 러시아 민중의 고달픈 삶
을 따스한 애정으로 감싸며 위대한 작품을 통해
형상화시킴으로써 전 세계 독자들로부터 지금까
지도 많은 사랑을 받고 있다.

모스크바에서 의사의 아들로 태어난 도스토
옙스키는 소년 시절 어머니를 잃은 지 2년 뒤에

표도르 도스토옙스키

101

아버지마저 농노들에게 살해당하는 비극을 겪었는데, 성장과정에서 겪은 그런 불행한 경험들로 인해서 그는 항상 우울하고 고독할 수밖에 없었다. 20대 후반에 급진적 성향의 모임에 가담했다가 당국에 체포된 그는 사형선고까지 받았으나 총살형이 집행되기 직전에 극적으로 감형되어 시베리아 유형을 떠났는데, 당시 목격했던 죄수들과 민중의 비참한 삶의 모습을 통해 새롭게 눈을 뜨고 그 체험을 《죽음의 집의 기록》에 실었다.

40대에 이르러 첫 아내 마리아와 형 미하일 등 의지했던 인물들을 모두 잃어야 했던 그는 설상가상으로 고질적인 간질병으로 수시로 의식을 잃고 쓰러지는 발작증세에 시달려야만 했는데, 그의 대표작 《백치》, 《악령》, 《카라마조프가의 형제들》, 그리고 《학대받는 사람들》 등에 나타난 간질발작의 모습들은 그 어떤 작가들도 손대지 못한 생생한 묘사가 아닐 수 없다. 당시만 해도 간질병 발작은 일종의 신이 내린 저주에 가까운 것으로 인식되었으니 도스토옙스키는 육체적으로나 정신적으로 자신에게 내려진 형벌에서 벗어나 신에게서 구원받는다는 문제가 그 누구보다 절실했을 것이다.

또 한 가지 고질적인 도박벽 역시 그를 괴롭힌 악습이었는데, 일생 동안 그는 병적인 도박 때문에 실로 감당하기 어려운 경제적 곤궁에서 고통받으며 살아야 했다. 그는 스스로 저항할 수 없는 충동에 의해 도박에 빠져들어 돈을 모두 탕진하고 나면 아내에게 두 번 다시 도박에 손을 대지 않겠다는 맹세를 끊임없이 되풀이하며 무릎을 꿇고 앉아 빌어야 했는데, 그런 모순된 모습은 소설 《도박꾼》에 생생히 묘사되어 있다. 이처럼 돈과 사랑, 그리고 간질병에 관한 주제는 살인에 대한 주제와 마찬가지로 그가 일생 동안 매달려야만 했던 미완의 숙제와도 같은 것이 되었다.

그의 대표작 《죄와 벌》, 《카라마조프가의 형제들》, 《악령》, 《백치》 등
에 나오는 살인사건을 통해 그가 주로 다룬 주제 역시 선과 악, 죄와 구
원 등 인간의 근원적인 문제라 할 수 있다. 이처럼 악의 뿌리에 대해 누
구보다 철저히 탐색해 나갔던 도스토옙스키는 결국 신의 구원에 마지막
희망을 걸 수밖에 없었는데, 물론 그런 선택은 도스토옙스키에만 국한
된 게 아니었다. 왜냐하면 예수의 산상수훈을 본받아 비폭력 평화주의
와 무소유 정신을 직접 실천했던 톨스토이도 그와 비슷한 길을 걸었기
때문이다.

도스토옙스키와 거의 동시대에 활동하면서 《전쟁과 평화》, 《안나 카
레니나》, 《이반 일리치의 죽음》, 《크로이체르 소나타》, 《부활》 등의 걸
작들을 발표한 톨스토이는 소설가로서뿐만이 아니라 위대한 사상가로
서 인류애에 가득 찬 숭고한 사랑과 평화의 전도사라는 이미지로 오랜
세월 각인되어 왔으며, 《참회록》, 《사람은 무엇으로 사는가》 등을 통해
무소유 정신과 진지한 신앙고백을 시도함으로써 청교도적 금욕주의 성
향이 매우 강한 메시지를 인류에게 남기기도 했
다. 인도의 간디나 우리나라의 이광수, 미국의
마틴 루터 킹 목사에 이르기까지 전 세계인으로
부터 정신적 스승으로 추앙받은 보기 드문 대문
호라 할 수 있다.

평민 출신으로 죽음의 문턱까지 갔다가 기사
회생한 도스토옙스키와는 달리 톨스토이는 당시
제정러시아의 유수한 귀족 가문 출신으로 그의
아버지는 백작이었고 어머니는 공주 출신이었

레오 톨스토이

다. 비록 그는 부모가 일찍 세상을 떠나는 바람에 어려서부터 친척집에서 자라야 했지만, 방대한 영지를 소유한 대지주로서 경제적 궁핍이나 가혹한 시련은 겪어보지 못하고 살았다. 젊은 시절 방탕한 생활로 인해 남다른 죄의식을 지녔던 톨스토이는 자신의 불완전한 도덕적 결함을 결국에는 매우 금욕적인 신앙 지침에서 그 해답을 찾고자 함으로써 《참회록》과 소설 《부활》을 썼으며, 따라서 성과 결혼에도 매우 부정적인 입장을 보이기도 했다.

특히 말년에 이르러 이단종파 두호보르 교단에 몰두한 톨스토이는 자신의 무소유사상 때문에 아내인 소피아와 극심한 마찰을 빚기도 했는데, 농노를 해방하고 자신의 전 재산을 헐벗고 가난한 농민들에게 나눠주려 했으니 당연한 일이었다. 더욱이 그는 당시 당국의 핍박을 받고 있던 두호보르 교단을 지원하기 위해 소설 《부활》을 쓰고 인세 전부를 교단에 넘기는 문제로 아내 소피아와 치열한 언쟁을 벌이기도 했다. 결국 아내를 설득하는 데 실패한 톨스토이는 82세라는 고령에 가출을 결심하고 무작정 집을 나섰다가 매서운 추위를 견디지 못하고 작은 시골마을 기차역에서 폐렴에 걸려 숨을 거두고 말았다. 그리고 그의 가족들은 러시아혁명 이후 뿔뿔이 흩어져 국외로 망명길에 올라야 했다.

톨스토이가 내세운 비폭력 무저항주의는 예수 그리스도의 산상수훈에 바탕을 둔 무정부주의적 기독교 신앙으로 그는 국가 정부와 교회의 존재 가치마저 부정함으로써 일찌감치 당국으로부터 불온 사상가로 지목되기도 했으나 세계적인 명성을 지닌 작가인 동시에 명망 있는 귀족 가문의 후예라는 점에서 어떤 제재나 불이익을 당하지는 않았다. 도스토옙스키가 한때 불온 사상가로 체포되어 사형 집행 직전에 감형되어 시베리아 유형을 떠난 사실을 생각하면 톨스토이는 그래도 엄청난 특혜를 받은 셈이다.

파스퇴르의 살균법과 리스터의 소독법

　서양의학이 인류에게 선사한 가장 큰 업적이 있다면 그것은 바로 세균의 발견과 소독법의 개발이라 할 수 있다. 세균의 발견은 곧 항생제의 발명으로 이어지고 소독법의 개발은 무균수술로 이어져 숱한 생명을 살리게 되었으며, 더 나아가 혈액형의 발견으로 보다 안전한 수혈이 가능해지면서 외과적 수술에서도 일대 혁명이 일어나게 된 것이다. 그런 점에서 인류 최초로 저온살균법을 발명한 프랑스의 생화학자 루이 파스퇴르(Louis Pasteur, 1822~1895)와 무균 수술법을 개발한 영국의 외과의사 조지프 리스터(Joseph Lister, 1827~1912)는 실로 대단한 위업을 달성한 인물들이 아닐 수 없다.

　19세기 말 결핵균과 콜레라균을 발견한 독일의 코흐와 더불어 세균학의 아버지로 불리는 파스퇴르는 1861년 발표한 논문을 통해 기존의 자연발생설을 비판하고 음식의 발효현상이 미생물의 증식에 의한 결과라는 사실을 실험을 통해 입증해 보였으며, 더 나아가 우유에 열을 가해 세균과 곰팡이를 죽이는 저온살균법을 발명함으로써 질병 예방에도 일대 혁신을 가져왔다. 파스퇴르는 세균 오염을 막기 위해서는 미생물이 인체에 침투하지 못하도록 사전에 차단해야 한다고 주장했는데, 그의 주장

루이 파스퇴르

조지프 리스터

에 따라 영국의 의사 리스터는 석탄산을 이용한 무균수술법을 개발해 외과수술에도 일대 혁신을 일으키고 수많은 인명을 구할 수 있는 전기를 마련하게 되었다. 하지만 파스퇴르 자신은 그 후 누에 미립자병의 원인을 밝히는 연구에 전념하던 도중에 뇌졸중으로 쓰러져 반신불수가 되었다가 결국 72세를 일기로 세상을 뜨고 말았다.

한편 파스퇴르의 논문을 읽고 크게 자극받은 영국의 외과의사 리스터는 소독법과 무균수술법을 개발해 외과수술 분야에 지대한 공헌을 남겼는데, 당시만 해도 세균이나 소독에 대한 개념이 없던 시절이라 사람들은 상처 부위가 썩는 현상도 나쁜 공기 때문에 일어나는 것으로 여기고 수시로 병실 내부를 환기만 시켰을 뿐 손을 씻거나 깨끗한 수술복의 착용 따위는 안중에도 없었다. 따라서 수술도 매우 비위생적인 상태에서 시행되고 있었으니 수술 환자의 절반 이상이 사망할 정도로 환자들의 사망률이 높을 수밖에 없었다.

그런 현실을 안타까워한 리스터는 1865년 무균수술을 위한 소독제로 당시 철도나 선박의 나무 부식을 방지하기 위한 방부제로 널리 이용되고 있던 석탄산(페놀)을 환자들의 상처 소독에 적용해 그 효능을 입증했다. 또한 여기서 더 나아가 수술 전후에 모든 집도의가 깨끗이 손을 소독할 뿐만 아니라 수술용 장갑도 소독된 것을 사용하고, 모든 수술도구와 수술실도 석탄산으로 소독하도록 함으로써 환자들의 생존율을 엄청나게 높이는 결과를 낳았다.

하지만 석탄산을 이용한 무균법으로 수많은 생명을 구한 리스터와는 달리 그의 사후 20년이 지나 등장한 나치 독일은 오히려 집단학살에 석탄산을 악용하는 반인륜적 범죄를 저질렀으니, 같은 물도 소가 마시면 우유가 되고 뱀이 마시면 독이 된다는 말이나 같은 칼도 의사의 손에 들어가면 생명을 구하고 강도의 손에 들어가면 생명을 빼앗는다는 말이 더욱 실감 있게 와 닿는다고 하겠다.

정신병원에서 반생을 보낸 아델 위고와 카미유 클로델

프랑스의 문호 빅토르 위고의 딸 아델 위고(Adèle Hugo, 1830~1915)는 정신병 증세로 40년 이상 정신병원에서 지내다가 1915년 제1차 세계대전이 한창일 때 85세로 세상을 떴으며, 로댕의 연인이었던 조각가 카미유 클로델(Camille Claudel, 1864~1943) 역시 같은 증세로 1913년부터 1943년까지 30년간 정신병원에 갇혀 지내다가 79세를 일기로 생을 마감했다. 특히 카미유 클로델은 두 차례의 세계대전을 모두 정신병원에서 맞이했다.

프랑수아 트뤼포 감독의 영화 〈아델 H 이야기〉의 실제 모델로 알려진 아델 위고는 프랑스의 대문호 빅토르 위고의 둘째딸로, 가족이 영불해협에 위치한 저지 섬에서 망명생활을 하던 시절에 만난 영국군 장교 핀슨 중위를 짝사랑한 나머지 그와 결혼하기 위해 대서양을 건너 멀리 캐나다까지 무작정 그를 찾아 나섰다. 하지만 이미 마음이 돌아선 핀슨 중위는 끝내 그녀를 외면하고 자신의 부대를 따라 서인도 제도로 떠나 버렸다.

아델 위고

물론 처음에는 핀슨 중위가 그녀에게 청혼했지만, 이를 거절했다가 마음이 바뀐 아델이 다시 화해를 요구하자 이미 자존심이 상했던 그는 더 이상 그녀를 상대하지 않았다. 그럼에도 불구하고 아델은 계속해서 핀슨 부인 행세를 하며 서인도 제도의 바베이도스까지 따라가지만, 이미 제정신이 아닌 그녀는 노숙자 신세로 전락해 아이들의 놀림을 받으며 거리를 배회하다가 어느 흑인 여성의 도움으로 간신히 본국에 돌아올 수 있었다.

나이 40이 넘어 폐인이 다 된 모습으로 집에 돌아온 그녀를 아버지 위고는 곧바로 정신병원에 입원시킬 수밖에 없었는데, 그 후 아델은 무려 40년 이상 기나긴 세월을 정신병원에서 보내다가 세상을 떴다. 이상한 암호 같은 글로 일기나 쓰며 허송세월을 보낸 그녀는 애정망상을 지닌 정신병 상태였던 것으로 보이는데, 어쨌든 그녀는 10여 년의 세월을 한 남자 뒤만 쫓는 일에 허비해 버렸으며, 생의 절반을 정신병원에서 보내야 했던 참으로 불행한 운명을 지닌 여성이었다.

로댕의 연인으로 알려진 카미유 클로델 역시 정신병으로 병원에서 생을 마쳤는데, 시인 폴 클로델의 누이였던 그녀는 18세 때 로댕의 조수로 들어가 조각을 배우면서 연인관계로 발전했지만, 이미 유부남이었던 로댕은 자신의 아이를 임신했다는 카미유의 말에 겁을 집어먹고 마음이 돌아서고 말았다. 이에 낙담한 그녀는 아기를 유산시키고 로댕의 곁을 떠나 조각가로서 독자 노선을 걷기 시작했다.

카미유 클로델

하지만 로댕의 그늘에 가려 그녀의 작품은 빛을 보지 못했으며, 더군다나 당시 엄격한 가톨릭

사회였던 프랑스에서 그녀는 불륜과 낙태를 저지른 장본인으로 주위의 따가운 시선과 냉대 속에 극심한 정신적 고통에 휘말려야 했다. 가족들마저도 그런 그녀를 외면하자 점차 피해망상 증세를 보이기 시작한 그녀는 로댕이 자신의 아이디어를 훔쳤을 뿐만 아니라 더 나아가 자신을 죽이려고 음모를 꾸민다는 망상에 사로잡혔는데, 자신의 작품들을 모조리 때려 부수고 한동안 종적을 감춰 버리는 등 이상한 행동을 거듭해 결국 정신병원에 수용되고 말았다.

입원 중에 그녀는 계속 망상에 시달렸으나 그림을 그릴 때만큼은 매우 차분한 모습을 보였다고 한다. 그녀를 담당했던 주치의가 여러 차례 퇴원을 권유하기도 했지만, 그녀의 어머니는 집안 망신을 시킨 딸을 영구적으로 격리시킬 의도로 그 제안을 받아들이지 않았으며, 남동생 폴 클로델 이외의 그 어떤 사람과도 접촉하지 못하게 금지시켰다. 사람들이 그녀를 면회할 수 있게 된 것은 어머니가 세상을 뜬 후부터였다. 그렇게 무려 30년간 정신병원에 갇혀 지내다가 제2차 세계대전 도중에 79세를 일기로 생을 마감한 그녀는 두 차례의 세계대전을 모두 정신병원에서 맞이한 셈인데, 다른 무엇보다 안타까운 사실은 천재적인 재능을 충분히 발휘하지도 못하고 정신병원에서 반생을 보내야 했다는 점이다.

자선사업에 몰두한 강철왕 카네기와 석유왕 록펠러

미국 재벌의 상징인 강철왕 앤드루 카네기(Andrew Carnegie, 1835~1919)와 석유왕으로 불리는 존 록펠러(John Davison Rockefeller, 1839~1937)는 세계 최대의 재벌로 성공한 입지전적 인물들이기도 하지만 카네기재단과 록

앤드루 카네기

펠러재단을 설립해 대규모 자선사업을 펼침으로
써 적어도 미국사회에서는 바람직한 기업인상의
모델로 군림해 왔다.

스코틀랜드에서 가난한 직조공의 아들로 태
어난 앤드루 카네기는 1848년 가족과 함께 이민
선을 타고 미국으로 이주했는데, 어린 나이에 공
장에 들어가 일하는 바람에 교육조차 제대로 받
지 못했다. 그럼에도 남다른 근면성과 성실함을
발휘해 상사의 인정을 받은 그는 전보배달원을
거쳐 전신기사로 승진하고 이어서 철도회사에 스카우트되어 출세가도
를 달리기 시작했다.

1856년 그는 철도 침대차 사업에 투자해 처음으로 거금을 벌어들였
으며, 그 후 석유사업에 투자해서 벌어들인 돈으로 철강사업에 본격적
으로 뛰어들어 제철소와 용광로 회사를 설립하고 점차 다른 철강회사를
합병해 나가면서 미국 최대의 강철 생산량을 자랑하는 대재벌이 되
었다.

하지만 모든 일이 순탄치만은 않았다. 특히 1892년 그의 소유인 홈스
테드 제강소에서 벌어진 노사 간의 충돌로 인해 수백 명의 사상자가 발
생했는데, 홈스테드 학살사건으로 불리기도 했던 그 사태는 주 방위군
이 투입되어서야 비로소 진정되었지만, 그동안 카네기가 쌓아 올린 정
직한 기업가의 이미지에 매우 치명적인 타격이 되고 말았다. 하지만 얼
마 뒤에 한 아나키스트가 당시 공장폐쇄를 지시했던 헨리 클레이 프릭
을 암살하려다 실패한 사건이 일어나자 다행히 여론은 카네기에게 유리
하게 돌아가는 결과를 낳았다. 어쨌든 그런 사건을 계기로 카네기는

1901년에 모건과 빅딜을 시도해 자신의 회사를 매각하였고, 그 결과 모건은 세계 최대의 철강회사인 유에스 스틸을 설립하기에 이른 것이다.

그 후 카네기는 카네기재단을 설립해 특히 교육과 문화 분야에 막대한 기부를 하기 시작했는데, 이미 1880년대부터 도서관 건립사업을 시작해 무려 2,500개의 도서관을 세웠으며, 1891년에는 카네기홀을 건립하고 1900년에는 카네기 공대를 설립하는 등 많은 기부활동을 통해 천문학적 숫자의 거금을 자선사업에 바침으로써 긍정적인 기업가로서의 이미지를 유지할 수 있었다. 비록 그는 노동자의 임금 인상에 몹시 인색해서 악덕 기업가라는 오명을 쓰기도 했지만, 《자서전》을 비롯해 여러 권의 저술활동을 통해 그런 부정적인 이미지를 불식시키기도 했다.

앤드루 카네기는 결혼도 하지 않은 채 30년 넘게 홀어머니를 모시고 산 효자이기도 했는데, 1886년 어머니가 세상을 뜨자 그 이듬해에 52세가 되어서야 비로소 30세의 루이즈 휘필드와 결혼했으며, 62세가 되어서 외동딸 마가렛을 낳았으니 대단한 정력의 소유자임에 틀림없다. 그는 제1차 세계대전이 끝난 직후 1919년 83세를 일기로 생을 마감했다.

한편 1870년 석유회사 스탠더드 오일을 세워 세계 최고의 재벌이 된 석유왕 존 록펠러는 1881년에 이미 미국 석유 생산량의 95%를 독점한 상태였으니 재벌이 안 될 수가 없었다. 물론 당시에는 수많은 석유업자들이 존재했지만, 그는 인정사정없이 다른 기업들을 흡수 통합해 나가면서 석유사업을 독식했다. 그런 가운데서도 교회에 어김없이 십일조를 갖다 바침으로써 자신의 돈독한 신앙심을 과시하기도 했다.

존 록펠러

평생 술과 여자를 멀리하며 오로지 집무실에 처박혀 돈이 들어오고 나가는 장부 관리에만 몰두한 그는 어려서부터 돈에 관해서만큼은 매우 남다른 집착을 보였는데, 고등학교를 졸업한 후 경리직원으로 일하며 회계장부를 다루기 시작한 것이 97세를 일기로 죽을 때까지 그의 일생을 지배한 주된 과업이 되었다. 그는 주급 4달러 시절부터 이미 십일조 헌금을 열심히 지켰지만, 재벌이 된 후에도 거지에게는 한 푼도 적선하지 않을 정도로 노동의 대가를 중시했다.

하지만 그가 석유왕이라는 타이틀을 얻기까지 재벌이 되는 과정에서 보인 축재수법은 무자비한 기업인수와 문어발식 기업확장 등 수단방법을 가리지 않는 매우 비열한 것으로 심지어는 숱한 경쟁자들을 굴복시켜 자신의 휘하에 들어오게 만들기도 했다. 그런 오명 때문에 한때 거액의 기부금을 받은 교회의 어느 목사는 설교시간에 록펠러의 헌금을 더러운 돈으로 호칭할 정도로 당시 그의 사회적 이미지는 몹시 나빴다.

그런 와중에 침례교 목사 게이츠가 나타나 그에게 자선사업에 눈을 돌리도록 설득함으로써 비로소 그는 자신에게 주어진 악덕 기업가의 이미지를 벗어날 수 있게 되었다. 게이츠 목사는 록펠러의 이름으로 자선단체를 세우고 미국 최초의 의학연구소와 시카고 대학 설립을 포함해 수많은 대학에 거액을 기부하도록 이끄는 등 여러 사업을 지원함으로써 록펠러의 이미지를 바꾸는 데 결정적인 역할을 담당한 인물이었다.

전화를 발명한 벨과 무치

세계 최초로 전화를 발명한 것으로 알려진 알
렉산더 그레이엄 벨(Alexander Graham Bell,
1847~1922)은 에디슨과 더불어 미국을 대표하는
발명가로 벨 전화기 회사의 공동 창립자인 동시
에 농아교육에도 헌신해 청각장애인의 아버지로
꼽히는 인물이다. 그는 1876년 전화기를 개발해
특허를 낸 이후 120년이 넘는 오랜 세월에 걸쳐

알렉산더 벨

전화를 최초로 발명한 인물로 알려져 왔으나 2002년 미국 의회는 그런
사실을 철회하고 1856년에 전기 파동 신호를 이용해 전화 모델을 개발
한 이탈리아 출신의 안토니오 무치(Antonio Meucci, 1808~1889)를 최초의 발
명자로 인정하게 되었다.

안토니오 무치는 원래 이탈리아 피렌체 태생으로 1850년 미국으로 이
주했는데, 뉴욕에서 양초공장을 운영하던 중에 1856년 전화기를 최초로
개발했으나 양초사업이 파산하는 바람에 자금난에 시달렸으며, 1871년
자신이 발명한 전화기로 임시특허를 얻었으나 특허료를 제대로 내지 못
해 애를 먹고 있던 차에 1876년 벨이 특허를 얻게 되자 벨을 상대로 즉각
제소했다. 하지만 파산상태에 병까지 얻어 병석에 앓아눕게 된 무치는
제대로 반론조차 제기할 수 없었으며, 결국 판사는 벨의 손을 들어주고
말았다. 그 후 얼마 가지 않아 무치가 세상을 떠나버림으로써 더 이상 벨
의 특허에 대해 문제 삼는 일은 없어졌다.

하지만 더욱 큰 문제는 누가 최초로 전화를 발명했는지에 있는 것이
아니라 벨이 저지른 파렴치한 행동에 있었다. 원래 무치는 자신이 발명

안토니오 무치

한 자석식 전화기의 특허를 내기 위해 웨스턴 유니온 전신회사와 접촉하던 도중에 설계도면과 전화기 모델을 분실하고 말았는데, 벨이 특허를 받은 것도 무치의 전화기와 거의 비슷한 것으로 알려졌다. 하지만 무치가 죽고 난 후 또 다른 문제가 불거졌으니 그것은 벨이 특허를 낸 액체송수신장치 전화기 때문이었다. 원래 그것은 엘리샤 그레이(Elisha Gray, 1835~1901)가 발명한 것인데, 그레이의 연구실을 자주 드나들었던 조수 토머스 왓슨을 시켜 그의 아이디어를 훔친 벨이 특허 담당관을 매수해 그레이보다 먼저 신청한 것으로 순서까지 바꾸고 특허를 가로챈 것이다.

그레이가 벨의 도용 사실을 안 것은 나중에 벨이 전자석 송수신장치를 개발한 후였는데, 벨은 자신의 연구노트에서 용액을 이용해 실험한 사실을 고의로 누락시켰다. 흔히 알고 있듯이 역사상 가장 최초의 전화 통화 내용은 벨이 조수인 왓슨에게 전화로 "왓슨, 이리로 좀 와보게."라는 말을 한 것으로 알려졌는데, 당시 벨은 실험 도중에 용액을 쏟았기 때문에 황급히 조수를 부른 것이었다.

그럼에도 불구하고 벨은 전자석 송수신장치를 만들면서 용액을 이용한 송수신장치에 대해서는 그 어떤 언급도 하지 않았다. 어쨌든 이처럼 비열한 방법으로 특허권을 따낸 벨은 그 후 전화기 회사를 설립해 부를 축적했으며, 볼타연구소 창설과 《사이언스》를 창간하는 등 승승장구하는 가운데 농아교육에도 힘을 써 청각장애인의 아버지라는 호칭까지 받으며 사회적 존경의 대상이 되었으나 사실 그는 우생학을 지지한 인물로 그런 호칭을 받기에는 다소 무리가 있어 보인다.

프로이트의 무의식 발견과 융의 집단무의식

20세기에 접어들어 지그문트 프로이트(Sigmund Freud, 1856~1939)가 발견한 무의식의 존재는 서구 지성사에 실로 거대한 지각변동을 일으킨 일대 사건이었다. 오랜 세월 인간의 의식과 합리적 이성에만 의존해 정신현상을 이해해 왔던 서구인들은 프로이트가 창시한 정신분석을 통해 우리가 인식하지 못하는 또 다른 심층세계가 존재한다는 그의 주장에 아연실색할 수밖에 없었다. 그것은 심리학 분야에서 실로 코페르니쿠스적 혁명에 가까운 충격을 안겨 주기도 했지만, 그에 못지않게 거센 반발도 불러일으키는 결과를 낳았다.

특히 프로이트의 유아성욕설과 오이디푸스 콤플렉스 이론은 가장 강력한 비난의 대상이 되었으며, 그의 수제자였던 카를 융(Carl Gustav Jung, 1875~1961)도 그런 이론에 반발해 스승인 프로이트와 결별을 선언하고 독자적인 학파인 분석심리학을 창시하게 된 것이다. 융은 프로이트의 무의식이론에서 한발 더 나아가 집단무의식 개념을 내세워 보다 근원적인 심층세계를 파헤쳤는데, 융의 새로운 제안은 프로이트 이론보다 더욱 심오하고 철학적이며 더 나아가 종교적 신비주의 경향까지 내포하고 있어서 적어도 이론적으로는 서구 지성인들과 기독교인들에게 상당한 매력을 끌기에 충분했다.

지그문트 프로이트

하지만 프로이트가 무의식을 발견한 것은 단순히 이론적 차원이 아니라 환자 치료를 목적으로 한 것이었다. 따라서 그는 현재의 정신적 고통과 갈등의 근원이 과거에 해결하지 못했던 심

카를 융

리적 문제에 있다는 전제하에 무의식의 구조와 기능에 대해 철저한 탐색을 시도한 것이다. 프로이트는 《꿈의 해석》과 《일상생활의 정신병리》를 통하여 수많은 무의식적 단서들을 제공한 바 있지만, 사실 행복한 나날을 영위해 나가는 보통 사람들에게는 무의식이 존재하건 말건 자기와는 아무런 상관도 없다고 여기기 쉽다.

그런데 융은 인간의 온갖 부도덕한 욕망과 환상으로 가득 찬 것으로 간주한 프로이트의 무의식 이론에 반기를 들고 오히려 무의식이야말로 창조적 영감의 원천이며 예시적 안목을 제공해 주는 매우 긍정적인 기능을 하는 것으로 파악했으며, 더 나아가 원형 개념을 통해 집단무의식 이론을 내세웠다. 그 이론의 핵심은 오랜 조상들의 심리적 경험이 자손들에게까지 대를 이어 전해짐으로써 집단무의식을 이룬다는 것이다. 물론 그의 원형 개념은 융 자신의 독창적인 이론이 아니라 고대 인도사회의 베다철학 및 불교 유식론에서 주장하는 아뢰야식 등을 통해 이미 오래전부터 거론되어 왔던 내용이기도 하다.

그런 점에서 일찌감치 서구 기독교 문명에 실망한 융은 동양의 신비주의에서 해답을 찾고자 했던 것으로 볼 수 있으며, 유대인이었던 프로이트의 사상적 흔적을 털어내 버리기 위해서도 무던히 애쓴 것으로 보인다. 특히 프로이트의 성 이론에 반발한 융은 그런 이유 때문에 스승과 결별을 선언할 정도로 매우 민감한 반응을 보이기도 했다. 하지만 그런 공식적인 입장과는 달리 실제 생활에서는 자신의 환자나 제자들과 섹스 스캔들을 일으켜 매우 이중적인 태도를 보였는데, 자비나 슈필라인과

토니 볼프 등이 그 대표적인 예라 할 수 있다.

더욱이 융은 프로이트와 결별한 이후 나치가 주도하는 정신치료학회에 동참해 유대인 중심으로 이루어진 정신분석을 유대심리학이라 명명하고 타인의 결함이나 찾으려 드는 그런 심리학보다 더욱 건전하고 참신한 아리안심리학이 유럽인에게 적합할 것이라고 주장하는 등 반유대주의적 발언도 서슴지 않았다. 물론 그런 이유 때문에 융은 제2차 세계대전이 끝난 후 나치 동조혐의로 한때 곤혹스러운 입장에 있었으나 영세중립국인 스위스인이었기 때문에 그나마 무사할 수 있었다.

유대인이었던 프로이트는 오스트리아가 나치 독일에 합병되자 그야말로 풍전등화의 위기에 처하고 말았다. 다행히 제자였던 마리 보나파르트의 도움으로 80대 노구를 이끌고 런던에 망명할 수 있었지만, 그곳에 불과 15개월 머물다가 제2차 세계대전이 발발한 직후 숨을 거두었다. 반면, 전쟁과는 무관하게 보다 안전한 스위스에 살았던 융은 히틀러의 정신상태에 대한 정보를 미국 정보기관에 흘려준 대가로 나치 동조혐의에도 불구하고 신변이 보장된 상태에서 평온한 여생을 보내다 85세를 일기로 조용히 눈을 감았다.

도일의 셜록 홈즈와 르블랑의 괴도 루팡

동시대에 활동한 추리소설의 대가 아서 코난 도일(Arthur Conan Doyle, 1859~1930)과 모리스 르블랑(Maurice Leblanc, 1864~1941)은 각기 영국과 프랑스를 대표하는 추리소설 작가들이다. 특히 코난 도일이 창조한 인물 '셜록 홈즈'는 너무도 유명해져서 마치 실존했던 인물처럼 착각을 불러일

코난 도일

으킬 정도인데, 천재적인 추리력으로 명쾌하게 사건을 해결해 나가는 솜씨로 수많은 독자들을 열광하도록 만든 탐정이다. 반면에, 르블랑이 창조한 괴도 신사 '아르센 루팡'은 도둑이면서도 탐정 노릇을 하는 1인 2역의 매우 특이한 인물로 냉철하고 신중한 셜록 홈즈와는 달리 호쾌하고 낙천적인 성격이 그야말로 프랑스인답다.

코난 도일은 스코틀랜드의 에든버러 태생으로 에든버러 대학에서 의학을 공부한 의사 출신이다. 의대를 졸업한 후 항구도시 포츠머스에 개업한 그는 환자들을 기다리는 시간을 이용해 소설을 계속 써나갔는데, 셜록 홈즈와 왓슨 박사가 처음 등장하는 소설 《주홍색 연구》는 1886년에 발표되었다. 그는 자신의 대학시절 은사였던 조셉 벨 박사를 모델로 하여 주인공 셜록 홈즈라는 인물을 창조했는데, 셜록 홈즈의 단짝 동료로 항상 등장하는 왓슨 박사는 바로 코난 도일 자신이기도 하다.

코난 도일은 계속해서 《4개의 서명》, 《바스커빌 가의 개》, 《셜록 홈즈의 귀환》, 《공포의 계곡》, 《마지막 인사》 등의 대표작을 발표해 폭발적인 인기를 끌었지만, 역사소설에 전념하기 위해 어머니의 만류에도 마침내 셜록 홈즈를 죽이기로 결심하고 소설 《마지막 문제》에서 모리아티 교수와 함께 라이헨바하 폭포에서 떨어져 죽게 만들었는데, 셜록 홈즈의 죽음은 대중들로부터 엄청난 반발을 불러일으키는 결과를 가져왔다. 그만큼 사람들은 셜록 홈즈의 죽음을 원치 않았던 것이다.

그는 두 번 결혼해 모두 다섯 자녀를 두었지만, 첫 번째 부인과 아들의 죽음뿐 아니라 동생을 포함해 두 조카의 연이은 죽음으로 극심한 우울증에 빠지고 말았다. 그런 우울한 기분에서 벗어나기 위해 그는 심령학에 필사적으로 매달리기 시작했다. 사후세계의 존재 및 초능력을 믿는 영적인 모임과 유령클럽에 회원으로 가입해 활동하면서 현실과 담을 쌓았던 그는 71세를 일기로 자신의 저택에서 숨을 거두었다. 그가 죽은 후에는 희대의 사기조작극으로 판명된 필트다운인 화석 사건에 연루된 장본인으로 지목되어 논란의 대상이 되기도 했다.

모리스 르블랑

영국에서 셜록 홈즈가 선풍적인 인기를 끌었다면 프랑스에서는 루팡이 단연 인기였다. 노르망디 지방 출신인 르블랑은 처음에는 플로베르나 모파상의 영향으로 주로 풍속소설을 썼으나 전혀 주목을 받지 못하다가 당시 폭발적인 인기를 얻고 있던 셜록 홈즈와 같은 추리물을 써달라는 잡지사의 요청으로 장난꾸러기 같은 악동이면서도 인간적인 매력이 넘쳐흐르는 괴도 신사 루팡을 창조해 내고 그를 주인공으로 내세워 소설을 발표했는데, 기대 이상의 대성공을 거두면서 수십 권의 루팡 소설을 계속 발표해 프랑스 최고의 인기작가가 되었다.

코난 도일이 셜록 홈즈의 인기에 힘입어 기사 작위를 받은 것처럼 르블랑 역시 괴도 루팡의 인기에 힘입어 프랑스 최고의 영예인 레종 드뇌르 훈장을 받았지만, 두 사람 모두 추리소설 작가로 성공한 사실에 대해 그다지 달가워하지 않았다는 점에서 공통점을 안고 있었다. 그들은 비록 베스트셀러 작가로 부를 축적할 수는 있었으나 정통 소설에 대한 미련을 버리지 못했는데, 르블랑 역시 루팡 시리즈를 끝내고 싶어 했으나 결국에는 그 뜻을 이루지 못하고 말았다.

중앙아시아를 탐험한 스타인과 헤딘

20세기 초에 이르기까지 서구사회에 전혀 알려지지 않은 미지의 땅 중앙아시아를 탐험해 세상에 처음으로 알린 영국의 스타인과 스웨덴의 헤딘은 고고학과 지리학 분야에서 찬란한 금자탑을 이룬 탐험가들이다. 아우렐 스타인(Aurel Stein, 1862~1943)은 중국 간쑤 성 돈황의 막고굴 제 17굴 장경동의 유물을 연구해 돈황학(敦煌學)의 아버지로 불리며, 스벤 헤딘(Sven Hedin, 1865~1952)은 중앙아시아를 탐사하면서 고대 왕국 누란(樓蘭)의 유적을 발굴하고 당시만 해도 서양인들에게는 거의 알려지지 않았던 타클라마칸 사막과 티베트를 탐사하고 지도까지 제작해 세계 지리학계를 놀라게 만들었다.

헝가리 태생의 영국 고고학자 스타인은 부다페스트에서 유대인의 아들로 태어났지만, 독일의 튀빙겐 대학에서 산스크리트어 전공으로 박사 학위를 받은 직후 곧바로 영국으로 건너가 고고학과 동양어를 공부했으며, 결국에는 그대로 런던에 눌러앉아 영국 시민이 되었다. 1887년 인도로 건너간 스타인은 라호르의 동양대학 학장이 되었는데, 당시 스웨덴의 탐험가 헤딘의 저서를 읽고 중앙아시아의 역사와 문화에 관심을 갖게 되었으며, 고고학의 불모지나 다름없는 중앙아시아의 잃어버린 역사와 문화를 찾아내어 복원시킬 뜻을 품고 마침내 1900년 첫 번째 탐사에 들어가 타클라마칸 사막지대에서 다수의 고대 유적지를 발견했다.

그 후 1907년 두 번째 원정에서는 천불동으로

아우렐 스타인

유명한 돈황석굴을 발견해 세상을 놀라게 했는데, 막고굴로 알려진 그곳에서 그는 《금강경》을 비롯한 수많은 불경과 불화도 발견해 돈황학의 원조가 되었으며, 고대 문화 연구에 귀중한 자료를 제공하기도 했다. 돈황석굴 발견이야말로 스타인의 가장 큰 업적이라 할 수 있지만 당시 그는 곤륜산 답사 도중에 심한 동상에 걸려 발가락 여러 개를 잃기까지 했다. 그 후 1908년 프랑스의 중국학자 폴 펠리오가 돈황석굴에서 다량의 유물을 가져갔는데, 그중에 끼어 있던 것이 바로 신라 고승 혜초가 쓴 《왕오천축국전》으로 일본의 승려 오타니 고즈이가 처음으로 혜초의 기록임을 밝혀냈다.

1910년대에 이루어진 세 번째 탐사에서 스타인은 하라호토 유적을 발굴하고 1920년대의 네 번째 탐사에서는 티베트, 탕구트, 호탄, 위구르, 동부 터키에 이르기까지 광대한 영역에 이르는 중앙아시아의 귀중한 자료들을 발굴했으며, 타림분지에서 토카리안 언어를 새롭게 찾아내기도 했다. 특기할 만한 사실은 8세기에 서역을 정벌한 고구려 유민 출신의 당나라 장수 고선지의 유적도 발견한 점이다. 이처럼 당시로서는 그 누구도 엄두를 내지 못한 위업을 달성한 그는 영국 왕실로부터 귀족 작위까지 받는 영예를 누렸지만, 중국에서는 문화재를 약탈한 제국주의자로 성토의 대상이 되기도 했다.

일생을 독신으로 보내며 삶의 대부분을 야외 텐트 안에서 지낸 스타인의 유일한 친구는 대시라는 이름의 한 마리 개였을 뿐이다. 그는 제2차 세계대전이 한창이던 1943년 카불에서 80세를 일기로 조용히 눈을 감았는데, 고고학과 민속학, 지리학, 언어학 분야에 남긴 공로가 실로 크다고 할 수 있다. 특히 그동안 공백으로 남겨진 중앙아시아의 지도를 새롭게 작성하고 역사에서 사라진 고대 유적과 문화, 언어의 발견 및 불

스벤 헤딘

교 예술과 불경 연구 분야에 획기적인 전환점을 이루는 업적을 낳았다.

한편 스웨덴의 지리학자 헤딘은 19세기 말에 이미 중앙아시아 탐사에 들어가 1930년대에 이르기까지 네 번에 걸친 탐험을 통해 파미르 고원지대와 투르케스탄, 티베트 지역의 지도를 작성하고 타림분지에서 고대에 사라진 누란 왕국의 유적을 발견하는 업적도 남겼는데, 손수 사진을 찍고 지도를 작성하는 각고의 노력 끝에 완성한 그의 '중앙아시아 지도'는 오랜 세월 세계지도에 공백으로 남겨진 부분을 채우는 쾌거를 이룩한 것이었다.

헤딘은 자신의 탐사체험을 50권 이상에 달하는 저서를 통해 세상에 알려 일찌감치 세계적인 유명인사가 되었으며, 그런 명성에 힘입어 수많은 정계 거물들과 상면하기도 했다. 그중에는 러시아의 니콜라이 황제, 독일 황제 빌헬름 2세, 오스트리아의 프란츠 요제프 황제, 교황 비오 10세, 미국의 루스벨트 대통령, 일본의 메이지 천황과 이토 히로부미, 대한제국의 순종 황제, 중국의 장개석, 나치독일의 아돌프 히틀러 등이 있지만, 특히 1908년 일본 정부의 초청으로 토쿄와 서울을 방문한 일은 일제의 조선 지배를 정당화하기 위한 이토 히로부미의 정치적 포석에 휘말려든 결과였다고 볼 수 있다.

정치적 안목이 결여되어 있던 헤딘은 히틀러를 몹시 존경했으며, 나치즘을 공산주의에 대항할 수 있는 유일한 대안으로 여기고 히틀러와 괴벨스를 비롯한 나치 고위층과 지속적인 교류관계를 유지했다. 그런 우호관계를 토대로 나치는 헤딘을 각별히 대우했는데, 1938년에는 그를 베를린 명예시민으로 모시고, 75회 생일을 맞이한 1940년에는 훈장까지 수여했으며, 1943년에는 바바리아 과학아카데미의 금메달 수여와 뮌헨 대학 명예박사학위 수여 및 헤딘 연구소 설립을 통해 헤딘과의 돈독한 관계를 전 세계에 과시하기도 했다.

물론 헤딘은 나치의 종교인 탄압과 유대인 박해를 비판하기도 했으며, 나치 고위층과의 긴밀한 관계를 이용해 여러 희생자들을 구출해 내기도 했지만, 나치에 대한 지지입장은 변함이 없었다. 나치가 패망한 이후에도 그는 나치와 협조했던 자신의 행적을 결코 후회하지 않았는데, 그런 협조관계가 아니었다면 그나마 여러 인명을 구할 수 없었을 것이라고 굳게 믿었기 때문이다. 어쨌든 위대한 학문적 업적을 쌓고도 헤딘은 잘못된 정치적 판단으로 인해 매우 불명예스러운 말년을 보낼 수밖에 없었다.

남극에서 엇갈린 아문센과 스콧의 운명

노르웨이의 탐험가 로알 아문센(Roald Amundsen, 1872~1928)은 선장의 아들로 태어나 어려서부터 바다를 동경했는데, 그가 아직 소년 시절이었을 때 극지 탐험의 개척자 난센이 그린란드를 횡단했다는 소식을 듣고 탐험가가 되기로 결심했지만, 의사가 되기를 희망한 어머니의 뜻에 따라 어쩔 수 없이 의대에 진학했다. 그러나 끝없는 모험심을 이기지 못한 그는 어머니가 일찍 세상을 뜨자 의학 공부를 포기하고 기어코 탐험가의 길로 들어서고 말았다.

1897년 그는 북극탐험대의 일원으로 벨기에 탐사선 벨기카 호에 승

로알 아문센

선해 북극해를 탐험했는데, 도중에 배가 거대한 빙산에 갇히는 바람에 1년 넘게 괴혈병과 굶주림에 시달리며 죽을 고비를 넘기기도 했다. 하지만 그 경험은 아문센에게 극지에서 생존하기 위한 지혜를 터득하게 만드는 기회도 되었는데, 에스키모 원주민처럼 개썰매를 이용하고 순록가죽으로 만든 방한복 착용이 생존에 필수적일 뿐만 아니라 날고기를 잡아먹는 방법이 괴혈병 방지에 유용함을 알게 된 것이다.

그렇게 극지탐험의 노하우를 몸에 익힌 그는 북극점 정복 계획을 세웠으나 1909년 미국의 탐험가 피어리가 먼저 북극점을 정복했다는 소식을 전해 듣고 계획을 수정해 남극점 정복 길에 나서게 되었다. 하지만 그 후 밝혀진 사실에 의하면 피어리는 북극점에서 8km나 못 미친 지점에 도달한 것으로 알려졌다. 더욱이 북극 탐험 당시 아문센과 동행했던 미국인 의사 프레데릭 쿡이 피어리보다 일 년 앞선 1908년에 이미 북극점을 정복했다고 주장해 논란을 불러일으키기도 했지만, 미국 의회는 그런 주장을 일축해 버렸다. 따라서 오늘날에 와서는 1969년에 정확히 북극점에 도달한 영국의 탐험가 월리 허버트를 최초로 북극점을 정복한 인물로 인정하고 있지만, 사람들은 여전히 피어리의 이름만 기억할 뿐이다.

어쨌든 1910년 남극 탐험의 장도에 오른 아문센은 1911년 12월 14일 인류 최초로 남극점을 정복했는데, 같은 시기에 탐험대를 이끌고 남극에 도착한 영국의 로버트 스콧(Robert Falcon Scott, 1868~1912)은 아문센보다 무려 한 달 이후에나 남극점에 도달해 크게 낙담하고 말았다. 더욱이 스콧 일행은 귀로에 악천후로 조난까지 당해 결국 5명 전원이 추위와 굶주림에 시달리다 얼어 죽고 말았는데, 그로부터 10개월 후 그곳에 도착한 에드워드 앳킨슨에 의해 대원들의 시신과 스콧이 남긴 일기가 발견되어 그들의 처절한 최후가 세상에 널리 알려지게 되었다.

로버트 스콧

비록 스콧은 비참하게 죽어갔지만, 숨을 거둔 마지막 순간까지 일기를 기록함으로써 수많은 사람에게 깊은 감명을 주었으며, 끝까지 용기를 잃지 않고 영국 신사답게 의연한 모습으로 최후를 마친 것으로 인해 죽은 후에 오히려 영국에서 국민적 영웅 대접을 받았다.

한편 스콧 일행의 비보를 전해 듣고 마음이 편할 수만은 없었던 아문센은 "승리는 모든 준비태세를 갖춘 사람에게 다가오는 것으로 사람들은 그것을 행운이라고 부르며, 패배는 그것을 무시한 사람에게 오는 것으로 사람들은 그것을 흔히 불운이라고 한다."라면서 스콧의 비극이 사전 준비 부족에서 비롯된 것임을 우회적으로 언급하기도 했다. 하지만 아문센 역시 1928년 북극탐험에서 실종된 대원들을 찾으러 나섰다가 5명의 동료들과 함께 영원히 돌아오지 못하고 말았다.

토스카니니와 푸르트벵글러의 엇갈린 운명

20세기 전반에 활동한 세계적인 지휘자 아르투로 토스카니니(Arturo Toscanini, 1867~1957)와 빌헬름 푸르트벵글러(Wilhelm Furtwängler, 1886~1954)

아르투로 토스카니니

는 동시대에 활동한 수많은 지휘자들 가운데서도 가장 독보적인 존재였다고 할 수 있다. 비록 이들은 제각기 다른 처지에서 당대 최고의 지휘자로 명성을 누리며 살았지만, 성격이나 기질도 매우 다른 데다가 자신에게 주어진 상황에 대처하는 방식에서도 전혀 다른 모습을 보여 준 거장들이었다. 다른 무엇보다도 토스카니니는 파시즘을 증오해 미국으로 망명까지 했으나 푸르트벵글러는 나치에 협조함으로써 전후에 한동안 활동의 제약을 받기도 했다는 점에서 서로 다른 삶의 행보를 걸었다.

이탈리아 출신인 토스카니니는 불과 30대 나이로 세계 최고의 오페라 극장으로 알려진 밀라노 스칼라 좌의 음악감독에 취임한 이래 악단의 오랜 폐습을 일소하는 개혁을 단행하며 공연의 질을 높였으나 앙코르를 금지시키고 여성 관객들의 모자 착용을 하지 못하게 하는 등의 조치로 많은 반발을 사기도 했다. 어쨌든 그의 명성이 높아지면서 당시 파시즘 지도자 무솔리니는 토스카니니를 세상에서 가장 위대한 지휘자라고 추켜세우기도 했지만, 정작 토스카니니 자신은 무솔리니의 파시즘에 지독한 환멸을 느끼고 스칼라 극장에 의무적으로 달게 되어 있는 무솔리니의 초상 게시를 거부했을 뿐만 아니라 파시스트 당가 연주도 거절해 당국의 눈총을 샀다.

심지어 그는 공연장에 들른 외무성 장관 치아노가 보는 앞에서도 파시스트 당가 연주를 거부함으로써 검은 셔츠 단원들로부터 심한 모욕을 당하기도 했으나 끝내 자신의 고집을 꺾지 않았다. 이에 격분한 무솔리니는 그의 전화를 도청하며 계속 감시하도록 지시하고 여권까지 압수했는데, 그런 부당한 조치에 대해 국제 여론이 악화되자 여권만은 마지못해 돌려 주었다. 당시 무솔리니에 대한 혐오감이 얼마나 컸던지 그는 한 친구에게 "내가 만약 한 사람을 죽일 수 있다면 그건 무솔리니일 것이다."라고 말할 정도였다. 결국 파시즘 당국의 탄압을 견디지 못한 그는 미국으로 망명해 1954년 87세로 은퇴할 때까지 오랜 기간 NBC 교향악단을 지휘했으며, 3년 뒤에 뉴욕 자택에서 숨을 거두었다.

매우 다혈질이고 과격한데다 고집 세고 타협을 모르는 깐깐한 성격의 토스카니니는 항상 완벽한 연주를 요구한 무대 위의 독재자로 정평이 나 있다. 그는 완벽한 소리를 내기 위해 단원들을 매우 혹독하게 다루었으며, 연습 도중에 연주가 마음에 들지 않으면 고성을 지르고 지휘봉을 꺾거나 셔츠를 찢기까지 했다. 그의 불같은 성격에 질린 단원들은 토스카니니를 '토스카노노'라는 별명으로 불렀는데, 연습 중에 항상 목쉰 음성으로 "아니야, 아니야(no, no)."라는 말을 입에 달고 지냈기 때문이다.

시력이 몹시 나빴던 그는 악보를 통째로 암기해 지휘함으로써 단원들을 놀라게 했는데, 완벽주의자였던 토스카니니는 오로지 악보대로만 연주하기를 요구했고, 그것이 작곡자에 대한 예의라고 여겼으며, 지휘자 나름대로 곡을 해석해 연주하는 것에 반대했다. 심지어는 무솔리니 앞에서 푸치니의 미완성 작품 〈투란도트〉를 연주할 때도 공연 중에 지휘를 갑자기 중단하고 청중에게 이 부분에서 작곡자의 펜이 멈춘 것임을 설명하기도 했다.

한편 가난한 노동자 계급 출신인 토스카니니와는 달리 저명한 고고

벨헬름 푸르트벵글러

학자의 아들로 태어난 푸르트벵글러는 다양한 견문을 익히며 성장한 지식인이었으며, 뜨거운 열정에 넘쳐나는 이탈리아인 기질을 지닌 토스카니니와는 대조적으로 침착한 독일인답게 깊이 있고 화성적인 음악을 추구했다고 볼 수 있다. 20대에 지휘봉을 잡기 시작한 푸르트벵글러는 갑자기 세상을 떠난 니키슈의 뒤를 이어 베를린 필하모닉 오케스트라 지휘자 자리에 오른 이래 카라얀이 나타날 때까지 수십 년간 베를린에서 부동의 위치를 고수했던 지휘자였다.

물론 그는 예술을 보호한다는 차원에서 선전상 괴벨스에 굴복해 나치에 협력했으나, 한때는 오히려 유대인 음악가들을 돕기도 했기 때문에 전후에 나치 동조 혐의를 벗고 지휘활동을 재개할 수 있었다. 비록 그는 연합군이 드레스덴 대공습으로 도시를 불바다로 만들었을 때 연합군을 향해 비난을 퍼부은 적이 있었지만 공개적으로 나치를 찬양하거나 연합군을 비난한 적은 없었으며, 홀로코스트에 대해서도 베토벤을 낳은 나라에서 그런 끔찍스러운 일이 자행된 사실을 도저히 이해할 수 없다고 탄식했다고 한다. 하지만 그가 나치 치하에서 독일을 대표하는 최고의 음악가로 활동한 사실만큼은 결코 지울 수 없는 일이니 그의 말년은 어차피 불명예의 멍에를 안고 지낼 수밖에 없었다.

피의 로자와 붉은 엠마

20세기 초 격동의 시대를 맞이해 숱한 남성들을 두려움에 떨게 만들었던 전설적인 혁명투사 두 유대인 여성이 있었으니 그 주인공은 바로 '피의 로자'로 불렸던 로자 룩셈부르크(Rosa Luxemburg, 1871~1919)와 '붉은 엠마'로 불렸던 엠마 골드만(Emma Goldman, 1869~1940)이었다. 그녀들은 철저한 공산주의자들로 자본주의 사회를 상대로 치열한 투쟁을 벌였지만, 다른 점이 있다면 로자 룩셈부르크는 혁명을 통해 세상을 바꾸고자 한 반면에

로자 룩셈부르크

엠마 골드만은 그 어떤 정부 형태도 부정한 아나키스트였다는 점이라 할 수 있다.

로자 룩셈부르크는 한쪽 다리를 저는 장애인의 몸으로 급진적인 사회주의 운동에 일생을 바친 유대계 여성이다. 그녀는 독일공산당의 전신인 스파르타쿠스단을 이끌고 1919년 1월 베를린에서 무장봉기를 일으켰다가 백주대로에서 우익 테러단체 청년들의 손에 의해 무참히 살해되어 차가운 운하 속에 내던져졌는데, 그녀의 시신은 4개월이 지나서야 심하게 부패된 상태로 발견되었다.

폴란드의 유복한 유대계 가정의 막내딸로 태어난 그녀는 어려서부터 병을 앓아 다리를 저는 절름발이였으나 머리만큼은 매우 명석하고 총명해서 학교에서는 늘 우등생이었다. 조숙했던 그녀는 당시 폴란드를 지배하고 있던 제정러시아의 혹독한 폭정과 뿌리 깊은 반유대주의를 통해 불합리한 세상의 모순에 대해 일찍 눈떴으며, 그런 이유로 이미 소녀시

절부터 혁명활동에 가담하기 시작했다.

　그녀는 고등학교를 수석으로 졸업했지만 불온한 사상을 지녔다는 이유로 우등상을 받지 못했는데, 그 후 급진적인 지하운동에 가담한 사실이 발각되어 시베리아 유형에 처할 위기를 맞자 신분을 위장하고 스위스로 도피했다. 취리히 대학에서 정치경제학을 공부한 그녀는 스위스에 망명 중인 러시아의 마르크스주의자들과 교류하며 혁명의 의지를 불태웠으며, 마침내 구스타프 뤼벡과 위장 결혼해 독일시민권을 딴 후 독일 사회민주당에 가입하면서 탁월한 이론과 웅변으로 두각을 보이기 시작했다.

　하지만 반전주의자였던 그녀는 자신과 입장을 달리한 사회민주당과 결별하고 따로 스파르타쿠스단을 조직해 혁명을 기도함으로써 당국에 체포되어 옥고를 치러야 했다. 러시아에서 볼셰비키 혁명이 성공하고 제1차 세계대전이 종식되면서 감옥에서 풀려난 그녀는 스파르타쿠스단을 중심으로 계속해서 사회주의 혁명을 추구했는데, 그녀의 급진적인 활동에 두려움을 지닌 우익세력에 의해 '극렬한 파괴분자' '잔인한 절름발이 계집' '피의 로자' 심지어는 '늙은 창녀' 등의 별명으로 불리며 온갖 악선전과 비방에 시달려야 했다.

엠마 골드만

　한편 미국에서 '붉은 엠마'로 불리며 활동한 엠마 골드만은 한 시대를 뒤흔든 급진적 아나키스트로 일체의 권력과 권위 체제를 부정하는 극렬한 투쟁으로 미국 정부를 곤경에 빠트렸으며, 급기야는 러시아로 추방당하고 말았다. 그러나 소련에서도 그녀는 환영을 받지 못했으며, '조국이 없는 여성'이라는 그녀 자신의 자조적인 표현대로 여기저기를 떠도는 생활로 일관하다 세상을 떠났다.

원래 제정러시아가 지배하던 리투아니아의 유대인 게토에서 태어난 엠마 골드만은 이미 10대 소녀 시절부터 무정부주의적 혁명활동에 뛰어든 맹렬여성이었다. 결국 러시아 당국에 체포되어 곤욕을 치른 뒤에 미국으로 이주했는데, 당시 그녀의 나이 불과 16세였다. 빈손으로 미국에 도착한 그녀는 의류공장에서 일하며 밑바닥 생활로 힘겨운 삶을 보낼 수밖에 없었는데, 그러던 와중에 시카고에서 폭탄테러 사건을 일으킨 무정부주의자들이 교수형에 처해지는 일이 발생하자 이에 분격한 나머지 무조건 짐을 싸들고 뉴욕으로 가서 아나키스트 신문 편집장인 조 모스트를 만나 그의 문하생이 되었다.

노동자 파업을 부추기는 조 모스트의 선동에 따라 엠마 골드만은 이념적 동지이자 반려자이기도 했던 알렉산더 버크만과 함께 카네기 철강공장 파업에서 노동자들을 살해한 공장주를 암살할 계획을 세우고 무기를 구입했다. 하지만 암살시도는 실패로 돌아가고 버크만은 경찰에 체포되어 감옥으로 가고 말았으며, 그 후 무정부주의적 투쟁을 계속한 그녀 역시 투옥되고 말았다. 그녀는 미국에서 정치적인 이유로 투옥된 최초의 여성이기도 했다.

형기를 마치고 감옥에서 풀려난 그녀는 선동적인 대중파업을 피하고 대신 여성운동에 치중해 투쟁을 계속했으나 그 후에도 산아제한 문제 및 반전운동 혐의로 두 차례나 감옥을 다녀와야 했다. 결국 골드만 때문에 골머리를 앓던 미국정부는 버크만과 함께 그녀를 러시아로 강제추방하고 말았다. 하지만 노동자들의 천국이라고 믿었던 소련사회 역시 전체주의적 폭정에 얼룩진 세상임을 깨달은 골드만은 레닌마저 공개적으로 비난함으로써 소련을 떠나야 했다.

　몸담을 데가 없어진 골드만은 스페인 내전이 발발하자 프랑코 장군에 대항하는 인민공화파에 가담해 투쟁을 벌였으나 파시스트들이 승리하면서 신변의 위협을 느끼고 프랑스로 일단 피신했다가 다시 캐나다로 건너가 그곳에서 뇌졸중으로 쓰러져 71세를 일기로 사망했다. 국가나 종교 등 이 세상 그 어떤 권위도 인정하지 않았던 그녀는 그렇게 자신의 신념대로 살다가 홀로 외롭게 세상을 하직했지만, 아우슈비츠 수용소에서 비참한 최후를 맞이해야 했던 그녀의 동족들에 비하면 그래도 운이 좋은 편이었다.

제2차 세계대전을 승리로 이끈 처칠과 루스벨트

　6,000만 명 이상의 생명을 앗아가며 전 인류를 공포로 몰아넣은 제2차 세계대전 승리의 주역은 누가 뭐래도 영국의 윈스턴 처칠 수상(Winston Churchill, 1874~1965)과 미국 대통령 프랭클린 루스벨트(Franklin D. Roosevelt, 1882~1945)라 할 수 있다. 이들이 아니었으면 인류 역사가 더욱 큰 재앙으로 치달았을지도 모른다는 점에서 처칠과 루스벨트가 인류에 끼친 공헌은 그야말로 엄청난 것이었다고 할 수 있다.

윈스턴 처칠

　유서 깊은 귀족 가문에서 태어나 육군사관학교를 졸업한 처칠은 소위로 임관해 인도와 수단에서 영국식민통치에 반기를 들고 일어선 원주민의 항쟁을 진압하는 토벌군에 가담하기도 했으며, 보어전쟁에 참전해 포로로 잡혔다가 수용소를 탈출한 적도 있었다. 제1차 세계대전 당시에는 해군장관을 잠시 맡기도 했으나 작전 실패로 도중하차했다가 그 후 보수당 의원으로 의정활동에 가담했는데, 이미 그때부터 나치를 경계한 그는 독일의 공습에 대비해 공군력 강화를 주장했으나 아무도 그의 말에 귀를 기울이지 않았다.

당시 처칠은 히틀러를 상대로 유화정책에 나선 체임벌린 수상을 격렬히 비난했는데, 1938년 체임벌린은 히틀러와 뮌헨 협정을 맺고 귀국해 더 이상 전쟁 위협은 없을 것이라고 장담했지만, 히틀러는 이를 비웃기라도 하듯 이듬해에 폴란드를 침공해 드디어 제2차 세계대전의 막이 오른 것이다. 결국 외교 실책을 책임지고 물러난 체임벌린의 후임으로 수상에 임명된 처칠은 의회 연설을 통해 자신은 피와 노력, 눈물과 땀밖에 바칠 것이 없으며, 육지와 바다, 공중에서 어디든 끝까지 싸워 결국 승리할 것이라고 말함으로써 위기감에 빠진 영국인들에게 큰 용기와 자부심을 심어주었다. 처칠은 가는 곳마다 승리를 뜻하는 V자를 손가락으로 표시해 승전의지를 북돋았다.

영국 단독으로 독일과 이탈리아를 상대로 힘겨운 싸움을 계속할 수밖에 없었던 처칠은 마침내 1941년 미국의 루스벨트 대통령을 만나 대서양헌장을 선언하고 양국이 서로 힘을 합쳐 파시즘을 물리치기로 합의했으며, 그 후 일본군의 진주만 공격이 발생하자 미 의회를 직접 방문해 양국 간의 연대를 강조하기도 했는데, 사실 미국의 입장에서 당장 발등에 불이 떨어진 것은 태평양이었지 대서양은 아니었다.

히틀러뿐 아니라 스탈린조차도 악마 같은 폭군으로 간주한 처칠은 독소전으로 곤경에 빠진 스탈린을 지원하는 일이 썩 내키지는 않았으나 전쟁의 승리를 위해서는 어쩔 수 없다고 판단해 루스벨트와 함께 소련을 돕는 일에 찬성했다. 그런 처칠을 소련에서는 '영국의 불독'으로 지칭했으며, 반면에 처칠은 '철의 장막'이라는 표현으로 공산주의에 대한 혐오감을 표시하기도 했다. 종전 이후 정계에서 은퇴한 처칠은 회고록 집필에 몰두했으며, 그 공로로 1953년 노벨 문학상까지 받고 90세를 일기로 파란만장했던 생을 마감했다.

처칠을 도와 유럽을 위기에서 구해낸 루스벨트 대통령은 미국 역사상 4선에 성공한 유일한 대통령으로 1933년부터 1945년에 이르기까지 12년간 재임하면서 뉴딜정책으로 경제 대공황의 위기를 극복하고 제2차 세계대전을 승리로 이끈 장본인이다. 상원의원 시절에 소아마비 발병으로 보행에 어려움을 겪은 그는 장애인 신분을 극복하고 대통령에까지 오른 인물로 그야말로 의지의 사나이라 할 수 있다.

1930년대 대공황의 어려움을 힘겹게 이겨내고 한숨 돌릴 무렵에 제2차 세계대전이 발발하자 처칠과 손을 잡고 유럽전선에 참전했으며, 일본의 진주만 공격으로 태평양에서도 전쟁을 벌여 대서양과 태평양 두 곳에서 동시에 전쟁을 수행하는 임무를 훌륭히 이루어 냈다. 그는 1941년에 행한 연설에서 유명한 4대 자유에 대해 언급했는데, 그 내용은 언론의 자유, 신앙의 자유, 결핍으로부터의 자유, 공포로부터의 자유로 민주국가의 기본적 자유를 천명한 것으로 볼 수 있다.

루스벨트는 독일의 항복을 목전에 둔 1945년 봄에 뇌출혈로 쓰러져 사망했으나 이미 그 이전에 카이로 회담과 테헤란 회담, 그리고 얄타 회

프랭클린 루스벨트

담을 통해 전후 문제를 결의한 상태였으며, 그동안 비밀리에 맨해튼 계획을 추진해 핵폭탄을 이미 확보한 상태에서 일본의 패망을 눈앞에 두고 사망한 것이니 실질적인 전쟁 승자라 할 수 있다. 다만 한반도 처리 문제와 유대인 학살에 대해 소극적인 태도로 일관했다는 점에서 비판을 받기도 했다.

밀림의 성자 슈바이처와 인도의 성녀 마더 테레사

두 차례의 세계대전을 치르며 인류 역사상 가장 참담한 비극을 겪은 20세기에 아프리카의 오지와 인도 빈민가에서 세속적인 욕심을 버리고 오로지 가난하고 불행한 사람들을 위해 일생을 바친 알버트 슈바이처 박사(Albert Schweitzer, 1875~1965)와 마더 테레사 수녀(Mother Teresa, 1910~1997)는 기독교정신을 몸소 실천한 가장 대표적인 인물들로 전 세계인으로부터 존경의 대상이 되고 있는 인도주의자들이다. 밀림의 성자로 불리는 슈바이처는 1952년에, 그리고 교황 요한 바오로 2세에 의해 복녀 반열에 오른 테레사 수녀는 1979년에 노벨평화상을 받았다.

알버트 슈바이처

슈바이처는 원래 독일 알자스 지방에서 독실한 목사의 아들로 태어나 스트라스부르 대학에서 철학박사 및 신학박사 학위를 딴 후 목사가 되었는데, 오르간 연주와 바하 연구에도 일가견이 있었다. 하지만 21세가 되었을 무렵 어느 날 갑자기 자신이 가족들과 함께 행복을 누릴 자격이 과연 있는지에 대해 심각하게 고민을 하기 시작한 그는 30세까지만 학문과 예술활동에 정진하고 그 후부터는 인류를 위해 봉사하기로 작심했으며, 그런 뜻을 이루기 위해 30세에 이르러 의학 공부를 새롭게 시작했다.

모든 준비를 마치고 1913년 마침내 부인과 함께 아프리카의 오지 랑바레네에서 의료봉사를 시작한 그는 병원 운영 기금을 마련하기 위해 유럽을 순회하며 오르간 연주회를 갖기도 했지만, 때마침 제1차 세계대전이 발발하면서 독일인이라는 이유로 프랑스의 포로수용소에 갇혀 지내기도 했다. 당시 그의 마음을 가장 아프게 만든 사건은 어머니가 군인들의 말발굽에 치여 세상을 뜬 일이었다.

독일이 패전한 이후 그의 고향 알자스가 프랑스 영토가 되면서 프랑스 국민이 된 슈바이처는 수년간 유럽 전역을 순회하며 모금운동을 벌였고 1924년 랑바레네로 돌아가 병원 규모를 대폭 늘렸는데, 세계 각지에서 그를 돕기 위해 몰려든 자원봉사자들 덕분에 나병환자들과 정신장애자들을 위한 시설까지 운영하게 되었다. 그는 1952년 노벨 평화상을 받은 후 5년 뒤에 90세를 일기로 바하의 음악을 들으며 조용히 숨을 거두었다.

슈바이처 박사는 저서 《나의 삶과 사상》에서 모든 생명에 대한 외경(畏敬)을 강조했는데, 그런 삶의 철학에 입각해 반핵운동을 벌이기도 했으며, 《예수전 연구사》를 통해서는 예수를 역사적 인물로 보려는 자유주의 신학과 종말론적 관점에서만 예수를 이해하려는 근본주의 신학 모두를 비판하기도 했다. 더욱이 그의 저서 《물과 원시림 속에서》를 통해서도 알 수 있듯이 슈바이처는 흑인들의 민속종교를 존중함으로써 원주민들에게 굳이 기독교를 강요하지도 않았기 때문에 교세 확장의 야심을 지닌 것도 물론 아니었다.

1950년 인도 캘커타에 사랑의 선교회를 세우고 45년간 빈민과 병자, 고아들을 위해 일생을 바친 테레사 수녀는 환자 수용을 위한 요양소와 무료급식소, 상담소, 고아원, 학교 등을 운영하며 전 세계에 걸쳐 수백 개의 선교단체를 세웠는데, 나중에는 아예 인도로 귀화해 인도 시민으로 생을 마쳤다. 처음에는 힌두교도들의 반발이 심했으나 종교의 차이를 떠나 아무런 사심 없이 헌

마더 테레사

신적으로 가난한 이들을 위해 봉사하는 모습을 보고 그녀의 활동을 기꺼이 받아들였다.

이처럼 희생적인 삶을 살았던 테레사 수녀에 대해 일부 진보적인 인사들은 매우 비판적인 시각으로 바라보기도 했는데, 왜냐하면 그녀가 비록 일생 동안 빈민을 위해 헌신했다고는 하나 가난이나 고통도 다 하느님의 뜻이기 때문에 겸허하게 받아들일 것을 요구함으로써 민중들의 투쟁의식을 마비시키고 사회적 모순을 개혁해 나갈 수 있는 여지를 차단시켰기 때문이라는 것이다. 인공유산이나 피임 등의 현실적인 문제뿐만 아니라 모든 진보적인 신학에 대해서도 반대 입장을 보인 그녀에 대해 사회개혁을 부르짖는 사람들로서는 결코 좋은 시선을 보내기 어려웠을 것이다.

하지만 오로지 자신의 신앙에 입각해 예수 그리스도의 복음정신을 실천한다는 테레사 수녀의 숭고한 뜻만큼은 그 어떤 이념적 가치마저 뛰어넘는 고귀한 정신을 담고 있다 하겠다. 평소 심장병을 앓고 있던 그녀는 병원에 입원해 심장수술까지 받았는데, 그녀가 87세를 일기로 세

상을 떠났을 때 인도 정부는 국장으로 그녀를 예우했다. 오늘날 사랑의 선교회는 전 세계 133개국에 걸쳐 4,500명의 수녀들이 호스피스와 고아 사업 등 다양한 봉사활동을 펼치고 있다.

전설적인 무용수 덩컨과 니진스키

서양 발레의 역사에서 전설적인 무용수로 알려진 이사도라 덩컨(Isadora Duncan, 1878~1927)과 바슬라프 니진스키(Vaslav Nijinsky, 1890~1950)는 그들의 파란만장한 생애와 더불어 대중으로부터 가장 많은 관심의 대상이 되었던 인물들이다. 특히 이사도라 덩컨은 현대무용의 원조로 꼽힐 만큼 파격적인 무대의상과 자유로운 표현으로 한 시대를 풍미했으며, 니진스키는 그 누구도 감히 넘볼 수 없는 경이로운 도약 솜씨로 사람들을 놀라게 했다.

'맨발의 이사도라'로 불리는 덩컨은 파격적인 의상에 맨발로 춤추는 모습을 통해 20세기 초 무용계에 큰 충격을 던진 여성이다. 그녀의 도발적인 무용으로 인해 덩커니즘이라는 신조어까지 생겨날 정도로 그녀는 현대무용의 역사에서 빠질 수 없는 신화적인 인물이 되었으며, 그래서 현대무용의 어머니로 불리기까지 한다.

이사도라 덩컨

미국 샌프란시스코에서 은행가의 딸로 태어난 그녀는 아버지의 파산으로 집안이 몰락한 데다 부모마저 일찍 이혼하는 바람에 홀어머니 밑에서 가난에 쪼들려 자랐으며, 재혼한 아버지는 타고 가던 여객선이 침몰하는 바람에 익사하고 말았다. 이처럼 불행한 과거를 지녔던 그녀는 일찍부터 결혼이라는 제도에 뿌리 깊은 거부감을 지니게 된 것으로 보이는데, 실제로 그녀는 동거생활만을 고집하면서 아이들을 낳았으며, 그런 점에서 그녀를 인습에 얽매이지 않는 미혼모의 효시로 보는 사람도 있다.

하지만 매우 불안정하고도 좌충우돌하는 모습으로 일관했던 그녀의 삶은 스캔들로 얼룩진 애정행각으로 인해 더욱 큰 불행에 빠지곤 했는데, 한때 전설적인 무용가 니진스키에게도 유혹의 손길을 뻗쳤다가 거절당한 후 자존심이 상한 그녀는 홧김에 더욱 무분별한 정사에 몰두하기도 했다. 그녀가 낳은 남매도 아버지가 서로 달랐는데, 그런 무절제한 생활을 보내던 중에 어린 남매가 강물에 익사하는 사고가 발생하자 절망감에 빠진 그녀는 사고 직후 또 다른 남성과 관계를 가져 임신했지만 그 아기는 출생 직후 곧 숨졌다.

이처럼 연이은 불행으로 그녀의 삶은 더욱 흔들렸으며 무절제한 생활로 인해 그녀에 대한 세상의 평판도 나빠지면서 친구들마저 점차 그녀 곁을 떠나기 시작하고, 후원자들 역시 줄어들었다. 세상의 관심 밖으로 밀려난 그녀는 외로움을 잊기 위해 더욱 술에만 의존했는데, 당시 그녀 앞에 나타난 소련의 젊은 시인 에세닌에게 정신없이 빠져들면서 평소 자신의 소신을 굽히고 18년이나 연하인 그와 결혼식을 올렸다. 하지만 술주정뱅이였던 에세닌은 얼마 가지 않아 정신병원에서 퇴원한 직후 자살하고 말았으니 그녀로서는 최악의 선택이었던 셈이다.

그 후 자포자기 상태에 빠진 그녀는 더욱 술에 의지하면서 무절제한 정사를 계속해 나갔으며, 그러던 중에 니스에서 어이없는 사고로 숨지고 말았다. 당시 그녀는 젊고 잘생긴 자동차 정비사 팔체토와 밀회를 즐기고 있었는데, 그가 운전하던 차에 오르기 직전 친구들과 작별인사를 나누던 중에 너무 급하게 차가 출발하면서 목에 걸친 붉은 스카프가 차바퀴 사이에 걸려 넘어지는 바람에 현장에서 즉사하고 만 것이다. 이처럼 어이없는 그녀의 죽음을 두고 작가 거트루드 스타인은 "잘난 척 뽐내다가 위험을 자초했다."며 신랄하게 비꼬기도 했다.

러시아가 낳은 불세출의 무용가 니진스키는 아무도 흉내 낼 수 없는 탁월한 도약 솜씨로 명성이 자자했지만, 정신분열병에 걸린 나머지 생의 절반을 정신병원에서 보내야 하는 가혹한 운명을 겪어야 했던 비극의 주인공이다. 그의 뛰어난 발레 솜씨는 당시 러시아 무용계의 황제로 군림하던 디아길레프와의 만남을 통해 더욱 빛을 발하기 시작했는데, 공교롭게도 디아길레프는 동성애자였으며, 그와 니진스키는 곧 연인 사이로 발전했다.

이들의 합작으로 이루어진 1909년의 파리공연은 기대 이상으로 대성공을 거두면서 니진스키의 명성을 국제적으로 널리 알리는 계기가 되었다. 하지만 1913년 디아길레프 발레단이 남미 순회공연 길에 올랐을 때 공교롭게도 디아길레프가 바다를 무서워해서 동행하지 못하는 바람에 니진스키의 삶도 전혀 예기치 못한 방향으로 흘러가게 되었다.

바슬라프 니진스키

당시 니진스키는 선상에서 우연히 만난 헝가리 여성 로몰라의 적극적인 구애에 이끌려 부에노스아이레스에 도착하자마자 그녀와 전격적으로 결혼식을 치렀는데, 이 소식을 전해들은 디아길레프는 배신감에 치를 떨며 곧바로 니진스키를 해고했을 뿐만 아니라 복수심에 불타오른 나머지 그 후 독립을 선언한 니진스키의 앞길을 가로막는 데에도 혈안이 되었다. 그리고 실제로 디아길레프와 결별한 이후 니진스키는 점차 몰락의 길을 걷기 시작했다. 그리스 조각을 빚어놓은 것처럼 아름다운 외모와 몸매를 지니고 있던 니진스키는 1916년 이후 무대에서 완전히 자취를 감추고 말았는데, 그 무렵에 이미 정신분열병 초기 증세를 보이기 시작했다. 갈수록 증세가 심해지자 부인 로몰라는 그를 스위스 취리히로 데리고 가 당대 최고의 정신과의사로 알려진 오이겐 블로일러에게 치료를 받게 했지만 아무런 소용도 없었다.

당시 그는 자신이 신이라고 주장하는가 하면, 신의 음성을 듣기도 하고, 주변에서 들리는 소음이나 전화 벨소리, 발소리, 대화소리 등도 모두 자신과 관련된 것으로 받아들이는 등 심한 망상과 환청 증세에 시달렸다. 더욱이 그는 하루 종일 꼼짝도 하지 않는 거부증도 보였는데, 새처럼 무대 위를 펄펄 날아오르던 그가 이처럼 부동의 상태에 빠졌다는 것은 실로 기묘한 일이 아닐 수 없다. 아무리 대가로 소문난 블로일러라 할지라도 치료에는 별다른 대책이 없었다. 당시는 항정신병 약물이 존재하지 않았기 때문이다. 정신분열병에 특효를 보인 클로르프로마진이 발명된 것은 니진스키가 죽고 난 직후였다.

어쨌든 니진스키는 그 후로도 계속 차도를 보이지 않아 여기저기 정신병원과 요양소를 전전해야 했다. 그가 무대 위에서 완전히 모습을 감춘 것은 그의 나이 30세 때였으니 그 후 30년간 죽을 때까지 단 한 차례도 춤을 출 수 없었다. 결국 니진스키는 생후 10년간은 무용을 배우고, 그 후 10년간 전설적인 무용수로 명성을 날리다가 나머지 30년은 정신병원을 전전하며 생을 허비하고 만 것이다.

영원한 숙적 스탈린과 트로츠키

이오시프 스탈린

러시아혁명을 통해 인류 최초로 노동자들의 천국을 건설한 레닌과 레온 트로츠키(Leon Trotsky, 1879~1940)는 유대인 혈통을 이어받은 영원한 동지로 소비에트 사회를 이룩한다는 새로운 희망에 부풀어 있었으나, 이오시프 스탈린(Joseph Stalin, 1879~1953)이라는 전혀 예기치 못한 적수가 나타나 모든 권력을 독차지하리라고는 꿈에도 생각지 못했다. 레닌과 트로츠키는 제1차 세계대전의 종식과 러시아 내전에 신경 쓰느라 음흉한 스탈린이 은밀히 세력을 키워 나가고 있는 현실을 눈치채지 못하고 있었던 것이다.

레닌이 후계자를 정하지 않고 갑자기 사망하자 스탈린은 최대의 정적 트로츠키를 추방하고 피의 대숙청을 통해 수많은 군인과 혁명가들을 무자비하게 제거했는데, 그런 오명을 딛고 신격화의 길을 밟을 수 있게 도와준 인물은 바로 히틀러였다. 왜냐하면 나치 독일의 소련 침공으로 인해 전 국민의 관심이 오로지 독소전에 쏠렸기 때문이며, 더군다나 전쟁의 승리로 스탈린은 그야말로 구국의 영웅이자 신적인 인물로 거듭날 수 있었기 때문이다.

트로츠키는 '레닌의 곤봉'이라는 별명처럼 레닌의 오른팔로서 폭력을 동원해 볼셰비키 혁명을 성공시켰을 뿐만 아니라 적군을 창설해 러시아 내전을 승리로 이끌었으니 레닌으로서는 가장 든든한 후계자로 여길 만도 했을 것이다. 트로츠키는 영원한 혁명을 부르짖은 불세출의 혁명가로 비록 지적인 통찰 면에서는 레닌과 스탈린을 앞질렀지만, 지나치게 편협하고 고집스러운 데다 덕이 부족한 인물이기도 했다.

레온 트로츠키

레닌이 오랜 침묵을 깨고 행동에 돌입하는 것과는 달리 트로츠키는 충동적인 경향이 농후했다. 그는 고통 분담에는 아낌이 없었으나 그런 투쟁의 열매를 함께 나누는 데는 인색하기 짝이 없었기 때문에 동료들로부터도 인심을 잃고 고립되었다. 반면에 스탈린은 이름 그대로 냉혈한이며 공포와 회유의 양동작전에 매우 능숙한 인물이었다. 고지식한 트로츠키가 스탈린의 간교하고 음흉한 전략에 당해낼 재간이 없었던 이유도 바로 그런 성격 차이에 있었다고 볼 수 있다.

공산당에서 제명된 후 강제로 추방된 트로츠키는 스탈린의 1국 사회주의에 맞서 영구혁명론을 주장했다. 그는 멕시코로 망명한 후에도 스탈린에 계속 대항하면서 스탈린이 추진했던 대숙청과 공개재판을 맹렬히 비난하고 스탈린을 혁명의 무덤을 파는 자로 매도했다. 피의 강물이 볼셰비즘과 스탈린주의를 갈라놓았다는 것이 트로츠키의 주장이었으니 그런 그를 스탈린이 그대로 놔 둘리가 없었다. 스탈린은 트로츠키의 두 아들과 누이동생 올가를 비밀리에 처형시켰을 뿐만 아니라 멕시코로 자객을 보내 등산용 도끼로 무참하게 트로츠키를 살해하도록 지시했다.

영욕이 엇갈린 맥아더와 아이젠하워

제2차 세계대전을 승리로 이끈 더글러스 맥아더 원수(Douglas MacArthur, 1880~1964)와 드와이트 아이젠하워 장군(Dwight Eisenhower, 1890~1969)은 태평양과 대서양을 사이에 두고 동시에 전쟁을 치러야 했던 미국으로서는 결코 잊을 수 없는 국민적 영웅이다. 하지만 아이젠하워가 미 대통령이 되는 영광을 얻은 반면에 맥아더는 한국전쟁 당시 트루먼 대통령과의 불화로 강제퇴역을 당하는 수모를 겪어야 했다.

맥아더 원수는 일본군을 상대로 태평양전쟁에서 승리하고 일본의 항복을 받아낸 장본인으로 일본의 진주만 공격 이후 미드웨이 해전, 과달카날 전투, 이오지마 전투, 필리핀 탈환, 오키나와 전투를 비롯해 히로시마 원폭투하에 이르기까지 그야말로 피나는 혈전을 벌인 맹장이었다. 독일과 달리 쉽사리 항복하지 않는 일본을 상대로 전쟁을 벌인 맥아더로서는 일본 본토 상륙을 통해 입을 미군의 엄청난 피해를 예상하고 원폭 사용을 건의한 것이겠지만, 그런 발상은 한국전쟁에서 통하지 않았다.

더글러스 맥아더

그는 비록 인천상륙작전을 통해 한순간에 전세를 뒤집었으나 예기치 못한 중공군의 개입으로 다시 전세가 역전되자 핵무기 사용을 백악관에 건의했다가 오히려 자신이 군복을 벗게 되고 말았는데, 당시 트루먼 대통령은 소련의 참전을 우려한 나머지 맥아더 원수를 희생양으로 삼고 제3차 세계대전으로의 확전을 사전에 막은 셈이었다. 하지만 한국의 입장에서는 통일을 맞이할 수 있는 절호의 찬스를 놓친 결과로 볼 수도 있다.

어쨌든 맥아더는 퇴역하는 순간에 의회 연설을 통해 "노병은 죽지 않는다. 다만 사라질 뿐이다."라는 명언을 남겨 기립박수를 받기도 했지만, 태평양전쟁의 영웅이었던 그의 말년은 몹시 쓸쓸할 수밖에 없었다. 더욱이 전우였던 아이젠하워가 트루먼의 뒤를 이어 대통령직에 오르고 자신이 도중하차했던 한국전쟁을 휴전협정으로 마무리하고 말았으니 더욱 쓸쓸했을 것이다.

물론 아이젠하워 역시 노르망디 상륙작전을 통해 전세를 역전시키는 발판을 마련하긴 했으나 그것은 엄밀히 말해 동부전선에서 이루어진 소련군의 엄청난 희생에 힘입은 결과이기도 했다. 제2차 세계대전에서 미군 전사자는 유럽에서 30만, 태평양전쟁에서 10만 명 등 총 40만 명을 기록한 반면에, 소련군은 독소전에서만 700만 명의 전사자와 500만 명의 포로를 낳았으니 그 피해는 이루 말할 수 없는 것이었다.

드와이트 아이젠하워

어쨌든 자부심으로 가득 차 대통령은 물론 일본 천황마저 우습게 여긴 맥아더와는 달리 신중하고 겸손한 아이젠하워는 부드럽고 자상한 이미지로 '아이크'라는 애칭까지 얻는 등 대중적 인기에 힘입어 34대 대통령에 당선되는 영예도 안았다. 독일계 이민의 후손인 아이젠하워가 독일을 상대로 전쟁을 수행한 것은 매우 아이러니한 일이기도 했지만, 혈통에 관계없이 연합군 최고사령관직을 수행하도록 맡긴 미국은 역시 대륙적 기질이 다분한 대국임에 틀림없다.

실존철학의 거장 하이데거와 야스퍼스

마르틴 하이데거

독일 실존철학을 대표하는 거장으로 알려진 마르틴 하이데거(Martin Heidegger, 1889~1976)와 카를 야스퍼스(Karl Jaspers, 1883~1969)는 비록 나치의 등장으로 인해 서로 엇갈린 운명에 처했지만, 정작 두 사람은 오랜 친분관계를 변함없이 유지했던 것으로 알려졌다. 물론 두 사람 모두 자신을 실존철학자로 부르는 것에 동의하지 않았지만, 하이데거의 《존재와 시간》, 야스퍼스의 《이성과 실존》 등의 저서를 통해서도 알 수 있듯이 그들을 실존철학자로 부르는 데는 큰 이견이 없어 보인다.

가톨릭 전통이 매우 강한 남부 독일 메스키르히에서 태어난 하이데거는 어릴 때 마을 성당의 종을 치던 아이였으며, 학교도 가톨릭교회 장학금을 받으며 다닐 정도로 가톨릭과 인연이 깊었다. 김나지움을 졸업한 후 예수회에 입문하려고 했는데, 허약체질로 부적합 판정을 받게 되자 프라이부르크 대학 신학부에 입학했지만, 도중에 신학 공부를 포기하고 철학으로 전공을 바꿨다.

그 후 마르부르크 대학교수를 거쳐 1928년 은퇴한 후설의 뒤를 이어 프라이부르크 대학교수로 취임한 그는 1933년 대학 총장에 취임하면서 학생들을 상대로 나치를 찬양하는 연설을 했으며, 나치당원이 되어 종전이 이루어질 때까지 당적을 유지했다. 전쟁이 끝난 후 그는 나치 동조 혐의로 곤욕을 치렀으나 과거에 그의 제자였으며 정부였던 유대인 정치이론가 한나 아렌트의 증언과 프랑스 철학자들의 도움으로 가까스로 중형을 면하고 학문활동만 금지당하는 가벼운 처벌에 그쳤는데, 오히려 그를 변호했던 한나 아렌트는 숱한 비난을 감수해야 했다.

프랑스의 유대계 철학자 레비나스는 한때 하이데거 철학에 빠졌던 자신을 후회하고 다른 많은 독일인들을 용서할 수는 있어도 하이데거만큼은 용서할 수 없다고까지 말하기도 했다. 레비나스는 독일 현상학의 대가 후설의 제자로 있을 때 하이데거를 처음 알게 되었는데, 그 후 레비나스는 제2차 세계대전 기간 중에 독일군에 포로로 잡혀 종전이 될 때까지 수용소에서 보냈으며, 그의 아버지와 형제들 그리고 장모는 모두 독일군에 학살당했다.

한편 저명한 철학자이자 정신과의사인 야스퍼스는 원래 철학을 지망했으나 아버지의 뜻에 따라 하이델베르크 대학에서 법학을 전공하다가 적성에 맞지 않아 도중에 의학으로 전공을 바꾸고 1908년 의대를 졸업한 뒤 정신과의사로 활동했다. 명저로 꼽히는 《일반 정신병리학》을 출간한 이후에는 심리학 강사를 하다가 1921년 다시 철학으로 선회해 철학교수로 부임했다.

유대인 아내를 두었던 야스퍼스는 히틀러가 집권하면서부터 온갖 박해를 받기 시작했으며, 마침내 1938년 교수직에서 쫓겨났다. 그는 모든 공적 활동이 금지된 상태에서 주위로부터 차라리 이혼하라는 권유까지 받았지만, 아내의 생명을 지키기 위해 죽을 때까지 그녀의 곁을 떠나지 않았다. 당시 나치는 수시로 그의 집을 드나들며 그들 부부를 강제수용소로 보내겠다고 위협했는데, 언제 수용소로 끌려갈지 모르는 불안한 상황

카를 야스퍼스

에서 그는 유사시에 동반자살까지 염두에 두고 만일 그럴 경우 아내와 함께 묻어달라는 당부를 남기기도 했다.

어쨌든 야스퍼스는 전쟁이 끝난 후 비로소 대학에 복직했지만, 이미 조국에 대한 애정이 식은 그는 1948년 아내와 함께 스위스로 이주해 1961년까지 바젤 대학에서 철학을 강의하며 저술활동에 몰두하다가 1969년 아내가 90회 생일을 맞이한 날에 86세를 일기로 조용히 눈을 감았다. 한편 야스퍼스와 똑같은 나이로 사망한 하이데거는 죽을 때까지 자신의 과오를 인정하지 않았으며, 전후 곤경에 처했을 때 자신을 도와준 사람들에게조차 고마움을 일체 표시하지 않을 정도로 매우 편협한 태도를 보였다.

파시즘을 주도한 히틀러와 무솔리니

제2차 세계대전을 일으켜 수천만 명의 인명을 앗아간 광기의 독재자 아돌프 히틀러(Adolf Hitler, 1889~1945)는 젊은 시절 한때 화가를 꿈꾸기도 하고 일생 동안 바그너에 열광했던 낭만적인 기질을 보이기도 했지만, 아리안족의 세계 지배를 꿈꾸며 600만 명의 유대인을 무참하게 학살하는 등 그야말로 종잡을 수 없는 행적을 통해 전 인류를 공포의 도가니로 몰아넣은 장본인이었다.

더욱이 그는 금연과 채식주의를 고집한 금욕적인 독신주의자인 동시에 어린이와 동물을 사랑한 자애로운 이미지로 독일 민중을 사로잡았으며, 강력한 카리스마와 뛰어난 연설 솜씨를 발휘해 매우 사색적인 민족으로 정평이 나 있던 독일인의 이성을 마비시키는 놀라운 대중선동술을 발휘했는데, 그런 불가사의한 현상을 불러일으킨 그의 능력 자체가 미스터리라 할 수 있다. 그는 《나의 투쟁》에서 거짓말을 하려면 차라리 큰 거짓말을 동원해야 대중을 사로잡을 수 있다고 말했는데, 그는 실제로 그렇게 해서 최고 권력자의 자리에 오를 수 있었다.

아돌프 히틀러

어쨌든 대중 앞에서 결코 웃는 법이 없었던 히틀러는 숱한 의문을 뒤로 하고 베를린의 지하벙커에서 애인 에바 브라운과 함께 자살로 생을 마감했다. 그는 세계정복에 대한 과대망상과 유대인 말살정책, 독일 민중의 광적인 숭배 등 여러 의혹을 남겼는데, 그중에서도 가장 큰 의혹은 광기로 가득 찬 반유대주의에 있다고 할 수 있다. 일설에는 학창시절 동기생이었던 비트겐슈타인에 대한 시기심과 혐오감에서 비롯되었다는 주장도 있지만, 그럴 가능성은 거의 없어 보인다. 비록 비트겐슈타인의 집안이 당대 최고의 유대계 재벌이긴 했으나 히틀러 자신도 《나의 투쟁》에서 그런 사실을 전혀 언급하고 있지 않기 때문이다. 오히려 그를 자극한 것은 히틀러가 권력을 차지한 이후에 만난 조카 윌리엄 패트릭 히틀러(William Patrick Hitler, 1911~1987)의 협박성 요구였다는 설이 더욱 그럴듯하게 들린다.

이복형의 아들인 윌리엄 패트릭 히틀러는 유대인 조상을 둔 히틀러 일가의 내막을 폭로하겠다는 말로 삼촌인 히틀러를 협박하며 나치독일의 고위직을 요구하는 흥정을 벌였는데, 히틀러가 윌리엄의 영국 국적을 포기하면 그의 요구를 들어주겠다는 제안을 하자 그것이 함정임을 깨닫고 신변이 안전한 미국으로 도피했다. 윌리엄은 그 후 루스벨트 대통령의 특별 배려로 미 해군에 복무하면서 제2차 세계대전에 참전하기도 했다.

결국 유대인을 멸종시키기 위한 최종해결책의 발상 자체가 히틀러 자신의 몸에도 유대인의 피가 섞여 있다는 의혹을 잠재우기 위해서였다는 것인데, 실제로 히틀러는 나치 변호사인 한스 프랑크에게 사생아 출신인 자신의 아버지 알로이스를 포함한 조부모의 가계 및 출생배경을 극비리에 조사하도록 특별 지시를 내리기도 했다. 비록 한스 프랑크는 그런 주장이 전혀 근거 없는 내용이 아니라는 사실을 일부 확보했지만, 뉘른베르크 법정에서는 히틀러가 아리안 계열임에 틀림없다고 증언했으며, 나치 당국은 그동안 이런 사실을 극비에 부치고 있었다. 어쨌든 극도의 피해망상에 젖어 든 히틀러로 인해 애꿎은 유대인 600만 명이 한줌의 재로 사라져 버린 셈이다.

악랄한 만행으로 따지자면 감히 히틀러에 비할 수는 없겠으나 파시즘의 원조로 꼽히는 이탈리아의 독재자 베니토 무솔리니(Benito Mussolini, 1883~1945)는 고대 로마제국의 영광을 재연하겠다는 과대망상에 빠진 인물로 히틀러와 손잡고 제2차 세계대전을 일으킨 장본인이다. 그는 전쟁에서 패하자 스페인으로 도주하기 위해 애첩 페타치와 함께 코모 호반 마을에 숨어 있다가 좌익 빨치산에게 붙들려 현장에서 처형당하고 말았는데, 총살당한 그들의 시신은 밀라노 시내 광장 한가운데 거꾸로 매달리는 수모를 겪어야 했다.

베니토 무솔리니

'파시즘'이라는 용어는 무솔리니가 창설한 파시스트당에서 비롯된 것이지만 파시즘을 한마디로 정의하긴 매우 어렵다. 다만 무솔리니가 내세운 엘리트에 의한 반민주적 국가주의와 반평등주의, 반자본주의에 입각한 국가의 병영화를 중심으로 팽창주의, 반공주의, 사회진화론 등 다양한 이념들을 조합해 만든 것으로 볼 수 있는데, 히틀러와 다른 점은 반유대주의 등 인종차별 정책에는 매우 소극적이었다는 사실이다.

원래 사회주의자로 출발한 무솔리니는 제1차 세계대전 이후 "사회주의 이론은 죽었다. 남은 것은 원한뿐이다."라는 유명한 말을 남기고 사회주의를 떠났다. 그 후 검은 셔츠단을 이끌고 거리를 행진하며 공산주의자들에 대한 테러를 자행한 그는 1921년 마침내 파시스트당을 창설하고 이듬해 로마에 진군해 쿠데타를 일으켜 권력을 장악했다. 이에 자극받은 히틀러는 1923년 나치당을 이끌고 뮌헨 봉기를 일으켰으나 실패하고 투옥되었는데, 감옥에서 그 유명한 《나의 투쟁》을 집필한 것이다.

무솔리니와 히틀러는 대중연설의 달인으로 두 사람 모두 극적인 제스처와 선동적인 발언을 통해 대중을 흥분시키는 능력을 발휘했으며, 어린 청소년을 대상으로 자신을 신격화시키는 교육을 적극 장려했다. 또한 무솔리니는 1934년 월드컵축구 우승을 통해, 그리고 히틀러는 1936년 베를린 올림픽을 통해 파시즘의 우월성을 만방에 과시하는 등 체육정책도 정치적으로 이용하는 술수를 보이기도 했다.

어쨌든 무솔리니는 히틀러보다 선수를 쳐서 에티오피아를 침공하며 로마제국의 영광을 재연시킨다고 호언장담했으나 북아프리카에서 영국군에 밀리게 되자 히틀러의 도움을 받을 수밖에 없었다. 하지만 독일군의 지원에도 불구하고 패전을 거듭하자 국내에서조차 무솔리니의 선동술이 더 이상 먹혀들지 않게 되었다. 결국 무솔리니는 아프리카에서의 패전으로, 그리고 히틀러는 러시아전선에서의 패전으로 치명타를 입고 무릎을 꿇고 만 셈이다.

비록 무솔리니는 히틀러의 도움으로 임시 망명정부를 수립했으나 이미 전세는 연합군 측으로 넘어간 뒤였으며, 독일군 복장으로 위장한 채 도주하려다 빨치산에 체포되어 현장에서 총살되고 말았다. 무솔리니가 처형된 지 이틀 후에 히틀러도 다가오는 소련군에 체포되는 치욕을 피해 에바 브라운과 함께 지하벙커 안에서 자살하고 말았다. 히틀러를 몹시 두려워한 스탈린은 히틀러의 시신을 확보하려 했으나 실패한 것으로 알려졌는데, 그 후에도 상당 기간 히틀러의 생존설이 나돌 만큼 그는 실로 불가사의한 존재였음에 틀림없다.

사막의 여우 롬멜과 동부전선의 소방수 모델 장군

제2차 세계대전에서 신출귀몰한 작전으로 연합군을 괴롭힌 독일의 명장 에르빈 롬멜(Erwin Rommel, 1891~1944) 장군은 특히 북아프리카 전투에서 명성을 날려 '사막의 여우'라는 별명까지 얻었으나 노르망디 상륙작전을 막지 못한 데다가 히틀러 암살 모의에 가담한 혐의를 받고 음독자살했다. 또한 한때 동부전선뿐 아니라 서부전선에서도 맹활약을 보여 방어전의 귀재로 불리기도 했던 발터 모델(Walter Model, 1891~1945) 장군은 히틀러의 두터운 신임을 얻으며 승승장구했지만, 발지 전투의 패배로 신임을 잃었을 뿐만 아니라 독일의 패망이 확실해지자 포로가 되는 치

에르빈 롬멜

욕을 피해 자신의 머리에 총을 쏴 자살해 버렸다.

영국의 처칠 수상은 북아프리카 전선에서 매번 영국군을 골탕 먹이며 눈부신 활약을 보인 롬멜에 대해 비록 적장이긴 하지만 위대한 군인이라는 찬사를 아끼지 않았다. 당시 롬멜은 교묘한 위장전술로 절대적인 열세에 놓인 전력에도 불구하고 수백 대의 영국군 전차를 대파해 대승을 이루었으며, 사막전의 전문가를 자처한 영국군 지휘관 오코너 장군을 포로로 잡는 등 영국군을 초토화시키며 토브룩 요새를 점령하고 이집트 국경지대까지 영국군을 몰아붙였다.

하지만 몽고메리 장군이 새로 부임하면서 전열을 재정비한 영국군은 압도적인 전력으로 다시 총공세를 가하기 시작해 마침내 전세를 역전시켰으며, 더 이상 병사들의 무모한 희생을 방치할 수 없다고 판단한 롬멜은 무조건 결사항전하라는 히틀러의 지시를 무시하고 튀니지 전선까지 퇴각하기에 이르렀다. 궁지에 몰린 롬멜은 본국으로 소환되어 곧바로 해임되었으며, 이때부터 히틀러에 대한 불신이 더욱 커지게 되었다.

그 후 히틀러는 롬멜을 다시 복직시키고 북이탈리아 전선과 영불해협 방어 임무를 부여했는데, 공교롭게도 그는 연합군의 노르망디 상륙작전이 개시되기 전날 아내의 생일파티에 참석하느라 베를린에 있었으며, 소식을 듣고 서둘러 전선에 복귀했으나 이미 해안방어선은 무너진 뒤였다. 당시 그는 영국군 전투기의 공격을 받아 타고 가던 전용차가 전복하는 바람에 머리에 중상을 입고 병원으로 후송되었는데, 불과 3일 뒤에 히틀러 암살미수 사건이 터진 것이다.

병원에서 치료를 마치고 자신의 집에서 요양하던 그는 게슈타포 대원들을 이끌고 나타난 두 명의 장군으로부터 히틀러의 지시를 전달받았다. 암살 음모에 연루된 의혹을 국민들에게 밝히지 않고 조용히 독약을 마시고 죽는 대신 가족의 안전을 보장하고 국민적 영웅의 예를 갖추어 국장까지 치러 준다는 조건이었다. 결국 롬멜은 그들과 함께 동승한 차량 안에서 청산가리 캡슐을 삼키고 숨을 거두었는데, 나치의 공식발표는 그가 적군의 기총소사로 인한 부상으로 사망했다는 것이었다. 또한 그의 국장도 베를린이 아니라 그의 자택이 있던 울름에서 치러졌으며, 히틀러를 비롯한 나치의 핵심들은 장례식에 참석조차 하지 않았다.

히틀러는 국민적 영웅으로 떠오른 롬멜이 자신에게 반기를 들었다는 소문이 확산될 것을 두려워하여 서둘러 롬멜을 제거한 셈인데, 그렇지 않아도 불리하게 돌아가는 전황 속에서 독일군의 사기 저하를 염려한 나머지 롬멜의 공개 처형을 원하지 않고 스스로 자살하는 선에서 문제가 조용히 해결되기를 바란 것이다. 하지만 히틀러 자신도 불과 6개월 후 베를린의 지하벙커 안에서 스스로 목숨을 끊어야 했다.

롬멜 원수가 그렇게 스스로 목숨을 끊은 뒤 연합군의 총공세로 수세에 몰리기 시작한 독일군에는 그래도 방어전에 탁월한 능력을 발휘한 야전군 사령관 발터 모델 장군이 버티고 있었다. 그는 원래 제1차 세계대전 당시 방어전의 달인으로 명성을 크게 얻은 로스베르크 장군의 참모로 일하면서 전술 방면에 대가가 되었는데, 그 이후로 '마법사의 제자' 또는 '동부전선의 소방수'라는 별명으로 통했으며, 특히 독소전 당시 바르바로사 작전이 개시되면서 기갑사단을 이끌고 최선봉에 서서 파죽지세로 돌격작전을 감행, 히틀러를 잔뜩 고무시켰다.

발터 모델

그 후 모스크바 전투와 스탈린그라드 전투에

서도 그는 치고 빠지는 수법으로 수적인 열세를 극복하고 소련군을 궤멸시켜 방어전의 귀재로 불리기 시작했다. 더욱이 쿠르스크-오렐 전투에서는 두 배가 넘는 병력의 소련군에 막대한 손실을 입히면서 독일군의 퇴각을 엄호하는 작전을 성공시켜 전술적 우위를 보이기도 했는데, 1943년 당시 여름에 벌어진 대규모 전투에서 소련군은 전사자 40만 명과 전차 2,500대를 잃는 엄청난 피해를 입은 반면에 독일군은 6만 명이 전사하고 250대의 전차를 잃었을 뿐이었다.

독소전 말기 독일군이 점차 밀리기 시작하면서 후퇴를 주장하는 장성들을 대거 해임시킨 히틀러는 발터 모델로 하여금 단독으로 동부전선을 방어하도록 지시했는데, 그는 당시 노르망디 상륙작전으로 공군 지원이 거의 없는 엄청난 전력의 열세에도 불구하고 소련군의 진격을 필사적으로 저지해 동부전선의 수호자로 불리기까지 했다. 그 후 롬멜 원수가 부상을 당해 서부전선 지휘체계에 공백이 생기자 서부전선으로 급파된 그는 최전선에 나서서 장병들을 진두지휘하며 사기를 고조시키는 한편 지휘체제를 개편해 전투력을 강화시켰다.

패주하기에 급급하던 독일군은 발터 모델의 노력으로 전력을 재정비하고 특히 아른헴을 방어하는 데 성공하였으며 더 나아가 아르덴 대공세를 펼쳐 독일군의 사기를 드높였다. 하지만 제공권을 완전히 장악한 연합군 측이 대대적인 반격을 가함으로써 모델의 독일군은 고립되고 말았고, 히틀러의 후퇴 불가 방침으로 퇴각조차 할 수 없게 되었다.

결국 더 이상의 항전이 무의미함을 인정한 모델은 미군의 항복 권유를 전해 받은 직후 어린 소년병과 노년병들에게 제대증을 발급해 귀가 조치를 내리고 나머지 장병들에게는 항복해도 좋다는 지시를 내렸다. 그리고 자신이 그동안 범죄적 정권을 위해 일해 온 점을 인정하고 스스로 목숨을 끊었다. 동부전선에서 전투 중에 아버지의 소식을 듣게 된 아들 한스 게오르크 모델은 그 후 서독 정부에서 장군이 되었는데, 나치 독일 원수의 자제로 전후 장성의 위치에까지 오른 유일한 인물로 기록된다.

발칸의 도살자 파벨리치와 카라지치

유럽의 발칸반도는 제2차 세계대전과 유고 내전을 통해서 가장 끔찍한 학살이 벌어진 악의 현장이기도 했는데, 그런 참혹한 학살을 주도한 인물은 발칸의 도살자로 알려진 안테 파벨리치(Ante Pavelić, 1889~1959)와 라도반 카라지치(Radovan Karadžić, 1945~)였다. 나치 독일의 꼭두각시였던 크로아티아의 지도자 파벨리치는 수십만 명에 달하는 세르비아인들을 무참하게 학살했으며, 세르비아계 출신인 카라지치는 유고 내전 당시 보스니아의 이슬람계 주민들을 상대로 무자비한 살육을 자행함으로써 그야말로 발칸반도는 사람이 제대로 안심하고 살 수 없는 폐허의 땅으로 변하고 말았다.

발칸반도는 이미 오래전부터 유럽에서 가장 처치 곤란한 뜨거운 감자로 떠오르고 있었는데, 제1차 세계대전 발발의 계기를 만든 곳도 역시 발칸반도로 당시 세르비아에서 울린 한 발의 총성 때문에 1,000만 명의 군인들이 전사하고 2,000만 명의 부상자를 낳는 사상 최악의 전쟁을 낳고 만 것이다. 그 후 제2차 세계대전 당시 빨치

안테 파벨리치

산을 이끌고 대독 항전을 벌인 티토는 비록 자신이 크로아티아 출신이었지만, 파벨리치가 저지른 만행으로 원한에 사무친 세르비아인들을 적절히 무마시키는 등 탁월한 지도력과 화합정책으로 유고 연방을 잘 이끌었다. 그러나 그가 사망한 후 분리 독립이 이루어지면서 유고 연방은 무너지고 내전상태에 돌입하기에 이른 것이다.

독실한 가톨릭신자로 희랍정교를 믿는 세르비아인들을 몹시 증오했던 파벨리치는 자그레브 대학에서 법학을 공부한 지식인으로 일찌감치 크로아티아 독립운동에 뛰어들어 무장단체 우스타쉬를 창설했는데, 유고슬라비아의 탄압으로 이탈리아로 피신했으나 무솔리니의 소극적인 태도에 실망한 그는 결국 히틀러에게 손을 내밀어 직접적인 도움을 받기 시작했다. 마침내 1941년 독일군이 유고슬라비아를 침공하게 되자 그는 나치가 세운 크로아티아 괴뢰정부의 수반이 되어 절대 권력을 휘두르게 되었다.

그때부터 모든 생사여탈권을 한 손에 쥐게 된 파벨리치의 지시로 우스타쉬 군대는 마치 고삐 풀린 망아지처럼 날뛰며 수십만에 달하는 세르비아인들을 무자비하게 학살하기 시작했는데, 우스타쉬는 전국을 누비며 세르비아인 마을을 불태우고 총도 아닌 칼과 도끼로 상대를 가리지 않고 마구 살해했다. 노인들과 부녀자 그리고 아이들도 예외가 될 수 없었다. 개종을 끝까지 거부하는 그리스정교 성직자는 톱으로 목을 자르기까지 했다. 그렇게 해서 세르비아인들이 흘린 피가 크로아티아의 산과 강을 뒤덮었다.

광적인 민족주의자이며 가톨릭신도였던 파벨리치는 히틀러와 무솔리니, 더 나아가 교황 비오 12세라는 든든한 후원자를 등에 업고 이처럼 잔혹한 만행을 계속했는데, 교황은 그런 학살행위에 대해 아무런 제재도 가하지 않고 침묵으로 일관했으며, 심지어 학살 현장에 가톨릭 사제들의 동참을 용인하기까지 했다. 그런 학살에 가담한 성직자의 수는 500명에 달한 것으로 추산되는데, 브랄로 신부는 사제복을 입은 채 잔악행위를 벌였으며, 가장 악명이 높았던 야세노바치 수용소에서 학살을 주도한 프란체스코파 수사 출신의 군종 신부 필리포비치 마스토로비치는 악마의 사제로 불리기까지 했다.

그 외에도 막스 루부리치 장군과 그의 처남 딩코 사키치가 악명을 날렸으며, 우스타쉬 장교였던 페타르 브르지차는 1942년 8월 29일 하룻밤 사이에 무려 1,362명을 살해했는데, 그날 그는 자신의 동료와 누가 더 많은 인간의 목을 칼로 딸 수 있는가 시합을 벌이기도 했으니 생각만 해도 오금이 저려오는 실로 끔찍한 만행이 아닐 수 없다.

이처럼 아비규환의 생지옥으로 변한 야세노바치 수용소에서만 적어도 20만 명의 세르비아인들이 참혹하게 죽어간 것으로 추산되며, 우스타쉬 군인들은 살해한 세르비아인들의 안구를 모아 그들의 지도자인 파벨리치에게 헌납하기도 했다. 우스타쉬는 잔인한 방법으로 살육했을 뿐만 아니라 시신을 모욕하고, 더욱이 희생자의 가족들이 지켜보는 앞에서 그런 만행들을 거침없이 자행했던 것이다.

하지만 종전 이후 파벨리치를 포함해 약 4,000명에 달하는 우스타쉬 간부들이 남미 등지로 도주했으며, 파벨리치가 페론 대통령의 보호 아래 숨어 지내던 아르헨티나에만 3만 명 이상의 크로아티아 망명객들이 운집해 있었다. 그러나 페론이 실각한 이후 한 차례 암살의 위기를 넘긴 파벨리치는 더 이상 신변이 안전하지 못함을 절감한 데다가 설상가상으로 유고 정부가 그의 본국 송환을 강력히 요구하자 프랑코 총통이 있는 스페인으로 도주해 은신하다가 1959년 70세 나이로 사망했다.

문제는 이처럼 끔찍한 학살을 겪은 세르비아 인들이 그토록 참혹하게 당한 과거를 결코 잊지 않고 있었다는 사실이다. 그리고 그런 원한은 보스니아 전쟁을 통해 여실히 입증되고 말았는데, 전후 세대인 세르비아 민족주의자 카라지치가 저지른 보복 차원의 학살 만행이 단적인 예라 할 수 있다. 카라지치는 자신의 부모 세대가 제2차 세계대전 당시 크로아티아인들에게 얼마나 참혹한 만행을 당했는지 어려서부터 잘 알고 있었다.

라도반 카라지치

카라지치는 사라예보 의대를 졸업한 정신과의사로 1989년 세르비아 민주당을 창설하면서부터 정계에 진출했는데, 1992년 보스니아에서 이슬람계와 세르비아계가 각기 독자적인 정부를 선언하기에 이르자 스르프스카 공화국을 선포하고 초대 대통령에 취임했다.

하지만 카라지치의 광적인 세르비아 민족주의는 곧이어 야만적인 인종청소로 이어졌으며, 특히 사라예보와 스레브레니차에서 수많은 이슬람 여성들이 무자비하게 강간당하고 남자들은 모두 살육되었다. 국제 여론이 악화되자 카라지치는 정치적으로 고립되었으며, 결국 권좌에서 밀려나고 말았다. 그 후 지하로 잠적한 그는 다비치라는 가명으로 신분을 숨기고 대체의학자로 위장한 채 활동을 계속했으며, 그를 여전히 비호하는 세력들의 삼엄한 경비 속에 보호를 받아오다가 마침내 2008년 7월 베오그라드에서 체포되어 전범재판에 회부되는 신세가 되고 말았다.

카라지치의 체포가 이루어지던 바로 그 시기에 그토록 악명 높던 우스타쉬의 마지막 생존자 딩코 사키치가 크로아티아 자그레브의 한 병원에서 86세를 일기로 생을 마쳤는데, 사키치는 1944년 당시 약관 21세의 나이로 발칸의 아우슈비츠로 불리는 야세노바치 수용소 소장으로 있으면서 수많은 민간인을 잔혹한 방법으로 고문하고 살인했던 장본인이었다는 점에서 실로 역사의 아이러니가 아닐 수 없다.

나치 독일의 양심적인 사업가 라베와 쉰들러

나치 독일은 제2차 세계대전 기간 중에 수백만의 유대인을 학살하고, 일본군은 중일전쟁 당시 남경에서 수십만의 중국인 민간인을 무참하게 학살했다. 독일인 가운데서도 양심적인 사업가였던 욘 라베(John Rabe, 1882~1950)는 일본군에 의한 남경대학살에서 20만 명에 달하는 중국인 난민들의 목숨을 구했으며, 나치 당원이었던 사업가 오스카르 쉰들러(Oskar Schindler, 1908~1974)는 1,200명의 유대인을 홀로코스트 희생에서 구해 줌으로써 각각 중국인과 유대인들로부터 의인으로 불리고 있다.

욘 라베

독일 함부르크 태생인 욘 라베는 나치 당원이자 지멘스 직원으로 중국 남경에 근무하던 도중에 1937년 일본군이 남경으로 다가오자 서둘러 다른 외국인들과 협력해 국제위원회를 결성하고, 중국인 난민들을 보호하기 위해 남경 주재 외국대사관과 남경대학에 국제안전구역을 설정했는데, 소문을 듣고 수십만 명의 피난민이 모여들었으며, 그들에게 음식과 피난처를 제공함으로써 일본군의 끔찍한 학살에서 보호하는 역할을 주도했다. 그는 자신의 자택에도 650명 이상의 난민들을 숨겨 주었는데, 당시 안전지대에서 목숨을 구한 중국인은 무려 20만에 달했다. 마침내 도시를 점령한 일본군이 남녀노소를 가리지 않고 대규모 학살을 자행하기 시작하자 라베를 비롯한 다른 외국인들과 선교사들은 막무가내로 안전구역에 진입하려는 일본군을 저지하느라 진땀을 흘리기도 했다.

그 후 독일로 돌아간 라베는 베를린에서 일본군의 잔악한 학살 만행 사실을 폭로하고 히틀러에게 더 이상의 학살이 없도록 일본 정부에 영향력을 행사해 줄 것을 요청했으나 오히려 그는 게슈타포에 끌려가 심한 문초를 당해야 했다. 다행히 지멘스 회사의 중재로 풀려나긴 했지만, 그 어떤 강연이나 저술활동도 금지당했다. 독일 패망 후 그는 나치 당원 전력 때문에 연합군 측에 체포되어 조사를 받았으나 결백함이 입증되어 석방되었으며, 비록 경제적으로는 파산했지만, 남경대학살에서 보여 준 선행을 인정한 중국 정부로부터 정기적으로 지원을 받아 힘겹게 삶을 꾸려 가다가 1950년 뇌졸중으로 쓰러져 사망하고 말았다.

당시 라베처럼 중국인 보호를 위해 헌신했던 미국인 여성 선교사 미니 보트린(Minnie Vautrin, 1886~1941)도 자신이 교장으로 있던 여학교를 안전지대로 설정해 1만여 명의 중국 여성과 고아들을 구해 냈다. 미니 보트린은 용감하게 일본대사관을 찾아가 일본군의 만행을 즉각 중지시킬 것을 요청하기도 했으며, 미국대사관으로부터 받은 철수 권유를 거부한 채 계속 남경에 남아 중국인을 보호했다. 하지만 그녀는 고향으로 돌아간 직후 자살하고 말았는데, 더 많은 사람을 구하지 못했다는 자책감 때문이었던 것으로 알려졌다.

한편 스필버그 감독의 영화 〈쉰들러 리스트〉로 잘 알려진 오스카르

오스카르 쉰들러

쉰들러는 원래 체코 태생의 독일인으로 한때는 독일 스파이로 활동하다 사업가로 변신했다. 그는 1,200명에 달하는 유대인을 수용소에서 빼내와 자신의 공장에서 일하도록 함으로써 그들의 목숨을 구한 것으로 알려져 있지만, 값싼 노동력을 확보하기 위해 나치와 로비를 벌인 것이라는 비판도 없지 않다. 어쨌든 쉰들러는 유대인을 구한 의인으로 대접받으며, 종전 이후에도 이스라엘 정부로부터 각별한 예우를 받았는데, 죽어서도 이스라엘 시온 산에 안장되는 특혜까지 받았다. 독일 패망 후 그동안 막대한 로비 자금으로 남은 재산을 탕진한 그는 한때 아르헨티나로 이주해 농장을 경영하기도 했으나 결국 파산하고 유대인 생존자들의 경제적 지원에 힘입어 생계를 유지하기도 했다.

한 가지 사족을 곁들이자면, 정작 쉰들러보다 더욱 많은 유대인의 목숨을 구한 인물은 일본의 외교관 스기하라 치우네(杉原 千畝, 1900~1986)라 할 수 있는데, 그는 리투아니아 주재 영사관에 근무하면서 수천 명의 유대인에게 비자를 발급해 주어 해외 도피를 도운 것으로 알려졌다. 그는 일본 외무성의 지시를 어기고 자격조건 미달의 유대인에게도 제한 없이 일본 통과 비자를 계속 발급했는데, 그의 도움으로 국외로 탈출한 유대인 수는 약 6,000명으로 추산된다. 독일군의 학살을 피해 탈출에 성공한 유대인은 시베리아 횡단철도를 통해 블라디보스토크를 거쳐 유대계 러시아인 공동체가 있던 일본 고베 시에 무사히 도착했다. 당시 리투아니아의 유대인 20만 명이 독일군에 희생된 점을 고려한다면 스기하라의 도움이 결코 작은 것이 아님에도 오히려 쉰들러가 더욱 유명해지는 바람에 그는 '일본의 쉰들러'로 불리고 있다.

엘리엇의 지성과 로렌스의 반지성

20세기 영문학을 대표하는 동시대 작가로서 주지주의(主知主義)를 대표하는 시인 T. S. 엘리엇(Thomas Stearns Eliot, 1888~1965)과 에로티시즘 문학을 대표하는 D. H. 로렌스(David Herbert Lawrence, 1885~1930)는 작품경향이나 사상 및 삶의 진로라는 측면에서 전혀 상반된 길을 걸었던 매우 특이한 예에 속한다.

엘리엇은 미국 태생이지만 영국으로 귀화해 한평생 영예로운 삶을 누린 반면, 로렌스는 그와 반대로 영국의 가난한 탄광촌에서 태어나 작가의 길로 들어섰지만, 급진적인 에로티시즘을 표방함으로써 보수적인 영국 사회에서 따돌림을 당한 끝에 결국 조국을 떠나 해외를 전전하다 미국의 황량한 뉴멕시코 땅에 묻혔다.

엘리엇과 로렌스는 이처럼 삶의 행로도 전혀 반대였지만, 그들이 작품에서 보인 사상이나 성향도 서로 양극단에 위치한다. 엘리엇은 주지주의를, 로렌스는 반지성을 대표하는 작가였기 때문이다. 보수노선을 대표하는 엘리엇이 노벨상이라는 명예를 거머쥐고 영국 왕실로부터 귀족 칭호까지 받는 영예를 안았으며, 죽은 후에도 유명 인사들만 묻히는 대성당 묘지에 묻히는 등 온갖 사회적 예우를 다 받고 살다 간 행운아였다

T. S. 엘리엇

163

면, 진보적 노선을 걸었던 로렌스는 일찍부터 자신이 속한 공동체로부
터 심한 모욕과 추방까지 당하는 수모를 감수하며 살아야 했으니 참으
로 얄궂은 운명의 작가라 하겠다.

부유한 환경에서 자란 엘리엇에게 가장 중요한 것이 지성과 도덕적
질서였다면, 하층민 출신인 로렌스에게는 육체적 쾌락과 희열 그리고
자유가 더욱 중요했다. 부유하고 교양 있는 명문가에서 태어난 엘리엇
과는 달리 탄광촌에서 가난한 광부의 아들로 태어난 로렌스는 특히 상
류층이나 지성인들의 허구적인 기만성에 강한 반발과 혐오감을 보였다
는 점에서 사실상 물과 기름의 관계일 수밖에 없었다.

그런 차이는 성에 대한 태도에서도 여실히 드러나는데, 로렌스의 작
품들은 당시만 해도 외설로 취급되어 출판이 금지되는 수모를 겪어야
했던 반면에, 성적 타락을 경고하고 도덕적 가치의 정립을 강조했던 엘
리엇은 보수 성향의 사회지도계층과 종교계의 지지를 얻으며 승승장구
하는 가운데 노벨 문학상까지 수상하는 영예를 안게 된 것이다.

하지만 엘리엇과 로렌스 두 사람 모두 성과 지성의 양극단에만 머물

면서 일체 타협의 여지를 보이지 않았는데, 그런
고집스러운 모습은 엘리엇이 지성과 품위, 이성
과 질서의 땅을 찾아 천박한 미국 문화를 등지고
고상한 귀족들의 나라 영국에 귀화한 것과는 정
반대로 로렌스는 혐오스러운 귀족과 지식사회를
등지고 반지성을 외치며 푸에블로 인디언들이
살던 황무지 땅에 정착한 사실을 통해서도 얼마
든지 엿볼 수 있다.

D. H. 로렌스

이처럼 엘리엇은 미국에서 영국으로, 로렌스

는 영국에서 미국으로 삶과 죽음의 행로가 정반대였듯이 그들의 신념 또한 정반대의 길을 걸었다. 한 사람은 질서를 찾아서 또 다른 사람은 자유를 찾아서 제각기 다른 길을 찾은 셈이다. 그러나 엄밀히 따지자면, 성에서 자유롭지 못한 것은 두 사람 모두 마찬가지였다. 로렌스는 지나치게 성에 집착하면서 원시적인 삶을 꿈꾸었지만 현실적인 장벽에 부딪쳐 좌절했으며, 엘리엇은 지나치게 성을 혐오하고 회피하는 동시에 지성으로 과대 포장하고자 했기 때문이다.

엘리엇의 대표작은 역시 〈황무지〉라 할 수 있는데, 고도의 전문지식을 요구하는 이 장시는 사실 매우 난해하기 그지없는 작품으로 특히 무수히 동원되는 라틴어 및 고대 신화의 내용들로 인해 고전 지식이 짧은 일반 독자들로서는 손쉽게 접하기 어려운 부분이 많아서 자세한 주석이 없이는 이해하기 어렵다는 점이 특징이다. 따라서 엘리엇의 시는 감정을 노래하는 것이 아니라 생각을 강요하는 시라 할 수 있다. 그것을 세간에서는 주지주의 또는 지성주의라고 부른다.

성에 대한 극도의 혐오감으로 금욕주의를 고수한 엘리엇이었으니 그에게 성을 찬미한 로렌스의 존재가 온전한 인물로 보이기 어려웠을 게 분명하다. 그는 1930년대 초 버지니아 대학 강연에서 로렌스를 가장 역겨운 인물이라고 혹평하기도 했는데, 더 나아가 '異神들을 찾아서(After Strange Gods)'라는 글에서는 로렌스를 전통과 권위를 파괴하는 위험인물로 평가하고, 특히 불건전한 소설 《채털리 부인의 사랑》은 폐기시켜 마땅하다고까지 극언을 서슴지 않았다. 뿐만 아니라 그는 혐오스러운 불결함과 오염으로부터 세상을 지키기 위한 대책 마련이 시급하다고 역설하기도 했다.

이처럼 순결과 질서에 집착한 엘리엇은 성에 대해 마치 수도승과 같은 금욕적 자세를 견지하면서 성에 오염되고 타락한 현대인의 모습을 끊임없이 조소하고 냉소적인 태도로 일관했는데, 결국 이단으로부터 정통을 보호하고자 애쓰며 기독교의 수호자임을 자처했던 엘리엇의 입장에서는 로렌스야말로 전형적인 이단자로 비쳐질 수밖에 없었을 것이다. 성이야말로 인간의 유일한 구원이라고 믿었던 로렌스와는 달리 엘리엇은 성을 부정하고 지성을 내세웠다는 점에서 그들은 죽어서도 다른 길을 걸을 수밖에 없었다. 교회에 묻힌 엘리엇은 신의 품에 귀의했으며, 원시의 땅 황무지에 묻힌 로렌스는 자연으로 돌아갔기 때문이다.

희극의 달인 채플린과 공포의 제왕 히치콕

20세기 할리우드 영화사에서 가장 독보적인 존재로 군림했던 두 사람을 굳이 꼽자면 코미디영화의 제왕 찰리 채플린(Charlie Chaplin, 1889~1977)과 공포영화의 귀재 알프레드 히치콕(Alfred Hitchcock, 1899~1980)을 들 수 있다. 동시대에 활동하면서도 한 사람은 수많은 사람들에게 웃음을 선사한 반면 또 다른 사람은 공포와 스릴을 제공했다는 점에서 두 사람은 전혀 상반된 길을 걸었지만, 그들의 공통점은 일생 동안 자신의 주특기인 코미디와 공포영화 분야에만 몰두함으로써 그야말로 타의 추종을 불허하는 거장의 반열에 올랐다는 사실이다.

한 세기에 한 명 나올까 말까 한 희극의 천재로 알려진 채플린은 연기, 각본, 감독, 음악, 무용에 이르기까지 실로 다재다능한 인물이 아닐 수 없다. 런던의 빈민가에서 떠돌이 유랑극단 배우의 아들로 태어난 그는 매우 불행한 아동기를 보냈는데, 알코올중독자였던 아버지가 다른 여자와

살림을 차리자 어머니는 정신이
상 중세를 보여 정신병원에 입원
하는 등 어린 나이에 고아나 다름
없는 신세가 되어 오로지 혼자 힘
으로 생계를 유지해야 했다.

찰리 채플린

이처럼 밑바닥 생활에 일찍부
터 길들여진 그는 오로지 살아남

기 위해 어릿광대 노릇이든 무슨 짓이든 해야만 했다. 따라서 그에게 주
어진 지상명제는 다른 무엇보다 가난에서 벗어나는 일이었다. 어린 소
년시절부터 무대 위에서 성대모사로 인기를 끈 그는 무언극에 출연하기
시작하면서 다양한 곡예기술과 무용 등을 익혔으며, 20대 초반에는 미
국으로 건너가 처음으로 무성영화에 출연하기 시작했다.

초기에는 엎치락뒤치락하는 슬랩스틱 코미디 연기로 인기를 얻었지
만, 점차 주제의식이 분명한 코미디 영화를 직접 만들기 시작한 채플린
은 더글라스 페어뱅크스와 함께 유나이티드 아티스트 영화사를 설립하
기도 했으며, 이때부터 본격적인 자기만의 스타일을 갖춘 장편영화 제
작에 들어가기 시작해 1921년 발표한 〈키드〉를 필두로 〈황금광시대〉,
〈살인광시대〉, 〈모던 타임즈〉, 〈독재자〉, 〈라임라이트〉, 〈뉴욕의 왕〉 등
영화사에 길이 남을 걸작들을 연이어 발표해 그야말로 20세기 최대의
희극인 반열에 오르게 되었다.

채플린의 영화에 등장하는 떠돌이 찰리의 모습은 우선 그의 왜소한
체구에서부터 측은지심을 불러일으킨다. 그가 걸친 윗저고리는 터무니
없이 작고 헐렁이는 바지는 더욱 우스꽝스럽다. 그는 항상 그런 모습으
로 어디든 나타나 사고를 치고 잽싸게 달아나며, 특히 경찰에 쫓길 때에

는 초인적인 힘으로 날쌔게 도망친다. 찰리가 경찰과 정신없이 숨바꼭질 하는 장면은 그의 영화에 전매특허처럼 나오는 장면이지만, 다른 무엇보다도 떠돌이 찰리의 트레이드마크는 콧수염과 모자, 그리고 닳아빠진 낡은 구두와 어디를 가나 항상 들고 다니는 지팡이라 하겠다.

찰리가 목숨보다 더 소중하게 챙기는 중절모자는 돈과 음식을 저장하는 창고인 동시에 자신의 머리를 보호하는 장치이기도 하다. 급하면 동냥을 구하는 도구가 되며 아리따운 여성에게 정중한 인사를 올리는 소품으로 이용된다. 그는 여성에게만은 유달리 상냥하고 친절하다. 지팡이 역시 다용도로 쓰이는 그의 분신 같은 도구로 항상 정처 없이 먼 길을 떠도는 찰리에게는 없어서는 안 될 소중한 친구이기도 하다. 뒤뚱거리는 그의 걸음걸이에서 볼 수 있듯이 지팡이는 오랜 여정에 지친 발목의 피로를 덜어 주는 유용한 보조기구인 동시에 때로는 담장 너머 옷을 훔치거나 음식을 슬쩍 할 때도 매우 쓸모 있는 도구가 된다. 또한 불량배를 물리칠 때도 지팡이는 매우 유용한 무기로 사용된다.

음식 또한 찰리에겐 가장 중요한 화두가 된다. 그에겐 목구멍에 풀칠하는 것이야말로 그 무엇보다 절실한 문제이기 때문이다. 찰리가 가는 곳마다 먹을거리가 눈에 들어온다. 배고픈 그에게는 멀리서도 식당의 존재를 알아낼 수 있는 예리한 후각이 달려 있다. 찰리가 식사를 하는 장면은 거의 종교 의식에 가까울 정도로 경건하기까지 하다. 조심스레 그리고 세심하게 완두콩 한 알을 나이프로 잘라 먹는 그의 집중력은 놀라울 정도다. 〈황금광시대〉에서 구두를 삶아 먹는 장면 또한 압권 중의 압권이다. 더욱이 포크로 찍은 빵 두 개로 발레를 추어 보이는 장면은 또 어떤가. 그는 음식을 주제로 무궁무진한 장면들을 끝없이 연출해 낸다. 그가 요리사가 되었다면 크게 성공했을 것이다.

채플린 영화의 마지막 장면 대부분은 아무데서도 받아 주지 않는 냉엄한 현실을 뒤로 하고 꿈과 희망을 간직한 채 먼 길을 떠나는 영원한 떠돌이요 방랑자인 찰리의 뒷모습을 롱 샷으로 보여 주는데, 채플린 자신이 겪었던 서글픈 과거를 상징적으로 드러내는 장면이라 할 수 있다. 특히 〈모던 타임즈〉의 라스트 신에서 보듯이 사랑하는 여성과 함께 팔짱을 끼고 "힘을 내요, 우린 해 낼 수 있어."라고 외치며 먼 길을 힘차게 걸어가는 모습은 세상에서 소외된 많은 사람들에게 큰 용기와 희망을 심어 주는 장면이 아닐 수 없다.

이처럼 그의 영화들이 전하는 핵심 화두는 가난과 소외라고 할 수 있다. 그것은 곧 사회적 불평등에서 비롯된 가난뿐 아니라 전쟁과 파시즘, 기계문명과 인종차별 등에 대한 신랄한 비판을 담고 있는 내용이어서 당연히 그는 공산주의자라는 오해까지 받았다. 따라서 하늘 높은 줄 모르고 치솟던 그의 인기는 1950년대 매카시즘 돌풍에 휘말리기 시작하면서 급전직하 몰락의 길을 걷게 되었다. 채플린이 공산주의자라고 굳게 믿은 FBI 국장 에드가 후버는 계속해서 채플린을 괴롭혔는데, 신변에 위협을 느낀 채플린은 1952년 잠시 미국을 출국했다가 그 후로는 두 번 다시 미국에 돌아가지 않았다. 결국 그는 네 번째 아내 우나 오닐과 함께 스위스에 정착하고 그곳에서 88세를 일기로 생을 마쳤다.

채플린과 마찬가지로 런던 태생인 히치콕 감독은 공포영화의 거장으로 항상 관객들의 예상을 뒤엎는 노련한 기법을 동원하여 사람들을 놀라게 했다. 능청맞고 짓궂은 괴짜 감독의 이미지로 유명했던 히치콕은 정치적 희생양이 되어 할리우드를 떠날 수밖에 없었던 채플린과는 달리 영화계의 거물답게 능숙하고 익살맞은 처세술로 대중과 접촉하며 죽을 때까지 공포 스릴러의 장인으로서 대중의 인기와 사랑을 한 몸에 받았다.

알프레드 히치콕

독실한 가톨릭 신자였던 히치콕 감독은 1925년에 첫 장편영화를 만든 이래 일생 동안 60여 편에 이르는 작품들을 남겼는데, 1930년대에 〈39계단〉, 〈나는 비밀을 알고 있다〉, 〈비밀 첩보원〉, 〈사라진 여인〉 등을 발표한 후 할리우드로 진출해 〈레베카〉, 〈해외특파원〉, 〈의혹〉, 〈구명보트〉, 〈백색의 공포〉, 〈오명〉, 〈올가미〉, 〈이창〉, 〈나는 고백한다〉, 〈현기증〉, 〈북북서로 진로를 돌려라〉, 〈사이코〉, 〈새〉, 〈마니〉 등 수많은 걸작들을 발표해 공포스릴러물의 세계적인 거장이 되었다.

히치콕 영화의 3대 특징을 들라면 스릴과 서스펜스 그리고 미스터리라 할 수 있는데, 죄의 공유, 공포와 극적 반전을 통한 카타르시스를 제공하는 것이 히치콕의 장기라 하겠다. 하지만 그는 항상 명쾌한 해답을 제시하지 않고 의도적인 혼란과 모호한 여운을 남김으로써 관객의 궁금증, 조급증을 더욱 조장하는 수법을 즐겼으며, 전통적인 할리우드식의 해피엔딩도 경멸했다. 따라서 히치콕 영화에서는 모든 일이 잘 풀리고 해결될 것이라는 할리우드 특유의 낙천적인 스타일이 항상 뒤통수를 얻어맞고 나가떨어진다. 그리고 그의 염세적인 경향은 살인과 공포, 쫓고 쫓기는 자의 끊임없는 숨바꼭질을 통해 더욱 큰 힘을 발휘한다.

또한 히치콕 영화의 특징 가운데 하나는 평범하고 선량한 소시민이 항상 억울한 누명을 쓰고 악의 무리에 쫓긴다는 것이며, 거기에 항상 불길한 징조를 안고 등장하는 금발 미인은 어디를 가나 화를 불러오는 위험한 존재로 묘사된다는 점이다. 뿐만 아니라 편집증적인 정신병자 역시 단골손님으로 등장해 공포심을 유발하는데, 이처럼 백인 남자, 금발 미녀, 편집증 환자를 중심으로 전개되는 구도는 히치콕 영화의 일관된 특징이기도 하다.

다른 한편으로 히치콕의 금욕주의적 가톨릭 신앙도 중요한 배경으로 작용한다. 그중에서도 특히 십계명 가운데 '살인하지 말라'와 '간음하지 말라'는 계명은 가장 중요한 메시지라 할 수 있다. 왜냐하면 살인과 간음의 문제야말로 히치콕 영화에서 빠트릴 수 없는 주제이기 때문이다. 따라서 선과 악의 대결, 죄와 벌의 주제는 그가 다루는 가장 중요한 화두이기도 하며 그의 영화에 등장하는 남녀 주인공들은 항상 살인의 위협에 쫓기는 동시에 성적인 좌절과 실패를 겪기 마련이다.

물론 히치콕의 천재성은 누구나 인정하는 사실이다. 공포와 살인에 관한 한 그를 능가할 인물은 거의 없다고 해도 과언이 아니다. 그러나 아무리 천재적인 히치콕에게도 나름의 한계는 보인다. 예를 들면, 제국주의적 잔재인 인종주의를 들 수 있다. 물론 의도적인 것은 아니겠지만, 그의 영화에서 흑인이나 아랍인, 동양인 등은 거의 찾아볼 수 없다.

히치콕의 백인우월주의는 우파적인 경향과 맞물려 있다고 할 수 있는데, 그의 영화에는 사회개혁과 관련된 주제는 전혀 드러나지 않는다. 더욱이 그의 전성기와 일치하는 파시즘의 득세에 대해서도 아무런 비판적 메시지를 남긴 적이 없으며, 현대인의 가장 큰 관심사인 반전사상도 뚜렷하지 않다. 물론 냉전시대의 광기와 자본주의 사회의 불안 심리를 묘사했다고는 하지만, 정작 중요한 전쟁과 이데올로기 문제에 대해서는 입을 굳게 다물었다.

히치콕의 남성우월주의는 또 다른 걸림돌이다. 그는 항상 금발 미녀를 등장시켜 불길한 재앙의 근원으로 여성을 보는 듯한 태도를 유지한다. 노회한 수도승처럼 그는 은근히 금욕을 찬양하고 여성의 존재도 성적인 욕망을 자극하는 유혹자의 모습으로 부각시킨다. 하지만 금욕적인 수도승 스타일의 히치콕이 가장 탁월한 공포 제공자였다는 점은 매우 역설적이기도 하다.

정신분석적 개념의 적용도 지나치게 피상적이며 아마추어적이어서 살인의 동기나 선악의 대결에서 빚어지는 고뇌의 그림자도 보이지 않는다. 자신이 속한 시대정신이나 이데올로기에서 빚어진 고통에도 무관심하다. 따라서 등장인물의 세밀한 심리분석이나 묘사에는 관심이 없으며, 단지 공포와 불안을 극대화시킬 수 있는 기법에만 치우쳐 있다는 비판도 듣는다. 다시 말해서 불완전한 인간들의 모습을 따스한 시선으로 감싸는 휴머니즘의 부재야말로 스릴러의 천재 히치콕의 한계라 할 수 있으며, 바로 그런 점이 블랙 코미디의 천재 채플린과 다른 점이라 할 수 있다.

오웰과 헉슬리의 디스토피아

영국의 소설가 조지 오웰(George Orwell, 1903~1950)과 올더스 헉슬리(Aldous Huxley, 1894~1963)는 20세기 영국문학을 대표하는 작가들로 디스토피아 소설의 대가들이라는 점에서 적어도 그 분야에서는 가장 강력한 맞수였다고 할 수 있다. 비록 그들은 서로 이념이 같지는 않았지만 현실에 대한 환멸과 좌절에서 출발한다는 점에서 공통분모를 지닌다. 20세기에 접어들어 수많은 서구 지식인들이 몰락의 징조를 보이기 시작한 서구문명에 대한 실망으로 다른 대안을 찾아 나섰듯이 오웰과 헉슬리

역시 자신들의 소설을 통해서 각자의 이상향과
대안을 찾고자 했다.

조지 오웰

그러나 이들 두 사람은 서로 제시하는 방향이
너무도 달랐다. 오웰이 최악의 가상적 전체주의
사회를 통해 인간성의 비극적 말로에 대한 절망
적인 경고를 한 반면에, 헉슬리는 신비적인 몽환
의 세계로 도피했기 때문이다. 물론 이들이 제시
한 가상적 미래세계는 그 어떤 해답을 주고자 한
것이 아니라 문제를 제기한 것으로 받아들여야
하겠지만, 실제로 오늘날의 현대 문명세계가 그들이 예견한 모습대로
되어가고 있는 듯해 더욱 전율을 느끼게 된다.

흔히 인간이 꿈꾸는 이상향을 유토피아라고 부른다. 토머스 모어의
《유토피아》에서 유래된 이 명칭은 인간이 꿈꾸는 가장 이상적인 형태의
지상낙원을 의미한다. 하지만 인간의 문명사회가 고도로 산업화되어
가면서 긍정적이고 가장 바람직한 형태로서의 유토피아는 점차 자취를
감추고 그 대신에 부정적 형태의 반유토피아적인 경향들이 모습을 드러
내기 시작했는데, 우리는 그것을 디스토피아라고 부른다.

물론 미래의 불확실성에 대한 불길한 예감은 오웰과 헉슬리만 느낀
것은 아니었다. 공상과학 소설의 원조로 꼽히는 H. G. 웰즈는 19세기 말
에 이미 《타임머신》, 《우주전쟁》, 《투명인간》, 《모로 박사의 섬》 등을 통
해 미래 과학문명의 암울한 가상적 현실을 그렸다. 새로운 냉전시대가
시작된 1949년에 때맞춰 나온 오웰의 《1984》년은 미래에 다가올지도
모르는 강력한 독재적 지배자 빅 브라더의 출현을 경고한 내용이다. 다
만 오웰은 다가올 미래에 자신이 살고 있는 영국 사회도 사회주의적 전

체주의로 갈 것임을 확신했으나, 그의 예견은 빗나가고 말았다.

당시만 해도 사회주의적 이상에 불타고 있던 오웰은 1936년 스페인 내전에 뛰어들어 프랑코 군대에 대항하는 공화파 정부군을 위해 싸웠다. 그는 파시즘을 상대로 투쟁하는 가운데 무정부주의적인 마르크스 노동당에 가입했지만, 그의 이상적 사회주의는 당연히 관료독재로 치달은 스탈린에 대한 실망으로 이어졌으며, 그 결과 그는 《동물농장》을 통하여 스탈린을 혹독하게 조롱했던 것이다.

그러나 오웰의 대표작은 누가 뭐래도 《1984년》이라 하겠다. 그는 스탈린을 염두에 두고 빅 브라더의 존재를 창조해 냈다고 하지만, 특히 민중의 사고와 감정을 통제하는 빅 브라더의 지배 전략은 실로 가공할 정도이다. 그중에서도 오웰이 명명한 이중사고는 빅 브라더가 지배하는 대양국 진리성의 벽면에 걸린 3대 슬로건에서 분명히 드러나는데, 전쟁은 평화, 자유는 예속, 무지는 힘을 뜻한다는 전도된 가치의 세뇌교육을 통해 지배자는 완벽하게 민중을 구속한다. 이처럼 무지가 곧 힘이라는 교육을 통해 자유의지를 말살하고 전적으로 수동적인 인간으로 개조하는 체제의 구속은 바로 지옥 그 자체이다. 그런 이중사고의 주입은 거의 집단적 망상 단계로까지 발전하기 마련인데, 이는 곧 모든 민중을 파블로프의 개로 만들어 버리는 결과를 초래한다. 소설 속 주인공 윈스턴은 그런 집단적 세뇌에 끝까지 저항해 보지만, 빅 브라더의 하수인 오브라이언의 간교하고도 잔혹한 고문과 세뇌로 결국에는 자신의 패배를 인정하고 기쁨의 눈물을 흘리며 죽음을 맞이한다. 우연의 일치인지 모르나 1985년 고르바초프가 소련 공산당 서기장에 오름으로써 공산독재체제는 붕괴되고 말았으며, 결국 오웰이 예언한 빅 브라더의 지배는 적어도 서구 사회에서는 1984년을 끝으로 종말을 고한 셈이 되었으니 참으로 역설적인 현상이 아닐 수 없다.

이처럼 정치사회적 이념에 몰두한 오웰과는 달리, 헉슬리는 혼탁한 창밖의 세상을 관조하는 방관자적 입장에 머물며 오로지 개인주의 차원에서 신비주의에 경도되었다. 헉슬리가 가장 이상적인 세계로 묘사한 것은 자타의 구분이 없는 관념적 황홀경으로 이는 1960년대 미국사회를 뒤흔들었던 히피운동의 효시가 되었다고 해도 과언이 아니다. 따라서 그의 소설 《멋진 신세계》는 흔히 오늘날의 파괴적인 문명세계를 예언한 것으로 인용되기도 한다.

하지만 헉슬리가 전하고자 하는 진정한 의도가 무엇인지는 솔직히 말해서 분명치가 않다. 과연 그는 다가올 지옥을 역설적인 표현으로 천국이라 묘사한 것일까. 계급과 신분의 차별에 구애됨이 없이 소마라는 약물에 의해 아무런 고통도 갈등도 느끼지 않는 세계라든지 또는 미리 정해진 계획에 따라 대량생산되는 인간 제조기술 등은 마치 현대의 향정신성 약물이나 인간복제술을 예견한 듯이 보인다. 집단 섹스파티 역시 그렇다. 더군다나 헉슬리는 가장 최초로 환각제 LSD를 통한 의식의 확장 및 영적인 황홀경을 직접 체험하고 그 경험을 기록으로 남긴 사람이다. 그래서 한때 미국의 히피들은 그가 보고한 환각제 경험을 바이블처럼 읽기도 했다.

헉슬리의 《멋진 신세계》에서는 알파, 베타, 델타 등으로 사전에 미리 정해진 계급에 순응하며 살아간다. 그것은 마치 인도의 카스트제도처럼 누구도 함부로 뜯어고칠 수 없다. 다만 계급 간의 차별이나 우열에 의한 갈등 및 고통이 존재하

올더스 헉슬리

지 않을 뿐이다. 그것은 소마라는 약물로 해결된다. 저열한 계급에 속한 인간들도 자신의 계급을 사랑하고 만족하며 살아간다.

멋진 신세계는 외형적으로는 매우 안정된 사회다. 참된 진리를 찾고자 하는 주인공 버나드는 소마의 힘을 빌리지 않고서도 행복할 수 있는 자유를 갈망하지만, 총통이 제시하는 안정되고 완벽한 사회는 계급 선택의 고민도 없고 실패와 성공의 갈림길에서 좌절할 필요도 없으며 희로애락에서 완전히 해방된 사회이다. 아이들은 자유롭게 성행위를 즐기며 놀 수 있고 서로 다른 계급끼리는 쓸데없는 간섭을 하지 않으며 각자의 일에만 몰두한다.

사고의 자유냐 아니면 감정의 자유냐 하는 문제에 있어서 오웰은 사고 쪽에 그리고 헉슬리는 감정 쪽에 더욱 큰 관심을 보였지만, 결국 헉슬리와 오웰이 보여 준 천국과 지옥은 완벽한 사회를 이룩한다는 사실이 얼마나 인간을 비극적인 상황으로 몰고 갈 수 있는지 경고하는 것이기도 하다. 사고와 감정의 자유가 차단된 사회야말로 지옥 그 자체라 할 수 있기 때문이다.

다만 오웰이 능동적인 현실 참여를 통해 세계의 변화를 꾀하고 전체주의에 대한 경고를 가했던 반면에, 헉슬리는 환각과 신비주의로 도피함으로써 현실을 애써 외면하려 들었다. 가난한 관리의 아들이었던 오웰은 계급적 신분 차이에서 오는 불평등에 매우 민감했던 반면에, 명문가에서 부족함이 없이 귀하게 자란 헉슬리는 과격한 변화를 매우 두려워했던 것이다. 따라서 오웰의 미래세계는 평등이 주어졌으나 사고의 자유를 상실한 사회이며, 헉슬리의 신세계는 불평등 사회에 살면서도 아무런 고통이나 감정을 느끼지 못하는 세상이다.

천국이든 지옥이든《1984년》과《멋진 신세계》의 사회는 인간의 사고와 감정을 세뇌작업으로 지배하고 통제하는 비인간적 사회라 하겠다. 이들 세계의 공통점은 인간 내면의 주관적 경험세계를 철저히 무시하고 오로지 권력자의 의도대로 인성의 조작이 가능하다는 점일 것이다. 물론 이들 소설은 정치, 사회, 문화적인 측면에서 미래세계를 살아가는 인간들의 삶을 그렸다는 점에서 일종의 문명비판적인 가상 보고서인 동시에 에리히 프롬의 논평처럼 인류 운명에 대한 경고의 목소리로 받아들여야 할 것이다.

홈런왕 루스와 게릭

미국 메이저리그 야구의 전설적인 강타자로 뉴욕 양키즈에서 중심타선을 이루며 살인타선(Murderers' Row)이라는 호칭으로 불렸던 홈런왕 베이브 루스(Babe Ruth, 1895~1948)와 12년 연속 3할대 타율을 기록한 루 게릭(Lou Gehrig, 1903~1941)은 미국 프로야구 사상 가장 화려한 환상의 콤비를 이루었지만, 실제로 두 사람은 오랜 기간 서로 말도 나누지 않는 앙숙관계에 있었다.

베이브 루스

1974년 행크 아론이 대기록을 깰 때까지 부동의 홈런왕 자리를 지켰던 베이브 루스는 당시로서는 최고 기록인 714개의 홈런을 기록했다. 그는 특히 밤비노의 저주로도 유명한데, 그의 소속팀이었던 보스턴 레드 삭스가 1920년 베이브 루스를 뉴욕 양키즈로 이적시킨 이래 무려 86년 동안 월드시리즈에서 단 한 번도 우승하지 못한 사실을 두고 나온 말이다. 물론 밤비노는 베이브 루스의 애칭이다.

베이브 루스는 미국 동부 볼티모어 출신으로 독일계 이민자의 아들로 태어났다. 그는 어려서부터 싸움질이나 하고 술을 마시는 등 문제아로 부모의 속을 썩여 일곱 살 때 아버지 손에 이끌려 가톨릭 수사들이 운영하는 학교에 들어갔는데, 그곳은 고아나 말썽꾸러기 문제아들이 다니는 학교였다. 다행히 그곳에서 마티어스 신부를 통해 야구를 배우기 시작한 그는 얼마 가지 않아 프로팀의 주목을 받게 되어 마침내 보스턴 레드삭스에 입단하게 되었다. 그 후 루 게릭과 함께 뉴욕 양키즈의 간판 타자로 활약하면서 1935년 은퇴할 때까지 수많은 전설을 만들어 냈다.

하지만 그는 구장 밖에서 더욱 많은 문제를 일으켰는데, 불과 19세 때 웨이트리스로 일하던 헬렌 우드포드와 결혼했으나 계속해서 불륜을 저질러 결국 10년 만에 별거에 들어갔으며, 당시 그가 입양해 키운 딸 도로시는 애인이었던 화니타 제닝스가 낳은 딸로 그는 그런 사실을 아내인 헬렌에게도 숨겼다. 당연히 도로시 자신도 헬렌이 친모인 줄 알고 지내다가 59세가 되어서야 비로소 제닝스가 자신의 친모라는 사실을 알게 되었다.

베이브 루스와 헤어진 후 홀로 도로시를 키우던 헬렌은 1929년 화재로 숨졌는데, 그 후 도로시는 그해에 여배우 클레어 호지슨과 재혼한 아버지 곁으로 돌아가 함께 지냈으며, 당시 클레어가 데리고 들어온 딸 줄리아와 자매처럼 지냈다. 그런데 이들 이복 자매 때문에 베이브 루스와 루 게릭은 그 후 오랜 세월 서로 말도 섞지 않을 정도로 앙숙관계가 되고 말았다. 왜냐하면 루 게릭의 어머니가 무심코 던진 한마디 때문이었다. 그녀는 클레어가 두 딸을 키우면서 도로시를 차별한다고 말했던 것인데, 이 때문에 베이브 루스와 루 게릭이 심한 언쟁을 벌인 후 두 번 다시 상종하지 않게 된 것이다.

루 게릭

어쨌든 선수에서 은퇴한 베이브 루스는 감독이 되고 싶어 했으나 복잡한 사생활로 야구계에서 평판이 좋지 않았기 때문에 거절당하고 말았으며, 그 후 암과 투병하던 중에 53세라는 이른 나이로 눈을 감았다. 그보다 7년 전에 37세라는 젊은 나이로 죽은 루 게릭은 선수활동 중에 운동신경 세포가 파괴되는 근위축성 질환에 걸려 투병하다가 세상을 뜨고 말았다. 그가 죽은 후 그의 이름을 따서 '루게릭병'으로 알려지게 되었다.

루 게릭은 뉴욕 양키즈 시절 4번 타자로 활약하며 가장 정교한 타격을 보인 팀의 기둥으로 14년간 2,130경기 연속 출장 기록을 세워 '철마(Iron Horse)'라는 별명까지 얻었다. 그가 이룩한 기록은 1995년에 칼 립켄 주니어가 경신할 때까지 무려 56년간이나 그 누구도 깨지 못한 대기록이었다. 그는 오랜 기간 3할대 타율을 유지했을 뿐만 아니라 한 시즌에 40개 이상의 홈런도 여러 차례 수립한 강타자로 홈런왕 베이브 루스와는 항상 라이벌 관계에 있었다.

대서양 횡단비행에 성공한 린드버그와 에어하트

1927년 대서양 단독 비행으로 일약 세계적인 유명인사로 떠오른 찰스 린드버그(Charles Lindbergh, 1902~1974)는 지금도 그 이름을 모르는 사람이 없을 정도지만, 1932년 여성 최초로 대서양을 단독으로 비행한 아멜리아 에어하트(Amelia Mary Earhart, 1897~1937)를 아는 사람은 극히 드물다. 물론 린드버그가 그렇게 한순간에 영웅으로 부각된 것은 전적으로 미국 매스컴에 의한 선정주의 덕분이었다고 볼 수 있다.

왜냐하면 린드버그 이전에 이미 많은 비행사들이 대서양을 횡단했으며, 가장 최초의 논스톱 횡단 비행 기록도 이미 1919년에 2명의 영국 비행사 존 올콕과 아서 브라운이 세웠고 그 공로로 국왕으로부터 기사 작위까지 받았기 때문이다. 린드버그가 세운 기록은 단지 반대 방향인 뉴욕에서 파리까지 무착륙 단독 비행에 성공했다는 것뿐인데, 미국 매스컴은 마치 그가 세계 최초로 대서양을 횡단한 듯이 호들갑을 떨며 보도했기 때문에 오늘날에 이르기까지 사람들이 린드버그의 이름만 기억하고 있는 것이다.

어쨌든 미국에서 영웅 대접을 받으며 사회저명인사가 된 린드버그는 가는 곳마다 대대적인 환영을 받았지만, 그때부터 그의 삶은 점점 꼬이기 시작했다. 그는 1929년 앤 모로우와 결혼해 6남매를 낳았는데, 1932년 당시 두 살배기 아들이 납치 살해당하는 사건을 겪으면서 탈진 상태에 빠지고 말았으며, 지루하게 이어진 살인범 재판과정을 통해 매스컴의 집중 조명을 받으면서 자신을 영웅으로 만들어 준 매스컴 자체에 대해서도 지독한 혐오감을 느끼게 되었다.

결국 그는 가족을 이끌고 남몰래 영국으로 이주해 은둔생활을 계속하다가 점차 반전운동에 뛰어들며 정치적인 언행을 보이기 시작했는데, 문제는 백인우월주의에 입각한 반유대주의와 히틀러의 나치즘에 동조하는 태도를 취했다는 점

찰스 린드버그

에 있었다. 그는 수시로 독일을 방문해 독일 항공시설을 시찰했으며, 괴링 원수로부터 히틀러를 대신해 메달을 수여받기까지 했다.

문제는 그의 사생활에서도 발생했다. 말년에 하와이에 거주했던 그는 그곳에서 임파종으로 사망하기 직전에 유럽에 살고 있던 3명의 숨겨진 정부들에게 은밀히 편지를 보내 자신이 죽은 이후에도 자신과의 관계를 비밀에 부쳐 달라는 당부를 했는데, 그 주인공들은 독일 여성 브리기테 헤스하이머와 그녀의 동생 마리에테, 그리고 프러시아 귀족 출신의 발레스카였다.

이들 세 여인이 낳은 린드버그의 사생아는 모두 7명으로 1958년에서 1967년 사이에 낳은 자식들이다. 물론 그들은 죽을 때까지 그 비밀을 굳게 지켰으나 브리기테의 딸에 의해 린드버그가 생부임이 밝혀지게 되었으니, 대서양 횡단의 영웅 린드버그는 그야말로 대서양을 오가며 바람을 피운 이중생활의 달인이기도 했던 것이다.

한편 미국의 여성 파일럿 에어하트는 1927년 린드버그가 대서양 단독 횡단 비행에 성공하자 그에 뒤질세라 이듬해인 1928년 다른 두 명의 남성과 함께 대서양을 횡단하는 비행에 동참했으며, 1932년에는 단독으로 횡단 비행에 성공함으로써 여성으로서는 가장 최초로 대서양을 단독 비행한 기록을 세워 일약 유명인사로 떠올라 린드버그에 결코 뒤지지 않는 인기를 누렸다.

어려서부터 모험심이 강했던 그녀는 제1차 세계대전 시에는 육군병원의 간호사로 일했으며, 의사가 되기 위해 컬럼비아 대학에 입학했으나 안구 통증으로 여러 차례 수술을 받는 등 건강상

아멜리아 에어하트

의 문제로 도중에 학업을 포기하고 말았다. 대신에 비행사가 되기로 결심하고 파일럿 훈련을 받은 그녀는 마침내 1923년 비행사 자격을 따냈으며, 그 후 레일리 대령의 요청에 따라 대서양 횡단 비행 계획에 동참하게 되었다. 하지만 1928년 횡단 비행에서는 직접 비행기를 조종하지는 않고 동석만 했을 뿐이며, 1932년에 가서야 비로소 단독 비행에 성공하게 된 것이다.

저명인사가 된 그녀는 엘리너 루스벨트 여사 등 많은 인사들과 교분을 나누며 바쁜 나날을 보냈으나 비행에 대한 욕심만은 여전해서 1935년에는 하와이에서 미국 본토까지 단독 비행했으며, 위험하기 그지없는 장거리 경주 비행에 참가하기도 했다. 그 후 1937년 적도를 따라 지구를 한 바퀴 도는 야심찬 세계일주 비행 계획에 돌입한 그녀는 마침내 동료 프레드 누넌과 함께 장도에 올랐으나 불행히도 남태평양 상공에서 실종되고 말았다.

빨갱이 사냥에 앞장선 후버와 매카시

1950년대 미국에서 악명 높은 매카시즘 돌풍을 일으킨 배경에는 상원의원 조셉 매카시(Joseph McCarthy, 1908~1957)와 그를 지원한 FBI 국장 에드거 후버(John Edgar Hoover, 1895~1972)가 있었다. 이들 두 사람은 제2차 세계대전 이후 냉전이 시작되면서 미국 내 공산주의자 색출에 혈안이 되어 있었으며, 수많은 인사들을 블랙리스트에 올려 사회에서 매장시키는 데 앞장서 빨갱이 사냥의 대명사가 되었다.

미국 FBI의 종신 국장으로 공산주의자 색출과 범죄와의 전쟁에 일생을 바친 후버는 1924년부터 77세로 죽을 때까지  무려 53년에 걸쳐 연방수사국 국장을 지내며 방 대한 양의 정보 수집과 스파이 및 범죄자 적발로 명성을 날렸으며, 열렬한 반공주의자였던 그는 특히 매카시 상원의원의 빨갱이 사냥을 적극 지 원해 진보주의자들로부터 원성을 사기도 했다. 매우 편집증적인 성격의 후버는 자신의 운전기 사가 운전 도중에 좌회전도 못하게 할 정도로 공 산주의에 대해 강한 증오심을 지녔던 것으로 알 려져 있다.

에드거 후버

미국 내의 모든 정보를 독점한 그는 일부 정치인과 유명인사들을 상 대로 온갖 협박과 회유를 시도해 빈축을 사기도 했는데, 무정부주의자 엠마 골드만을 강제추방하고, 채플린, 헬렌 켈러 여사, 아인슈타인, 존 스타인벡 등을 공산주의자로 지목해 감시했으며, 인권운동을 전개한 마 틴 루터 킹 목사의 섹스 스캔들을 폭로해 사회적 지탄을 받기도 했으나 마피아, 갱 조직을 상대로 범죄를 소탕함으로써 국내 치안을 확고히 다 지는 공을 세우기도 했다.

일생 동안 결혼하지 않고 독신으로 지낸 그는 특히 동성애자들을 몹 시 혐오해서 미 정부 안에 침투한 진보 성향의 동성애자 색출에 혈안이 되기도 했지만, 일설에 의하면 정작 그 자신이 동성애자였다는 주장도 만만치 않다. 심지어는 그가 여장을 하고 있는 모습을 목격했다는 주장 도 있는데, 특히 그를 분신처럼 따라다니던 부국장 클라이드 톨슨이 파 트너로 지목되기도 했으며, 실제로 그들은 항상 여행도 함께 다녔을 뿐 만 아니라 공식석상에서도 손을 잡고 있는 모습을 보이기도 했다. 후버

조셉 매카시

는 숨을 거두면서 자신의 유산을 톨슨에게 상속했는데, 3년 뒤에 죽은 톨슨은 후버의 묘지 곁에 나란히 묻혔다. 톨슨 역시 후버처럼 일생을 독신으로 지냈다.

한편 지방판사 출신인 조셉 매카시는 1946년 자신의 출신지역인 위스콘신 주를 대표해 공화당 소속 상원의원에 출마해 당선된 초선의원으로 당시만 해도 세상에 잘 알려지지 않은 무명인사였다. 그런 그가 한순간에 미국 전체를 뒤집어 놓으며 세상의 이목을 끌게 된 것은 1950년에 포문을 열기 시작한 반공연설에서 비롯되었다. 당시 그는 미국 전역에서 공산주의자들이 암약하고 있으며, 자신이 그 명단도 갖고 있다고 호언장담했는데, 매카시의 그런 폭탄선언은 핵무기보다 더 큰 위력으로 미 전국을 강타하며 집단공황상태로 몰고 가는 대혼란을 일으키고 말았다.

매카시 상원의원의 반공주의가 미국에서 특히 큰 호응을 얻은 이유는 중국의 공산화와 소련의 핵무기 보유, 한국전쟁 참전 등으로 인해 국민들의 두려움이 극대화되었기 때문인데, 공산주의에 대한 두려움과 혐오감이 증폭되면서 빨갱이를 고발하는 사태가 이어지고, 매카시의 제안에 따라 국회에서도 비미활동위원회가 조직되어 대대적인 색출작업이 시작되었다. 당시 미국을 편집증적 광기의 열풍으로 몰아넣은 매카시즘의 피해자로는 채플린, 에드워드 드미트릭, 엘리아 카잔, 폴론스키, 줄스 닷신, 마틴 리트, 주디 홀리데이 등 할리우드 영화인들을 비롯해 극작가 아서 밀러, 작곡가 레너드 번스타인 등도 블랙리스트에 올라 곤욕을 치렀다. 반대로 매카시즘에 적극 동조한 반공인사로는 로날드 레이건, 월트 디즈니 등을 꼽을 수 있다. 특히 엘리아 카잔 감독은 조사과정에서 동료들의 이름을 팔았다는 오명 때문에 죽을 때까지 할리우드에서 따돌림을 당하는 수모를 겪어야 했다.

하지만 날이 갈수록 도를 넘어서기 시작한 매카시가 심지어 민주당과 공화당 지도부를 포함해 육군 장성들까지 공산주의자로 몰고 가자 마침내 1954년 국회 청문회까지 열리게 되었지만, 증거를 대지도 못하고 상대측 변호사들의 집요한 추궁에 몹시 흥분해 비난만을 거듭하는 그의 모습을 TV 생중계로 지켜본 국민들은 크게 실망하고 더 이상 그의 말에 귀를 기울이지 않게 되었다. 결국 미 상원은 정당을 초월해 매카시를 불신임하는 결의안을 압도적인 찬성으로 통과시키고 말았다.

그 후 매카시 의원은 미치광이로 불리며 세상의 조롱거리로 전락하고 말았는데, 같은 공화당 소속의 랠프 플랜더스 의원조차 매카시를 아돌프 히틀러에 비유하며 맹비난하는 연설을 할 정도였다. 이에 충격을 받은 그는 크게 상심한 나머지 알코올중독에 빠져 헤어 나오지 못하다가 급기야는 간염에 걸려 48세라는 한창 나이로 세상을 뜨고 말았다. 그에 대한 불신임 결의안이 국회에서 통과한 지 불과 3년 뒤의 일이었다.

영국 왕실 체면에 먹칠을 한 심슨 부인과 다이애나

20세기 초반과 후반에 영국 왕실은 그야말로 얼굴을 들 수 없는 수모를 감수해야만 했는데, 그것은 1936년 사랑을 위해 왕관을 버린 에드워드 8세(Edward VIII, 1894~1972)의 퇴위 선언과 그로부터 60년 후인 1996년 찰스 왕세자(The Prince Charles, 1948~)와 다이애나 스펜서(Diana Spencer,

심슨 부인

1961~1997)의 이혼 발표, 그리고 이듬해에 일어난 다이애나의 충격적인 사망사건 때문이다.

파시즘이 극성을 부리며 제2차 세계대전의 전운이 감돌기 시작할 무렵인 1936년 미국 출신의 심슨 부인(Wallis Simpson, 1896~1986)과 사랑에 빠져 퇴위를 선언함으로써 영국인들을 충격에 빠트린 에드워드 8세는 왕위를 동생 조지 6세에게 물려준 뒤 심슨 부인과 함께 세계 각지를 돌아다니며 매스컴의 집중적인 조명을 받았는데, 이들 부부는 사랑을 위해 왕관마저 뿌리친 세기적인 로맨스의 주인공으로 각광받으며 찬사를 듣기도 했지만, 다른 한편으로는 적국인 나치 독일의 히틀러를 찬양해 거센 비난을 들어야 했다. 당연히 그들은 독일에서 대대적인 환영을 받았다.

당시 영국 왕실은 그들의 불륜관계가 드러나자 강력한 반대의사를 표시했는데, 그것은 심슨 부인이 과거 이혼한 경력뿐 아니라 당시 재혼한 상태의 기혼녀였기 때문이다. 결국 에드워드 8세가 왕위를 내놓고 윈저 공으로 돌아가자 그녀는 곧바로 남편인 어네스트 심슨과 이혼한 후 윈저 공과 혼인함으로써 세기적인 화제의 주인공이 되었다. 영국 왕실이 그녀를 노골적으로 거부한 이유는 물론 국가적 체면도 있었겠지만, 그녀의 출신 성분이나 평소의 행실이 워낙 좋지 않았기 때문이다.

그녀는 20세 때 해군 조종사 얼 스펜서 주니어와 결혼했지만, 당시 해운업자로 일하던 어네스트 심슨과 알게 되면서 두 번째 결혼을 하게 되었다. 남편의 사업이 번성하면서 런던 사교계에 진출한 심슨 부인은 그곳에서 처음으로 에드워드 왕자를 만나 사귀게 되었지만, 그런 와중에서도 런던에 근무하던 나치 외교관 리벤트로프와 연인관계를 맺기도 했으니 영국 왕실에서 그녀를 고운 시선으로 보기 어려웠을 것이다.

더욱이 나치 동조자였던 그녀는 히틀러를 직접 만나 그에게서 찬사를 들었을 뿐만 아니라 그 후 파리가 독일군에 함락당했을 때조차도 프랑스가 부패했기 때문에 스스로 자초한 결과라며 냉소적인 반응을 보이기까지 했다. 당시 프랑스에 머물고 있던 이들 부부는 포르투갈을 거쳐 카리브해 지역의 바하마 제도에 정착했는데, 윈저 공은 그곳에서 제2차 세계대전 기간 동안 총독으로 일했다. 종전 이후 프랑스로 돌아온 그들은 조용히 은둔하며 여생을 보냈지만, 영국 왕실과는 좀처럼 화해하지 못했으며, 특히 과거에 보인 나치 동조 혐의 때문에 세상으로부터 따가운 눈총 속에 살아야만 했다.

반면에 유치원 교사 출신의 다이애나는 1981년 찰스 왕세자와 20세기 최대의 세기적인 결혼식을 치렀으나 왕세자는 결혼한 이후에도 카밀라와 불륜관계를 지속해 다이애나의 불만을 샀으며, 신혼 초부터 이미 극심한 불화를 겪기 시작했다. 다이애나 역시 그에 대한 보복으로 승마 코치인 제임스 휴이트와 스캔들을 일으키는 등 불협화음이 잦았다. 심지어는 차남 해리가 두 사람 사이에서 태어난 아이라는 악성 루머까지 항간에 나돌았다. 그럼에도 불구하고 찰스 왕세자 부부는 항상 대중 앞에서 다정한 모습으로 미소를 지어보이는 등 가식적인 태도로 일관했는데, 물론 그런 쇼윈도 부부 역할을 지속한 것은 왕실의 체면 때문이었다.

다이애나 스펜서

결국 다이애나가 영국 왕실을 공개적으로 비

난하고 나서면서 왕세자 부부는 끝내 파경을 맞이하고 말았다. 시어머니인 엘리자베스 여왕도 그런 며느리에 대해 부정적인 태도로 일관했는데, 특히 여왕의 입장에서는 정서적으로 매우 불안정한 왕세자비의 출현으로 아들의 장래가 염려되었을지도 모른다. 왜냐하면 1936년 에드워드 8세가 미국 태생의 이혼녀 심슨 부인과 결혼하기 위해 왕위까지 포기한 전례가 있었기 때문이다.

어쨌든 이혼 후 다이애나는 영국 왕실을 조롱하듯 파리에서 바람둥이로 소문난 아랍의 부호와 데이트를 즐기다가 자신들을 뒤쫓는 파파라치를 따돌리려 과속 운전을 하던 중에 교통사고로 사망하고 말았다. 그런 점에서 다이애나는 비록 우리 모두에게는 왕자를 차지한 신데렐라의 모습으로 비쳐졌을 수 있겠지만, 실상은 이루어질 수 없는 서글픈 사랑으로 비극적인 최후를 마친 인어공주였다고 할 수 있겠다.

다이애나의 비극적인 죽음으로 찰스 왕세자는 대중의 따가운 눈총을 받으며 전전긍긍할 수밖에 없었는데, 그녀의 죽음에 책임이 있다는 비난을 피하기 어려웠기 때문이다. 그런 분위기 때문에 찰스 왕세자와 카밀라는 8년의 세월을 참고 기다린 후 2005년에 가서야 비로소 공식 결혼을 발표하기에 이른 것이다. 그러나 여전히 그의 인기는 시들한 편이며, 이혼 경력이 있는 카밀라에 대해서도 대다수의 국민은 매우 냉담한 반응을 보이고 있는 실정이다. 더욱이 67세가 되도록 왕위에 오르지 못하고 있는 찰스 왕세자로서는 이래저래 심기가 편치 않을 것으로 보인다.

행동문학의 기수 말로와 생텍쥐페리

20세기 동시대에 활동한 프랑스 작가 앙드레 말로(André Malraux, 1901~ 1976)와 앙투안 생텍쥐페리(Antoine de Saint~Exupéry, 1900~1944)는 행동문학을 대표하는 소설가로 세계적인 명성을 얻은 인물들이다. 앙드레 말로는 동양을 무대로 한 3부작 소설《정복자》,《왕도》,《인간의 조건》등을 통해서, 그리고 생텍쥐페리는《야간비행》,《인간의 대지》,《어린 왕자》등의 소설을 통해 행동하는 작가의 이미지를 선명하게 각인시키며 많은 독자층을 확보했다.

어려서 틱 증세에 시달리기도 했던 앙드레 말로는 동양어학교에서 산스크리트어와 중국어를 배운 뒤 20대 초반에 인도차이나 반도의 고고학 조사팀의 일원으로 캄보디아 앙코르와트에서 많은 유물을 발굴해 프랑스로 가져갔는데, 사실상 이는 학문적 발굴이라기보다는 제국주의적 발상에 의한 도굴행위라 할 수 있으며, 그 때문에 당시 말로는 경찰에 체포되어 실형을 선고받았으나 앙드레 지드의 노력에 힘입어 곧 석방될 수 있었다. 어쨌든 그는 그런 경험을 토대로 소설《왕도》를 써서 크게 성공했는데, 이때부터 이미 행동하는 지식인의 모델을 보여 주었다고 할 수 있다.

당시 말로는 베트남의 독립을 위해 투쟁하는 민족주의자들을 지원하는 한편, 중국으로 건너가 장개석의 국민당 정부에도 참여해 광동혁명과 상해혁명에서 중요한 역할을 맡기도 했으나 1927년 장개석이 중국 공산당을 탄압하자 국민

앙드레 말로

당과 인연을 끊었다. 중국에서 겪은 그의 체험은 소설 《정복자》와 《인간의 조건》에서 생생하게 묘사했으며, 그 후 나치즘에 반대해 《모멸의 시대》를 발표한 그는 스페인 내전에서 인민공화파의 일원으로 프랑코 장군에 대항해 싸운 경험을 소설 《희망》에서 묘사하기도 했다.

제2차 세계대전이 발발하자 대독항전에 뛰어든 그는 독일군에 포로로 잡히기도 했으나 힘겹게 탈출해 레지스탕스에 합류한 후 전차부대 여단장이 되어 알자스 지방을 해방시키는 데 앞장섰다. 그러나 스탈린이 히틀러와 독소불가침조약을 맺은 이래 공산주의와 손을 끊고 우익으로 돌아선 그는 당시 드골 장군과 인연을 맺기 시작해 전후 드골 정권에서 오랜 기간 문화상을 역임하며 예술 발전에 힘을 쏟기도 했다.

하지만 그는 제2차 세계대전 이후 더 이상 소설을 쓰지 않고 정치활동에만 힘을 쏟았으며, 정계에서 은퇴한 후에는 《침묵의 소리》, 《신들의 변신》, 《예술심리학》 등 주로 예술평론에 치중하다가 75세를 일기로 눈을 감았다. 격동의 세기를 거치는 가운데 그야말로 파란만장한 삶을 살았던 말로는 행동하는 지식인으로서 그 누구보다 현실 참여에 적극적인 행동문학의 상징적 인물이 되었다.

앙드레 말로와 마찬가지로 생텍쥐페리 역시 서재에만 안주하지 않고 현실 참여에 발 벗고 나선 작가로 20대 중반부터 항공회사에 취직하여 조종사로 근무하는 가운데 《야간비행》, 《인간의 대지》 등을 써서 앙드레 말로와 함께 행동주의 문학을 대표하는 작가로 필명을 날렸으며, 가장 많은 독자층을 얻고 있는 《어린 왕자》는 제2차 세계대전 기간 미국 망명 시절에 쓴 것이다. 하지만 한시도 가만히 있지 못하는 성격 때문에 항공대에 지원한 그는 제2차 세계대전이 막바지에 이르렀을 무렵 독일군의 이동 상황을 정찰하기 위한 목적으로 코르시카 섬을 이륙했다가 소식이 두절되고 말았다. 당시 그의 나이 44세였다.

생텍쥐페리의 《인간의 대지》는 《어린 왕자》의 모태가 되었던 작품으로 이들 두 작품 모두 불모의 사막지대에 불시착한 조종사의 이야기를 다루고 있는데, 인간은 냉엄한 현실 속에서 항상 위기에 처하기 마련이지만, 그럼에도 불구하고 인간 본연의 순수성과 사랑을 잃지 않고 위대한 자연의 섭리를 존중하고 따르기만 한다면 언제

안토니오 생텍쥐페리

나 그런 어둠을 뚫고 나갈 수 있는 능력을 지니고 있다는 점을 강조하고 있다. 그런 위대한 진실을 깨우쳐 준 장본인은 사막의 여우 한 마리와 외계에서 온 어린 소년이라는 점에서 더욱 큰 감동을 선사한다.

결국 우리는 그런 힘과 능력을 아름다운 정원 안에서 배우는 것이 아니라 몰아치는 바람과 모래 그리고 별들과의 대화 속에서, 그리고 진정한 관계의 회복을 통해서 배울 수 있다는 것이 생텍쥐페리가 전하고 싶었던 메시지가 아니었을까 한다. 물론 그것은 인간관계뿐 아니라 모든 생명체를 포함한 자연과의 관계도 삶을 유지하는 데 필수적이라는 지혜이기도 했을 것이다. 그런 삶의 교훈을 남기고 홀연히 떠난 조종사 생텍쥐페리는 사막이 아니라 지중해 바다에 추락해 두 번 다시 돌아오지 못하고 말았다.

카뮈의 부조리와 사르트르의 실존주의

알베르 카뮈

20세기를 대표하는 프랑스의 작가이자 철학자인 알베르 카뮈(Albert Camus, 1913~1960)와 장 폴 사르트르(Jean~Paul Sartre, 1905~1980)는 동시대에 활동한 지식인들로 특히 카뮈의 부조리철학과 사르트르의 실존철학은 전후 프랑스 지식사회를 주도하며 지대한 영향을 끼쳤다. 이들은 자신의 철학을 소설 형식을 빌려 전하기도 했는데, 카뮈의 《이방인》과 《페스트》, 사르트르의 《구토》가 그 대표적인 예라 할 수 있다.

미국 배우 험프리 보가트를 빼닮은 카뮈는 프랑스 식민지 알제리 태생으로 청년시절 한때 알제리 공산당에 가입했다가 제명당하기도 했으나 공산당과 결별한 후에도 좌익 성향의 신문기자로 활동하며 사르트르의 작품 《구토》에 대한 서평을 쓰기도 했다. 제2차 세계대전이 발발하자 레지스탕스 운동에 가담한 그는 전시하에서도 자신의 부조리철학을 담은 소설 《이방인》과 철학적 에세이 《시지프스의 신화》를 썼는데, 여기서 그는 인간 존재는 부조리의 산물이며 따라서 인간의 삶은 전적으로 우연의 결과이고 아무런 의미도 찾을 수 없다고 했지만, 종전 이후에는 《페스트》와 《반항하는 인간》을 통해 그런 부조리한 삶을 회피하지 않고 과감하게 인정하는 동시에 그런 삶에 저항하며 살아갈 필요가 있음을 주장했다.

하지만 《반항하는 인간》에서 카뮈가 공산주의에 대해 강한 비난을 퍼붓자 이는 그동안 문학적 동반자였던 사르트르를 몹시 격분케 했으며, 그 결과 두 사람은 서로 등을 돌리게 되었다. 사르트르는 열렬한 마르크스주의자였으니 당연한 결과였다. 더욱이 알제리 독립전쟁이 벌어지면서 알제리 출신인 카뮈는 도덕적 딜레마에 빠지고 말았는데, 결국에는 알제리의 완전 독립에 반대하고 드골 정부의 입장을 지지하게 되면서 사르트르를 포함한 좌익 인사들로부터 극심한 배척을 받기에 이르렀다.

생전에 카뮈는 자신을 실존주의자로 몰고 가는 것에 결코 동의하지 않았지만, 그의 부조리철학은 상당 부분 실존주의와 맞닿아 있음을 부인하기 어려울 것이다. 그럼에도 사르트르와 결별하게 된 직접적인 원인은 역시 소련의 혹독한 통치체제에 대한 비난과 좌파적 대중선동에 대한 혐오감 때문이었다. 어쨌든 오랜 기간 폐결핵을 앓았던 카뮈는 1957년 노벨 문학상을 받은 지 불과 3년 뒤에 교통사고를 당해 46세라는 나이로 아깝게 세상을 뜨고 말았다.

우익으로 전향한 카뮈와는 달리 프랑스가 낳은 20세기 최대의 철학자요, 작가이며 사상가였던 사르트르는 일생 동안 마르크스주의를 신봉한 좌파 지식인으로 1938년 실존적 소설 《구토》를 발표한 이래 1943년 철학적 대저 《존재와 무》를 통해 전후 프랑스 사회에 실존주의 철학 붐을 일으킨 장본인이었다. 당시 파리의 카페마다 둘러앉은 사람들은 그의 실존철학에 대해 한마디씩 하지 않으면 사람 취급을 받지 못하던 시절도 있을 만큼 그에 대한 인기는 하늘 높은 줄 모르고 치솟았다.

더욱이 그는 작가로서의 재능도 뛰어나 소설 《구토》, 《벽》, 《자유에의 길》을 비롯해 《파리떼》, 《출구 없는 방》, 《더러운 손》 등의 희곡뿐 아니라 《실존주의는 휴머니즘이다》 등의 철학적 에세이를 써서 1964년 노벨 문학상 수상자로 선정되었으나 수상을 거부해 화제가 되기도 했다. 그

장 폴 사르트르

는 노벨상을 자발적으로 거부한 최초의 인물이기도 했는데, 그가 내세운 수상 거부 이유는 서구인 일변도로 주어지는 상은 동서 화합에 누를 끼친다는 것이었다.

어쨌든 실존이 본질에 앞선다는 그의 철학은 헤겔과 하이데거, 야스퍼스 등 독일 강단철학에서 큰 영향을 받은 것으로 볼 수 있는데, 특히 헤겔의 타자 개념에서 영감을 얻은 그는 소설 《구토》에서 지옥은 바로 타자라고 했으며, 하이데거의 《존재와 시간》에서 크게 자극받아 《존재와 무》를 썼다. 이처럼 1960년대에 프랑스 사회를 석권하며 좌파 지식인을 대표하는 현대철학 및 사상계의 거목이었던 사르트르도 소련의 붕괴 이후 마르크스주의 철학자 알튀세르와 함께 점차 세인의 관심 밖으로 밀려나게 되었다.

물론 그의 실존철학이 한 시대를 풍미했던 것만은 분명한 사실이지만, 그가 지녔던 정치적 낙관주의로 인해 철학적 염세주의와 적절한 타협을 이루지 못한 느낌이 든다. 공산주의 몰락을 목전에 두고도 계속해서 친소적인 행보를 멈추지 않았다는 점에서 더욱 그렇다. 하지만 사르트르의 가장 큰 오류는 사상적인 측면보다 오히려 심리학에 대한 불신에 있었다고 볼 수 있다. 인간의 자유의지를 신봉한 그는 무의식의 존재를 믿지 않았기 때문이다.

그럼에도 불구하고 사르트르는 영국의 버트런드 러셀과 함께 20세기 격동기를 통해 지구상에서 벌어진 온갖 불의에 대항한 몇 안 되는 소수의 행동하는 양심, 행동하는 지식인으로 활동했으며, 그들이 전개한 반핵, 반전 운동은 인간 정의를 실현하고 평화를 추구한다는 대의명분만으로도 충분히 정당성을 얻는 일이었으며, 세인의 존경을 받고도 남음이 있었다.

원폭의 아버지 오펜하이머와 텔러

제2차 세계대전 당시 원폭 개발을 위한 맨해튼 계획의 총책임자였던 미국의 이론물리학자 로버트 오펜하이머(Julius Robert Oppenheimer, 1904~1967) 박사는 하버드 대학 출신으로 캘리포니아 버클리 대학 교수로 재직하던 중에 로스 알라모스 연구소장으로 임명되어 원폭 개발에 성공함으로써 '원폭의 아버지'로 불렸다. 반면에 헝가리 출신의 물리학자 에드워드 텔러(Edward Teller, 1908~2003)는 조지 워싱턴 대학에서 강의를 하다가 1942년 맨해튼 계획에 참여하게 되었는데, 그는 핵분열을 이용하는 원폭 개발보다 오히려 핵융합을 이용한 수소폭탄 개발에 힘을 기울여 수소폭탄의 아버지로 불린다.

하지만 일본 히로시마와 나가사키에서 보인 원폭의 가공할 위력에 죄의식을 느낀 오펜하이머는 전쟁이 끝난 직후 더 이상의 핵무기 개발을 반대하고 나섰는데, 당시 에드워드 텔러에 의해 추진되던 수소폭탄 개발에 적극 반대하는 입장을 보임으로써 동료였던 텔러와 심각한 불화를 일으켰으며, 결국에는 정부 당국에 의해 모든 공직에서 쫓겨나는 수모를 겪어야 했다.

로버트 오펜하이머

더욱이 그는 1950년대 미국 사회를 휩쓴 매카

시즘 돌풍에 휘말려 애를 먹어야 했는데, 과거에 교제하던 정신과의사진 태틀록과 부인이었던 캐서린 해리슨을 포함해 친동생인 프랭크 오펜하이머 부부 등 가까운 주변인물들이 모두 열성적인 공산당원으로 활동했기 때문이었다. 이래저래 입장이 난처해진 오펜하이머 박사는 그 후 굳게 입을 다문 채 조용히 여생을 보내다가 말년에는 인후암에 걸려 62세를 일기로 세상을 뜨고 말았다.

반면 에드워드 텔러는 전쟁이 끝난 후 시카고 대학에서 교수로 근무하다가 1949년 소련이 핵실험에 성공하자 정부의 요청으로 1950년에 다시 로스 알라모스로 복귀해 수소폭탄 제조에 성공하는 개가를 올렸다. 하지만 1954년 미 의회 청문회에서 오펜하이머를 비난하는 증언을 함으로써 과학자들 사이에서 배신자로 취급되어 따돌림을 당해야 했는데, 그런 이유로 여러 대학에서 그의 기용을 기피하는 현상이 벌어지기도 했다.

그럼에도 불구하고 텔러는 계속해서 핵무기 개발을 주장했으며, 레이건 정부에서 전략방어계획(SDI)을 추진했을 때에도 가장 강력한 지지자로 나서기도 했다. 결국 텔러는 대학 강단에 서지도 못한 채 주로 연구소에서 일하다가 퇴직한 후 95세를 일기로 세상을 떴다. 어쨌든 생전에 그가 보인 좌충우돌하는 성격과 매우 급진적인 성향은 그에게 미친 과학자라는 인상을 심어주기에 족했는데, 미래 핵전쟁의 위협을 풍자한 스탠리 큐브릭 감독의 1964년도 블랙코미디 영화 〈스트레인지러브 박사〉 캐릭터의 모델이 되었다는 소문이 돌기도 했다. 그런데 루스벨트 대

에드워드 텔러

통령에게 원폭 개발의 필요성을 역설한 아인슈타인과 원폭을 개발한 오펜하이머, 수폭을 개발한 텔러 등 모두가 공교롭게도 유대인 물리학자였다.

극작가 윌리엄스와 인지의 자살

유진 오닐, 아서 밀러와 함께 현대 미국을 대표하는 극작가로 꼽히는 테네시 윌리엄스(Tennessee Williams, 1911~1983)와 윌리엄 인지(William Inge, 1913~1973)는 동시대에 활동한 작가로 두 사람 모두 남부 출신에 동성애자였으며, 우울증에 시달리다 자살로 생을 마감하고 말았지만, 그들이 남긴 작품들은 거의 대부분 영화로 제작될 정도로 미국에서는 대중적인 인기를 크게 얻었다.

테네시 윌리엄스는 1944년 《유리동물원》으로 일약 유명해졌는데, 그 후 《뜨거운 양철지붕 위의 고양이》, 《욕망이라는 이름의 전차》, 《장미의 문신》, 《지난 여름 갑자기》 등을 계속 발표해 미국 문단에서 확고한 위치를 차지했다. 윌리엄 인지는 자신의 알코올중독 경험을 토대로 한 데뷔작 《시바여 돌아오라》를 통해 성공한 후 곧이어 《피크닉》, 《버스 정류장》, 《계단 위의 어둠》 등을 계속 발표했는데, 특히 퓰리처상을 수상한 《피크닉》은 어린 시절 체험에 바탕을 둔 것으로 미국 남부의 정취가 물씬 묻어난다.

한때 미국 최남단 뉴올리언스에 정착한 테네

테네시 윌리엄스

시 윌리엄스는 그곳에서 만난 프랭크 메를로와 동성애적 연인관계에 빠져들었는데, 이들 관계는 14년간이나 지속되었지만 1963년 프랭크가 암으로 사망하자 그는 충격으로 심한 우울증과 알코올 및 약물 중독에 빠졌으며, 그 결과 1969년에는 정신병원에 입원까지 했다. 가까스로 우울증과 알코올중독에서 벗어난 그는 1970년대부터 재기를 시도했으나 전성기 때 모습은 보이지 못하고 말았다.

1980년 어머니가 세상을 떠난 후에도 정신적 방황을 거듭하던 그는 1983년 뉴욕의 한 호텔 방에서 의문의 변사체로 발견되는 비극적 최후를 맞이하고 말았다. 경찰 조사에 따르면, 그는 약봉지를 뒤집어 쓴 채 질식사한 것으로 보이며, 당시 심한 약물중독상태에 빠져 있었다고 한다. 1975년에 나온 자신의 회상록에서 프랭크와의 관계를 공개적으로 고백함으로써 사회적으로 큰 파장을 일으키기도 했던 테네시 윌리엄스와는 달리 그와 쌍벽을 이루던 윌리엄 인지는 죽을 때까지 자신의 동성애 성향을 숨겨야 했는데, 특히 대학에서 학생들을 가르치는 위치에 있었기 때문에 더욱 그랬을 것이다.

윌리엄 인지

엘리아 카잔 감독의 영화 〈초원의 빛〉으로 아카데미 각본상을 수상하기도 했던 윌리엄 인지는 유명인사가 된 이후로 더욱 자신의 동성애 성향이 세상에 알려질까 항상 노심초사했는데, 말년으로 갈수록 더욱 극심한 우울증에 빠져들어 거의 작품활동에서 손을 뗀 상태였으며, 결국 외로움과 우울증을 견디지 못하고 자살하고 말았다. 자신이 태어난 캔사스의 고향 마을에 묻힌 그의 묘비에는 이름도 없이 단지 '극작가'라고만 표시되어 있을 뿐이다. 죽어서도 자신의 존재가 드러날 것을 염려했기 때문일까, 어쨌든 그는 작가로서의 명성에도 불구하고 일생을 고독하게 살다간 불행한 인물이었다.

생체실험의 악마 멩겔레와 마녀 오베르호이저

제2차 세계대전 기간 중에 나치 독일은 600만의 유대인을 학살한 것 뿐 아니라 그들을 상대로 잔악하기 이를 데 없는 생체실험을 자행하기도 했는데, 그중에서도 가장 악랄했던 인물은 나치 친위대 장교이자 내과의사였던 요제프 멩겔레(Josef Mengele, 1911~1979)와 여의사 헤르타 오베르호이저(Herta Oberheuser, 1911~1978)였다. 이들은 그야말로 인간으로서는 상상도 할 수 없는 끔찍한 만행을 저질렀지만, 독일이 항복한 후 남미로 도주한 멩겔레는 아무런 처벌도 받지 않고 숨어 살다 생을 마쳤으며, 전범재판에 회부된 오베르호이저는 7년 만에 모범수로 풀려나 사람들의 시선을 피해 살다가 세상을 떠났다.

멩겔레는 아우슈비츠 수용소에서 유대인 수용자들을 상대로 잔혹한 생체실험을 자행한 것으로 악명이 자자했던 인물로 그의 손가락 움직임 하나에 사람들의 생명이 좌우되었기 때문에 당시 수용소 내에서는 그를 가리켜 '죽음의 천사'라고 불렀다. 비록 그는 대학에서 인류학을 공부하고 의사 자격까지 따낼 정도로 뛰어난 두뇌의 소유자였지만, 심성적인 측면에서는 백인우월주

요제프 멩겔레

의에 가득 찬 매우 냉혹한 인간이었다. 러시아 전선에서 세운 무공으로 철십자 훈장까지 받은 그는 1943년 비르케나우 수용소를 거쳐 아우슈비츠 수용소의 의무 책임자로 발령받으면서 본격적인 생체실험에 들어가기 시작했다.

당시 멩겔레 대위는 유대인을 상대로 가스실로 보낼지 아니면 강제노역을 시킬 것인지 여부를 선별하는 임무를 수행하는 동시에 유전학에 대한 연구도 병행해 나갔는데, 수용자들이 역에 도착하면 항상 흰색 코트를 걸치고 죽음의 선별작업을 했기 때문에 처음에는 사람들이 그를 가리켜 '하얀 천사'라고 부르기도 했다. 특히 그는 자신의 관심 분야인 쌍둥이와 장애인의 유전적 소인을 밝히는 연구에 몰두했는데, 그 대상에는 아이들과 여성들도 포함되었다.

그가 시도한 연구실험은 매우 잔혹하기 그지없었다. 아이들의 눈에 염색약을 주입해 동공 색깔의 변화를 관찰하거나 마취 없이 장기를 제거하는 외과적 수술도 자행했으며, 희생자들이 죽으면 눈알을 적출해 개인 소장품으로 보관하기도 했다. 더욱이 그는 여성들을 대상으로 강제로 불임수술 등 잔인한 실험을 계속했는데, 대부분의 여성이 합병증으로 숨을 거두었으며, 일부 여성들은 가스실로 보내기 전에 생체실험의 대상이 되기도 했다. 그러나 전쟁이 끝나자 남미 아르헨티나로 도주해 자신의 신분을 숨기고 살던 그는 신변의 위협을 느끼고 브라질로 도피해 살다가 1979년 사망했다. 그는 죽을 때까지도 자신의 행위에 대해 전혀 죄의식을 느끼지 않았다고 한다.

한편 멩겔레보다 더욱 악랄하기 그지없던 라벤스브뤼크 수용소의 여의사 오베르호이저는 주로 폴란드 정치범들을 대상으로 소름 끼치는 생체실험을 자행했다. 그중에는 아이들도 포함되어 있어서 여성의 몸으로 어떻게 그런 잔혹한 짓을 벌일 수 있었는지 도저히 믿어지지 않을 정도이다. 심지어 그녀는 건강한 아이들의 사지를 절단하고 장기를 꺼내는 실험을 자행했을 뿐만 아니라 상처 내부에 톱밥이나 녹슨 못 조각 등의 이물질을 넣어 그 결과를 관찰할 정도로 잔인했다.

헤르타 오베르호이저

전쟁이 끝나자 멩겔레는 남미로 도주해 버렸지만, 그녀는 연합군에 체포되어 곧바로 전범재판에 회부되었는데, 20년형을 선고받고 감옥에서 복역하다가 1952년 모범수로 풀려난 후 자신의 신분을 숨기고 잠시 가정의로 근무하기도 했으나 그녀를 알아본 생존자의 증언으로 인해 의사자격마저 잃게 되었다. 그 후 사람들의 시선을 피해 오랜 기간 은둔생활로 일관하다가 1978년 67세로 사망했다.

물론 그런 끔찍한 생체실험은 나치만 저지른 게 아니었다. 일본 관동군 731부대 사령관이었던 이시이 시로(石井 四郎, 1892~1959) 중장 역시 악명 높은 마루타 실험을 자행한 인물이다. 마루타란 통나무를 뜻하는 말로 생체실험의 대상이 되었던 포로들을 지칭하는 은어였다. 의대를 수석으로 졸업할 정도로 수재였던 그는 731부대를 이끌면서 주로 중국인, 조선인, 몽골인, 러시아인 등을 상대로 잔혹한 생체실험을 자행했는데, 그 수가 무려 만여 명에 이르렀다.

그곳에서 자행된 생체실험은 대부분 마취 없는 상태에서 시행된 것으로 예를 들어, 위를 절제한 뒤 식도와 장을 연결하기, 팔다리를 절단한 후 출혈상태를 조사하고 반대편에 붙여 봉합하기, 장기의 일부를 제거하기, 산 채로 피부 벗겨내기, 남녀 생식기를 잘라내어 상대방의 국부에 이식하는 성전환수술 등 실로 인간으로서 할 수 없는 끔찍한 실험이었다.

그 외에도 목을 매달아 질식시간을 측정하기, 동물의 혈액이나 소변을 주입하기, 혈관에 공기나 바닷물 주입하기, 굶겨 죽이기, 화학무기를 이용한 가스실 실험, 고압실 실험, 화상 실험, 원심분리기 실험, 진공 실험, 그리고 주로 여성들을 상대로 한 동상 실험 등이 자행되었다. 무기 성능을 알아보기 위해 사람들을 말뚝에 묶어 놓고 소총이나 수류탄, 화염방사기 등을 시험하기도 했는데, 더욱 끔찍한 일은 세균전 실험으로 페스트균, 콜레라균 등의 세균을 직접 인체에 주입하고, 전염 속도를 측정하기 위해 세균을 넣은 만두를 급식시켰으며, 남녀 수용자들을 상대로 임질, 매독 등의 성병을 고의로 감염시키기도 했다는 것이다.

하지만 그런 악행을 저지르고도 이시이 중장은 전범재판에 회부되지도 않고 풀려났는데, 그동안의 극비실험 정보를 미군 당국에 제공하는 대가로 아무런 처벌도 받지 않은 것이다. 이처럼 그는 아무런 제재도 받지 않고 자유롭게 여생을 보냈는데, 수많은 인명을 잔혹하게 살상했던 그가 일본녹십자 활동에도 관여하고 더 나아가 도쿄올림픽 조직위원장까지 맡아 활동했다는 사실은 실로 파렴치한 모습이 아닐 수 없다. 그렇게 천수를 누리고 살던 그는 말년에 이르러 기독교로 귀의했으며, 인후암에 걸려 67세를 일기로 사망했다.

'아우슈비츠의 짐승'으로 불리던 마리아 만들 (Maria Mandl, 1912~1948)은 오스트리아 출신의 나치 친위대 장교로 아우슈비츠 수용소에서 무참히 희생된 50만 명에 이르는 여성들의 죽음에 직접 관여했던 냉혈한으로 유명하다. 그녀는 수용소에 수감된 모든 여성들을 책임지는 지휘관으로서 생사여탈권을 쥐고 흔들었으며, 가스실로 보낼지 여부는 전적으로 그녀의 손에 달려 있었다.

마리아 만들

그녀는 특별히 선발된 여성 수감자들의 시중을 받으며 여왕처럼 군림했으며, 싫증이 나면 가스실로 보내버리는가 하면 수감자들로 이루어진 여성 오케스트라를 결성해 가스실로 향하는 행진대열을 위해 연주를 시키기까지 했다. 독일이 패망하자 그녀는 고향으로 도주했다가 미군에 체포되어 폴란드 정부에 인계되었는데, 곧바로 사형언도를 받고 교수형에 처해졌다.

'아우슈비츠의 하이에나'로 불리던 이르마 그레제(Irma Grese, 1923~1945)는 '아우슈비츠의 금발 미녀 짐승'이라는 별명을 통해서도 알 수 있듯이 매우 차가운 미모의 여성으로, 아우슈비츠 수용소 간수로 일하며 온갖 잔혹행위를 저지른 결과 전범재판에서 사형을 언도받고 교수형에 처해졌다. 그녀는 여성 수감자들을 걸핏하면 채찍으로 때리고 경비견을 동원해 물어뜯게 하거나 심지어는 현장에서 임의로 총을 쏴 즉결 처형시켜 버리는 등 살인과 고문을 일삼아 원성이 자자했다.

이르마 그레제

그녀는 재미삼아 가혹한 고문을 즐겼으며, 채찍으로 죽을 때까지 매질을 가하며 쾌감을 느끼기도 했다. 항상 짙은 향수 냄새를 풍기면서 검은 부츠 차림에 채찍과 권총을 지니고 다니며 가학적인 만행을 일삼던 그녀는 기고만장한 나머지 장래 배우를 꿈꿨다고도 하는데, 배우는커녕 그녀를 기다리고 있던 것은 차디찬 교수대였을 뿐이다.

케네디의 암살과 닉슨의 몰락

미국의 35대 대통령 존 케네디(John F. Kennedy, 1917~1963)와 37대 대통령 리처드 닉슨(Richard Nixon, 1913~1994)은 두 사람 모두 행운아인 동시에 비운의 주인공들이기도 하다. 이들은 1960년 대선에서 민주당 후보와 공화당 후보로 나와 치열한 경합을 벌였으나 결과는 진보 성향을 지닌 케네디의 승리로 판가름 났다. 비록 케네디는 선거인단 투표에서 압승을 거두었으나 전체 득표율에서는 불과 0.1% 앞선 박빙의 승리였다. 닉슨으로서는 그야말로 땅을 치고 통곡할 안타까운 패배였다. 더군다나 당시 닉슨은 공화당 아이젠하워 정부에서 8년간이나 부통령을 지낸 신분이었으니 더욱 억울했을 것이다.

대선 당시 두 사람은 TV 토론에 출연해 설전을 벌였는데, 잘생기고 스마트한 외모에 세련된 귀공자 타입의 케네디는 여유 있는 태도와 재치 있는 말솜씨로 몹시 긴장한 듯이 보이는 닉슨을 압도하며 특히 여성

유권자들의 마음을 사로잡는 데 성공했다. 더욱
이 그는 마틴 루터 킹 목사의 인권운동을 적극
지지함으로써 흑인 유권자들의 압도적인 지지를
받아 마침내 대권을 차지할 수 있었다. 또한 뉴
프론티어 정신을 내세운 케네디의 선거유세에
함께 동반한 부인 재클린 여사의 뛰어난 미모로
인해 그의 인기는 젊은 세대에게 더욱 어필하며
보수층을 등에 업은 닉슨의 인기를 압도했다.

존 케네디

　미국의 역대 대통령 가운데 처음으로 40대 젊
은 나이로 정상의 자리에 오르며 미국의 새로운 희망으로 떠오른 케네
디는 취임식 연설에서 "국가가 당신을 위해 무엇을 할지 묻지 말고 당신
이 국가를 위해 무엇을 할지 묻도록 합시다."라는 유명한 말을 남겼는
데, 이에 덧붙여서 전 세계를 향해서도 인류 공동의 적인 독재와 가난,
질병과 전쟁에 맞서 싸우는 일에 동참하기를 촉구하기도 했다. 하지만
그에게는 헤쳐 나가야 할 난제들이 산적해 있었다. 쿠바 미사일 위기,
베를린 장벽, 소련과의 핵무기 및 우주탐사 경쟁, 베트남전쟁, 흑인 인
권 문제 등이 특히 그랬다.

　그럼에도 불구하고 케네디는 특유의 침착성과 결단력으로 그런 난제
들을 풀어 나갔으며, 특히 쿠바 미사일 위기 때는 과감한 무력시위로 소
련의 후르쇼프 서기장을 무릎 꿇게 만드는 용기를 발휘하기도 했다. 하
지만 대통령에 취임한 지 채 3년도 안 되어 텍사스 주 댈러스 방문길에
암살범 오스월드의 총에 맞아 숨지고 말았다. 당시 그의 나이 46세였다.
케네디 암살사건은 그 후에도 오랜 기간 숱한 의혹만을 남긴 채 영원히
풀 수 없는 수수께끼로 남고 말았는데, 마피아 음모설, 쿠바 보복설, CIA

음모설, FBI 개입설 등이 제기되기도 했으나 정확한 배경은 지금까지도 밝혀지지 않고 있다.

케네디 대통령이 암살된 후 5년이 지난 1968년 그의 동생 로버트 케네디 역시 암살되고 말았는데, 민주당 대통령 후보 경선을 위한 선거 유세 도중에 일어난 그의 암살사건은 불과 2개월 전에 벌어진 마틴 루터 킹 목사 암살사건과 더불어 미국 전역을 엄청난 충격에 빠트리게 만든 사건이었다. 이후에 그런 암담한 현실에 절망한 수많은 미국 젊은이들이 히피가 되어 캘리포니아로 몰려드는 현상을 빚기도 했다.

케네디 형제의 연이은 비극으로 인해 항간에서는 '케네디 일가의 저주'라는 말이 나돌기 시작했는데, 그도 그럴 것이 케네디 대통령의 형은 제2차 세계대전에 참전했다가 원인을 알 수 없는 폭발사고로 사망했으며, 남동생 에드워드는 추락한 비행기 잔해에서 구출되어 거의 죽다 살아났지만 그 후 여비서 의문사 사고로 곤욕을 치르다가 결국 뇌종양으로 사망했다. 또한 케네디 대통령의 여동생 로즈메리는 정신병으로 전두엽 절제술을 받고 요양원에서 생을 마쳤으며, 다른 누이동생 캐슬린은 비행기 충돌사고로 일찍 세상을 등졌다.

어디 그뿐인가. 재클린 여사는 딸을 사산하고 그 후 출산한 차남 패트릭도 조산아로 태어난 직후 사망했는데, 그로부터 3개월 후 케네디가 암살당했으며, 아버지 장례식 때 당시 만 3세로 아무것도 모른 채 관을 향해 거수경례하는 모습으로 많은 이들을 더욱 안타깝게 만들었던 장남 존은 비행기 추락사고로 부인과 함께 대서양에 가라앉고 말았다. 후손들의 불행은 거기에 그치지 않았다. 암살당한 로버트 케네디의 두 아들 데이비드와 마이클은 사고로 죽었으며, 둘째 며느리 메리는 목을 매 자살했다. 에드워드의 장남은 암으로 어린 나이에 다리를 절단하고 장애인이 되었고, 유방암에 걸린 장녀 카라는 헬스장에서 운동 중에 사망했으며, 또한 케네디 형제의 막내 여동생 진의 아들 윌리엄은 강간혐의로 법정에 서기도 했으니 그야말로 케네디 일가의 저주라는 말이 나올 법도 하다.

리처드 닉슨

한편 그의 강력한 정적이었던 닉슨은 워터게이트 사건으로 도중에 대통령직에서 물러나는 수모를 겪어야 했는데, 어쩌면 그것은 죽음보다 더 큰 정신적 고통을 안겨 주었을지 모른다. 정치 경력으로 치자면 케네디보다 월등한 대선배격이었던 닉슨은 1960년 대선에서 케네디에게 아쉬운 패배를 당한 이후 캘리포니아 주지사 선거에도 패함으로써 망신을 당하고 한동안 정계에서 물러났다가 1968년 다시 대선에 도전해 마침내 민주당의 험프리 후보를 누르고 37대 대통령에 당선되어 오랜 숙원을 풀었으며 1972년 재선에도 성공해 그동안 자신에게 주어졌던 불명예를 보상받기에 이르렀다.

그는 닉슨 독트린을 통해 소련, 중국과의 관계를 개선하고 특히 핑퐁외교를 통해 중국과도 국교를 맺었을 뿐 아니라 미군 철수를 단행해 베트남전 종식에 큰 업적을 남겼으나 중국을 방문해 모택동과 정상회담을 가진 그 이듬해에 예상치도 못한 워터게이트 사건이 터지는 바람에 엄청난 도덕적 타격을 입고 스스로 몰락의 길을 자초하고 말았다.

미국 국민들은 도청 사실보다 궁지에 몰린 대통령의 거짓말에 더욱 분노했으며, 들끓는 여론에 떠밀려 대통령 탄핵이 확실시되자 결국 그는 대통령직을 사임하고 백악관을 황급히 떠났다. 후임자인 포드 대통령이 곧바로 닉슨을 사면하는 조치를 내림으로써 역대 대통령 가운데 가장 인기 없는 인물로 전락해 재선에도 실패하고 말았다. 대통령을 사임한 후 변호사 자격까지 박탈당한 닉슨은 세상의 눈을 피해 조용히 은둔생활을 하다가 뇌졸중을 일으켜 81세 나이로 뉴욕에서 사망했다.

샹송의 여왕 피아프와 지로

프랑스를 대표하는 샹송가수로 제2차 세계대전 이후 대중적 인기를 독차지한 여성을 꼽는다면 에디트 피아프(Édith Piaf, 1915~1963)와 이베트 지로(Yvette Giraud, 1916~2014)를 들 수 있다. 이들 두 여성 모두 샹송의 여왕으로 불리지만, 에디트 피아프는 격정적이고도 애끓는 목소리로 강한 호소력을 발휘한 반면에, 이베트 지로는 차분하고 정감 있는 목소리로 듣는 이의 마음을 부드럽게 감싸 안음으로써 에디트 피아프와는 전혀 다른 감동을 선사한다. 에디트 피아프의 노래가 고통에 가까운 절규라면, 이베트 지로의 노래는 부드럽고 자애로운 어머니의 자장가에 견줄 수 있겠다.

에디트 피아프

20세기 최고의 샹송가수이며 프랑스의 국민가수로 불리는 에디트 피아프는 그녀의 노래처럼 매우 고통스럽고 불행한 어린 시절을 보냈다. 파리의 빈민가에서 거리의 광대였던 아버지와 술집에서 노래를 부르던 어머니 사이에서 태어난 그녀는 태어나자마자 어머니에게 버림받고 외할머니 손에 맡겨졌다가 아버지가 제1차 세계대전에 징집되어 떠나는 길에 아기를 창녀촌에 맡기는 바람에 그곳에서 일하는 창녀들이 그녀를 돌보며 키웠다.

어린 시절부터 파리 뒷골목을 누비며 노래를 불렀던 그녀는 16세 때 루이 뒤퐁을 만나 열애에 빠져 곧바로 동거에 들어갔는데, 이듬해에 그녀가 딸을 낳자 루이는 화를 내고 가출해 버렸다. 나이가 어렸던 그녀는 아기를 돌보는 일이 서툴렀기 때문에 딸을 방치한 채 거리에 나가 노래를 계속 불렀는데, 그 딸은 뇌막염으로 곧 숨지고 말았다.

20세가 되었을 때 나이트클럽을 운영하고 있던 루이 레플레의 눈에 띈 그녀는 그의 권유에 따라 처음으로 무대 위에 올라가 노래를 부르게 되었는데, 비록 키도 작고 볼품없는 외모였지만 뜨거운 열정과 슬픔이 담긴 그녀의 노래는 곧바로 사람들의 심금을 울리며 유명세를 타기 시작했다. 레플레는 그녀에게 '피아프'라는 예명까지 지어 주었는데, 그것은 참새를 뜻하는 말이기도 했다. 레플레의 후원에 힘입어 음반까지 취입하면서 에디트 피아프는 정식 가수로 데뷔하는 행운을 얻게 되었다. 그러나 인기 가도를 달리기 시작할 무렵, 갑자기 레플레가 강도에게 살해당하는 사건이 일어나면서 공범으로 지목되어 경찰에 불려가 조사를 받는 등 곤욕을 치르기도 했다. 한동안 실의에 빠져 지내던 그녀는 그후 심기일전해서 무대 매너를 바꾸고 고통스러웠던 과거의 뼈아픈 심정을 담아 노래하기 시작하면서 더욱 큰 인기를 끌게 되었다.

당시 그녀가 히트시킨 노래로는 〈장밋빛 인생〉, 〈사랑의 찬가〉, 〈파리의 기사〉, 〈파담 파담〉, 〈파리의 하늘 아래〉, 〈난 아무것도 후회하지 않아〉 등이 있는데, 마치 군가를 부르듯 양손을 허리춤에 대고 상체를 좌우로 흔들며 노래를 부르는 그녀의 모습은 그 어떤 고통이나 시련도 헤쳐 나갈 수 있다는 의지의 표현이었을 것이다. 하지만 이브 몽땅을 비롯해 많은 남성과 스캔들을 일으킨 그녀는 애정생활에서도 불행을 겪어

이베트 지로

야 했으며, 10대 소녀시절 아기를 잃은 후로는 죽을 때까지 아기를 낳지 않았다. 더욱이 자동차 사고로 심한 부상을 입은 후로는 모르핀과 알코올중독에 빠져 지내다가 결국 간암으로 47세라는 아까운 나이로 생을 마감하고 말았다.

이처럼 극적인 삶을 살았던 에디트 피아프에 비해 동시대에 그녀와 쌍벽을 이루며 인기 경합을 벌였던 샹송가수 이베트 지로는 매우 평온한 삶을 살았다고 할 수 있다. 레코드회사의 타이피스트로 일하던 중 우연히 그녀의 전화 음성을 듣고 반한 방송국 책임자의 권유로 레코드 취입을 했는데, 그동안 어둡고 우울하기만 한 샹송에 익숙해 있던 사람들은 나지막하고 부드러운 목소리에 담긴 그녀의 데뷔곡〈자양화 아가씨〉에 신선한 매력을 느끼고 아낌없는 사랑을 보냈다.

그 후에도〈시인의 영혼〉,〈포르투갈의 4월〉,〈미라보 다리〉,〈아빠는 엄마를 좋아해〉등의 히트곡을 남긴 그녀는 에디트 피아프가 죽은 후에도 1990년대에 이르기까지 프랑스의 원로급 샹송가수로 계속 활동해 인기를 끌었다. 특히 1963년에는 한국도 방문해 시민회관에서 내한공연을 가져 국내에 샹송 열풍을 일으키기도 했는데, 당시 그녀가 우리말로 부른〈노란 샤쓰의 사나이〉는 오리지널 가수 한명숙과는 또 다른 감흥을 자아냈다. 그녀는 1968년에도 다시 한국을 방문해 내한공연을 가졌으며, 우리말 가사로 된 앨범을 취입할 정도로 한국에 대한 애정을 표시하기도 했다. 이처럼 수많은 해외공연을 통해 전 세계에 샹송을 보급한 공로로 그녀는 프랑스 정부로부터 훈장까지 받았다. 98세까지 장수한 그녀는 스트라스부르에서 조용히 생을 마감했다.

할리우드 영화에서 아름다운 미모와 탁월한 연기력을 겸비한 배우를 찾기란 그리 손쉬운 일이 아니다. 대부분의 경우 외모가 뛰어나면 연기력이 부족하고 연기력이 뛰어나면 외모가 뒤를 받쳐 주지 못하는 경우가 많기 때문이다. 그런데 이 두 가지를 겸비한 보기 드문 예로 잉그리드 버그만(Ingrid Bergman, 1915~1982)과 엘리자베스 테일러(Elizabeth Taylor, 1932~2011)를 꼽을 수 있을 것이다.

잉그리드 버그만은 영화 〈가스등〉과 〈추상〉으로 아카데미 여우주연상을 두 차례나 수상해 일찌감치 연기력을 인정받았으며, 이에 뒤질세라 엘리자베스 테일러 역시 할리우드 최고의 미녀라는 찬사뿐만 아니라 〈버터필드 8〉, 〈누가 버지니아 울프를 두려워하랴〉로 아카데미 여우주연상을 두 번이나 거머쥠으로써 실력 있는 연기파로서의 명성까지 얻었다.

스웨덴 태생인 잉그리드 버그만은 어릴 때 부모를 잃고 고아가 되어 불행한 아동기를 보냈지만, 그런 역경을 딛고 스웨덴 왕립 연극학교에서 연기를 배워 배우가 되었는데, 그 후 할리우드 제작자 셀즈닉의 눈에 띄어 할리우드로 건너가면서 〈인터메조〉에 출연해 두각을 나타내기 시작했다. 이어서 〈카사블랑카〉, 〈누구를 위하여 좋은 울리나〉로 일약 세계적인 스타로 떠오른 그녀는 히치콕 감독의 스릴러 영화 〈백색의 공포〉, 〈오명〉 등에 출연해 연기자로서의 입지를 확고히 다졌으며, 〈개선

잉그리드 버그만

문〉, 〈잔다르크〉 등 1940년대를 수놓은 많은 명작들에서 주연을 맡아 할리우드를 대표하는 부동의 스타로 자리 잡았다.

그러나 이처럼 최대의 전성기를 구가하고 있을 무렵에 이탈리아의 거장 로베르토 로셀리니 감독과 맺은 불륜사건은 그녀의 할리우드 활동에 결정적인 치명타를 입힌 사건이 되고 말았다. 당시 그녀는 로셀리니 감독의 작품에 매료되어 자신의 가정도 다 내팽개치고 그가 있는 로마로 달려가 아이까지 낳았는데, 바로 그 딸이 영화 〈블루 벨벳〉에 출연했던 이사벨라 로셀리니다. 결국 잉그리드 버그만은 불륜을 저지른 부도덕한 여인으로 매도당하며 언론으로부터 격렬한 비난을 받았을 뿐만 아니라 할리우드 영화계에서 완전히 추방되고 말았는데, 로셀리니 감독과 정식 결혼까지 했으나 7년 만에 헤어지고 말았다.

비록 그녀는 영화계와 언론으로부터 따돌림을 당했지만, 그런 수모를 이겨내고 영화 〈추상〉에 출연해 생애 두 번째로 아카데미 여우주연상을 수상하는 집념을 보였으며, 그 후 60을 바라보는 나이로 〈오리엔트 특급살인〉에 출연해 여우조연상까지 받는 기염을 토하기도 했다. 63세 때는 잉마르 베리만 감독의 스웨덴 영화 〈가을 소나타〉에 출연해 오랜 기간 소원한 관계에 있던 딸과 화해를 시도하는 어머니 역을 연기했는데, 마치 그녀 자신의 이야기처럼 보이기도 한다. 그녀는 말년에 유방암에 걸려 고생하면서도 자신의 마지막 출연작이 된 이스라엘 TV 영화 〈골다라 불린 여인〉에 출연해 골다 메이어 수상 역을 연기했는데, 촬영을 마친 직후 67세를 맞이한 자신의 생일날에 세상을 떴다.

이처럼 불륜 때문에 세상으로부터 따돌림 당하는 수모를 겪으면서도 연기에 대한 집념을 불태운 잉그리드 버그만과는 대조적으로 무려 일곱 번이나 결혼한 엘리자베스 테일러는 오히려 매스컴의 집중 조명을 받으

며 대중적 인기를 계속 유지했다. 영화 〈작은 아
씨들〉에 아역으로 출연한 이래 〈젊은이의 양
지〉, 〈내가 마지막 본 파리〉, 〈자이언트〉, 〈뜨거
운 양철지붕 위의 고양이〉, 〈지난 여름 갑자기〉,
〈클레오파트라〉 등에 출연해 할리우드 영화의
황금기를 수놓았던 그녀는 배우 리처드 버튼과
이혼과 재혼을 반복하기도 해 매스컴을 뜨겁게
달구기도 했다.

엘리자베스 테일러

평소 건강이 좋지 못했던 그녀는 이미 19세
때 첫 번째 남편과 이혼할 때부터 몸에 이상이 있음을 느끼기 시작했는
데, 그 후 70번 이상 병원에 입원했으며, 20회 이상 수술을 받음으로써
일생 동안 수면제와 진통제를 달고 살아야 했다. 심장병과 자궁질환, 뇌
종양, 피부암, 골다공증, 척추질환, 알코올중독 등 온갖 질병에 시달리
면서도 일곱 차례나 결혼하고 할리우드 최고의 연기자로 성공한 그녀의
남다른 집념과 투혼만큼은 정말 알아줄 만하다. 평소 유대교 신자였던
그녀는 79세로 세상을 떴는데, 죽어서도 유대인 묘지에 묻혔다.

팬들을 열광시킨 시나트라와 프레슬리

제2차 세계대전 이후 미국의 대중가수로 프랭크 시나트라(Frank Sinatra,
1915~1998)와 엘비스 프레슬리(Elvis Presley, 1935~1977)만큼 수많은 10대 소녀
팬들을 열광의 도가니로 몰고 간 인물은 흔치 않을 것이다. 깡마른 체구
에 결코 잘생긴 외모라 할 수 없는 프랭크 시나트라는 대신에 달콤하고

부드러운 음색으로 수많은 여성 팬들의 가슴을 설레게 만든 반면, 섹스어 필하는 외모와 강렬한 몸동작으로 팬들을 흥분시킨 엘비스 프레슬리는 '로큰롤의 제왕'이라는 타이틀에 걸맞게 다이내믹하고 열정적인 노래로 한 시대를 풍미했다.

프랭크 시나트라

뉴저지 주 호보켄에서 이탈리아계 이민자의 아들로 태어난 시나트라는 일찍부터 말썽 피우는 문제아로 고등학교조차 제대로 졸업하지 못하고 신문배달, 공장직공을 전전하다 10대 나이에 가수로 처음 데뷔했는데, 악보를 제대로 읽지 못하면서도 오로지 귀로만 곡을 듣고 외워 주로 나이트클럽에서 노래를 불렀다. 1940년대 초부터 〈I'll Never Smile Again〉 등 히트곡을 내기 시작한 그는 특히 틴에이저 소녀들로부터 광적인 인기를 끌었는데, 1960년대에도 〈Strangers in the Night〉, 〈My Way〉 그리고 딸 낸시와 함께 부른 〈Somethin' Stupid〉 등의 히트곡을 계속 내 건재함을 과시했다.

시나트라는 노래뿐 아니라 영화에도 출연했는데, 〈지상에서 영원으로〉에 출연해 아카데미 남우조연상을 탔으며, 그 외에도 〈상류사회〉, 〈자랑과 열정〉, 〈캉캉〉, 〈페페〉, 〈4시의 악마〉, 〈탈주특급〉 등 수많은 영화에 출연해 연기자로도 인기를 끌었다. 하지만 정통 대중가요를 대표하는 시나트라는 1950년대 중반부터 강력한 라이벌로 등장한 엘비스 프레슬리가 폭발적인 인기를 끌기 시작하자 프레슬리의 로큰롤을 악취가 진동하는 최음제에 비유하면서 한창 자라나는 청소년에게 매우 부정적인 영향을 끼치는 개탄스러운 현상이라고 비난했으며, 이에 대해 프레슬리는 로큰롤은 단지 새로운 트렌드일 뿐이라며 시나트라는 그런 말을 할 자격이 없다고 일축했다. 마피아와의 연루설에 휘말려 곤욕을 치르기도 했던 시나트라는 82세를 일기로 세상을 떴는데, 그가 부른 〈My Way〉는 자신의 삶을 회고하는 노래로 많은 사람에게 어필한 명곡임에 틀림없다.

엘비스 프레슬리

가요계의 대선배인 시나트라에게서 젊은이들을 타락시킨다는 혹평을 들은 엘비스 프레슬리는 로큰롤의 황제라는 칭호에 걸맞게 잘생긴 외모와 열정적인 무대 매너를 통해 미국 대중문화의 아이콘으로 떠오른 젊은이의 우상이었다. 수많은 여성 팬들에게 섹스 심벌로 군림했던 그는 미국 남부 출신으로 흑인 음악을 가미한 새로운 장르의 격렬한 로큰롤 음악으로 폭발적인 인기를 끌었는데, 특히 공연 중에 쉬지 않고 하체를 흔들어대는 열정적인 몸동작은 성적인 자극을 유발하는 매우 도발적인 무대매너로 명성이 자자했다.

〈Heartbreak Hotel〉, 〈Love Me Tender〉, 〈Are You Lonesome Tonight?〉, 〈Crying in the Chapel〉, 〈Burning Love〉 등 숱한 히트곡을 남긴 그는 군복무 중에 사랑에 빠진 프리실라와 1967년에 결혼식을 치르고 딸을 낳았는데, 그 딸은 나중에 마이클 잭슨과 결혼했다가 헤어진 라이자 마리 프레슬리였다. 그러나 군에서 제대 후 재기에 몰두하던 프레슬리는 아내에게 소홀해지면서 그 사이에 프리실라가 가라테 사범과 불륜을 일으키자 1973년 그녀와 이혼하고 말았다.

프리실라와 헤어진 후 정신적 충격에서 헤어나지 못한 그는 약물과 마약에 의지해 하루하루를 버티고 살기 시작했으며, 건강 악화로 수차레 병원에 실려 가면서도 무리한 공연활동을 계속했는데, 그렇게 해서라도 이별의 아픔을 떨쳐 버리고자 했던 것으로 보인다. 당시 그는 약물 중독에 의한 고혈압과 녹내장, 간 손상, 대장 비대증 등으로 건강상태가 최악이었는데, 결국 욕실에서 의식을 잃고 쓰러진 그를 당시 동거 중이던 진저 올든이 발견하고 황급히 병원으로 옮겼으나 끝내 소생하지 못하고 말았다.

8만 명의 팬들이 몰려든 그의 장례식은 울부짖는 여성 팬들로 그야말로 아비규환의 현장으로 돌변했는데, 2명의 여성이 차에 깔려 죽고 3명이 중상을 입는 사태까지 벌어졌다. 팬들의 아쉬움이 어찌나 컸던지 그가 죽지 않고 살아있다는 소문마저 돌았으며, 실제로 길에서 그를 목격했다는 말까지 나돌 정도였다. 어쨌든 프레슬리는 생전에 그토록 그리워하던 어머니의 묘지 곁에 나란히 묻혔다.

인간기관차 자토펙과 맨발의 비킬라

에밀 자토펙

세계적인 육상선수 가운데 체코의 자토펙(Emil Zátopek, 1922~2000)과 에티오피아의 아베베 비킬라(Abebe Bikila, 1932~1973)만큼 전설적인 기록을 남긴 인물도 드물다고 하겠다. 한때 인간기관차로 불리며 사람들의 혀를 내두르게 만들었던 체코의 육군 중위 자토펙은 1952년 헬싱키 올림픽에서 5,000미터와 10,000미터에서 금메달을 딴 데 이어 생애 처음으로 완주한 마라톤에서도 금메달을 획득함으로써 육상 3관왕에 오르며 체코의 영웅으로 떠올랐는데, 고통에 일그러진 표정으로 달리는 그의 모습은 당시 수많은 관중들에게 깊은 인상을 심어 주었다.

반면에 에티오피아의 셀라시에 황제 친위대 상사로 한국전쟁 참전용사이기도 했던 아베베는 1960년 로마 올림픽 마라톤에서 맨발로 뛰면서도 2시간 15분대라는 세계신기록을 수립하며 우승해 화제가 되었다. 아프리카 대륙 최초의 금메달리스트로 에티오피아에서 일약 영웅으로 떠오른 그는 1964년 도쿄 올림픽 마라톤에서도 2시간 12분대로 기록을 단축시키며 우승함으로써 올림픽 마라톤 사상 최초로 2연패의 위업을 달성하기도 했다. 당시 그는 불과 40일 전에 맹장수술을 받은 몸으로 달렸는데, 맨발 대신 운동화를 신고 달렸다. 그 후 1968년 아베베는 올림픽 3연패에 도전했으나 멕시코의 고지대와 연령적 한계를 이기지 못하고 도중에 기권하고 말았다.

보는 사람이 안쓰러울 정도로 고통스러운 표정으로 달리는 자토펙에 비해 아베베는 처음부터 끝까지 아무런 표정 변화 없이 덤덤한 자세로 달려 매우 대조적인 모습을 보여 주었는데, 평소 내성적이고 온순한 성격의 아베베는 세계적인 명성을 얻은 후에도 계속 겸손한 태도를 보여 많은 사람들로부터 존경을 받았다. 하지만 그는 1969년 교통사고를 당해 하반신이 마비되는 불행을 당했으며, 그 후 장애인 양궁선수로 활동하던 중에 1973년 다시 교통사고를 당한 끝에 뇌출혈을 일으켜 41세라는 아까운 나이로 사망하고 말았다.

아베베 비킬라

한편 자토펙은 처음에 체코 공산당으로부터 열렬한 환영을 받았으나 1968년 프라하의 봄 당시 체코 민주화를 요구하는 시민들 편에 동조했다가 그 후 군대에서 쫓겨나고 공산당에서도 축출당하는 수모를 겪었다. 거기에 그치지 않고 우라늄 광산이나 폐기물 처리, 우물 파기 등의 위험한 노동일에 동원되어 20년간 종사하다가 1990년 체코에 민주화가 이루어진 후 하벨 대통령에 의해 복권되었다. 하지만 오랜 세월 고된 노동에 시달린 그는 병을 얻어 10년 후 78세를 일기로 숨을 거두었다. 올림픽의 영웅치고는 너무도 불행한 삶이었다.

인종차별과 투쟁하다 암살된 킹 목사와 말콤 엑스

미국의 흑인 인권운동을 주도한 마틴 루터 킹 목사(Martin Luther King, Jr. 1929~1968)와 말콤 엑스(Malcolm X, 1925~1965)는 두 사람 모두 비슷한 시기에 암살당하고 말았는데, 죽었을 때 나이도 똑같이 40세였다. 하지만 이들은 전혀 상반된 투쟁노선을 걸었는데, 독실한 침례교 목사였던 마틴 루터 킹은 평화적인 비폭력 저항운동을 전개한 반면에, 말콤 엑스는 급진적 무슬림 폭력주의 노선을 이끌어 서로 팽팽한 대립을 보였다.

1963년 그 유명한 워싱턴 대행진을 이끌었던 마틴 루터 킹은 이듬해에 노벨 평화상을 받음으로써 명실 공히 세계가 인정하는 인권운동의 상징이 되었다. 비록 그는 1968년 한 백인우월주의자의 총에 맞아 숨지고 말았지만, 그가 암살당한 지 40여 년이 지나 마침내 오바마가 미국 최초의 흑인 대통령이 되어 백악관에 입성하는 경사를 맞이하게 되었으니 그의 죽음이 결코 헛되지는 않았다고 볼 수 있다.

마틴 루터 킹 목사에게 노벨 평화상이 수여되
자 가장 격분한 인물은 FBI 국장 에드가 후버였
다. 왜냐하면 그동안 킹 목사의 사생활에 대한
정보를 이미 알고 있었기 때문이다. 화가 치민
후버는 킹 목사가 여러 여성들과 성관계하는 장
면을 촬영한 사진들을 신문사에 보내 폭로하려
했으나 아무도 그 사진을 보도하지 않았으며, 오
히려 치졸한 공작정치라는 야유까지 받았다.

마틴 루터 킹

킹 목사를 위선자로 매도한 인물은 후버 국장
만이 아니었다. 케네디 대통령의 미망인 재클린 여사도 이미 1964년에
저명한 역사학자인 슐레진저 박사와 가진 한 인터뷰에서 킹 목사를 위
선자라고 평했는데, 재클린 여사가 언급한 킹 목사의 성추문 사실은 FBI
의 도청을 통해 얻은 자료에 의한 것으로 1963년 8월 그 유명한 '나에게
는 꿈이 있습니다.'라는 역사적인 대중연설을 한 날 밤에도 킹 목사는 워
싱턴의 한 호텔에서 창녀들과 함께 난잡한 섹스파티를 벌였다는 것이
다. 재클린 여사의 증언에 의하면 킹 목사는 케네디 대통령의 장례식에
참석했을 때도 술에 취해 있었다고 한다.

킹 목사에 대한 FBI의 도청은 당시 법무장관이었던 로버트 케네디의
재가에 따른 것으로 그 내용은 케네디 대통령에게도 보고되었으며, 이
들 케네디 형제는 킹 목사를 그의 동료이자 조언자였던 미국 공산당 지
도자 스탠리 레비슨과 떼어 놓기 위해 무진 애를 썼지만 소용이 없었다.
로버트 케네디는 제한적인 목적으로 전화 도청만 허락했으나 후버 국장
은 이를 남용하여 킹 목사의 모든 사생활을 감시하고 사진 촬영까지 지
시한 것이다.

킹 목사를 오랫동안 도청했던 FBI 자료에 의하면, 그는 이미 1962년부터 불륜관계에 있었으며, 킹 목사의 부인 코레타 여사 역시 불륜 사실을 이미 알고 있었다. 어쨌든 킹 목사는 테네시 주 멤피스의 한 모텔에서 인종차별주의자인 제임스 얼 레이의 총을 맞고 즉사했는데, 그 전날 밤에도 한 여성과 성관계를 가진 것으로 알려졌다. 그 후 영국으로 도주했다가 체포되어 송환된 암살범은 99년형을 선고받고 복역 중에 1998년 사망했다.

비폭력 저항운동으로 많은 백인들로부터 지지를 얻은 킹 목사와는 달리 급진적 이슬람주의자였던 말콤 엑스는 흑인우월주의를 내세우면서 미국에 흑인만으로 이루어진 국가를 세우고자 하는 흑인 분리주의까지 주장하다가 시간이 흐르면서 과격한 입장에서 다소 후퇴해 흑인 자결권을 요구하는 쪽으로 방향을 선회했으나 그를 배신자로 여긴 과격파 이슬람 단체 소속의 흑인 3명에 의해 암살되고 말았다.

말콤 엑스는 어려서부터 불행을 겪었는데, 흑인 인권운동에 가담했던 아버지는 KKK단의 위협에 시달린 나머지 수시로 거주지를 옮겨야

했으며, 랜싱에 정착한 후에도 백인 테러단체에 의해 집이 불탔을 뿐만 아니라 말콤 엑스가 6세였을 때, 그의 아버지는 길에서 의문의 죽임을 당하고 말았다. 아버지의 형제 중 3명도 백인들에 의해 살해당했다.

그 후 어머니마저 정신병원에 입원하는 바람에 고아나 다름없는 처지가 되어 여러 위탁가정을 전전하며 성장해야 했던 말콤 엑스는 매우 반항적인 청년이 되어 1946년 불법침입과 기물파

말콤 엑스

손 혐의로 감옥에 갔는데, 수감생활 도중에 이슬람 단체에 가담했으며, 1952년 출감한 이후 급진적 이슬람주의 지도자로 두각을 나타내기 시작했다. 190cm가 넘는 장신에 미남형이었던 그는 강력한 카리스마와 탁월한 연설 솜씨로 흑인 무슬림들을 사로잡으며 백인 사회를 상대로 투쟁을 벌여 나갔지만, 지나치게 과격한 노선 때문에 흑인사회에서조차 경계의 대상이 되고 말았다.

특히 케네디 대통령의 암살사건에 대한 논평에서 그것은 불가피한 결과로 오히려 잘된 일이었다며 매우 냉소적인 반응을 보여 미국인들의 공분을 샀는데, 여론이 급속히 악화되자 결국 그는 이슬람 과격단체에서 탈퇴하고 이슬람 성지순례를 떠나고 말았다. 떠나기 직전 그는 인권행사에서 킹 목사를 처음이자 마지막으로 만나기도 했다. 하지만 흑인 과격파들은 성지순례를 다녀온 후부터 온건노선으로 바뀐 그를 백인들에 굴복한 위선자 내지는 배신자로 간주하고 수시로 테러 위협을 가하다가 마침내는 암살하고 말았다.

카스트로와 결별하고 밀림으로 돌아간 체 게바라

라틴아메리카의 혁명지도자로 1959년 쿠바혁명을 성공시킴으로써 전설적인 존재가 된 피델 카스트로(Fidel Castro, 1926~2016)와 체 게바라(Che Guevara, 1928~1967)는 기적처럼 일궈낸 혁명으로 인해 중남미 지역에서는 마치 구세주와도 같은 신화적인 존재로 오랜 기간 영웅 대접을 받아온 영원한 동지이자 맞수였다. 특히 짙은 턱수염에 베레모 차림의 체 게바라는 혁명적 이상에 불타는 수많은 청년들에게 지금까지도 우상적 존재

피델 카스트로

로 추앙받고 있을 정도로 강력한 카리스마를 발휘한 혁명가였다.

쿠바에서 부유한 농부의 아들로 태어나 예수회 학교를 다니고 하바나 대학에서 법학을 공부한 카스트로와 아르헨티나 출신으로 일생 동안 천식에 시달리면서도 의대까지 졸업한 체 게바라의 배경만을 놓고 보면 두 사람 사이에는 아무런 공통점도 없고 전혀 어울리지도 않을 것 같은 인상을 받는다. 하지만 그런 두 사람을 이어 준 강력한 끈은 압제에 신음하는 민중의 고통과 공산주의 혁명을 통해 그런 부당한 세상을 바꾸겠다는 이념적 공감대였다.

이미 대학시절부터 마르크스 사상에 눈뜨고 격렬한 학생운동을 주도했던 카스트로는 도미니카에서 혁명운동을 벌이다가 정부군을 피해 쿠바로 다시 돌아온 후 인권변호사로 활동했다. 당시 부호의 딸 미르타와 결혼한 그는 3개월간 뉴욕으로 신혼여행을 다녀오기도 했다. 그 후 정계에 진출했으나 반공주의자인 바티스타 장군이 쿠데타로 정권을 차지하게 되자 무장투쟁을 선언한 그는 추종자들을 이끌고 몬카다 병영을 습격했다가 체포되어 감옥에 갇히고 말았다.

바티스타의 특별사면으로 풀려난 그는 멕시코로 망명해 혁명군을 조직해 게릴라훈련을 시켰으며, 그때 합류한 체 게바라와 함께 80명의 혁명군을 이끌고 힘겹게 쿠바에 상륙한 후 게릴라전에 들어갔는데, 당시 살아남은 대원은 20명도 채 못 되었다. 하지만 날이 갈수록 혁명군에 가담하는 지원자들이 늘어나면서 카스트로의 혁명군은 바티스타 정부군을 격파하고 마침내 1959년 하바나에 입성해 쿠바혁명을 성공시키는 기적을 이루어 냈다.

중남미 최초로 공산국가를 건설한 카스트로
는 거의 모든 산업체를 국유화하고 가톨릭교회
를 폐쇄했으며, 자신의 오른팔이었던 체 게바라
를 산업부장관에 임명하기도 했으나 이념과 외
교노선에서 두 사람은 점차 의견 대립을 보이기
시작했다. 특히 체 게바라는 미국에 대한 핵공격
등 대미 강경노선을 주장했을 뿐 아니라 혁명과
업을 전 라틴아메리카로 확대시켜야 한다는 입

체 게바라

장을 보였는데, 쿠바혁명의 성공에 안주한 카스트로는 그렇게 일만 크
게 벌이려는 체 게바라가 마음에 들지 않았으며, 더욱이 체 게바라에 대
한 대중적 인기가 날이 갈수록 높아지자 서서히 그를 견제하기 시작
했다.

결국 체 게바라는 1965년 어느 날 갑자기 카스트로에게 결별을 알리
는 편지 한 장을 남기고 잠적해 버렸는데, 그 후 아프리카 앙골라에서
한동안 흑인 반군을 지도하기도 했다. 하지만 일이 뜻대로 되지 않자 다
시 남미의 볼리비아 밀림지대로 들어가 반군을 이끌고 정부군과 전투를
벌이던 중에 체포된 직후 현장에서 사살되고 말았다. 당시 체 게바라는
소수의 추종자들을 데리고 게릴라전을 전개하며 악전고투를 거듭했지
만, 카스트로는 아무런 지원도 하지 않았다. 영원한 동지도 적수도 없다
는 말이 사실로 드러난 셈이다.

섹스 심벌 먼로와 바르도

20세기 영화사에서 스크린을 수놓은 여배우들 가운데 섹스 심벌로 수많은 남성들에게 사랑과 인기를 독차지한 여성을 꼽자면 단연 미국의 메릴린 먼로(Marilyn Monroe, 1926~1962)와 프랑스의 브리지트 바르도(Brigitte Bardot, 1934~)를 들 수 있다. 핀업 걸의 대명사로 꼽히는 메릴린 먼로는 매력적인 금발과 벌에 쏘인 듯한 두툼한 입술로 숱한 남성들의 가슴을 설레게 만든 섹스 심벌의 아이콘이었으며, 브리지트 바르도는 육감적인 몸매로 뭇 사내들의 시선을 사로잡은 글래머 스타였다.

메릴린 먼로는 비록 36세라는 아까운 나이에 비극적인 자살로 생을 마감하고 말았지만, 〈나이아가라〉, 〈신사는 금발을 좋아한다〉, 〈돌아오지 않는 강〉, 〈7년 만의 외출〉, 〈뜨거운 것이 좋아〉, 〈버스 정류장〉 등의 작품을 통해 할리우드 영화사에 길이 남을 추억의 명배우로 기억되는 여성이다. 하지만 문란한 사생활로 항상 입방아에 오르내리던 그녀는 항상 정서적인 불안에 시달리며 수시로 수면제를 과용했으며, 오랜 기간 정신분석을 받기도 했지만, 결국에는 약물 과용으로 숨진 채 발견되고 말았다.

그녀는 개인적으로 몹시 불행한 아동기를 겪었는데, 일찌감치 처자식을 버리고 종적을 감춰버린 아버지와 정신병원에 들어간 어머니로 인해 고아원을 전전하며 지내야 했고, 양부에게는 성추행까지 당하는 수모를 겪어야 했으니 그녀가 받은 상처는 이루 말할 수 없었을 것이다. 성인이 되어서도 세 번이나 결혼하는 등 우여곡절

메릴린 먼로

을 겪은 그녀는 미국 공산당원들과의 교류로 FBI의 감시를 받기도 하는 등 문제를 일으켰으며, 더 나아가 케네디 형제와도 복잡한 관계를 맺음으로써 스스로 자기 무덤을 파고 말았다.

반면에 유럽을 대표하는 섹스 심벌로 한 시대를 풍미했던 브리지트 바르도는 로제 바딤 감독의 〈순진한 악녀〉에서 야성미를 한껏 발휘하며 세계적인 스타로 떠오른 후 〈그리고 신은 여자를 창조했다〉, 〈경멸〉, 〈귀여운 말괄량이〉, 〈진실〉, 〈사생활〉 등 많은 영화에 출연함으로써 인기 정상을 누렸는데, 미국의 메릴린 먼로가 'MM'이라는 애칭으로 유명했다면 그녀는 '베베(BB)'라는 애칭으로 불리며 유럽 남성들을 사로잡았다.

브리지트 바르도

자신을 스타로 만들어 준 로제 바딤 감독과 이혼한 후 세 번 재혼한 그녀는 1970년대에 은퇴한 이후 동물보호운동에 앞장서 한때 개고기를 먹는 한국인을 비난하며 한국산 제품 불매운동을 벌이기도 했다. 현재 남편인 베르나르 도르말과 함께 프랑스 극우정당인 국민전선에 동조해 인종차별적 언행으로 많은 논란을 불러일으키기도 했는데, 특히 외국인 이민에 반대하고 이슬람사회를 공개적으로 비난해 물의를 빚기도 했다. 어쨌든 그녀는 그런 도발적인 발언으로 네 번이나 재판에 회부되어 벌금형을 받고 풀려났지만, 80을 넘긴 나이에도 불구하고 여전히 사회활동을 벌이고 있는 맹렬여성이다.

만인의 심금을 울린 안네 프랑크와 사비체바의 일기

나치 독일이 일으킨 제2차 세계대전으로 약 7,000만 명에 가까운 사람들이 목숨을 잃었지만, 오늘날 그들을 기억하는 사람은 아무도 없다. 하지만 그토록 많은 희생자 가운데 한 사람이었던 어린 두 소녀 안네 프랑크(Anne Frank, 1929~1945)와 타냐 사비체바(Tanya Savicheva, 1930~1944)는 그들이 남긴 일기를 통해 후대 사람들에게 큰 충격과 감동을 동시에 안겨줌으로써 지금까지도 그 이름을 빛내고 있다. 특히 네덜란드의 유대인 소녀 안네 프랑크의 일기는 나치 수용소에 끌려가 희생된 수많은 유대인의 슬픈 운명을 대변한 것이며, 레닌그라드 공방전에서 죽어간 타냐 사비체바의 일기는 제2차 세계대전에서 가장 많은 희생자를 낳은 소련 민중의 고통과 시련을 상징한 것이기도 했다.

안네 프랑크는 원래 독일 프랑크푸르트 태생이지만 4세 때 히틀러의 나치 정권이 들어서자 유대인 박해를 피해 가족과 함께 네덜란드의 암스테르담으로 이주했다. 안네는 13세가 되었을 때 생일선물로 받은 일기장에 '키티'라는 이름을 지어 주고 자신의 일상에 대한 이야기를 쓰기 시작했는데, 독일군이 네덜란드를 점령하자 안네의 가족은 무려 2년의 세월을 다락방에 숨어 지냈다. 그러나 익명의 밀고자에 의해 은닉처가 게슈타포에게 발각되어 안네의 가족 전원이 나치 수용소로 강제 이송되었다. 그리고 안네의 일기는 그것으로 끝나고 말았다.

안네 프랑크

안네는 연합군이 수용소를 해방시키기 불과

수 주 전에 16세 나이로 영양실조와 장티푸스에 걸려 죽었다. 언니 마르고트 역시 장티푸스로 죽었으며, 어머니는 두 딸을 먹이기 위해 자신은 굶은 채로 지내다가 영양실조로 죽었다. 소련군에 구조되어 유일하게 살아남은 아버지 오토 프랑크는 네덜란드로 돌아와 안네가 남긴 일기를 발견하고 책으로 출판했는데, 그 책은 60개 이상의 언어로 번역되어 최장기 베스트셀러가 되었으며, 특히 조지 스티븐스 감독에 의해 영화로 만들어져 더욱 유명해졌다.

그녀의 순수한 영혼이 담긴 일기는 억울하게 숨져간 600만 유대인의 혼을 달래 주었을 뿐만 아니라 전 세계 사람들에게 더 이상 그런 비극적인 일이 지상에서 일어나서는 안 될 것이라는 각성을 촉구하는 계기를 만들기도 했지만, 다른 무엇보다도 세상에서 가장 소중한 것은 그야말로 순수하고 소박한 마음이라는 사실을 새삼스레 일깨워 주었다고 할 수 있다. 그런 점에서 그녀의 일기는 그 어떤 위대한 작가의 작품에 결코 뒤지지 않는 커다란 감명을 안겨 주기에 충분했다.

안네의 일기만큼 널리 알려지진 않았지만, 3년 가까이 독일군에 포위된 레닌그라드에서 가족 모두를 잃고 혼자 남아 고통받다가 숨진 11세 어린 소녀 타냐 사비체바의 일기 또한 많은 사람들의 가슴을 아프게 했다. 400만 이상의 사상자를 낳은 레닌그라드 공방전에서 영양실조와 결핵으로 외롭게 죽어간 타냐 사비체바는 일찍 아버지를 여의고 홀어머니 밑에서 컸는데, 소련을 침공한 독일군이 레닌그라드를 포위하자 남은 가족 모두가 군수공장에서 일했으며, 당시 11세였던 타냐는 참호 파는

타냐 사비체바

227

일을 도왔다.

어느 날 언니 니나가 일하러 나갔다가 실종되자 어머니는 그녀가 죽은 줄만 알고 니나가 쓰던 일기장을 타냐에게 주었는데, 그 후로 그것은 타냐의 일기장이 되어 추위와 굶주림으로 죽어가던 가족들의 비참한 상황을 알리는 중요한 기록으로 남게 되었다. 특히 마지막 기록인 "모두가 죽고 혼자 남았다."라는 부분은 사람들의 심금을 울리고도 남는다.

비록 그녀의 일기는 간단한 메모 형태이긴 하나 후대 사람들에게 당시의 처참한 상황을 알리는 귀중한 자료로 인정되어 지금까지도 레닌그라드 역사박물관에 전시되어 있다. 타냐는 일기장에서 공장에서 일하다 과로로 숨진 언니 제냐, 할머니와 오빠 레카의 죽음, 두 삼촌의 죽음, 그리고 마지막으로 어머니의 죽음에 이르기까지 모든 과정을 기록했으며, 결국 혼자 남은 타냐는 굶어 죽기 직전에 다른 140명의 아이들과 함께 구조되어 인근 마을 고아원에 옮겨졌지만, 워낙 기력이 쇠진한 데다 장결핵까지 겹쳐 병원으로 후송되었고 그곳에서 숨을 거두고 말았다.

누벨바그 영화의 기수 고다르와 트뤼포

1960년대 프랑스 누벨바그 영화를 대표하는 장 뤽 고다르(Jean Luc Godard, 1930~)와 프랑수아 트뤼포(François Truffaut, 1932~1984)는 동시대에 활동한 클로드 샤브롤, 에릭 로메르 등과 함께 가장 영향력 있는 감독에 속한 인물들로, 기존의 전통적인 영화기법에 반대하고 전혀 새로운 기법을 동원해 전 세계 영화 풍조에도 큰 변화를 가져오게 만든 장본인들이다.

'새로운 물결'을 뜻하는 누벨바그(La Nouvelle
Vague)는 처음에 영화평론가로 활동했던 트뤼포
감독에 의해 주도된 영화운동으로, 작가정신에
입각해 사회 현실에 동참하는 한편 스토리 전개
를 위주로 한 전통적 방식에 연연하지 않고 화면
위주의 촬영기법을 통해 감독 자신의 메시지를
전달하고자 했는데, 그 시발점이 된 작품은 트뤼
포 감독의 1959년도 영화 〈400번의 구타〉였다.

장 뤽 고다르

그 후 1960년에 발표된 고다르 감독의 데뷔작
〈네 멋대로 해라〉는 프랑스 영화사에 큰 이정표를 세운 누벨바그 영화
의 대표작으로 장 폴 벨몽도와 진 세버그가 공연해 많은 비평가들로부
터 찬사를 받았으나 흥행에는 실패했다. 하지만 소외된 삶으로 방황하
는 현대인의 모습과 사회 현실을 즉흥적인 연출과 촬영기법으로 보여
줌으로써 당시로서는 매우 충격적인 실험영화로 평가되었다.

그 후에도 영화의 상업성에 반대한 그는 치열한 작가정신으로 〈여자
는 여자다〉, 〈경멸〉, 〈결혼한 여자〉, 〈미치광이 피에로〉, 〈알파빌〉 등을
발표했으나 1968년 5월 혁명 이후로는 급진적 마르크스주의에 기울면
서 초기의 실험정신에서 멀어지고 말았다. 한동안 비디오 작업에 몰두
하다가 1980년대에 다시 영화계로 복귀한 그는 주로 영화사에 대한 시
리즈물 제작에 힘을 쏟았다.

반면에 트뤼포 감독은 반자전적 작품인 〈400번의 구타〉로 주목을 받
은 후 〈피아니스트를 쏴라〉, 〈쥘과 짐〉 등으로 새로운 연출기법을 선보
였으나 그 후로는 실험적 영화에서 벗어나 다양한 형식의 작품들을 발
표했는데, 〈부드러운 살결〉, 〈화씨 451〉, 〈야생아〉, 〈아델 H 이야기〉,

프랑수아 트뤼포

〈마지막 지하철〉 등에서 보듯이 초기의 누벨바그 정신과는 거리가 먼 영화들이라 하겠다. 스필버그의 영화 〈미지와의 조우〉에 출연하기도 했던 트뤼포는 뇌종양으로 52세라는 한창 나이에 아깝게 사망했다.

트뤼포와 장 뤽 고다르는 두 사람 모두 의사의 아들로 태어났지만, 부유한 의사의 아들이었던 고다르가 별다른 어려움 없이 성장한 반면에, 치과의사의 사생아로 태어난 트뤼포는 어려서부터 매우 반항적이어서 수시로 학교에서 쫓겨났으며, 오로지 독학으로 자수성가한 인물로 평생 동안 생부를 만나보지도 못하고 죽었다. 1970년대 초에 고다르는 트뤼포의 영화가 거짓으로 가득 차 있다고 비난했는데, 이에 대해 트뤼포는 고다르야말로 급진적 좌파를 가장한 위선자라고 응수했으며, 그 이후로 두 사람은 죽을 때까지 상종하지 않았다. 하지만 트뤼포가 세상을 뜬 후 고다르는 영화사를 다룬 작품에서 트뤼포에 대한 장문의 헌사를 통해 뒤늦게나마 화해를 시도하기도 했다.

소련 붕괴의 주역 고르바초프와 옐친

20세기 역사에서 가장 충격적인 사건 가운데 하나는 1917년 레닌과 트로츠키가 주도한 볼셰비키 혁명으로 인류 최초의 프롤레타리아 국가 소련이 탄생했다는 점이며, 또 다른 하나는 그 후 70여 년이 지난 1991년에 그토록 거대한 제국을 이루었던 소련이 하루아침에 무너지고 말았다는 사실이다. 그리고 그런 극적인 소련 붕괴 드라마의 주역은 미하일 고르바초프(Mikhail Gorbachev, 1931~)와 보리스 옐친(Boris Yeltsin, 1931~2007)으로, 두 거물이 떠맡아 서로 밀고 당기는 치열한 신경전을 펼친 결과 마침내 평화적인 수단을 통해 러시아 역사 최초의 민주공화국이 탄생하게 된 것이다. 하지만 냉전을 종식시킨 공로로 노벨 평화상을 차지한 인물은 러시아 최초의 민선 대통령이 된 옐친이 아니라 소련의 마지막 서기장 고르바초프였다.

미하일 고르바초프

고르바초프는 모스크바 대학에서 법학을 공부한 엘리트로 체르넨코의 뒤를 이어 1985년 54세라는 최연소 나이로 소련 공산당 서기장에 올라 정치개혁인 페레스트로이카와 경제개방정책인 글라스노스트를 진행시켜 소련 국민들로부터 크게 환영받았다. 그는 공산당에 대한 비판과 사유재산을 허용하고 종교적 자유도 보장했으며, 특히 서방국가들과 관계 개선을 통해 경제협력을 강화하고 아프가니스탄에서 소련군을 철수시키는 등 유화정책을 펼쳐 냉전시대를 마감하는 일대 개혁을 단행했다.

하지만 1986년 체르노빌 원전사고로 소련관료체제의 무능이 드러나자 고르바초프의 온건개혁노선에 불만을 품은 급진개혁파가 득세하기 시작했는데, 옐친이 그 대표적인 인물이었다. 사실 옐친은 고르바초프의 인사개혁을 통해 출세한 인물로 공산당 보수파가 쿠데타를 일으켜 고르바초프를 실각시키려 들었을 때 소련 민중과 함께 용감하게 나서 저지시키는 공을 세웠으나 결국에는 고르바초프를 밀어내고 정국의 주

보리스 옐친

도권을 장악하기에 이르렀다. 1991년 고르바초프가 대통령직을 사임하면서 소련은 해체되고 러시아연방으로 대체되었으며, 옐친이 초대 대통령으로 선출되었다.

소련 붕괴 이후 엄청난 사회적 혼란과 경제 악화 및 국가 위신의 추락으로 인해 고르바초프는 국민들로부터 조국을 망친 장본인으로 온갖 비난의 대상이 되었지만, 옐친 역시 체첸전쟁을 일으켜 무자비한 폭격을 감행한 일로 국제적 비난을 받았으며, 개인적으로는 알코올중독으로 많은 문제를 일으키기도 했는데, 공식적인 자리에서도 술에 취한 상태로 나타나 사람들의 빈축을 살 때가 많았다. 어쨌든 그는 이래저래 건강을 해쳐 1999년 푸틴에게 권좌를 넘기고 정계에서 은퇴한 후 2007년 76세를 일기로 사망했다. 반면에 고르바초프는 아직도 건재한 모습으로 푸틴을 견제하는 일에 전념하고 있다.

영원한 맞수 알랭 들롱과 벨몽도

프랑스 영화를 좋아하는 사람이라면 누구나 미남배우 알랭 들롱(Alain Delon, 1935~)과 코믹 연기에 능한 장 폴 벨몽도(Jean~Paul Belmondo, 1933~)를 기억할 것이다. 이들은 60, 70년대 프랑스 영화가 전성기를 누리던 시절에 수많은 명화에 출연하며 연기 대결을 펼친 은막계의 영원한 맞수로 서로 막상막하의 인기를 누렸는데, 미남형의 대명사로 불리던 알랭 들롱이 수많은 여성팬에게 선망의 대상이 되어 큰 인기를 누렸다면, 볼품없는 외모를 지닌 장 폴 벨몽도는 코믹한 활극 연기로 흥행을 보장하는 인기스타였다.

알랭 들롱

1960년 르네 클레망 감독의 영화 〈태양은 가득히〉에서 강렬한 눈빛으로 숱한 여성의 마음을 사로잡으며 일약 세계적인 스타로 떠오른 알랭 들롱은 그 후에도 〈태양은 외로워〉, 〈로코와 형제들〉, 〈지하실의 멜로디〉, 〈파리는 불타고 있는가〉, 〈라스페기〉, 〈사무라이〉, 〈대모험〉, 〈그대 품에 다시 한번〉, 〈시실리안〉, 〈암흑가의 두 사람〉, 〈아듀 라미〉, 〈미망인〉 등에 출연해 수많은 팬들의 사랑을 받았으며, 갱 영화 〈볼사리노〉에서는 맞수인 장 폴 벨몽도와 함께 공연해 연기 대결을 펼치기도 했다. 하지만 사생아 문제, 보디가드의 의문사, 사진기자 폭행사건 등 여러 복잡한 스캔들에 휘말린 그는 예전만큼의 관심을 끌지 못하고 현재는 스위스에서 조용히 여생을 보내고 있는 중이다.

한편 다소 촌스러운 외모에 어수룩한 표정이 특징인 장 폴 벨몽도는 1960년 장 뤽 고다르 감독의 문제작 〈네 멋대로 해라〉에서 쉴 새 없이 떠들어대며 천방지축으로 사고를 치고 돌아다니는 주인공 미셸 역을 연기해 찬사를 받았는데, 그런 모습은 〈리오의 사나이〉에서도 유감없이 발휘된다. 고다르 감독의 〈여자는 여자다〉, 〈미치광이 피에로〉, 알랭 레네 감독의 〈스타비스

장 폴 벨몽도

키〉 등 수많은 문제작에 출연한 그는 특히 누벨바그 영화감독들이 가장 선호한 배우이기도 했지만, 코믹 연기에도 능해 고독한 표범의 인상을 주는 알랭 들롱과는 전혀 다른 이미지로 많은 인기를 끌었다.

이처럼 알랭 들롱과 장 폴 벨몽도는 한 시대를 풍미한 인기배우로 강력한 라이벌 관계에 있었지만, 개인적으로는 매우 친밀한 사이였으며, 흥행을 보장하는 프랑스 영화의 간판스타로 군림했으나 놀랍게도 두 사람 모두 상 복은 없어서 칸 영화제에서 한 번도 상을 타 본 적이 없다. 다만 1984년 베르트랑 블리에 감독의 영화 〈우리들의 이야기〉에 출연한 알랭 들롱이 세자르상을 단 한 번 받았을 뿐이다.

얼굴 없는 작가 핀천과 쥐스킨트

현존하는 작가 중에서 세계적인 명성을 얻고도 좀처럼 자신의 정체를 드러내지 않는 매우 특이한 인물이 있는데, 미국의 소설가 토머스 핀천(Thomas Pynchon, 1937~)과 독일의 소설가 파트리크 쥐스킨트(Patrick Süskind, 1949~)가 바로 그런 사람들이다. 토머스 핀천은 소설 《브이》와 《제49호 품목의 경매》, 《중력의 무지개》 등의 문제작으로 계속해서 노벨 문학상 후보로 거론되고 있는 작가이며, 쥐스킨트는 소설 《향수》, 《비둘기》, 《좀머씨 이야기》 등으로 너무도 잘 알려진 작가이다.

토머스 핀천

편집증적 음모론과 오컬트적 신비주의, 심리

학이 혼합된 매우 복잡하고도 난해한 구도로 전개되는 수수께끼 같은 내용의 소설을 주로 쓴 토머스 핀천은 실제로 그 자신도 신비의 베일에 가려 있는 존재로 좀처럼 공개적인 장소에 모습을 드러내지 않고 있어서 그의 거주지조차 전혀 알려져 있지 않다. 그에 대한 궁금증이 워낙 크다 보니 심지어는 샐린저의 《호밀밭의 파수꾼》도 핀천의 작품이라는 헛소문까지 나돌 정도였다.

비평가들로부터 '포스트모더니즘 시대의 율리시즈'라는 평을 들은 《중력의 무지개》 발표 이후 거의 20년에 가까운 오랜 침묵을 거쳐 1990년대에 《바인랜드》, 《메이슨과 딕슨》, 그리고 2000년대에 들어서 《그날에 대비하여》, 《고유의 결함》, 《블리딩 에지》 등을 계속 발표한 그는 줄곧 노벨 문학상 후보로 거론되기도 했지만, 과연 그가 수상자로 선정이 되더라도 공개석상에 모습을 드러낼지 귀추가 주목된다.

한편 1985년 소설 《향수》를 발표해 베스트셀러가 되면서 국제적인 명성을 얻기 시작한 독일의 쥐스킨트는 '어느 살인자의 이야기'라는 부제가 붙은 《향수》의 주인공 그르누이가 세상에서 철저히 고립된 우울한 탐미주의자인 것처럼 그 자신도 역시 세상과의 모든 접촉을 끊고 은둔생활로 일관하는 괴짜작가로 알려져 있다. 스스로 아웃사이더의 길로 들어선 그는 소설 《좀머씨 이야기》의 주인공 입을 빌려 자신의 간절한 소망을 내비치기도 했다. "제발 좀 나를 가만히 내버려 두시오."라고 말이다.

파트리크 쥐스킨트

쥐스킨트는 자신의 이름이 세계적으로 알려지기 시작하면서 은둔생활로 접어들어 좀처럼 공개적인 장소에 모습을 드러내지 않고 있는데, 매스컴의 인터뷰는 물론 자신에게 주어진 그 어떤 상도 거절해 그의 얼굴조차 제대로 알려진 적이 없을 정도이다. 심지어 자신의 신상에 대해 조금이라도 발설하는 사람과는 아예 인연을 끊어 버리는 기이한 작가이기도 하다. 그는 오로지 작품만을 통해 세상과 접촉하고 있는 셈인데, 출판사와의 접촉도 형 마르틴이 대신해 주고 있다고 한다. 아무튼 핀천과 쥐스킨트는 현대 서양문학에서 괴팍하기로 따지자면 둘째가라면 서러울 정도로 매우 특이한 작가들임에 틀림없다.

월드컵 축구의 영웅 펠레와 뮐러

월드컵 축구의 역사에는 그야말로 기라성 같은 영웅들이 즐비하다. 브라질의 펠레와 호나우두를 비롯해 헝가리의 푸슈카시, 독일의 게르트 뮐러와 베켄바우어, 포르투갈의 에우제비우와 호날두, 네덜란드의 요한

크루이프, 프랑스의 지단, 이탈리아의 로시, 아르헨티나의 마라도나와 메시 등이 그렇다. 하지만 그중에서도 펠레(Pelé, 1940~)와 게르트 뮐러 (Gerd Muller, 1945~)는 단연 돋보이는 존재라 할 수 있는데, 펠레는 브라질 대표팀을 3회 연속 우승시키는 위업을 달성했으며, 게르트 뮐러는 32년 동안 월드컵 최다 득점 기록을 유지한 부동의 골게터였다.

펠레는 생애 통산 1,000골 이상을 달성한 브

펠레

라질 축구의 영웅으로 17세라는 최연소 나이로 스웨덴 월드컵대회에 첫 출전해 결승전에서 해트트릭을 기록하는 등 총 6골을 터뜨리며 브라질에게 우승컵을 안겨주는 기염을 토했다. 그 후 1962년 칠레 월드컵과 1970년 멕시코 월드컵에서도 눈부신 활약으로 브라질의 우승을 이끌어 줄리메컵을 영구적으로 차지하는 위업을 달성했는데, 특히 이탈리아와 벌인 멕시코 월드컵 결승전에서도 축구 황제라는 명성에 걸맞게 환상적인 드리블로 첫 골을 뽑아내는 실력을 과시해 전 세계 축구팬들을 열광시켰다. 당시 펠레와 리벨리노, 토스타오 등은 환상의 콤비를 이루며 독일을 4:3으로 격파하고 결승전에 오른 이탈리아를 무력화시켰다.

세 차례 월드컵에 출전해 12골을 기록한 펠레에 비해, 독일의 게르트 뮐러는 두 차례 월드컵 출전에서 총 14골을 기록했는데, 1970년 멕시코 월드컵에서만 10골을 기록해 대회 최다 득점왕에 오르며 '갈색 폭격기'라는 별명까지 얻었다. 뮐러는 독일 대표팀으로 62경기에 출전해 68골을 넣었으며, 분데스리가에서만 427경기에서 365골을 기록한 독일이 자랑하는 골게터로 그가 월드컵에서 세운 14골의 최다 득점 기록은 32년간 깨지지 않다가 2006년 독일 월드컵에서 브라

게르트 뮐러

질의 호나우두가 15번째 골을 넣으면서 비로소 깨지게 되었는데, 그 기록은 다시 2014년 브라질 월드컵에서 16번째 골을 기록한 독일의 클로제에 의해 깨지는 등 독일과 브라질 선수 사이에 엎치락뒤치락하는 반전이 계속되었다.

알리와 포먼의 세기적 대결

미국의 프로 헤비급 권투선수로 1974년 검은 대륙 아프리카의 자이르 킨샤사에서 세기적인 대결을 펼친 무하마드 알리(Muhammad Ali, 1942~2016)와 조지 포먼(George Foreman, 1949~)의 시합은 결국 알리의 통쾌한 8회 KO승으로 결판이 나고 말았다. 당시 이 시합이 킨샤사의 기적으로 불린 이유는 그 누구도 알리의 승리를 예상하지 못했기 때문이다.

당시만 해도 25세의 조지 포먼은 40전 무패 37 KO승이라는 믿기 어려운 전적으로 가공할 핵주먹을 자랑하고 있었으며, 반면에 32세의 노장 알리는 44전 2패 31 KO승의 전적에 그것도 3년간의 오랜 공백기를 가진 후 재기를 노렸으나 조 프레이저와 켄 노턴에게 연달아 패한 후였기 때문이다. 두 사람은 똑같이 191cm의 장신이었지만, 리치는 포먼이 208cm으로 198cm인 알리보다 10cm가 더 길었다.

알리가 이처럼 오랜 공백기를 갖게 된 것은 1967년 베트남전쟁이 한창일 때 자신에게 징집명령이 떨어지자 "베트콩과 싸우느니 차라리 흑인을 억압하는 세상과 싸우겠다."며 양심적인 병역거부를 선언함으로써 헤비급 타이틀을 잃었기 때문이다. 하지만 그는 1964년에 이미 말콤 엑스가 이끄는 이슬람운동에 가담하면서 이름도 캐시어스 클레이에서 무하마드 알리로 개명하고 미국의 인종차별에 반대하는 인권운동에 앞장서게 되었는데, 반전운동이 한창이던 당시 미국에서 그의 병역거부는 커다란 사회적 논쟁을 불러일으켰다.

무하마드 알리

어쨌든 과거에 떠벌이 클레이로 알려질 만큼 수다스러웠던 알리는 1962년 아치 무어를 4회 KO로 제압할 당시에도 경기를 시작하기도 전에 4회에 KO시키겠다고 사전에 미리 예고하는 허세를 부리기도 했지만, 그것이 결코 허풍이 아니라는 사실을 입증하면서 떠벌이 클레이의 전설이 시작되었다. 입을 가만히 두지 않는 알리는 1964년 무쇠 주먹 소니 리스튼과의 대결을 앞두고서도 '나비처럼 날아서 벌처럼 쏘겠다.'고 호언

조지 포먼

장담했는데, 실제로 그는 저돌적으로 몰아붙이는 리스튼을 피해 나비처럼 날아다니다 제 풀에 지쳐 버린 리스튼에게 결정타 한 방을 날려 무릎 꿇게 만들고 말았으니 그의 예언은 적중했던 것이다. 조지 포먼을 제압한 후 1975년 그는 척 웨프너와 가진 첫 방어전에서 도중에 한 번 다운되는 수모를 겪고도 15회 KO승을 거두었는데, 이 시합을 본 실베스터 스탤론은 깊은 인상을 받고 그 후 영화 〈록키〉의 시나리오를 썼다고 한다.

이처럼 숱한 전설을 남기며 복싱 역사상 가장 위대한 챔피언 가운데 한 사람으로 꼽힌 알리는 1980년대에 접어들어 파킨슨병을 앓기 시작해 오랜 기간 거동이 불편한 상태에 있었지만, 1996년 애틀랜타 올림픽 개막식에 최종 성화 점화자로 등장해 떨리는 손으로 성화대에 점화함으로써 관중들의 갈채를 받기도 했다.

알리의 프로복싱 통산전적은 56승 5패 37KO승으로 76승 5패 68KO 승을 기록한 조지 포먼에 훨씬 못 미치지만 사람들의 뇌리에는 알리의 존재가 더욱 선명하게 기억되고 있으니 그것은 그만큼 알리가 자신의

존재감을 부각시키는 홍보전술에 능했기 때문일 것이다. 한편 조지 포먼은 알리에게 굴욕적인 패배를 당한 후 1977년 은퇴해서 목사가 되어 활동하다가 10년 만에 다시 재기를 선언해 세상을 놀라게 했다. 조지 포먼은 1994년에 당시 27세의 마이클 무어를 KO시키고 헤비급 챔피언을 되찾았는데, 이때 그의 나이 45세였으니 권투에 대한 그의 집념 또한 대단하다고 하겠다.

최고의 음반 판매량을 기록한 비틀즈와 마이클 잭슨

서양의 대중음악 역사에서 가장 큰 돌풍을 일으킨 주역은 영국의 록 밴드 비틀즈(The Beatles)와 미국의 마이클 잭슨(Michael Jackson, 1958~2009)이라고 해도 과언이 아닐 것이다. 1960년대 서양 대중문화에 혁명적인 변화를 몰고 온 비틀즈는 존 레논(John Lennon, 1940~1980)과 폴 매카트니(Paul McCartney, 1942~)를 중심으로 이루어진 4인조 밴드로 전설적인 매니저 브라이언 엡스타인(Brian Epstein, 1934~1967)에 의해 세계적인 그룹사운드로 성공했다.

비틀즈

1962년 데뷔한 이래 영국 가요계를 석권한 비틀즈는 1964년에는 미국도 방문해 광적인 소녀 팬들의 환영을 받았는데, 공연 중에 히트곡 〈I Want to Hold Your Hand〉를 부를 때는 실신해 실려 나가는 여성들이 속출하기까지 했다. 그래서 당시 미국의 매스컴은 비틀즈의 미국 상륙을 영국 침공(British Invasion)에 빗대기도 했다. 미국 공연을 성공적으로 마치고 귀국한 후 비틀즈는 이례적으로 영국 왕실로부터 귀족 서훈까지 받았지만, 비틀즈의 구심점이 되었던 매니저 엡스타인이 갑자기 사망하면서 내부 갈등을 빚기 시작하더니 결국 1970년에 해체를 선언해 전 세계 비틀즈마니아들을 충격에 빠트리고 말았다.

비틀즈가 해체된 이후 멤버들은 솔로활동을 벌였지만, 예전만큼의 인기를 얻지는 못했는데, 일본인 여성 오노 요코와 결혼해 미국으로 이주한 존 레논은 1980년에 뉴욕에서 광적인 비틀즈 팬이었던 마크 채프먼의 총을 맞고 살해당했으며, 조지 해리슨은 2001년에 암으로 사망했다. 존 레논을 살해한 채프먼은 도주하지 않고 현장에서 체포되었는데, 당시 그는 경찰을 기다리며 샐린저의 소설 《호밀밭의 파수꾼》을 태연하게 읽고 있었다. 종신형을 선고받은 채프먼은 지금도 감옥에서 35년째 복역 중이다.

1970년까지 총 12장의 정규 음반을 발표한 비틀즈는 전 세계에서 5억 장 이상의 음반 판매고를 올리는 대기록을 낳았으며, 미국에서만도 1억 7,000만 장이 팔려 나갔다. 그들은 빌보드 차트에서도 20곡이나 1위에 오르는 기염을 토했으며, 지금까지도 비틀즈 음악은 팬들의 사랑을 받고 있어 대중음악의 역사에서 가장 성공한 밴드로 평가된다.

비틀즈 이후 '팝의 황제'로 불리는 마이클 잭슨이 나타나 새로운 댄스 뮤직을 선보이며 비틀즈를 능가하는 돌풍을 일으켰는데, 그는 지난 50년 동안 계속해서 빌보드 인기 차트 10위 안에 든 유일한 가수로 총 4억 장의 음반 판매 기록을 세웠으며, 그의 정규 앨범 〈스릴러〉는 무려 6,500만 장의 판매고를 올려 역사상 가장 많이 팔린 앨범으로 기네스북

마이클 잭슨

에 오르기도 했다. 그런 점에서 '마이클 잭슨 이전에 프랭크 시나트라와 엘비스 프레슬리, 비틀즈가 있었다면, 마이클 잭슨 이후로는 아무도 나타나지 않았다.'고 보도한 《뉴스위크》의 기사 내용은 결코 과장이 아님을 알 수 있다.

그러나 춤과 노래로 세상을 지배하며 대중음악의 역사에서 가장 성공한 엔터테이너로 꼽히던 마이클 잭슨도 자신의 유명세에 대한 대가를 톡톡히 지불해야만 했는데, 그것은 두 차례에 걸친 아동 성추행 혐의로 법정 시비에 휘말린 사건이었다. 비록 그는 엄청난 소송비를 들인 끝에 무죄 선고를 받았으나 그런 판결에도 불구하고 당시 절대 다수의 백인들은 그의 결백을 믿지 않았다고 한다.

어쨌든 그런 곤욕을 치르면서 마이클 잭슨은 심신이 지칠 대로 지친 상태였으며, 막대한 소송비용을 비롯해 공연 취소 등 재산상의 손실도 매우 컸다. 결국 과도한 스트레스를 감당하지 못하고 약물에 중독된 그는 식음을 전폐하다시피 했는데, 프로포폴 주사 과용으로 갑자기 심장마비를 일으켜 숨지고 말았다. 이로 인해 주치의 콘래드 머레이는 과실치사 혐의로 유죄선고를 받았으며, 철저한 사인 규명 때문에 마이클 잭슨은 죽어서도 편히 쉬지 못하다가 사망한 지 2개월 만에 비로소 공원묘지에 안장될 수 있었다.

블록버스터 영화의 선구자 스필버그와 루카스

1970년대 할리우드 영화의 새로운 황금기를 구가하며 한순간에 할리우드를 돈방석에 올려 앉히는 데 가장 결정적인 역할을 맡은 스티븐 스필버그(Steven Spielberg, 1946~)와 조지 루카스(George Lucas, 1944~)는 그야말로 흥행의 귀재요 마술사로 꼽힐 만하다. 이들은 기존의 전통적인 할리우드 방식의 틀을 깨고 전혀 새로운 공상과학물과 어드벤처 영화로 승부를 걸었는데, 기대 이상의 폭발적인 인기를 끌며 미국뿐 아니라 전 세계 영화시장을 석권하는 돌풍을 일으켰다. 이들의 놀라운 성공 때문에 그 후 할리우드에는 전통적인 서부극과 사극물이 자취를 감추는 후폭풍까지 몰아쳤다.

오하이오 주 신시내티 태생의 유대계 감독 스필버그는 캘리포니아 주립대학 영화과를 졸업한 후 1971년 감독 데뷔작인 TV 영화 〈대결〉로 주목을 받았으며, 1975년 〈조스〉가 흥행에 크게 성공하면서 본격적으로 블록버스터 영화 제작에 들어가 계속해서 〈미지와의 조우〉, 〈레이더스〉, 〈이티〉, 〈인디아나 존스〉 시리즈, 〈쥬라기 공원〉 시리즈, 〈후크 선장〉, 〈에이 아이〉, 〈마이너리티 리포트〉, 〈우주전쟁〉, 〈틴틴의 모험〉 등을 발표함으로써 할리우드에서 가장 흥행을 보장하는 감독으로 자리 잡게 되었다.

이처럼 황금알을 낳는 감독으로 확고부동한 위치를 차지한 스필버그는 단순 모험물에 그치지 않고 진지한 작품도 제작했는데, 초기작인 〈슈가랜드 특급〉, 〈1941년〉을 비롯해 〈컬러 퍼

스티븐 스필버그

플〉, 〈태양의 제국〉, 〈올웨이즈〉, 〈쉰들러 리스트〉, 〈아미스타드〉, 〈라이언 일병 구하기〉, 〈캐치 미 이프 유 캔〉, 〈터미널〉, 〈뮌헨〉, 〈워 호스〉, 〈링컨〉 등을 발표하기도 했으나 홍행성적은 기대 이하로 신통치 않았다. 세계적인 명성에 비해 상복이 없었던 그는 〈쉰들러 리스트〉와 〈라이언 일병 구하기〉로 두 차례 오스카 감독상을 받기는 했지만, 역시 그의 진가는 공상과학 모험영화에서 발휘되고 있음을 알 수 있다. 할리우드를 대표하는 홍행감독으로 성공한 스필버그는 영화사 드림웍스를 독자적으로 설립하기도 했다.

할리우드에서 영화제작자로 스필버그와 쌍벽을 이룬 인물은 〈스타워즈〉 시리즈로 홍행 대박을 터뜨리고 거부가 된 조지 루카스라 할 수 있다. 영화사 루카스필름을 따로 세운 그는 새로운 우주시대에 걸맞게 전통적인 서부극의 구도를 광활한 우주공간으로 무대를 옮겨 1977년 자신이 직접 각본을 쓰고 감독한 〈스타워즈〉를 발표했는데, 이 작품이 크게 성공하자 계속해서 후속작인 〈제국의 역습〉, 〈제다이의 귀환〉 등을 제작해 돈방석에 오르게 되었다.

조지 루카스

루카스는 〈스타워즈〉 시리즈뿐만 아니라 스필버그 감독의 〈인디아나 존스〉 시리즈의 제작도 맡아 홍행에 크게 성공했는데, 사실 〈인디아나 존스〉의 아이디어는 루카스가 창안한 것으로 스필버그와 루카스는 〈레이더스〉에서 마지막 4편 〈해골의 왕국〉이 나올 때까지 서로 사이좋게 손을 잡고 공동 작업에 임하기도 했다. 하지만 그 이후로 루카스는 블록버스터 영화 제작에서 손을 떼고 자선사업에만 몰두했으며, 2012년에는 자신의 영화사도 디즈니사에 매각함으로써 영화계를 완전히 떠나고 말았다.

무승부로 끝난 힐러리 여사와 르윈스키의 대결

1960년대 초 영국 정가를 발칵 뒤집어 놓은 프로퓨모 사건의 주인공은 당시 19세에 불과한 매력적인 모델 크리스틴 킬러로, 당시 그녀는 육군상 존 프로퓨모를 상대로 성스캔들을 일으켰을 뿐만 아니라 소련 스파이와 연루된 혐의로 인해 영국 보수당 정권에 치명적인 손상을 입히고 말았으며, 결국 그 여파로 보수당은 이어진 총선에서 노동당에 대패함으로써 정권을 넘겨줘야만 했다. 그런데 1997년 미국에서도 르윈스키 스캔들이 터지면서 빌 클린턴 대통령을 탄핵의 위기로 몰아넣으며 온 세상을 들끓게 했으나 강철 같은 의지로 남편을 지지한 힐러리 클린턴(Hillary Clinton, 1947~) 여사의 지원에 힘입어 마침내 르윈스키도 한 발물러서고 말았다.

이처럼 미국 정가를 혼란에 빠트린 모니카 르윈스키(Monica Lewinsky, 1973~)는 백악관 인턴으로 근무하면서 클린턴 대통령과 여러 차례 성관계를 가졌는데, 대통령 자신은 그 관계를 단순히 부적절한 관계였다고만 증언함으로써 더욱 큰 센세이션을 일으켰다. 그녀는 백악관 스캔들을 일으켜 하루아침에 유명인사로 떠오르며 전 세계의 이목을 집중시키고 자서전도 출판해 거액

모니카 르윈스키

을 벌어들였으나 엄청난 소송비로 그 돈을 모두 탕진했을 뿐만 아니라 본인 자신도 정신적 스트레스를 감당하지 못해 폭식에 빠지는 등 매우 불안정한 상태를 보이기까지 했다. 사건이 잠잠해진 후 그녀는 영국 런던으로 건너가 다시 심리학을 공부했다.

르윈스키는 샌프란시스코 태생으로 그녀의 부모는 모두 유대인이다. 아버지는 암 전문의이며 어머니는 작가였다. 하지만 소녀시절 부모가 이혼하고 제각기 재혼하는 바람에 그녀는 정서적으로 몹시 불안정할 수밖에 없었다. 그런 배경 때문에 이미 그녀는 산타 모니카 대학 시절 유부남인 지도교수와 부적절한 관계를 맺었으며, 그 후 오레곤 주 포틀랜드로 옮겨 그곳에서 심리학을 공부했다. 대학을 졸업한 그녀는 곧바로 백악관 인턴으로 취직했는데, 근무를 시작하자마자 바람둥이 대통령과 눈이 맞아 일을 벌인 것이다.

원래 바람둥이였던 클린턴 대통령은 아칸소 주지사 시절부터 스캔들이 잦았으나 워낙 강심장의 소유자인 아내 힐러리 여사의 뚝심에 힘입어 어려운 고비마다 무사히 위기를 넘길 수 있었다. 그런데 대통령이 된

후에 르윈스키 사건이 터지면서 그의 과거 행적까지 모조리 공개되었을 뿐만 아니라 대통령의 도덕성에 심각한 의문이 제기되기 시작하자 힐러리 여사의 발등에도 불이 떨어진 셈이 되고 말았다. 남편에 결코 뒤지지 않는 정치적 야망을 지니고 있던 그녀로서는 어떻게든 그 위기를 넘겨야만 했을 것이다.

어쨌든 남편에 대한 변함없는 신뢰와 애정을 만천하에 공언함으로써 사태를 반전시킨 그녀의

힐러리 클린턴

통 큰 모습은 대통령에 대한 빗발치는 비난 여론을 잠재우고도 남음이 있었다. 사실 어떻게 보면 클린턴을 대통령으로 만든 것은 전적으로 그녀의 작품이라 할 수 있으며, 그녀 또한 미국 최초의 여성대통령을 꿈꾸기도 했으니 실로 당찬 여걸이라 하겠다.

당시 클린턴은 법정 진술에서 자신은 모니카 르윈스키와 직접적인 성관계를 한 적이 없다고 부인하고 단지 오럴 섹스 정도의 부적절한 관계만을 했다고 주장했는데, 이 말 때문에 많은 부모들이 곤욕을 치르기도 했다. 왜냐하면 아이들이 부적절한 관계가 무엇이냐는 질문을 계속해서 던져 부모들을 매우 곤혹스럽게 만들었기 때문이다. 어쨌든 생애 최대의 수모를 겪은 클린턴 대통령은 탄핵 위기를 무사히 넘겼지만, 그 때문에 차기 대통령을 노리던 힐러리 여사에게는 예기치 못한 악재로 작용해 대권의 영예를 버락 오바마에게 넘겨주어야만 했으니 결국 힐러리와 르윈스키의 대결은 무승부로 판가름 난 셈이다.

컴퓨터 사업의 신화를 낳은 빌 게이츠와 스티브 잡스

인류가 이룩한 문명 가운데 불의 발견과 전구 발명에 이어 라디오와 TV의 등장은 인류의 삶을 송두리째 바꿔 놓은 일대 사건이 아닐 수 없지만, 그에 못지않게 20세기에 발명된 컴퓨터의 등장은 그야말로 세상 전체를 바꿔 놓은 가장 혁명적인 사건이다. 그런 혁명을 이룬 주역 가운데 마이크로소프트 윈도우를 개발해 억만장자가 된 빌 게이츠(Bill Gates, 1955~)와 개인용 컴퓨터 및 스마트폰 개발에 혁신을 이룬 스티브 잡스(Steve Jobs, 1955~2011)는 현대 최고의 신화적인 존재로 군림하게 되었다.

빌 게이츠

하버드 대학에 재학 중일 때 컴퓨터 프로그램 개발에 흥미를 느낀 빌 게이츠는 1975년 학교를 자퇴하고 친구인 폴 앨런과 함께 마이크로소프트를 공동 창립한 후 윈도우시스템을 개발해 컴퓨터 산업에 일대 혁명을 가져왔는데, 그런 예기치 못한 성공 때문에 결국 대학을 졸업하진 못했다. 하지만 불과 20대 나이로 세계 최고의 갑부가 된 그에게 학력 따위가 무슨 소용이 있겠는가. 어쨌든 세계에서 가장 존경받는 인물 가운데 한 사람으로 우뚝 선 그는 그런 명성에 걸맞게 자신의 전 재산 대부분을 사회에 환원하기로 결심하고 자선사업에도 열을 올리고 있다.

컴퓨터 회사 애플의 공동 창립자인 스티브 잡스는 개인용 컴퓨터 개발의 귀재인 동시에 기발한 아이디어로 혁신적인 제품을 개발해 거부가 되었는데, 음악 산업에 일대 혁명을 가져온 아이팟과 스마트폰 시장의 판도를 바꾼 아이폰, 간편한 휴대용 태블릿 컴퓨터 아이패드 등이 그 대표적인 예라 할 수 있다. 하지만 40대 중반부터 췌장암 투병을 하기 시작한 그는 애플의 주가 하락을 염려해 계속해서 자신의 건강이상설을 부인해 오다가 결국 56세를 일기로 세상을 뜨고 말았다.

스티브 잡스

수재형인 빌 게이츠가 변호사의 아들로 태어나 별다른 어려움 없이 성장해서 명문대학 하버드에 진학한 것과는 달리, 시리아인 아버지를 둔 스티브 잡스는 태어나자마자 양부모에게 입양되어 자랐으며 어려서부터 사고를 치고 다니는 문제아였는데, 리드 대학 철학과를 중퇴한 후 오리건 주 사과농장의 히피 공동체에서 지내던 중에 일본인 승려를 만나 선불교에 입문하면서 마음의 안정을 찾게 되었다. 그 후 그가 창립한 애플은 바로 자신이 머물던 사과농장에서 힌트를 얻은 것이다. 어쨌든 스티브 잡스는 의사의 권고를 무시하고 계속 수술을 미루었으며, 끝까지 채식주의를 고집해 더욱 죽음을 앞당긴 것으로 보인다.

축구 신동 메시와 호날두의 대결

축구 신동이라고 하면 사람들은 누구나 '신의 손'으로 불리며 스페인 월드컵에서 아르헨티나를 우승으로 이끌었던 마라도나를 연상하지만, 오늘날 새로운 신화를 낳으며 치열한 맞대결을 벌이고 있는 스페인 레알 마드리드 소속의 리오넬 메시(Lionel Messi, 1987~)와 바르셀로나 소속의 크리스티아누 호날두(Cristiano Ronaldo, 1985~) 역시 축구 신동으로 불린다.

'살아 있는 전설'로 불리는 메시는 아르헨티나 로사리오 태생으로 5세 때부터 축구를 시작했는데, 성장호르몬 결핍증 진단을 받은 후 치료비를 지불해 주는 조건으로 FC 바르셀로나에 스카우트되어 바르셀로나 클럽 유소년팀 소속으로 활약했다. 그 후 18세 때 스페인 1부 리그에 출전하기 시작한 그는 얼마 가지 않아 뛰어난 돌파력과

리오넬 메시

골 결정력을 보여 제2의 마라도나라는 뜻에서 '메시도나'로 불리기도
했다.

메시는 2005년 네덜란드에서 열린 세계청소년축구 선수권대회에 아
르헨티나 대표로 참가해 팀을 우승으로 이끌었으며, 2008년 베이징 올
림픽에도 참가해 아르헨티나 축구팀이 금메달을 획득하는 데 결정적인
역할을 맡았다. 그 후 2010년 남아공 월드컵과 2014년 브라질 월드컵에
아르헨티나 대표로 참가했지만 팀을 우승으로 이끌지는 못했다. 하지
만 유럽 프로무대에서는 발군의 실력을 발휘하며 FIFA 발롱도르 4회 연
속 수상이라는 대기록을 달성함으로써 그야말로 현존하는 선수 가운데
세계 최고의 골게터로 자리 잡았다.

169cm의 단신인 메시에 비해 185cm의 장신인 호날두는 가공할 점프
력과 대포알 같은 슛, 감각적인 기회 포착으로 정평이 나 있는 선수로
메시가 속한 바르셀로나와는 숙적관계에 있는 레알 마드리드 소속이
다. 포르투갈 출신인 그는 불과 18세 때 영국의 맨체스터 유나이티드에
스카우트되어 2009년 레알 마드리드로 이적할 때까지 196경기에 출전

크리스티아누 호날두

해 84골을 기록했는데, 스페인으로 옮긴 이후로
는 지금까지 200경기에 출전해 225골이라는 경
이적인 기록을 남기며 메시와 치열한 골 경합을
벌이고 있다. 지난 10년간 메시는 바르셀로나 소
속으로 315경기에 출전해 286골을 기록함으로
써 서로 막상막하의 실력을 뽐내고 있다.

하지만 호날두 역시 메시와 마찬가지로 월드
컵에서는 별다른 활약을 보여 주지 못하고 말았
는데, 2006년 독일 월드컵에서는 포르투갈이

4강까지 올랐으나 2010년 남아공 월드컵과 2014년 브라질 월드컵에서는 부진을 면치 못하고 무기력한 모습을 보여 많은 팬들을 실망시키기도 했다. 평소 말수가 적고 수줍음을 많이 타는 내성적인 성격의 메시와는 달리 호날두는 다소 거칠고 다혈질인 편인데, 그런 성격 때문에 그라운드에서 종종 시비를 불러일으켜 매우 건방지다는 인상을 주기도 해서 항상 겸손한 태도를 보이는 메시와 비교되기도 한다.

2부

●

동양의
맞수와
적수들

공자의 《논어》와 노자의 《도덕경》

예수와 석가모니, 소크라테스와 더불어 4대 성인의 한 사람으로 꼽히는 공자(孔子, BC 551~BC 479)는 유교의 시조이며 수천 년의 세월에 걸쳐 동아시아의 정신적 지주 역할을 맡아온 사상가이자 철학자로 오늘날에 이르기까지 인류의 영원한 스승으로 추앙받고 있는 반면에, 노자(老子)는 철저한 은둔 철학자로 속세를 멀리한 채 자연의 섭리에 따라 유유자적한 삶을 추구한 도가사상의 원조라 할 수 있다.

물론 그들의 철학에서 유래한 유교나 도교는 종교라 할 수 있는 성질의 것이 아니기 때문에 그들을 종교의 창시자로 보기에는 무리가 따르기도 한다.

공자

공자는 춘추시대 말기에 노나라(魯) 곡부(曲阜)에서 무관인 숙량흘의 서자로 태어나 학문을 익히고 자신의 독자적인 정치철학으로 이상적인 세상을 꿈꾸며 전국을 주유했으나 법치(法治)보다 덕치(德治)를 강조한 자신의 말에 귀를 기울이는 군주가 없어 말년에는 낙향해 후학 양성에 전념하다 세상을 떴는데, 그의 명성을 듣고 모여든 제자들의 수가 3,000명을 넘었다고 한다. 그중에서도 가장 뛰어난 제자는 안회(顔回)였는데, 스승보다 먼저 세상을 뜨는 바람에 공자는 크게 상심했다고 한다.

공자가 73세로 세상을 뜬 후로는 제자 증자(曾子)가 공자의 손자인 자사(子思)를 가르쳤으며, 자사는 훗날 맹자(孟子)를 가르쳐 공자의 사상을 이어나갔다. 한편 공자의 다른 제자 자궁(子弓)으로부터 떨어져 나간 한 분파는 순자와 한비자로 이어져 법가의 전통을 세우기에 이르렀다. 따라서 공자의 유학은 그 후 맹자의 성선설과 순자의 성악설로 나뉘어 발전하게 되었는데, 맹자가 인간의 선한 본성을 보존하는 데 힘을 기울여야 한다고 주장한 반면에, 순자는 인간의 본성은 악하기 때문에 교육을 통해 다스려야한다고 주장했다.

유교의 경전으로 취급되고 있는 공자의 《논어》는 공자가 직접 저술한 책이 아니라 그가 세상을 뜬 후 제자들이 스승의 말씀을 정리해 편찬한 것으로 제자들과 나눈 문답형식의 언행집이라 할 수 있는데, 그 내용은 한마디로 인(仁)의 실천에 있다고 볼 수 있다. 공자가 주장한 정치철학도 궁극적으로는 인(仁)에 기초한 인본주의적 도덕정치라 할 수 있으며, 군자를 양성하기 위해서는 인의예지(仁義禮智)의 필요성을 강조했다. 물론 당대에는 그 어떤 군주도 공자의 말에 따르지 않았지만, 그 후 《논어》는 유교문화권에서 사회 모든 영역에 영향을 주어 정신적 지주 역할을 담당해 왔다. 하지만 중국이 공산화된 이후 문화대혁명의 와중에서 공자의 존재는 악의 표상으로 간주되어 홍위병에 의해 그의 묘와 비석이 파괴되고 많은 서책이 불태워지는 참화를 겪기도 했다.

공자가 수많은 후학을 양성하고 올바른 치세와 인성 개발을 위해 애썼다면, 노자는 우주만물의 근원을 탐색하고 자신이 발견한 우주의 근본적인 이치를 도(道)라고 명명함으로써 도가사상의 원조로 꼽힌다. 노자의 정체에 대해서는 확실하게 알려진 게 없으나 적어도 노자의 사상을 계승한 장자(莊子, BC 369~BC 286)나 그의 《도덕경》을 인용한 한비자(韓非, BC 280~BC 233)보다는 앞선 인물임에 틀림없다. 일반적으로는 춘추전국시대 초나라 사람으로 알려져 있을 뿐이다.

노자의 대표적인 저서 《도덕경》에 나타난 중심사상은 한마디로 무위자연(無爲自然) 사상이라 할 수 있는데, 그것은 곧 사람이 우주의 근본이며, 진리의 세계인 도에 이르기 위해서는 인습에 얽매이지 말고 자연 그대로의 모습을 지키며 살아야 한다는 것이 핵심사상이라 할 수 있다. 따라서 노자는 있는 그대로의 자연법칙에 순응하며 사는 모습을 흐르는 물에 비유하기도 했다. 다시 말해서 물은 만물을 이롭게 하지만 결코 다투지 않으며, 동시에 사람들이 싫어하는 곳에 거하기 때문에 도에 가장 가깝다는 것이다. 이는 곧 세상에서 가장 유약해 보이는 물이야말로 무위자연을 대표하는 존재로 이처럼 인간은 자신을 내세우지 않고 세상의 흐름에 따라 자연과 더불어 살 것을 권장하고 있는 것이다. 노자는 그것을 겸하부쟁(謙下不爭)이라는 말로 표현했는데, 이는 유가(儒家)에서 말하는 천인감응(天人感應)과는 전혀 상반된 태도라 할 수 있다. 이처럼 무위자연의 도를 설파한 노자였으니 당연히 자신의 학파나 제자들을 두지 않은 것은 당연한 결과였다.

노자

맹자의 성선설과 순자의 성악설

맹자

공자의 직계 제자 가운데 증자(曾子)의 맥을 이은 맹자(孟子, BC 372~BC 289)와 자궁(子弓) 계열에 속한 순자(荀子, BC 298~BC 238)는 제각기 성선설과 성악설을 내세워 서로 대립하였다. 먼저, 맹자는 공자가 죽은 후 100년이 지나 태어난 인물이었으니 직접적인 제자라 할 수는 없지만, 공자의 사상을 이어 받아 더욱 발전시킨 대표적인 유학자로 공자의 사상이 후세에 유교문화권의 중심 사상으로 자리 잡는 데 가장 큰 공헌을 남긴 인물로 평가된다. 반면에, 순자는 인(仁)보다 오히려 예(禮)를 더욱 중시함으로써 법가(法家)의 사상적 기반을 제공한 인물로 법가를 대표하는 한비자(韓非子)는 바로 그의 제자였다.

맹자는 인간의 본성이 원래 선하기 때문에 수양을 통해 이를 잘 보존하고 발전시켜 나가면 덕을 완성한 군자에 이를 수 있다고 주장했지만, 순자는 그런 성선설에 반대하고 오히려 성악설을 내세워 맹자의 주장을 반박했다. 순자에 의하면, 인간의 본성은 태어날 때부터 원래 악하기 때문에 항상 자신의 이익만을 추구하며 서로 헐뜯고 미워하기 마련이라고 했는데, 특히 탐욕과 질투심 때문에 싸움이 그칠 새가 없다고 주장했다. 따라서 이를 극복하기 위해서는 예(禮)를 배우고 익히게 할 필요가 있다고 주장한 것이다.

공자와 마찬가지로 하늘의 뜻을 존중하고 인(仁)을 중시한 맹자와는 달리 순자는 하늘의 의지보다 인간의 욕망 자체를 과감히 인정하고 예를 통한 수련을 더욱 강조한 것인데, 그런 점에서 순자가 매우 현실적인 경험주의자라면, 공자와 맹자는 하늘의 뜻과 인간의 덕성을 강조한 이상주의자라 할 수 있겠다. 하지만 맹자의 성선설에 반대하고 성악설을 주장한 순자는 송대 이후 성리학이 크게 유행하면서 오랜 기간 정통 유가(儒家)에서 배척당하는 신세가 되고 말았다.

순자

맹자는 맹모삼천지교(孟母三遷之敎)로 유명한 현모 장(仉)씨의 아들로 그런 훌륭한 어머니 밑에서 컸으니 인간의 본성이 선하다고 믿을 수밖에 없었을 것이다. 물론 그렇다고 해서 순자가 못된 어머니 슬하에서 자랐다는 말은 아니지만, 15세라는 어린 나이에 제나라 벼슬에 올랐다가 모함으로 인해 쫓겨나 초나라로 가서 여생을 보낸 순자였으니 인간의 본성을 좋게 볼 수가 없었을 것이다. 반면에, 벼슬에 미련이 없었던 맹자는 오로지 학문에만 정진했던 인물이었으니 순자가 당했던 수모는 겪지 않아도 되었다. 그런 점에서 볼 때, 맹자는 낙관적인 세계관을 지닌 인물로 볼 수 있으며, 순자는 다소 염세적인 인물이었다고 할 수도 있겠다.

맹자는 성선설뿐만 아니라 왕도론(王道論)을 통해서 공자가 이루지 못한 천명(天命)사상을 완성하고 하늘의 법칙을 인간에게도 적용시켰는데, 하늘의 뜻을 따르는 것이 인간 본연의 자세라고 강조함으로써 공자의 사상을 종교적인 차원으로까지 끌어올렸다고 볼 수도 있다. 맹자는 인(仁), 의(義), 예(禮), 지(智) 등의 사단(四端)이 태어날 때부터 갖추어져 있음을 말하고, 이들 덕목을 잘 발전시켜 나가야 한다고 주장했는데, 그 외에도 오륜(五倫)설을 내세워 '부자유친(父子有親), 군신유의(君臣有義), 부부유별(夫婦有別), 장유유서(長幼有序), 붕우유신(朋友有信)'을 통해 바람직한 인간관계의 기초를 제시함으로써 오랜 유교문화의 전통을 수립하는 데 크게 공헌했다. 한편 덕치주의(德治主義)를 주장한 맹자는 덕을 실천하지 않는 군주는 그 지위를 상실하게 된다고 주장함으로써 역성혁명(易姓革命)의 길을 터 준 장본인이기도 했다.

유방의 공격으로 사면초가에 몰린 항우

사면초가(四面楚歌)라는 말은 초(楚)나라의 패왕(覇王) 항우(項羽, BC 232~BC 202)와 한(漢)나라의 유방(劉邦, BC 247~BC 195)이 천하를 두고 서로 다툴 때, 초나라 군대를 포위한 한나라 군대 진영에서 초나라의 구슬픈 노래가 들려오니 그리운 고향 생각으로 마음이 흔들린 초나라 군사들이 전의를 잃고 탈주병이 속출하는 바람에 결국 천하장사로 이름을 떨친 항우도 스스로 목숨을 끊고 만 데서 나온 고사성어(故事成語)다.

유방

진시황제가 죽은 후 각지에서 반란이 일며 천하가 혼란에 빠졌을 무렵, 초나라의 귀족 출신 항우와 가난한 농민 출신 유방이 제각기 반란을 일으켰는데, 항우는 자신보다 한 발 앞서 먼저 진나라 수도 함양에 입성한 유방을 연회에 불러 암살하려다 실패한 후 스스로 서초의 패왕이라 일컬으며 섭정을 하는 가운데 유방을 서쪽 지방 오지로 내쫓고 한왕(漢王)에 봉했다. 이에 불만을 품은 유방은 곧 군사를 일으켜 항우와 대결을 벌

였는데, 5년에 걸친 초한상쟁을 통해 결국 유방
이 승리하고 한나라를 세워 한고조가 되었으며,
항우의 죽음으로 초나라는 패망하고 말았다.

항우

　원래 유방의 세력은 미미하기 짝이 없어서 처
음부터 막강한 항우의 적수가 될 수 없었지만,
장량이라는 뛰어난 참모와 한신과 같은 명장을
휘하에 두어 전세를 뒤집을 수 있었다. 반면에,
항우는 범증이라는 참모가 있었으나 자만에 빠
진 항우는 그의 말을 듣지 않다가 결국에는 자멸
하고 말았다. 항우가 최후의 결전을 벌인 해하(垓下)에서 초나라 군사를
포위한 한신은 초나라 출신 군사들을 동원해 밤마다 초나라 노래를 부
르게 했는데, 적군의 사기를 떨어트리는 일종의 심리전에 휘말린 항우
와 그 병사들은 더 이상 싸울 용기를 잃고 스스로 무너지고 말았다.

　사방에서 들려오는 고향 노래를 듣고 최후의 순간이 다가왔음을 감
지한 항우는 마지막 연회를 열고 애첩 우희(虞姬)가 따르는 술잔을 받아
마시며 비통한 시를 지어 노래한 후 최후의 결전에 나섰으나 승산 없는
싸움에서 패하자 스스로 목을 찔러 자결하고 말았다. 중국의 경극 〈패
왕별희〉는 바로 항우와 우희의 비극적인 사랑을 다룬 내용으로 중국에
서 대중적인 인기를 독차지해 왔으며, 역사소설 《초한지(楚漢志)》 역시
유방과 항우의 대결을 다룬 내용이다. 유방이 세운 한나라는 그 후
400년을 지속하며 중국 역사상 가장 강대한 제국을 이루다가 마침내 위
(魏), 촉(蜀), 오(吳)로 분열되어 삼국시대를 맞게 되었다.

유비

한나라의 위세가 기울기 시작하면서 도처에서 반란이 일어나고 세상이 몹시 어지러워진 시기에 황건적의 난을 토벌하기 위해 일어선 한나라 황실의 후손 유비(劉備, 161~223)는 관우, 장비와 함께 의병들을 이끌고 나가 크게 공을 세웠는데, 그 후 여포에게 쫓겨 한동안 조조의 보호를 받다가 조조 암살계획에 가담한 사실이 탄로 날 기미가 보이자 원술 토벌을 핑계로 서둘러 길을 떠나 원소에게 의탁했다. 하지만 날로 세력이 강해진 조조를 피해 여기저기를 떠돌던 유비는 삼고초려를 통해 제갈량이라는 출중한 현자를 참모로 두게 되면서부터 그 세력을 크게 키우고 촉한(蜀漢) 건국의 기틀을 마련하기에 이르렀다.

유비는 오나라의 손권과 힘을 합쳐 적벽대전에서 조조의 대군을 크게 격파했으나 나중에 관우가 손권에 의해 죽임을 당하게 되자 조조뿐 아니라 손권과도 맞서게 되었으며, 조조가 죽은 후 그 아들 조비가 후한을 멸망시키고 스스로 황제가 되자 유비도 제갈량의 권유에 따라 촉한(蜀漢)을 건국하고 황제의 자리에 올랐다. 그렇게 해서 중국 천하는 마침내 위(魏), 촉(蜀), 오(吳) 삼국으로 나뉘어 대립하게 되었는데, 그 후 장비가 관우의 복수를 위해 출정했다가 부하장수들에게 암살을 당하고, 유비 또한 오나라 원정에 실패하자 화병이 도져 제갈량에게 국사를 부탁하고 62세를 일기로 눈을 감았다.

유비가 죽은 후 제갈량은 8년에 걸쳐 여러 차례 북벌을 단행해 위나라를 공격했으나 그 역시 뜻을 이루지 못하고 53세 나이로 오장원 진중에서 세상을 뜨고 말았다. 결국 촉한은 위나라의 대대적인 정벌에 의해 2대 황제 유선을 끝으로 건국 43년 만에 멸망하고 말았지만, 그래도 3대 황제 15년 만에 멸망한 진(秦)나라, 3대 황제 39년 만에 멸망한 수나라에 비하면 그나마 오래 버틴 편이다.

무릎까지 닿는 긴 팔과 남달리 큰 귀를 지닌 유비는 비록 학문을 즐기지는 않았지만 항상 말수가 적고 자신의 감정을 잘 드러내지 않으며, 사람을 대할 때도 늘 겸손하고 공손한 태도로 대하는 후덕한 인품으로 알려져 있다. 하지만 소심하고 비겁한 면도 없지 않았다. 조조가 한때 자신에게 몸을 의탁하고 있던 유비에게 "지금 천하에 영웅이 있다면 그대와 나뿐이다."라고 말하자 유비는 그 말을 듣고 놀라 젓가락을 떨어뜨린 적이 있었는데, 유비는 때마침 울리던 천둥 탓으로 둘러대긴 했으나 사실은 당시 조조를 암살할 계획에 은밀히 동참하고 있었기 때문에 도둑이 제 발이 저려 놀란 것이라 할 수 있다.

어쨌든 유비에 대해서는 긍정적인 평가만 있는 게 아니었다. 《후한서》에는 유비를 속과 겉이 다르고 잔꾀에 능한 인물로 보고 있으며, 동진의 사학자 습작치는 신의를 저버리고 속임수로 유장의 땅을 습격해 빼앗은 일을 두고 유비를 군자의 도리에서 벗어난 인물로 보기도 했다. 실제로 유비는 수시로 배신을 일삼았으며, 《삼국지》 전체를 통해서 보더라도 가장 많은 배신행위를 저지른 인물이기도 하다. 하지만 비록 용병술이나 지략은 조조에 비해 뒤떨어졌어도 적에게 끝까지 굴복하지 않는 자긍심 하나만큼은 남달리 컸다고 할 수 있다. 숱한 실패와 좌절을 겪으면서도 대업에 대한 꿈을 포기하지 않고 결국 황제의 자리에 올랐으니 말이다. 그야말로 칠전팔기의 모습을 보인 대표적인 인물이라 할 수 있다.

조조

이런 유비에 비한다면, 위나라의 기틀을 마련하고 죽은 조조(曹操, 155~220)는 탁월한 지략과 배짱을 겸비한 인물이다. 비록 나관중은 자신의 소설 《삼국지연의》에서 조조를 가장 간악하고 교활한 야심가로 후한을 멸망시킨 역적으로 묘사하기도 했지만, 숱한 영웅호걸들과 제후들을 연달아 물리치고 중국대륙의 대부분을 통일시킨 대업을 이룩한 장본인이기도 했다. 동탁과 여포를 제거하고 후한의 대승상이 되어 천하를 호령한 조조는 "내가 천하를 버릴지언정 천하가 나를 버리지 못한다."라고 했던 말에서도 보듯이 실로 대단한 호연지기를 보인 난세의 영웅임에는 틀림없다.

특히 용병술과 통솔력에 탁월한 재능을 발휘한 조조는 뛰어난 언변과 놀라운 순발력으로 사람들을 감동시키는 데 남다른 재주가 있었다. 단적인 예로 그는 농민에게 피해를 주지 않기 위해 군사들이 말을 타고 보리밭에 들어가지 못하게 금지시켰으나, 오히려 실수로 자신의 말이 보리를 밟는 일이 생기자 스스로 자신의 목을 자르려고 했다. 이에 놀란 부하들이 머리카락을 자르는 일로 대신하도록 권유하며 가까스로 그를 말렸는데, 물론 그것은 일종의 쇼맨십이었겠지만 그 후로 군사들이 더욱 조심했다고 한다.

조조는 전사자들의 유족에게도 논밭을 내주어 생계에 지장이 없도록 하는 등 세심한 부분까지 신경을 썼으며, 인재를 고르는 일에도 사사로운 감정에 얽매이지 않고 과감히 등용하곤 했다. 다만 의심이 많아서 사람을 잘 믿지 못했으며, 제갈량과 쌍벽을 이루던 지략가인 사마의마저 믿지 못해 그를 항상 경계했다. 더욱이 평소 만성 두통에 시달린 조조는 자신을 치료했던 당대의 명의 화타마저 죽여 없애는 우를 범하기도 했는데, 화타를 죽인 것은 조조가 저지른 실수 중에 가장 큰 과오였다고 할 수 있다. 조조는 관우가 죽은 이듬해에 65세 나이로 죽었는데, 화타를 죽이지만 않았어도 더 장수했을지도 모른다.

시선 이백과 시성 두보

중국의 시선으로 통하는 이백(李白, 701~762)과 두보(杜甫, 712~770)를 합쳐 흔히들 이두(李杜)로 부를 정도로 두 사람은 중국 역사상 최대의 시인으로 꼽힌다. 동시대에 활동한 이들은 함께 산동지방을 여행하며 잠시 어울리기도 했지만 그 후로는 전혀 다른 삶의 행보를 걸은 만큼 성격 또한 서로 달랐다. 그래서 어떤 이들은 이백을 시선(詩仙)이라 부르고 두보는 시성(詩聖)이라 칭하기도 한다. 어쨌든 당시(唐詩)를 대표하는 이백과 두보는 우열을 가릴 수 없는 영원한 맞수요, 천재적인 시인으로 영국에 셰익스피어가 있다면 중국에는 이두(李杜)가 있다고 할 정도로 두 시인은 중국의 자랑거리이기도 하다.

이백

이태백으로 잘 알려진 이백은 촉나라 사천성 태생으로 청년시절에는 도교를 수양했으나 그 후 고향을 떠나 여기저기를 전전하며 술과 시로 세월을 보내느라 무역상이었던 아버지의 유산을 탕진하기도 했다. 40대에 잠시 장안에서 관리생활도 했으나 무료함을 이기지 못해 다시 여행길에 오른 그는 전국을 유람하다가 안휘성에서 61세를 일기로 세상을 떴다.

'달아 달아 이태백이 놀던 달아'로 시작하는 노래도 있듯이 이백은 술과 시로 일생을 보내며 1,000편이 넘는 시를 남겼다. 오죽하면 술에 취해 물속에 비친 달을 건지겠다고 하다가 물에 빠져 죽었다는 전설까지 생겼겠는가. 한마디로 이백은 땀 흘려 일한 적이 없으며 결혼도 하지 않고 일생을 보낸 희대의 한량이었던 셈이다. 그런 점에서 볼 때, 시대의 아픔과 비애를 읊은 두보와는 너무도 큰 대조를 이룬다.

이백은 그야말로 자유롭고 호방하며 즉흥적으로 시를 쓴 천재였는데, 그의 시는 스케일이 매우 클 뿐만 아니라 박진감이 넘치며 때로는 매우 몽환적이기까지 하다. 자잘한 속세의 번민을 떨쳐버린 도인의 경지라 할까 그런 것이 이백의 시에는 스며 있다. 물론 당시 10년 가까이 지속된 안녹산의 난으로 중국 전역의 민심이 도탄에 빠진 시점이었음을 감안한다면 이백의 호연지기는 어지러운 세상에 신물이 난 시인의 허탈한 심경을 극복하기 위한 고육책이었기 쉽지만, 마치 무릉도원에 사는 신선처럼 속세를 벗어난 그의 초탈한 모습은 그가 처했던 사회적 혼란상에 견주어 본다면 일종의 현실도피성 태도라 할 수도 있다.

두보

이처럼 술과 달에 취해 온갖 시름을 잊고 살았던 현실도피주의자 이백과는 달리 두보의 삶은 한마디로 처절하리만큼 고달픈 시련과 가난 속에서 고통받으며 살았던 현실주의자였다는 점에서 너무도 대조적이다. 당나라 때 하남성에서 관리의 아들로 태어난 그는 일찌감치 벼슬에 오를 뜻을 품고 진사시험에 응시했으나 고배의 쓴잔을 마신 후로는 산동지방에서 이백과 함께 시를 읊으며 세월을 보내기도 했다.

하지만 벼슬에 대한 미련을 버리지 못한 두보는 그 후 장안으로 가서 10년에 걸친 노력 끝에 가까스로 직책을 맡았는데, 그것은 고작해야 무기 출입이나 관리하는 매우 낮은 벼슬이었을 뿐이었다. 당시 온 나라가 도탄에 빠진 시기에 두보는 잠시 집에 들렀다가 자신의 어린 아들이 제대로 먹지 못해 굶주려 죽은 사실을 알고 비탄에 빠진 나머지 그동안 벼슬에 눈이 멀었던 자신의 모습을 후회하고 잘못 돌아가는 사회의 타락상을 비판하는 시를 쓰기도 했다.

그 후 잠시 벼슬을 얻기도 했으나 얼마 가지 않아 파직당했으며, 그 후로는 여기저기를 전전하며 떠돌이 생활을 이어갔는데, 당시 48세였던 그가 가족을 데리고 동곡현에 머물렀을 때 쓴 〈비가(悲歌)〉는 두보의 시 가운데 가장 슬픈 시로 알려진 작품이다. 두보는 그 후에도 유랑생활을 계속하다가 결국에는 양자강을 오가는 뱃길에서 58세를 일기로 생을 마감했다.

당시(唐詩)를 대표하는 두 거장 이백과 두보는 동시대를 살았으면서도 너무나 대조적인 삶의 태도를 지녔다고 할 수 있다. 비록 술에 젖어 살았지만 천재적인 광기의 소유자였던 이백에 비하면 두보의 삶은 그야말로 처절한 생존투쟁으로 일관한 것이었다. 그런 차이 때문에 세상과 등지고 오로지 유유자적한 도가의 경지를 추구했던 이백을 신선에 비유하고, 냉혹한 현실을 어떻게든 이겨 나가보려 몸부림친 두보를 시성이라 부르는지도 모른다.

도요토미 히데요시와 도쿠가와 이에야스의 권력투쟁

도요토미 히데요시

　　일본 전국시대에 막강한 권력을 휘둘렀던 오다 노부나가와 함께 3대 영걸로 꼽히는 도요토미 히데요시(豊臣秀吉, 1537~1598)와 도쿠가와 이에야스(德川家康, 1543~1616)는 동시대에 활약한 무장으로 치열한 권력투쟁을 벌인 맞수이자 적수이기도 했다. 빈농 출신으로 매우 왜소하고 볼품없는 체격에 추남이었던 도요토미가 밑바닥 생활부터 출세의 길을 다진 매우 저돌적인 성격의 소유자였던 사실에 비해, 성주의 아들로 태어난 도쿠가와는 어려서부터 정쟁의 희생양이 되어 오랜 기간 인질생활의 수모를 겪으면서 살아남기 위한 처세술을 몸에 익힌 인물로 여간해서는 자신의 본심을 잘 드러내지 않는 매우 신중한 성격의 소유자였다.

　　두 사람 모두 오다 노부나가의 휘하에서 권력 기반을 잡기 시작했으나 오다 노부나가가 죽자 그의 권력을 계승한 도요토미는 계속해서 세력을 확장한 결과 일본 전국을 통일하는 위업을 달성함으로써 사실상 일본 최고의 권력자 위치에 오르게 되었으며, 자신에게 반기를 든 오다 일가의 저항도 무력으로 제압했는데, 당시 오다 일가 편에 섰던 도쿠가와는 전투에서 승리했음에도 오다 노부나가의 아들 노부카쓰의 배신으로 어쩔 수 없이 도요토미에 굴복해 그의 신하가 되었다.

　　도요토미 히데요시의 여동생과 정략 결혼한 도쿠가와 이에야스는 그 후 의심을 받지 않기 위해 당시 권력의 중심지인 교토와 멀리 떨어진 간토 지방에서 은밀히 자신의 세력을 키워 나갔으며, 그렇게 해서 에도 막부 시대의 기틀을 마련하기 시작했다. 에도는 1868년 에도 막부 시대가 종말을 고하면서 도쿄로 개칭되었지만, 260년 이상 강력한 막부 시대의 중심지 역할을 한 도시이기도 했다.

어쨌든 도요토미 히데요시는 도쿠가와 이에야스를 자신의 휘하에 두는데 성공하긴 했으나 그의 세력 확장에 경계심을 늦추지 않았는데, 단적인 예로 임진왜란을 일으켰을 당시에도 직접 출병하지 않고 고니시 유키나가, 가토 기요마사 등 휘하에 있는 장수들에게 전쟁 수행을 일임한 것은 자신이 자리를 비운 사이 도쿠가와 등 일본 국내 실력자들이 어떤 변란을 일으킬지 안심할 수 없었기 때문이다.

더욱이 일찌감치 임진왜란에 반대한 도쿠가와 이에야스가 이런저런 구실을 핑계 삼아 출병에 불참함으로써 자신의 군사력을 그대로 유지하고 있었기 때문에 도요토미 히데요시는 자리를 비우기 어려웠을 것이다. 하지만 조선에 선봉장으로 출정한 고니시 유키나가와 가토 기요마사는 서로 앙숙관계로 뜻이 맞지 않아 처음부터 삐걱대는 모습을 보였다. 왜냐하면 기독교도인 고니시 유키나가가 원래 임진왜란에 반대한 온건파였다면, 불교도였던 가토 기요마사는 전쟁에 찬성한 강경파였기 때문이다. 그들은 서로 경쟁적으로 평안도와 함경도까지 서둘러 북진했지만, 뜻하지 않게 이순신 장군에게 제해권을 빼앗기면서 보급로가 차단당하자 도요토미 히데요시의 전략은 크게 빗나가고 말았다.

게다가 건강이 악화된 도요토미 히데요시는 자신의 어린 아들 도요토미 히데요리의 후사를 도쿠가와를 포함한 5명의 가신들에게 부탁하고 62세를 일기로 숨을 거두었는데, 당시 전투 중인 왜군의 사기를 염려해 그의 죽음은 당분간 비밀에 부쳐져 장례식도 치르지 않았다. 하지만 도요토미 히데요시가 죽은 후 권력을 차지한 도쿠가와 이에야스는 도요

도쿠가와 이에야스

토미 일파에 대대적인 공격을 가함으로써 도요토미 히데요리는 생모와 함께 오사카 성에서 자결하고 말았으며, 그로 인해 도요토미 가문의 대는 영원히 끊어지게 되었다.

도요토미 세력을 완전히 제거하고 쇼군의 자리에 오른 도쿠가와 이에야스는 도요토미 히데요시의 무덤조차 완전히 파괴시켜 버림으로써 임진왜란의 책임이 전적으로 도요토미에게 있음을 부각시키고 그동안 단절되었던 조선과의 화해에 힘을 쏟았으며, 그런 노력의 일환으로 포로 교환은 물론 대규모 조선통신사 일행이 일본을 방문하기에 이르렀다. 하지만 도요토미 잔당 중에 기독교도가 많다는 이유로 기독교를 금지하고 모든 백성들로 하여금 불교만을 믿도록 강요한 것은 매우 개인적인 동기에서 비롯된 감정적 조치였던 것으로 보인다.

도쿠가와 이에야스는 매 사냥을 나갔다가 도미 튀김을 잘못 먹고 복통을 일으켜 73세 나이로 죽었는데, 그가 마지막으로 남긴 "인내는 무사장구(無事長久)의 근원이요, 분노는 적이라 생각하라. 이기는 것만 알고 지는 것을 모르면 그 피해는 너 자신에게 돌아갈 것이다. 너 자신을 탓할 뿐 남을 탓하지 말라. 미치지 못함이 지나친 것보다 낫다."라고 했던 유훈에서 보듯이 어려서부터 온갖 수모와 죽음의 고비를 극복하고 살아남은 그의 삶 자체가 '인내의 달인'으로 불리기에 족하고도 남음이 있을 것이다.

중국에 당시(唐詩)가 있고 한국에 시조가 있다면, 일본은 하이쿠(俳句)로 유명하다. 세상에서 가장 짧은 형태의 시라고 할 수 있는 하이쿠는 마치 사무라이 검법처럼 번득이는 예리함으로 한순간에 삶의 급소를 찌른다. 순식간에 승부를 가르는 것이다. 이처럼 하이쿠는 모든 자연현상과 인간 감정의 어느 한순간을 포착하되 미세한 시선을 통해 사물의 본질적인 핵심에 도달하고자 한다. 그래서 하이쿠는 단 한 줄로 쓰인 것이라 해도 항상 긴 여운을 남기는데, 그 여운은 동양화의 여백처럼 항상 마음의 넉넉함과 여유로움을 공유하게 만든다.

하이쿠의 대가로는 마츠오 바쇼(松尾芭蕉, 1644~1694)와 고바야시 잇사(小林一茶, 1763~1828)를 들 수 있는데, 이들은 고도의 압축과 상징을 동원해 실로 정교한 우주적 통찰을 감지할 수 있게 만드는 묘미를 선사한다. 그것은 육안으로 도저히 감지할 수 없는 자연의 미세한 움직임까지 순간적으로 포착해 내는 매우 감성적인 심안의 동원을 요구한다는 점에서 간결하고 깔끔하게 잘 정돈된 일본의 음식 및 정원문화를 연상시킨다.

마츠오 바쇼

마츠오 바쇼는 일본 에도시대를 대표하는 가장 유명한 하이쿠 시인으로 바쇼(芭蕉)라는 필명은 그가 평소에 좋아하며 가꾸던 바나나 나무에서 따온 것이다. 그는 일본 하이쿠의 거장으로 수많은 제자들을 키워냈으며, 세계적으로 가장 잘 알려진 일본시인이기도 하다. 사무라이의 아들로 태어난 그는 자신의 아버지와는 달리 무사의 길을 택하지 않고 에도로 가서 시를 공부한 후 예전에 볼 수 없었던 매우 간명한 형식의 하이쿠를 발표함으로써 주목을 끌기 시작했는데, 시인으로서의 명성이 자자해지면서 그에게 가르침을 받으려는 많은 제자들이 모여들었으며, 바쇼는 제자들이 지어 준 오두막에서 기꺼이 그들을 가르쳤다.

1682년 겨울 그의 오두막이 화재를 입어 전소하고 뒤를 이어 어머니가 세상을 뜨자 마음의 평정을 찾지 못한 그는 곧바로 여행길에 올랐는데, 당시만 해도 도적이 들끓는 여행길에 홀로 나서는 일은 매우 위험한 일이었기 때문에 제자들이 말렸지만 그를 제지하지는 못했다. 바쇼는 답답한 오두막에 갇혀 있는 것보다 차라리 자연을 벗 삼아 홀로 떠도는 여행길에서 마음의 평안을 찾을 수 있었다. 그리고 방랑생활을 마치고 에도로 귀환하면서 숱한 걸작들이 쏟아져 나왔다. 1686년에 지은 그 유명한 하이쿠 〈연못〉도 그렇게 해서 나온 것이다.

오래된 연못
개구리
퐁당!"

그 후 1689년 바쇼는 번거로운 집과 제자들에서 벗어나 장기간의 여행을 계획하고 일본 북부지방으로 길을 떠나 무려 수천 킬로에 달하는 거리를 도보로 혼자 여행했으며, 1694년 다시 여행을 떠나지만 도중에 위장병에 걸려 결국 50세 나이로 세상을 떠났다. 오십 평생 한 번도 가정을 이루고 살지 않았던 그는 도저히 멈출 수 없는 방랑벽의 소유자로 번잡스러운 인간 사회보다 자연의 아름다움 속에서 오히려 마음의 평안을 얻은 것으로 보이는데, 아주 작고 미세한 자연의 모습을 통해서도 우주를 관통하는 철학적 깨달음으로 나아가려는 구도자적 자세를 일생 동안 유지한 시인이었다.

고바야시 잇사

바쇼가 죽은 지 70년 뒤에 태어난 고바야시 잇사는 일생 동안 총 2만여 편의 하이쿠를 남겼는데, 그의 필명 잇사(一茶)가 가리키듯이 말 그대로 한 잔의 차 속에 담긴 이루 형언하기 어려운 삶의 무수한 애환이 그의 간결한 몇 마디 시어에 절절히 묻어난다고 할 수 있다. 시나노 지방의 한 농가에서 태어난 그는 출생 직후부터 시련을 맞이해야만 했는데, 그가 세 살 때 어머니가 세상을 떠나는 바람에 할머니 손에 키워졌으며, 그로부터 5년 뒤에 아버지마저 재혼함으로써 그는 매우 거칠고 사나운 계모 밑에서 모진 학대를 받으며 자라야 했다.

그렇게 외롭고 우울한 아동기를 보내야 했던 잇사는 그 후 일본 각지를 전전하며 어렵게 살았고, 1801년 아버지가 세상을 떠나자 상속 문제로 계속해서 계모와 다툼을 벌였다. 오랜 법정 시비 끝에 상속재산의 절반을 얻게 된 그는 나이 49세가 되어서야 비로소 고향에 돌아오게 되었으며, 귀향 직후에 혼인해서 잠시나마 안락한 삶을 누렸다. 하지만 행복도 잠시일 뿐 그에게는 또 다른 비운이 닥쳐 왔다. 그의 어린 자식들이 셋이나 연이어 죽은 것이다. 그리고 아내마저 병으로 시름시름 앓다가 1820년에 세상을 떠났다. 그 후 잇사는 두 번 더 결혼하지만 그의 마음은 항상 어둡기만 했다.

이처럼 그는 행복과는 거리가 먼 생애를 살았지만, 그런 점이 오히려 수많은 하이쿠를 낳게 만든 원동력이 된 듯싶다. 1827년 화재를 입어 집마저 잃은 그는 헛간에서 지내기도 하는 등 시련은 멈추지 않았다. 그리고 이듬해 그는 외롭게 세상을 떠났다. 그토록 시련과 이별의 아픔으로 가득 찬 삶이었지만, 그는 한마디 불평도 없이 자신의 마음을 비우고 나이 오십을 맞이한 생일에 다음의 시처럼 달관의 경지에 이른다.

지금부터는
모든 것이 남는 것이다
저 하늘까지도

그동안의 삶이 무언가를 얻기 위해 살아온 생애였다면 이제 앞으로 남은 생은 조금씩 마음을 비워 나가야 할 과정임을 암시한 것이다. 더 이상 얻을 것이 없는 시인은 마음을 완전히 비운 상태에서 모든 것을 그 자리에 있는 그대로 둘 것임을 작심한다. 젊은 기상이 하늘을 찌를 듯하던 시절을 뒤로하고 이제부터는 겸허히 머리 숙여 자연의 일부로 회귀할 뜻을 보인 것이다. 자연이란 말뜻 그대로 스스로 있는 것이 아니겠는가.

그런데 바쇼가 자연과의 친화를 통해 끝없는 구도의 길을 걸었던 데 비해 잇사의 가장 두드러진 특징은 매우 인간적이라는 점이다. 그는 인간적인 결함과 연약함을 숨기지 않고 있는 그대로 인정하고 솔직담백하게 드러낸다. 그러면서도 잇사는 매우 겸손한 태도로 모든 생명의 존귀함을 전달한다. 작은 벌레조차도 함께 공존을 도모하는 그의 섬세한 마음씨는 진정한 불심 및 인도주의를 실천하는 소시민적 교양을 대변한다.

바쇼의 활동시기는 우리나라로 치면 조선 중기 숙종 때에 해당되며,

잇사는 조선 후기 정조 및 순조 때에 해당된다. 물론 일본에 하이쿠가 있다면 우리나라에는 시조문학 및 가사문학이 존재한다. 시조가 담고 있는 스케일은 상대적으로 매우 크고 포괄적이며 사내대장부로서의 호방한 기개를 과시하는 반면에 하이쿠는 매우 정적이고 내향적인 특성을 지님으로써 여성적인 섬세함을 보인다. 즉, 시조시인의 안목은 다소 과장되고 거시적인 데 반해 하이쿠 시인의 안목은 은밀하고 미시적이다.

다시 말해, 시조는 일방적인 선언에 가까운 반면 하이쿠는 함께 그 어떤 감흥을 공유하려는 자세를 보인다는 점에서 다르다는 것이다. 또한 우리의 시조문학은 문자를 깨우친 양반계급 및 선비세계를 중심으로 발전한 문학장르임에 비해 하이쿠는 서민층 위주의 정서를 대변한다는 점에서 차이가 난다고 할 수 있다. 따라서 하이쿠는 누구나 가까이서 접할 수 있는 일상적인 사물에 시선을 집중시킨다는 점에서 그리고 그 어떤 무리한 강요도 하지 않는다는 점에서 폭넓은 대중의 사랑을 받기에 이미 충분한 조건을 안고 출발했다고 볼 수 있다.

손문을 배신한 원세개

서양에서 절대왕정을 무너뜨린 역사적인 사건은 프랑스대혁명과 러시아 혁명이라 할 수 있지만, 동양에서는 손문(孫文, 1866~1925)이 1911년 신해혁명으로 300년간 지속된 청조를 무너뜨리고 이듬해에 동양 최초의 민주공화제를 선포한 일이 가장 놀라운 사건에 속한다고 할 수 있다.

손문

비록 청조의 마지막 황제 부의를 직접 퇴위시킨 당사자는 손문과 손을 잡은 원세개(袁世凱, 1859~1916)였으나 그는 원래 혁명군을 진압하는 토벌대 장군이었다가 손문의 설득으로 청조를 배신한 인물로 손문으로부터 중화민국의 대총통직을 넘겨받은 직후 다시 손문을 배신하고 자신이 스스로 황제가 되려는 욕심을 품었지만, 뜻을 이루지 못하고 죽고 말았다.

중국 광동성에서 빈농의 아들로 태어난 손문은 어려서부터 서구 열강의 침입에 흔들리는 청조에 실망하고 청나라 타도를 꿈꾸었는데, 13세 무렵 단신으로 맏형이 사업을 벌이고 있던 하와이 호놀룰루로 건너가 형의 도움으로 공부하며 미국의 자유민주주의 사상을 몸에 익혔다. 1892년 홍콩으로 돌아온 그는 그곳에서 의학교를 졸업했으나 재학 중에 이미 혁명활동에 가담해 반청 운동을 전개하기 시작했다. 의사가 된 후에는 잠시 개업의로 활동하기도 했지만 갈수록 정국이 어지러워지자 흥중회를 조직해 광저우에서 무장봉기를 꾀했다가 가담자의 밀고로 사전에 발각되는 바람에 일본을 거쳐 영국으로 피신했다.

런던 체류 시절에 그는 대영박물관 도서관을 드나들며 마르크스의 저술을 탐독하는 가운데 자신의 혁명이념인 삼민주의에 대한 기본적인 사상을 구상했는데, 그것은 민족주의, 민권주의, 민생주의에 기초한 구국이념이었다. 그 후 손문은 해외 유학생들과 화교들을 상대로 혁명세력을 규합해 중국동맹회를 조직하고 수십 차례에 걸쳐 무장봉기를 꾀했지만 모두 실패로 끝나고 말았다. 다시 해외로 피신한 손문은 전 세계를 돌아다니며 중국 혁명의 당위성을 알리는 동시에 혁명자금을 마련하며 동맹회의 활동을 뒤에서 지원했다.

그런데 혁명의 기회는 우연히 찾아왔다. 청일전쟁 이후 연이은 실정으로 민중의 원성을 산 청조는 무리한 철도 국유화 정책으로 반대시위가 격화되자 군인들을 동원해 강제진압에 나섰으며, 이 기회를 이용해 동맹회는 1911년 우창 봉기를 일으켜 순식간에 남경을 함락하고 청조에 대항하는 새로운 임시정부를 세웠다. 산해혁명의 불길이 시작된 것이다.

하지만 당시 손문은 미국에 있었기에 강력한 지도자를 지니지 못한 혁명군은 혼란에 빠졌으며, 설상가상으로 청조의 요청을 받아 출동한 원세개 군대에 의해 궤멸당할 위기에 빠졌다. 우창 봉기 소식을 들은 손문은 즉각 외교적 노력을 통해 청조를 압박하고 혁명정부에 대한 지지를 호소하는 한편, 황급히 귀국해 내분에 휘말린 혁명정부를 안정시키고 임시 대총통에 취임하면서 마침내 1912년 1월 중화민국을 선포했다. 동양 최초의 민주공화제가 수립된 것이다.

그러나 청조의 세력은 여전히 막강했다. 특히 원세개가 이끄는 진압군이 가장 큰 위협적인 존재였다. 결국 손문은 원세개와 협상을 벌여 그를 설득하는 데 성공했지만, 그것은 청조가 망하면 원세개에게 대총통직을 양보한다는 조건하에 이루어진 협상이었다. 권력욕에 사로잡힌 원세개는 손문의 약속을 받아들이고 마침내 청조의 마지막 황제 부의를 퇴위시키는 데 성공했다. 손문은 원세개에게 약속대로 대총통직을 인계한 뒤 중국동맹회를 국민당으로 개편하고 자신은 이사장직으로 물러났다. 하지만 권력을 차지한 원세개는 독재정치로 일관하면서 극심한 부정부패를 일삼기 시작했으며, 정적들에 대한 탄압도 심해졌다. 손문 역시 일본으로 망명길에 올라야 했다.

원세개의 야심은 날이 갈수록 커져 마침내 황제의 자리에 오를 뜻을 품고 어용단체를 조직해

원세개

여론을 선동하기 시작했으며, 이에 따라 손문은 원세개를 타도할 토벌군 조직에 힘을 쏟았다. 그러나 원세계가 병으로 사망하자 골치 아픈 문제는 저절로 해결되었으며, 중화민국도 온전히 보존될 수 있었다. 하지만 군벌세력의 힘은 여전히 막강해서 일본에서 귀국한 손문은 계속해서 군벌들에게도 쫓기는 신세가 되어야 했다.

손문의 마지막 업적은 군벌 타도를 외치며 북벌을 시도하는 과정에서 중국 공산당과 이룬 국공합작이었다. 당시 별다른 힘을 쓰지 못하고 있던 공산당은 먼저 손문에게 접근해 손을 벌렸고, 손문 역시 제국주의 타도만이 중국을 살리는 길이라고 믿었기 때문에 그들을 받아들인 것이다. 국민혁명을 완수하기 위한 목적으로 북으로 진격한 북벌군이 마침내 군벌 정부를 전복시키자 시국 수습을 위한 국민대표회의가 북경에서 개최될 예정이었으나 회의 참석차 동지들과 함께 북경으로 향하던 손문은 도중에 쓰러져 59세를 일기로 사망하고 말았다. 손문이 사망한 후 국민당을 이끈 장개석은 대대적인 공산당 토벌에 나섰으나 중일전쟁의 승리를 위해 다시 국공합작을 이루었다가 결국에는 모택동에 밀려 국민당과 함께 대만으로 쫓겨나고 말았다. 하지만 삼민주의를 건국이념으로 내세운 손문의 존재는 지금까지도 양측 모두에서 국부로 추앙받고 있다.

간디에 도전한 불가촉천민의 지도자 암베드카르

우리에게 인도는 아직도 신비의 나라이다. 인도라고 하면 자동적으로 연상되는 것이 요가와 명상, 불교와 힌두교, 간디와 성자들, 윤회와 화장, 소와 카레 등일 것이다. 인도의 국기에는 삼색의 중심에 수레바퀴 형상의 차크라 문양이 자리 잡고 있으며, 오렌지 색은 용기와 희생을, 흰색은 진리와 평화를, 녹색은 평등을 상징한다. 그러나 무엇보다 인도를 대표하는 인물을 들라면, 인도 독립의 아버지 마하트마 간디(Mahatma Gandhi, 1869~1948)를 떠올릴 것이다. 그만큼 간디는 인도인뿐 아니라 전 세계인의 존경을 받아온 비폭력 저항운동의 기수이기 때문이다. 인도가 아니면 배출할 수 없다는 간디의 숭고한 비폭력 정신 앞에 오만무도한 서구인들도 결국 고개를 숙이지 않았는가.

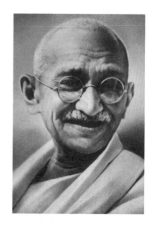

마하트마 간디

그러나 인도는 여전히 우리에게 불가사의한 나라이다. 중국에 버금가는 10억 인구에 핵무기를 보유하고 세계 최강의 전산산업국이기도 한 민주공화국 인도가 아직도 철저한 카스트제도에 묶여 있다는 점에서 더욱 그렇다. 물론 독립 이후에 법적으로는 계급 차별이 폐지되었지만 수천 년에 걸쳐온 힌두교의 오랜 관습은 좀처럼 사그라지지 않고 있으며, 날이 갈수록 오히려 계급 갈등에서 빚어지는 폭력이 증가하고 있는 실정이다.

따라서 인도는 21세기에 접어든 오늘날에 이르기까지 수천 년간 지속되어 온 카스트제도가 아직도 살아 있는 나라이다. 물론 지금으로부터 2,500년 전에 이미 석가모니가 나타나 처음으로 카스트제도에 반대하는 불법을 전했지만 결국 불교는 힌두교의 위세에 눌려 인도대륙에서 밀려나고 말았다. 그만큼 인도인들은 힌두교의 영향에서 벗어나기 힘든 상태에 있었다. 그리고 그 사정은 지금도 마찬가지이다. 인도에서는 힌두교도로 태어나는 것 자체가 이미 카스트계급에 속하는 것이기 때문에 대를 이어 영원히 벗어날 수 없는 속박의 굴레가 되기 마련이다. 미국독립선언문에 명기된 '인류는 평등하게 태어났다.'는 선언과 정반대되는 '모든 인간은 불평등하게 태어났다.'는 것이 카스트제도의 기본 정신인 셈이다.

이처럼 수천 년의 세월에 걸쳐 철저하게 제도화된 카스트는 오랜 세월 인도인의 생활방식을 규제해 왔으며, 그 어떤 다른 대안도 상상할 수 없게 만들었다. 그러나 여기에도 속하지 않는 제5의 계급이 존재하는데, 소위 불가촉천민으로 분류되며 전혀 인간 대우를 받지 못하는 달리트가 이에 속한다. 이들 달리트는 일반 노동계급도 손대기 꺼리는 일에 종사하는데, 그것은 주로 오물수거(방기), 동물가죽가공(차마르), 시체처리, 가축도살(마하르), 쓰레기운반(추라), 세탁업(드호비) 등으로 이들은 대를 이어 평생 동안 이런 업무에 종사해야 한다.

이들 인구는 인도 전체 11억 인구의 약 16%를 차지하며 총 2억에 육박한다. 다시 말해서 지구상에 살고 있는 사람 6명 중에 1명은 인도인이며 인도인 6명 가운데 1명은 불가촉천민인 셈이다. 이들을 지칭하는 달리트(Dalit)는 '억압받는 자들'이란 뜻이지만, 원래 간디는 이들을 신의 아이들이란 뜻으로 하리잔(Harijan)이라고 불렀다. 그러나 암베드카르는 그러한 간디의 호칭을 위선적인 것으로 간주하고 스스로 달리트라는 용어를 사용했던 것이다.

암베드카르의 노력으로 인도에서는 1950년 헌법이 선포되면서 불가촉천민에 대한 차별을 공식적으로 금하기에 이르렀다. 그러나 법조문만 존재할 뿐 현실적으로는 전혀 실행되지 못하는 명목상의 법에 그치고 있는 실정이다. 대도시를 제외한 농촌지역에서는 여전히 법보다 관습이 앞서기 때문이다. 달리트는 절대 빈곤뿐 아니라 교육의 혜택도 제

대로 받지 못해 문맹률이 높으며, 보다 심각한 것은 인간 이하의 차별대
우 및 폭력에 희생당하고 있다는 점에 있다. 오염되고 불결한 달리트는
한 마을에 주민들과 함께 거주할 수 없으며, 마을 외곽 동떨어진 지대에
거주해야 한다.

이들은 공동 우물도 사용할 수 없으며, 짐승이 마시는 물을 함께 마셔
야 한다. 신체 접촉이 절대로 있어서는 안 되며, 오물도 함부로 배설하
면 안 된다. 따라서 달리트는 침이나 가래를 뱉을 수 있는 오물통을 각
자 지니고 다녀야 한다. 길을 걷다가 상위계급을 만나면 신발을 벗어 손
에 들고 가야 하며, 자신의 발자국도 빗자루로 쓸어 없애야 한다. 이들
에게는 힌두사원 출입도 금지되고, 상위계급과는 물이나 음식도 함께
할 수가 없으며, 혹시 상위계급에 연심을 품게 되면 폭행과 심지어는 죽
임을 당할 수도 있다. 그러나 이들은 어디에도 억울함을 호소할 데가 없
었다. 모든 것이 전생에 지은 죄 때문이라는 답변밖에 들을 수 없기 때
문이다.

2005년 UN 통계에 의하면, 한 해에 약 11만 건에 달하는 폭력적인 범
죄행위가 달리트를 대상으로 발생한다는 보고도 있다. 더욱이 이들을
보호해야 될 경찰까지 수수방관할 뿐 아니라 오히려 이들 범죄에 가담
하는 실정이며, 자연재해를 입을 때에도 달리트 거주지에 대해서는 일
체 구호의 손길마저 끊긴다. 이런 열악한 상황에서도 일부 극소수의 달
리트는 도시로 진출해 교육도 받고 사회적으로 성공한 경우도 있으나
대다수의 달리트는 여전히 비인간적인 차별과 폭행에 시달리며 살아가
고 있는 중이다.

달리트 출신의 젊은이들에게 교육의 혜택을 늘리려는 정부의 안에
대해서도 의대, 공대 등의 대학생을 주축으로 전국적인 규모의 반대운

브힘라오 암베드카르

동이 일어날 정도로 불가촉천민에 대한 뿌리 깊은 사회적 편견은 적어도 인도에서만큼은 아직까지 매우 고질적인 불치병임에 틀림없다.

3,500년의 전통을 자랑하는 카스트제도야말로 현대의 가장 큰 죄악이며 문명국으로서의 자부심에 먹칠을 하는 인도의 가장 큰 치부요, 아킬레스건이라 할 수 있을 것이다.

인도 헌법의 아버지로 불리는 암베드카르 (Bhimrao Ramji Ambedkar, 1891~1956)는 불가촉천민 달리트 출신이다. 그는 인도 중부의 카스트계급 중 최하층 노동계에 종사하는 마하르 출신으로 어린 시절부터 차별 대우를 뼈저리게 느낀 나머지 달리트의 인권 회복문제야말로 자신에게 주어진 가장 일차적인 사명이라고 여기게 되었다. 그가 보인 투쟁과정은 실로 눈물겹기까지 하다. 1930년 간디가 수많은 민중을 이끌고 소금 행진을 벌이기 이전에 이미 암베드카르는 1927년 달리트에 대한 차별 철폐를 외치며 만여 명의 천민들과 함께 물의 행진을 벌였다. 달리트에게 금지된 저수지로 행진해서 공개적으로 물을 떠 마시는 시위를 벌이고 물 마실 권리를 선포한 것이다. 그리고 힌두사원 출입금지에 항의하는 의미로 힌두법전을 불태우기도 했다.

1947년 인도가 독립하자 초대 법무장관에 기용된 그는 헌법을 제정하면서 상위계급의 반대를 무릅쓰고 달리트 차별을 공식적으로 철폐하는 법안을 제정하려 했으나 간디가 이에 반대하는 단식에 들어가자 어쩔 수 없이 무릎을 꿇고 말았다. 간디뿐 아니라 인도 사회 전체가 그의 기대처럼 손쉽게 변하지 않으려 했다. 이에 대한 항의 표시로 그는

1956년 약 50만 명의 달리트와 함께 힌두교를 버리고 불교로 개종했지만, 개종 직후 세상을 떠나고 말았다.

암베드카르는 달리트 문제로 간디와 번번이 충돌했다. 그는 달리트의 지위 향상을 위해서는 독립적인 선거구가 있어야 한다는 요구 조건을 내걸었지만, 간디는 달리트의 정치적 독립에 끝까지 반대하고 이는 영국이 노리는 분열책의 일환이라고 보았다. 이 때문에 오늘날에 이르기까지 인도 사회는 카스트제도의 철폐에 제동을 걸었던 간디를 비난하는 사람들과 국부요, 성자인 간디에 감히 저항했던 암베드카르를 비난하는 사람들로 여전히 국론이 분열된 상태에 있다.

불가촉천민과 하층 카스트의 인권 개선을 위해 결혼과 상속에 관한 개혁법안인 힌두가족법의 통과가 거부된 후에 암베드카르는 '똥 더미 위에 궁궐을 짓는다.'는 표현을 썼다. 여기서 말하는 똥 더미란 물론 카스트제도를 지칭한 말이다. 똥을 치우는 천민 출신다운 매우 예리한 지적이다. 그는 물론 간디를 존경했지만 힌두교와 카스트제도에 집착하는 간디에 크게 실망했다. 그가 보기에 간디의 사상은 위대했지만 그는 비참한 현실을 외면하는 비겁하고 소심한 절충론자요, 낭만주의자에 지나지 않았던 것이다.

그러나 암베드카르는 간디의 비폭력주의를 존중하여 모든 문제를 정치적으로 해결하고자 했다. 비록 번번이 간디의 반대로 실패로 돌아갔지만 끝까지 비폭력주의를 유지했다. 오히려 호전적으로 나온 것은 힌두교도들이었다. 수많은 달리트들이 암베드카르를 따라 불교로 그리고 일부는 기독교로 개종했지만, 힌두교도들은 이제는 이교도들이라 하여 박해를 일삼기 시작했다.

오늘날 인도인들은 더 이상 차별은 존재하지 않는다고 답변하지만,

그것은 말뿐이다. 2008년 8월에도 달리트 마을에 대한 집단학살이 자행되었으니 인도를 상징하는 명상과 성자, 심오한 사상, 소의 천국 등의 이미지는 그야말로 빛 좋은 개살구일 뿐이다. 카스트제도라는 똥밭을 치우지 않고서는 그 어떤 성자의 이미지도 위선과 가면에 불과하기 때문이다. 그런 점에서 인도 사회는 소를 위하는 정성과 노력의 일부만이라도 소똥을 치우는 인간을 위해 할애하는 태도가 필요할 것으로 보인다.

중국 문학의 대부 노신과 심종문

현대 중국을 대표하는 소설가로 세계적인 명성을 얻은 작가를 꼽는다면 누가 뭐래도 《아큐정전》을 쓴 노신(魯迅, 1881~1936)과 대표작 《변성(邊城)》으로 유명한 심종문(沈從文, 1902~1988), 그리고 2000년과 2012년에 각각 노벨 문학상을 받은 가오싱젠(高行健, 1940~)과 모옌(莫言, 1955~)을 들 수 있다. 그중에서도 특히 노신과 심종문은 20세기 초 극도의 혼란에 빠진 중국 최대의 격변기를 살면서 고통받는 민중의 삶을 작품 소재로 삼아 많은 걸작을 남겨 현대 중국문학의 아버지로 불리기도 한다.

노신

주수인(周樹人)이 본명인 노신은 중국 저장성 소흥(紹興)에서 지주 집안의 아들로 태어나 유복한 유년기를 보냈지만, 부정사건에 연루된 조부가 투옥되고 아버지마저 갑자기 결핵으로 사망하면서 집안이 몰락하는 바람에 경제적으로 어려움을 겪기 시작했다. 소년시절 서양식 교육을 시행하던 광로학당에 들어가 서양의 근대사상을 접한 그는 졸업 후 관비 혜택을 받아 일본에 유학해서 센다이 의학전문학교에 입학했는데, 그가 서양의학을 익혀 의사가 되기로 작심한 이유는 아버지의 죽음이 낙후된 한의술에서 비롯된 결과로 여겼기 때문이다.

1903년 유학 도중에 잠시 귀향해서 관습에 따라 지방 부호의 딸인 주안(朱安)과 마지못해 형식적인 혼례를 치렀는데, 어린 신부는 착하기는 했으나 문맹에 전족까지 한 상태였다. 마음에도 없는 결혼이었지만, 그래도 그는 신부를 구박하지는 않았으며, 의학 공부를 위해 다시 일본으로 돌아가 학업을 계속했다. 당시 반청(反淸) 혁명단체인 광복회(光復會)에 가입해 활동하던 그는 세균학 강의시간에 환등기를 통해 보여 준 장면으로 수치심과 더불어 큰 충격을 받았는데, 문제의 그 장면은 노일전쟁에서 스파이 혐의로 일본군에게 붙들려 처형당하는 중국인 포로를 마치 남의 일처럼 무덤덤하게 구경만 하고 있는 중국인민들의 모습이었다. 무지한 동포들의 모습에 크게 실망한 그는 중국인의 정신을 개조하기 위해서는 의술보다 문학이 더욱 효과적일 것이라는 생각으로 의학 공부를 포기하고 작가가 되기로 결심했다.

의학교를 도중에 그만두고 글을 쓰기 시작한 그는 1909년 중국으로 귀국한 후 베이징으로 가서 신해혁명에 동참했으나 혁명 후 집권한 원세개 정부의 독재정치에 실망해 정치에서 손을 떼고 오로지 문학을 통한 혁신에 기대를 걸고 봉건체제의 구질서를 부정하는 소설 《광인일기》를 발표함으로써 중국 근대문학에 새로운 혁신을 이루었는데, 이 작품은 서구 제국주의 침략과 잇따른 혁명과정에서 드러난 중국 전통사회의 고질적인 병폐를 한 광인의 시선을 통해 폭로하며 중국인의 각성을 촉구한 소설이다.

그 후 북경대학에서 강의를 하는 한편, 1921년 대표작《아큐정전》을 발표해 무지몽매한 중국 민중의 현실을 고발하고 비판했으나 1926년 군벌정부가 문화탄압을 개시하자 신변의 위협을 느낀 그는 북경을 탈출해 중국 최남단 광동으로 도피했으며, 그곳에서 제자였던 허광평과 만나 동거에 들어갔으나 본부인에 대한 재정적 지원은 계속했다. 국공분열이 일어나고 장개석의 국민당이 공산당 토벌에 나서자 허광평과 함께 상해로 옮겨 지내던 노신은 중일전쟁이 발발하기 직전에 지병인 결핵으로 사망했다.

중국 현대문학의 아버지로 불리는 노신은 오늘날 손문과 더불어 중국에서 가장 존경받는 혁명적 사상가로 알려져 있지만, 그가 국민당의 무능으로 인해 신해혁명을 실패한 혁명으로 비판했다는 점과 특히 모택동을 비롯한 중국 공산당이 그를 몹시 존경했다는 점 때문에 대만정부는 오랜 기간 그의 작품을 금서로 지정하기도 했다. 그럼에도 불구하고 노신에 대한 중국인들의 자부심은 매우 높다.

노신에 못지않은 명성을 얻은 심종문은 대표작《변성(邊城)》을 비롯해《장하(長河)》,《잣(柏子)》,《회명(會明)》,《용주(龍朱)》,《월하소경(月下小景)》,《대하(大河)》 등 10편의 장편과 200편 이상의 단편소설 외에도《충원 자전(從文自傳)》과 학술서인《당송동경(唐宋銅鏡)》,《중국고대복식연구(中國古代服飾研究)》를 남겼으며, 특히 중국의 변경지대와 소수민족의 애환을 다룬 향토색 짙은 소설로 인해 '중국의 윌리엄 포크너'로 불리기도 한다.

중국의 변방 호남성 봉황현에서 군벌 세도가의 아들로 태어난 그는 소년시절 집안이 몰락한 이후로는 심악환(沈岳煥)이라는 본명을 버리고 심종문으로 개명했는데, 그의 친가 쪽은 묘족 출신, 외가 쪽은 토가족 출신으로 오랜 세월 그는 자신이 한족이 아니라 소수민족 출신임을 숨기고 살았다. 그의 아버지는 청조가 무너진 후 정계 진출을 노렸으나 원세개 암살음모에 연루되어 내몽고로 도주해 버렸으며, 아버지가 갑자기 사라진 후부터 집안이 완전히 몰락하자 어린 나이에 집을 떠난 심종문은 일찌감치 군대에 들어가 스스로 생계를 해결해야 했다.

심종문

해외유학파가 주름잡던 동시대의 다른 작가들과는 달리 별다른 고등교육을 받지 못한 그는 20대 초반부터 소설을 쓰기 시작해 그만의 독특한 서정적인 필치로 매우 토속적인 작품을 발표했는데, 특히 1934년에 발표한 《변성》은 외진 나루터를 배경으로 늙은 사공의 손녀 취취와 그녀를 사이에 두고 벌어지는 형제의 엇갈린 운명을 통해 자연에 순응하며 살아가는 삶의 아름다움을 매우 몽환적인 분위기로 묘사함으로써 평단의 극찬을 받았다.

그러나 중국 공산당 정권이 수립되자 문학은 단지 계급투쟁을 위한 도구로 전락했으며, 이에 반발한 그는 곧바로 숙청 대상이 되어 대학 강단에서도 쫓겨났으며, 자신의 뜻대로 작품을 쓸 수 없게 된 그는 당시 극심한 정신적 위기에 빠진 나머지 자살을 시도하기까지 했다. 그 후 소설에서 완전히 손을 떼고 베이징 역사박물관에 근무하며 중국의 전통문화 연구에만 몰두했으나 문화대혁명 기간 중에 숙청 바람이 불면서 박물관 청소부로 전락해 오랜 세월 화장실 변기 청소하는 일에 종사했다. 다행히 1978년 복권되었으나 이미 노년에 이른 그는 별다른 활동을 펼치지 못했다.

그는 1980년에 처음 노벨 문학상 후보에 오른 후 1988년 마침내 최종 수상자 명단에 올랐으나 갑자기 세상을 뜨는 바람에 아쉽게도 수상의 영예는 이집트의 작가 나기브 마푸즈에게 돌아가고 말았다. 중국 최초로 노벨 문학상을 받은 인물은 반체제인사로 지목되어 프랑스로 망명했던 2000년도 수상자 가오싱젠(高行健)과 영화 〈붉은 수수밭〉의 원작자로 유명한 2012년도 수상자 모옌(莫言)이었다.

심종문이 85세를 일기로 생을 마감했을 때, 당시 중국 언론에서는 그의 이름조차 제대로 밝히지 않은 채 단지 한 유명 작가가 사망했다는 기사를 단 한 줄로 간단히 보도할 정도로 그에 대한 사회적 냉대가 심했던 반면 오히려 해외 언론에서 그의 죽음을 애도하며 그가 남긴 업적을 소상히 다루었으니 한동안 중국에서 작품이 불태워지고 대만에서조차 출판 금지를 당해야 했던 심종문은 이래저래 자신의 조국 땅에서 푸대접을 받은 지독히도 운이 없던 작가였다고 할 수 있다.

장개석을 본토에서 몰아낸 모택동

중국 현대사의 흐름을 바꾼 인물 가운데 모택동과 장개석은 가장 결정적 역할을 수행한 핵심적 정치인들이라 할 수 있다. 중국 공산당을 이끈 모택동(毛澤東, 1893~1976)은 모택동주의를 창시한 사상가이자 혁명가로 장개석의 국민당을 대만으로 몰아내고 중국 최초의 사회주의 국가를 건설했으며, 장개석(蔣介石, 1887~1975)은 손문이 창설한 국민당 지도자로 한때는 북벌정책을 통해 공산당과 군벌들을 몰아내고 중국 대륙 대부분을 통일했으나 국민당의 부패로 인해 민심을 잃은 나머지 대만으로 쫓겨났으며, 그 후에도 죽을 때까지 본토 수복을 노렸으나 결국 그 뜻을 이루지 못하고 사망하고 말았다.

모택동은 중국 호남성 출신으로 부농의 아들
로 태어나 유모와 하인까지 두고 자랐다. 소년시
절 아버지의 강요로 학업을 중단한 데다가 당시
풍습에 따라 조혼을 강요받았으나 이에 불응한
그는 가출을 결심하고 집을 떠나 불과 18세 나이
로 신해혁명에 가담해 싸우기도 했다. 그 후 다
시 학업에 복귀해 호남성 제일사범학교를 졸업
한 그는 교사생활을 하는 가운데 마르크스주의

모택동

에 빠져든 나머지 마침내 혁명가의 길을 걷기로 작심했다.

1921년 상해에서 열린 중국 공산당 창립대회에 참석한 후 고향인 호
남성에 공산당 지부를 세우고 서기에 취임한 그는 농민운동을 통한 혁
명성을 일찌감치 감지하고 도시 노동계급을 중심으로 혁명을 전개한 소
련과는 달리 농민이 위주인 중국 현실에 맞춰 공산혁명의 주체는 농민
이라는 독자적인 이론을 갖게 되었는데, 이는 그 후 사실로 입증되었다.

하지만 당시 농민의 존재를 과소평가했던 장개석의 국민당 정부는
오히려 농민들을 탄압하고 약탈과 방화, 심지어는 학살까지 서슴지 않
았는데, 처음에는 월등한 군사력을 앞세운 국민당이 중국의 거의 모든
도시를 차지해 모택동을 포함한 공산당은 변방의 농촌지역으로 밀려나
고 말았다. 1927년 호남성 창사에서 무장봉기를 일으켰다가 토벌군에
게 진압당하고 도주한 모택동은 그 후 1930년대 초 강서성에서 중화소
비에트공화국 과도정부를 세우고 주석에 취임했는데, 당시 그는 자신이
이끌던 홍군에게 절대로 민폐를 끼치는 일이 없도록 엄격한 지침을 내
려 농민들로부터 열렬한 지지를 받았으며, 그런 민심에 힘입어 농촌을

근거지로 삼아 대대적인 게릴라전을 펼쳐 국민당 군대에 맞섰다.

당시 남경에서 국민당 정부를 이끌던 장개석은 모택동의 홍군을 분쇄하기 위해 여러 차례에 걸쳐 대대적인 토벌에 나섰으나 농민들의 지원을 받은 홍군에 번번이 패했으며, 더군다나 패주하는 국민당 군대가 버리고 간 엄청난 물량의 군수품으로 인해 홍군의 전력은 날이 갈수록 강해졌다. 모택동의 명성이 알려지면서 국민당의 탄압을 피해 중국 전역에서 공산당원들이 강서지역으로 모여들기 시작했는데, 그중에 포함된 28인의 볼셰비키 그룹은 소련에서 정통 마르크스-레닌주의를 교육받고 돌아온 인물들로 얼마 가지 않아 코민테른의 지지에 힘입어 당권을 장악함으로써 모택동의 지도력에 가장 큰 위협적인 존재로 등장하게 되었다.

공산당의 세력이 커지자 마침내 장개석은 100만의 병력을 동원해 대대적인 토벌에 들어갔으며, 1931년부터 모택동을 대신해 홍군의 지휘권을 장악한 28인의 볼셰비키 그룹은 모택동이 주장한 게릴라 전략을 무시하고 전면전으로 국민당 군대와 맞섰는데, 그 결과는 참담한 패배로 이어지고 말았다. 결국 1934년 모택동을 비롯한 공산당 지도부는 강서성을 포기하고 2만 5천리를 도보로 행군하는 대장정에 올라 중국 서북지역의 섬서성으로 향했는데, 그 와중에 볼셰비키 그룹은 완전히 몰락하고 대신 모택동이 다시 전권을 휘두르는 지도자로 떠오르게 되었다. 일 년이 넘는 대장정 끝에 힘겹게 연안 시에 도착한 모택동의 군대는 다른 지역에서 속속 합류하는 부대들로 인해 다시 세력을 키워 나갈 수 있는

장개석

기반을 마련하게 되었다.

한편 장개석은 1936년 모택동의 근거지인 연안 시와 인접한 서안에 주둔하고 있던 군벌 장학량에게 홍군을 토벌하라는 지시를 내리고 그를 독려하기 위해 서안을 방문했다가 오히려 장학량에게 붙들려 연금 상태에 놓이고 말았는데, 이를 서안사태라고 부른다. 당시 장학량은 만주사변으로 일본군에게 근거지를 잃고 서안에 주둔하고 있었는데, 평소 공산당에 호의적인 입장을 지니고 있던 터라 항일전쟁보다 공산군 토벌에 더욱 힘을 쏟는 장개석에게 불만을 품고 그런 일을 벌인 것이다. 그는 장개석에게 국공합작을 통해 일본의 침략을 저지하는 일에 전념할 것을 요구함으로써 마침내 국민당과 공산당은 극적인 휴전에 합의하기에 이르렀다.

하지만 일본이 패망한 후 공동정부 구성 협상에 실패한 국민당과 공산당은 곧바로 내전에 돌입했으며, 처음에는 월등한 군사력을 지닌 국민당 군대가 모택동의 근거지인 연안 시를 점령하는 등 우세를 보였으나 장개석 국민당 정부의 극심한 부패와 전략적 실패로 인해 민심의 이반을 초래한 결과, 1948년 이후 전세가 역전되어 마침내 공산군이 북경을 비롯해 수도인 남경을 함락시키고 상해까지 점령함으로써 중국 대륙을 완전히 장악하기에 이르렀다. 1949년 10월 모택동은 북경에서 중화인민공화국 수립을 선포하고 국가주석의 자리에 올랐으며, 장개석은 국민당 잔당을 이끌고 대만으로 쫓겨나는 수모를 겪어야 했다.

장개석을 본토에서 몰아낸 후 모택동은 대대적인 토지개혁을 단행하고 수많은 지주들을 처형했으며, 한국전쟁 참전으로 지연된 개혁정책을 만회하기 위해 무리하게 대약진운동을 전개했다가 오히려 대기근을 초래해 2,500만 명이 굶어죽는 참극이 벌어지고 말았다. 이에 대한 비난

여론이 거세지자 결국 1959년 국가주석에서 물러난 그는 다시 재기를 노리고 1966년 홍위병을 부추겨 문화 대혁명을 일으켰는데, 당시 벌어진 대대적인 숙청으로 인해 수천만 명에 달하는 희생자가 속출했으며, 전국에 걸쳐 숱한 문화유적이 파괴되는 손실을 가져왔다.

하지만 홍위병들에 의해 신격화된 모택동도 나이는 어쩔 수 없었는지 파킨슨병에 걸린 후로는 거동조차 어렵게 되면서 실제 권력은 후처인 강청이 전담하다시피 했으며, 그녀를 중심으로 한 4인방이 실세를 휘두르게 되었다. 4인방의 횡포가 극심해지자 결국 대규모 민중봉기를 낳게 되어 마침내 1976년 제1차 천안문 사건이 발생했으나 얼마 후 모택동이 사망함으로써 사태는 진정되고 실리를 추구하는 등소평이 등장하면서 중국은 새로운 전환기를 맞이하게 되었다.

의절한 자매 송경령과 송미령

현대 중국 역사에서 가장 큰 영향력을 행사한 여성들로 치자면, 단연 송 자매를 꼽을 수 있겠다. 송애령, 송경령, 송미령으로 이루어진 이들 세 자매의 남편들은 중국의 현대사를 이끌었던 장본인들로 특히 송경령(宋慶齡, 1893~1981)의 남편 손문과 송미령(宋美齡, 1897~2003)의 남편 장개석은 중국 현대사의 핵심 인물들이었다. 그래서 사람들은 장녀 송애령은 돈을 사랑한 여인으로, 차녀 송경령은 중국을 사랑한 여

송경령과 손문

인으로, 그리고 막내 송미령은 권력을 사랑한 여인으로 부르기도 한다.

　송 자매의 아버지는 미국에서 교육받은 감리교 목사 출신의 대재벌 찰리 송으로 세 자매 외에도 세 아들을 두었는데, 이들 모두 정계에서 활약했다. 하지만 그중에서도 가장 파란만장한 삶을 살았던 인물은 손문과 결혼한 송경령이라 할 수 있다. 그녀는 손문의 비서로 일하다 그와 결혼하고자 했는데, 아버지의 강력한 반대에 부딪혀 한동안 애를 먹기도 했다. 아버지가 결혼을 한사코 반대한 것은 아버지와 손문이 친구사이였기 때문이다. 그러나 그녀는 아버지의 반대를 무릅쓰고 결혼을 강행했다.

　비록 그녀는 청조를 무너뜨린 신해혁명의 주인공 손문의 아내로 공산화된 중국에서 부주석을 지내는 등 중국 인민들의 존경을 한 몸에 받았지만, 손문이 죽은 후에는 동생의 남편인 장개석과 크게 대립했으며, 중국공산당에 가입해 모택동과 손을 잡음으로써 장개석의 국민당 정부를 대만으로 몰아내는 데 앞장서 동생 송미령과는 죽을 때까지 의절한 채 상종하지 않았다.

　송미령은 국공내전을 통해 공산당에 밀려서 남편인 장개석과 함께 대만으로 쫓겨난 여성이다. 미국에서 교육을 받은 그녀는 장개석의 비서로 일하다 서로 마음이 통해 그와 결혼하려 할 때 언니 송경령처럼 고초를 겪어야 했는데, 당시 장개석은 유부남인데다 불교신자여서 어머니가 극구 반대하고 나섰기 때문이다. 우여곡절 끝에 결혼한 그녀는 능숙한 영어실력으로 남편의 외교업무를 도왔으며, 카이로 회담에서는 남편의 통역을 맡아 활약하기도 했다.

송미령과 장개석

국민당 정부가 공산당에 패해 대만으로 쫓겨난 후 송경령과 송미령은 단순한 이산가족 차원이 아니라 이념적으로나 정치적으로 서로 공존할 수 없는 극한 대립으로 치달았는데, 장개석이 사망한 후 송미령은 미국으로 이주해 그곳에서 여생을 보내다 뉴욕 맨해튼 자택에서 106세 나이로 세상을 떠났다. 87세까지 장수한 언니 송경령보다 20년이나 더 산 셈이다.

송애령(宋藹齡, 1888~1973)은 세 자매 중 가장 먼저 세상을 떴는데, 그래도 85세까지 살았다. 미국에서 공부한 후 귀국해 손문의 비서로 일하다가 그 자리를 동생인 송경령에게 물려주고 당대 최고의 갑부로 알려진 은행가 공상희와 결혼한 그녀는 두 동생과는 달리 정치와는 담을 쌓고 살았다. 그러나 남편 공상희는 중화민국정부에서 상무장관, 재무장관 등을 역임하는 등 정치에 관여하기도 했다. 국민당 정부가 대만으로 쫓겨나자 송애령은 곧바로 미국으로 건너가 죽을 때까지 그곳에서 여생을 보냈다.

야마시타 장군과 야마모토 제독의 최후

태평양전쟁 당시 육지와 바다에서 용맹을 떨친 일본제국의 장군 가운데 가장 유명한 인물을 들자면, 싱가포르를 함락시키며 '말레이의 호랑이'로 불린 육군대장 야마시타 도모유키(山下 奉文, 1885~1946)와 진주만 기습을 감행해 미국의 간담을 서늘케 했던 연합함대 사령관 야마모토 이소로쿠(山本 五十六, 1884~1943) 제독을 꼽을 수 있다. 당시 이들은 연이은 승전보로 일본에서 국민적 영웅 대접을 받았으나 그 후 야마시타 장군

은 필리핀 전투의 패배로 미군에 항복했으며, 야
마모토 제독은 미드웨이 해전에서 패한 뒤 파푸
아 뉴기니 전선 시찰차 비행기에 탑승했다가 미
군 전투기에 의해 격추되어 사망했다.

야마시타 도모유키

　시골 의사의 아들로 태어난 야마시타 장군은
육군사관학교를 졸업한 후 천황 친정제를 주장
하는 황도파의 지도급 장교로 입헌군주제를 주
장하는 통제파의 도조 히데키와 라이벌 관계를
이루고 있었는데, 1936년 황도파 청년장교들이
반란을 일으킨 2·26 사건을 정당화시킴으로써 그 후 실권을 장악한 도
조 히데키와는 앙숙관계가 계속되었다. 태평양전쟁이 발발하면서 제
25군 사령관으로 말레이 작전을 지휘한 그는 파죽지세로 인도지나 반도
를 점령한 후 1942년 2월 불과 3만 명의 병력으로 싱가포르를 함락시키
고 13만 명에 달하는 연합군을 포로로 잡았는데, 당시 항복문서에 서명
한 영국군 사령관 퍼시벌 장군은 영국 역사상 가장 많은 포로를 적에게
인계한 치욕스러운 기록을 남긴 장군이 되고 말았다.

　비록 그는 말레이 작전의 성공으로 국민적 영웅이 되었지만, 그에게
반감을 지녔던 도조 히데키는 야마시타 장군을 만주로 좌천시켜 버렸는
데, 1944년 일본의 패색이 짙어지자 필리핀 방어의 임무를 띠고 마닐라
에 급파되어 제14방면 육군을 지휘하게 되었다. 하지만 필리핀에 상륙
한 미군에 연이어 패함으로써 마침내 1945년 9월 바기오에서 항복하고
말았다. 미군의 포로가 된 그는 전범으로 마닐라 군사재판에 회부되어
사형을 언도받고 교수형에 처해졌는데, 마닐라 학살에 대한 책임이 사
형선고의 주된 이유였다. 당시 일본군은 필리핀을 퇴각하면서 마닐라

야마모토 이소로쿠

에 남아 있던 70만 명의 시민들에 대해 무차별 학살을 자행했는데, 그 참극은 1937년 중국 남경에서 벌어진 대학살에 결코 뒤지지 않는 희생자를 낳았다.

싱가포르와 마닐라에서 숱한 만행을 저지른 야마시타 장군에 비하면, 진주만 기습을 단행했던 야마모토 제독은 그래도 양반 축에 든다고 할 수 있다. 그는 처음부터 미국과의 전쟁을 강력하게 반대한 인물로, 일찌감치 미국 유학과 주미 일본대사관에서 무관으로 근무한 경험을 통해 미국의 막강한 경제력과 군사력의 실태를 파악하고 있었기 때문에 전쟁에 반대했지만, 도조 히데키를 중심으로 한 육군 강경파가 미국과의 전쟁을 결정해 버리자 이왕 전쟁을 할 바에는 진주만을 기습해 미 해군의 항공모함을 파괴해야 한다고 건의한 것이다.

야마모토는 기존의 전함 위주 해전방식을 탈피하고 항공모함 위주의 해전을 염두에 두고 일찌감치 해군 항공대 육성에 힘썼다. 제2차 세계대전 당시 항공모함을 위주로 한 본격적인 항공전은 태평양에서 벌어졌으며, 유럽에서는 독일의 U보트 공격이 유일한 해전이었다. 그런 점에서 진주만 기습을 통해 미 해군의 항공모함을 겨냥한 그의 의도는 매우 탁월한 전략이었다고 할 수 있다. 1941년 12월 마침내 그는 353대의 전투기를 적재한 6척의 항공모함을 이끌고 진주만 공격을 성공리에 마쳤으나 가장 결정적인 실수는 그가 원래 목표로 삼았던 항공모함이 진주만에 없었다는 사실이었다.

결국 야마모토는 일본 본토를 수호하기 위해 미드웨이 해전에서 마지막 승부를 가려야 했는데, 진주만 기습 후 불과 4개월 만에 미군 폭격기들이 둘리틀 작전을 통해 일본 본토로 직접 날아가 수도인 도쿄를 폭격했기 때문이다. 진주만 기습이 미국인들에게 큰 충격을 안겨 준 사건이었다면, 둘리틀 폭격은 일본인들에게 가장 큰 충격을 안겨 준 사건이었다. 왜냐하면 일본 역사상 일본 본토가 적군의 공격을 받은 것은 유사 이래 처음 있는 일이었기 때문이다. 비록 13세기에 몽고의 침입이 있었지만 심한 풍랑 때문에 실패로 돌아갔고, 조선의 대마도 정벌이 있었으나 본토는 아니었으니 미군의 대규모 폭격은 일본인에게 엄청난 충격을 주기에 충분했다.

미드웨이 해전에서 일본 해군은 완전히 몰락하고 말았다. 항공모함은 물론 우수한 조종사들의 대부분을 잃고 물러난 야마모토는 그 후 과달카날 섬을 중심으로 일본 본토 방어선을 구축하고자 했으나 그마저 미 해병대가 섬을 점령하면서 전세는 완전히 미군 쪽으로 기울고 말았다. 그럼에도 불구하고 야마모토는 최후의 방어선을 지키느라 여념이 없었으며, 수시로 최전선을 점검하는 등 순시를 게을리 하지 않았는데, 그런 야마모토 제독이야말로 미군 입장에서는 가장 두려운 상대가 아닐 수 없었다. 사실 영국군이 독일의 롬멜 원수를 가장 두려운 상대로 여겼다면, 미군으로서는 야마모토야말로 제일 먼저 제거해야 할 강적이었던 셈이다.

미드웨이 해전 이후 미군은 일본군의 암호를 완전히 해독하고 있었는데, 그런 점에서 야마모토는 이미 미군의 손아귀에 놓여 있었다고 할 수 있다. 1943년 그는 최전선 시찰을 목적으로 비행기에 탑승한 채 라바울을 떠났는데, 이미 그의 행적을 파악하고 있던 미군은 미리 출격시킨 전투기로 그가 타고 있던 비행기를 공격해 격추시켰다. 물론 그것은 우연히 발생한 일처럼 꾸며진 것으로 미군은 일본군의 암호를 해독하고 있다는 사실이 알려질까 염려해 그런 사실을 비밀에 붙였다. 일본군 역시 한동안 그의 죽음을 공표하지 않다가 한 달이 지나서야 그 사실을 발표하고 성대한 국장을 치렀는데, 국민적 영웅인 야마모토의 죽음은 일본의 사기를 떨어트리고도 남음이 있었다. 야마모토는 제2차 세계대전에 참전한 최고사령관 가운데 유일하게 전사한 인물이기도 했다.

무술의 달인 황비홍과 이소룡

중국 문화의 아이콘으로 자리 잡은 지 오래된 무술은 특히 홍콩의 무협영화를 통해 전 세계에 널리 알려지게 되었는데, 일본의 사무라이 영화보다 더 큰 인기를 누렸다. 그중에서도 가장 잘 알려진 무술인은 역시 황비홍(黃飛鴻, 1847~1924)과 이소룡(李小龍, 1940~1973)이라 할 수 있다. 한의사이며 항일독립운동가로 중국인들로부터 국민 영웅 대접을 받는 황비홍은 홍가권(洪家拳)의 창시자로, 무술영화에 출연해 폭발적인 인기를 끌었던 이소룡은 절권도의 창시자로 유명하지만, 서로 다른 시대를 살았던 인물들이기 때문에 누가 더 실력이 월등한지는 알 수 없는 노릇이다.

청조 말기에 활동한 전설적인 무술인 황비홍은 중국인에게는 손문보다 더 유명한 민족적 영웅으로 추앙받는 존재로 황비홍을 모르면 중국인이 아니라는 말까지 있을 정도이다. 소림 계통에 속하는 홍가권법의 완성자로 힘없는 민중 편에 서서 불의에 맞선 의로운 협객의 대명사로 통하는 황비홍의 본명은 황석상이며 광동성 남해현 출신이다. 그의 아버지 황기영은 광동지역에서 이름을 떨친 10대 무림고수의 한 사람으로 황비홍은 어릴 때부터 아버지에게서 집안 대대로 전해진 의술과 무예를 배워 익혔는데, 이들 부자는 거리에서 무술시범을 보이고 약을 팔면서 생계를 이어갔다.

소년시절부터 뛰어난 무술 솜씨로 사람들을 놀라게 했던 황비홍은 17세 때 이미 광주에 자신의 독자적인 무도관을 세워 제자를 양성하기 시작했는데, 그의 이름이 전국적으로 알려지게 된 결정적인 계기는 20세 때 벌어진 에피소드를 통해서였다. 한 영국인이 자신의 독일산 셰퍼드로 하여금 중국의 무술가들과 결투를 벌이게 했는데, 많은 사상자들이 생겨나자 이를 보다 못한 황비홍이 나서 단 한 번의 발차기로 그 개를 즉사시켜 버린 것이다.

그는 무술뿐만 아니라 의술로도 명성이 자자했는데, 26세 때는 광주에 보지림이라는 이름의 의원을 차려 많은 사람의 생명을 구하기도 했다. 1888년에는 흑기군 대장 유영복의 다리를 고쳐준 대가로 흑기군 의관에 임명되어 대만에서 일본 군대와 맞서 싸우기도 했으며, 오전미 제독 밑에서 무술 교련을 맡아 활동하기도 했다. 나중에는 광동 민단에서 무술을 지도하며 쇠퇴한 국력을 회복시키는 일에 매진하는 가운데 단신으로 마적 떼의 습격을 물리치기도 했다.

황비홍은 모두 네 번 결혼했지만, 3명의 처는 병으로 일찍 세상을 떴으며, 마지막 네 번째 부인 막계란은 원래 그의 제자였다가 부인이 된 여성이다. 그녀는 황비홍보다 45년이나 연하였으며, 황비홍이 죽은 이후에는 홍콩으로 이주해 무예를 가르치다가 1982년에 사망했다. 황비홍은 모두 4남 2녀의 자식들을 두었는데, 그중에서 무예가 가장 뛰어난 차남 황한삼이 독살당해 죽는 일이 발생하자 크게 상심한 나머지 그 후로는 더 이상 자식들에게 무술을 가르치지 않았다고 한다. 황한삼은 무술시합에서 자신에게 패한 뒤 앙심을 품은 자의 손에 의해 독살된 것이었다.

차남의 억울한 죽음뿐 아니라 1923년 발생한 광주 폭동의 여파로 화재가 일어나 황비홍의 의원 건물도 불타 버렸는데, 그 결과 황비홍은 무일푼 신세로 전락하고 말았다. 게다가 3남 황한업마저 불의의 사고로 죽자 몸져누워 버린 황비홍은 더 이상 일어서지 못하고 그대로 세상을 뜨고 말았다. 황비홍이 죽자 유족들은 관을 살 경비조차 없을 정도로 완전히 파산상태에 있었지만, 그를 흠모한 많은 사람이 성금을 모아 성대한 장례식을 치러 주었다고 한다.

황비홍의 수제자 임세영은 스승이 죽은 후 홍콩으로 이주해 홍가권을 전수했으며, 영화 제작에도 관여해 1970년대 홍콩 무협영화의 전성기를 이루는 데 크게 기여하기도 했다. 유명한 무술감독 유가량도 임세영의 문하 출신이다. 이처럼 파란만장한 생애를 살았던 황비홍이었으니 중국에서 그를 주제로 한 영화가 100여 편 넘게 쏟아져 나온 것은 어쩌면 당연한 일인지도 모르겠다. 황비홍을 연기한 배우로는 유가휘, 관덕흥, 성룡, 백옥당 등이 있지만, 가장 인기를 얻은 배우는 이연걸이다. 영화 〈황비홍〉 시리즈의 테마곡으로 유명한 〈남아당자강(男兒當自强)〉이라는 곡은 원래 중국 강소지방의 민요에서 따온 것으로 불후의 명곡으로 남게 되었다.

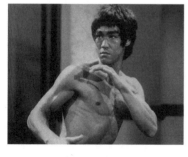

이소룡

황비홍처럼 전설적인 존재는 아니지만, 홍콩 무술영화의 붐을 일으킨 이소룡은 타의 추종을 불허하는 뛰어난 무술 솜씨와 연기력에 힘입어 세계적인 스타로 떠오른 무술인이자 영화인이다. 그는 중국계 미국인으로 샌프란시스코 태생이지만, 주로 홍콩에서 자라고 활동했으며,

당시 명성이 자자하던 무술인 엽문(葉問)에게서 영춘권을 배우고 그 외에도 홍가권을 비롯해 한국인 태권도 고수 이준구 사범으로부터 발차기 기술을 배워 자신만의 독특한 절권도를 창시하는 데 응용하기도 했다.

그의 부모는 아들의 장래를 위해 이소룡을 미국으로 보냈는데, 워싱턴 대학에서 철학과 연극, 심리학 등을 공부한 그는 그곳에서 미국인 여성 린다 에머리를 만나 결혼까지 하였다. 미국에서 그는 브루스 리(Bruce Lee)로 불렸는데, 무술 시합에서 보인 그의 실력이 눈에 띄어 미국의 TV 시리즈에 출연하면서 연기에 발을 들여놓기 시작했다.

하지만 만년 조역에 머문 그는 이에 불만을 품고 홍콩으로 다시 돌아가 골든 하베스트 사와 전속계약을 맺고 〈당산대형〉에서 첫 주연을 맡게 되었는데, 이 영화가 크게 히트하면서 일약 스타로 떠올랐다. 그는 그 여세를 몰아 〈정무문〉, 〈맹룡과강〉, 〈용쟁호투〉에 출연해 이소룡 붐을 일으키는 계기를 만들었다. 특히 코를 손으로 문지르며 괴성을 지르고 쌍절곤을 휘두르는 모습은 많은 청소년 사이에서 폭발적인 유행을 일으켜 서로 앞다퉈 흉내 내는 일이 많았다.

그러나 〈용쟁호투〉가 개봉되기 직전 그는 32세라는 젊은 나이로 갑자기 의문사를 당해 세상을 놀라게 했는데, 그의 유작이 된 〈사망유희〉는 결국 대역을 투입하여 완성되었다. 사망 당시 그는 동료인 여배우 베티 팅 페이의 아파트에서 두통을 호소해 진통제를 복용한 후 숨진 상태로 발견되었는데, 부검 결과 소량의 대마초 성분이 검출되기도 했지만, 약물에 대한 과민반응으로만 설명되었을 뿐 정확한 사인은 끝내 밝혀지지 않았다. 이소룡의 죽음 이후 그의 뒤를 이은 배우로 단연 두각을 나타낸 것은 성룡과 이연걸이었다.

가와바타 야스나리의 아름다운 일본, 오에 겐자부로의 애매한 일본

　태평양전쟁의 패전으로 모멸감과 자괴감에 빠져든 일본인에게 새롭게 자긍심을 심어 준 계기가 된 것은 1964년의 동경 올림픽 개최와 1968년 가와바타 야스나리(川端 康成, 1899~1972)가 일본인 최초로 노벨 문학상을 수상한 사실이다. 하지만 가와바타의 뒤를 이어 가장 유력한 노벨 문학상 후보로 거론되던 미시마 유키오가 1970년 천황제 복귀를 외치며 자위대 본부에서 충격적인 할복자살을 함으로써 체면을 구긴 일본 문학은 그로부터 불과 2년 뒤에 일본의 자부심이었던 가와바타마저 자살해 버리는 바람에 더욱 큰 충격에 빠지고 말았다.

　그렇게 한동안 주춤했던 일본 문학은 1994년 오에 겐자부로(大江 健三郎, 1935~)가 다시 노벨 문학상을 받으면서 겨우 체면을 세울 수 있었는데, 노벨상 수상식장에서 일본의 미(美)에 대해 침이 마르게 자랑했던 가와바타와 달리 좌파 성향의 작가 오에 겐자부로는 '애매한 일본과 나'라

가와바타 야스나리

는 수상 연설 제목에서 짐작할 수 있듯 가와바타의 일본적 탐미주의에 대해 매우 회의적인 태도를 보여 큰 대조를 이루기도 했다.

　대표작 《설국》으로 알려진 일본의 가와바타 야스나리는 노벨 문학상 수상식장에서 행한 연설의 제목 '아름다운 일본의 나―그 序說'에서 보듯이 일본인의 곱고 아름다운 심성과 섬세한 미적 감수성을 세계에 자랑하며 널리 선전했다. 그러나 하얀 눈에 덮인 설국처럼 순수에 대한 그

의 과도한 집착은 일찍부터 연이은 부모의 죽음으로 인해 고아로 자랄 수밖에 없었던 자신의 어둡고 을씨년스러운 어린 시절의 불행했던 기억과 결코 무관치 않을 듯싶다. 더욱이 부모를 대신해 그를 키워 준 병든 할아버지와 함께 살았던 기억도 무관치가 않을 것이다. 병마에 시달리는 늙고 추한 노인의 육체가 얼마나 불결한 존재인지에 대한 끔찍한 혐오감과 두려움은 그가 실제로 소년시절에 쓴《16세의 일기》에 적나라하게 표현되어 있다.

말년의 그는 죽을 날을 코앞에 둔 나이에도 불구하고 늙고 추한 자신의 모습에 견딜 수 없는 혐오감을 느끼고 1972년 어느 날 갑자기 가스관을 입에 문 채 자살해 버렸는데, 불과 4년 전에 노벨상 수상식장에서 백발을 휘날리며 일본의 미에 대하여 입에 침이 마르도록 찬미했던 인물이라는 점에서 더욱 큰 자괴감을 느끼게 한다. 그런 사람이 불과 수년 후에 그토록 아름다운 미의 나라를 마다하고 자살해 버렸으니 일본적인 미를 섬세하게 묘사한 공으로 노벨상의 영예를 수여한 노벨상 위원회의 체면도 말이 아니게 되었다. 더욱이 그가 그토록 아끼던 제자 미시마 유키오의 충격적인 죽음도 그에게는 적지 않게 영향을 주었을 것이다.

이에 반해서 가와바타 야스나리에 이어 일본 작가로 두 번째 노벨 문학상을 받은 오에 겐자부로는 일본 전후세대를 대표하는 소설가답게 매우 서구적인 취향의 작품을 발표함으로써 일본적인 미학을 추구했던 가와바타나 미시마와는 전혀 다른 성향을 보였다. 동경대학 불문과를 졸업한 그는 이미 재학시절에《사육(飼育)》이란 작

오에 겐자부로

품으로 아쿠타가와 상을 수상했는데, 당시 심사위원이었던 가와바타는 매우 특이한 소재가 아쿠타가와를 연상시켜 그에게 상을 주게 되었다고 술회하기도 했다.

아버지를 태평양전쟁에서 잃은 오에 겐자부로는 처음에는 전쟁 후유증에 따른 인간적 고뇌를 중심으로 사회비판적인 작품을 주로 쓰다가 결혼 후에 자폐아인 아들 히카리를 키우면서 사회적 편견과 맞서는 비정상적인 주인공의 절망적인 모습을 묘사하는 데 치중하기 시작했다. 정치적으로는 좌파적인 입장에서 일본 사회를 비판한 그는 1961년에 발표한 초기작《정치소년 죽다》에서 보듯이 성에 탐닉하고 정치적으로도 광적인 우익 소년의 모습을 통해 일본의 우익 성향에 대해 매우 회의적인 시각을 드러내 보이기도 했다. 이 소설은 1960년에 벌어진 일본사회당 정치인 아사누마 이네지로 암살사건에서 힌트를 얻어 쓴 작품으로 암살범 야마구치 오토야는 당시 17세 우익 학생으로 연설 중인 아사누마를 칼로 찔러 살해한 후 소년 감호소에서 복역하다가 '천황폐하 만세! 칠생보국(天皇陛下萬歲、七生報國)'이란 유서를 남기고 자살한 인물이었다. 야마구치의 유서 내용은 미시마 유키오가 자위대 본부에서 자살하기 직전에 외친 말이기도 했다. 이 소설을 게재한 잡지사는 우익단체로부터 협박을 받았으며, 그런 이유 때문에 이 작품은 지금까지도 출간을 하지 못하고 있는 상태이다.

어쨌든 매우 진보적인 입장을 취한 오에 겐자부로는 국가 제일주의에 반대하고 다른 무엇보다도 천황제 및 자위대의 존재에 대해서도 매우 부정적인 태도를 보이는 가운데 평화헌법 수호에 대한 의지를 계속 불태우고 있다. 그는 한때 천황이 손수 문화훈장을 수여하려 하자 자신은 민주주의를 신봉하는 입장에서 민주주의에 반하는 권위를 인정할 수 없다며 수상을 거부해 화제가 되기도 했으며, 자위대의 해외 파병뿐 아니라 아베 정권의 평화헌법 수정안에 대해서도 반대의사를 분명히 하는 등 지금까지도 일본의 양심을 대변하는 지식인으로 활동하고 있다.

반세기 넘게 인도네시아를 통치한 수카르노와 수하르토

인도네시아의 초대 대통령을 지낸 수카르노(Sukarno, 1901~1970)와 그 뒤를 이은 2대 대통령 수하르토(Suharto, 1921~2008)는 두 사람 모두 사상 초유의 장기집권자들로 이들의 통치기간을 모두 합치면 1945년부터 1998년까지 무려 53년에 이르니 실로 대단한 뚝심이 아닐 수 없다. 10년이면 강산도 변한다는 말이 무색할 정도이다.

그런 점에서 수카르노의 22년 집권과 수하르토의 31년 집권 기록은 앞으로도 당분간 깨지기 어려운 대기록임에 틀림없다. 물론 스페인의 프랑코 총통은 36년, 북한의 김일성은 46년, 쿠바의 카스트로는 32년간 장기집권했지만, 이들은 선거를 통한 민주공화제의 수장들이 아니었으니 비교 대상이 될 수 없을 것이다.

인도네시아의 독립운동가로 초대 대통령을 지낸 수카르노는 한동안 인도의 네루와 더불어 제3세계를 주도한 카리스마적 정치지도자였다. 청년시절부터 독립운동에 뛰어든 그는 지배국인 네덜란드 당국에 체포되어 10년간 감옥에 있다가 1942년 일본군에 의해 석방되었는데, 잠시 일

수카르노

본 군정에 협력하다가 1945년 네덜란드의 지배력에 공백이 생긴 틈을 타 독립을 선언하였다.

1955년 반둥회의를 개최해 아시아, 아프리카를 중심으로 신생 독립국의 단합을 외친 그는 1961년 서이리안(서뉴기니)을 침공해 국제적 비난의 대상이 되기도 했으나 대내적으로는 오히려 1963년에 종신대통령으로 추대되는 등 자신의 입지를 더욱 굳혀 나갔다. 하지만 갈수록 친공정책으로 기울어진 결과 군부의 분열을 일으켰으며, 마침내 1965년 군부 쿠데타로 실권하여 연금되었다가 1967년 철저한 반공주의자인 수하르토 장군에게 권력을 이양한 후 3년 뒤에 사망했다.

종신대통령 수카르노에 반기를 들고 쿠데타를 일으켜 권력을 차지한 수하르토는 1967년부터 1998년에 이르기까지 무려 31년간 장기 집권한 독재자로 7선 대통령이다. 그는 1965년 공산주의자들이 일으킨 쿠데타를 무력으로 진압했는데, 그 과정에서 무려 50만 명이 학살당하는 참극이 빚어졌다.

그 후 1974년에는 동티모르를 무력으로 침공해 20만 명의 희생자를 낳았으며, 재임기간 중 거의 100만 명에 가까운 인명을 살상하고 75만 명을 감옥에 보내는 철권 통치로 국민의 원성이 자자했다. 특히 천문학적 숫자에 달하는 친인척들의 부정부패와 극심한 경제 실정으로 국민들의 반발을 불러일으킨 그는 반정부 시위가 거세지면서 무력으로 강제 진압하려 했다. 하지만 군부가 그의 지시를 거부하자 결국 스스로 대통령직에서 물러나 은둔생활을 하다가 86세 나이로 사망했다.

수하르토

다자이 오사무와 미시마 유키오의 자살

일본 히로히토 천황 재위기간 중에 활동한 소설가 다자이 오사무(太宰治, 1909~1948)와 미시마 유키오(三島由紀夫, 1925~1970)는 두 사람 모두 자살로 생을 마감했는데, 두 작가의 죽음은 일본 사회에서 아쿠타가와 류노스케의 자살 이후 가장 큰 논란의 대상이 되었으며, 그 후 노벨 문학상 수상자 가와바타마저 자살해 버림으로써 일본 문단은 그야말로 큰 충격에 빠질 수밖에 없었다. 더욱이 다자이 오사무는 여러 차례 여성들과 동반자살을 시도하다 결국 성공했으며, 미시마는 자위대 본부에서 인질극을 벌이던 중에 할복자살한 것이기에 그 충격이 더욱 클 수밖에 없었다.

일본 데카당스 문학을 대표하는 다자이 오사무는 부유한 대지주의 아들로 태어나 남부러울 것 없는 환경에서 자랐으나 유달리 감수성이 예민해 오히려 자신에게 주어진 그런 혜택에 대해 상당한 죄의식을 느끼고 살았으며, 자책감 때문에 고교시절에도 술과 여자에 탐닉하면서 학업을 게을리 했다. 조숙했던 그는 이 시기에 이미 사회주의 사상에 입각한 작품을 쓰면서 자신의 가문을 지상에서 멸망해 사라져야 할 존재로 규정하기까지 했다.

그는 생애 통산 다섯 번의 자살 시도 끝에 결국 39세라는 젊은 나이로 요절하고 말았는데, 삶의 실패자요 무능력자임을 자처한 그는 실제로 글 쓰는 재주 외에는 아무것도 내세울 것이 없었으며, 그런 자신의 모습을 대표작 《인간 실격》에서 여지없이 보여 주기도 했다. 그의 첫 번째 자살 시도는 자신의 우상이었던 작가 아쿠타가와의 자살이 있은 직후에 벌어진 일이었지만, 다른 무엇보다도 술과 여자에 탐닉하며 돈을 탕진하느라 학업에 소홀했던 그로서는 학기말 시험을 목전에 두고 시험에

통과할 자신이 없자 궁지를 모면하기 위해 벌인 자살극 소동으로 보인다.

두 번째 자살 시도는 동경제국대학에 입학한 후에 벌어졌다. 당시 공산주의 이념운동에 몰두해 있던 그는 학업을 멋대로 중단하고 기녀 오야마 하쓰요와 함께 멀리 달아났는데, 그런 망나니 노릇 때문에 결국 집안에서도 쫓겨나고 말았으며, 가족으로부터 의절한다는 소식을 접한 직후 긴자의 카페 여급 다나베 시메코와 함께 가마쿠라 해변에서 투신자살을 기도했다. 당시 애꿎은 시메코만 죽고 혼자 살아남은 다자이는 자살방조죄로 경찰에 체포되어 조사를 받았으나 가족의 도움으로 기소유예에 처분되어 가까스로 풀려났다.

당시 정계에 입문한 큰형 분지는 자신의 정치 생명에 금이 갈까 염려하여 하쓰요와의 결혼을 인정해 주고 생활비를 대는 대신 불법적인 공산주의 운동과는 손을 끊을 것을 요구했는데, 결국 형의 요구를 받아들인 그는 하쓰요와 결혼해 소설 창작에 몰두했으나 그 후 불법단체인 공산당과의 관련 혐의로 경찰에 다시 체포되었다가 이번에도 역시 형의 도움으로 풀려나게 되었다. 이처럼 숱하게 말썽을 피우던 그는 마침내 형과의 약속대로 모든 이념적 활동에서 손을 떼었으나 그 여파로 대학 졸업이 어려워지자 더욱 막다른 골목에 처하게 되었고 결국 산에서 목을 매 세 번째 자살을 시도하게 되었다.

한때 맹장염 수술 합병증에 시달리다 회복된 그는 이미 폐결핵에 걸린 상태에서 약물중독에 빠진 나머지 정신병원에 입원까지 해야 했는데,

다자이 오사무

그가 입원해 있는 사이에 아내 하쓰요가 자신의 친구와 불륜을 저지른 사건이 발생하자 그는 그녀와 함께 동반자살을 시도했다가 실패한 후 결국 이혼하고 말았다. 그 후 교사 출신 이시하라 미치코와 재혼해 3남매를 낳고 한동안 안정된 삶을 되찾았으나 때마침 불어닥친 태평양전쟁의 열기로 그는 세상에서 고립되고 말았으며, 패전 후의 일본은 그에게 더욱 큰 환멸과 분노만을 안겨 주었을 뿐이었다.

비록 그는 전후 일본문학에서 인기작가로 부상했지만 정작 다자이 자신의 분노와 좌절, 그리고 자포자기적인 성향은 날이 갈수록 깊어만 갔다. 이때 이미 알코올중독에 빠진 그는 건강이 더욱 악화되자 결국 처자식도 내버리고 전쟁 미망인 야마자키 도미에와 함께 온천 휴양지 아타미로 가 그곳에서 소설 《인간 실격》을 썼다. 그러나 각혈증세가 심해지면서 그는 더 이상 살 가망이 없음을 깨닫고 자신의 곁을 지키던 야마자키 도미에와 함께 약을 먹고 다마가와 운하에 투신함으로써 자신의 삶에 종지부를 찍고 말았다.

자신의 무능과 건강을 비관하고 자살한 다자이 오사무가 지주의 아들로 태어나 한때는 공산주의 사상에 몰두한 것과는 달리 일본 극우파를 대표하는 작가 미시마 유키오는 《금각사》, 《가면의 고백》 등의 대표작을 발표해 전후 일본의 촉망받는 작가로 떠오르며 가와바타의 뒤를 이어 노벨 문학상 후보로 거론되기까지 했다. 그러나 1970년 11월 추종자 4명과 함께 자위대본부에 난입해 사령관을 인질로 잡고 운집한 자위대원 앞에서 일장 연설을 했는데, 사무라이 정신을 강조하며 천황제 복귀를

미시마 유키오

외친 그를 향해 야유가 터져 나오자 발끈하여 "천황폐하 만세!"를 외치고 사령관실로 들어가 할복자살하고 말았다.

미시마는 미리 준비한 일본도로 자신의 배를 갈랐지만, 그가 너무도 고통스러워하는 데다 얼른 숨도 끊어지지 않자 제자인 모리타가 나서서 그의 목을 세 번이나 내리쳤으나 모두 실패하고 말았다. 결국 다른 제자 고가가 대신 나서 미시마의 목을 베었는데, 모리타 역시 미시마를 따라서 할복을 시도했다가 실패하자 고가가 나서서 모리타의 목을 베어주었다. 자위대 사령관실은 순식간에 피로 낭자한 살육의 현장으로 변해 버렸다. 그것은 자살과 타살이 기묘하게 조합을 이룬 충격적인 살육의 현장으로써 단순히 죽음의 미학으로 미화시키기에는 너무도 끔찍한 모습이었다.

평소 극단적인 사설 우익군사단체를 창설해 직접 이끌었던 미시마는 시대착오적인 천황제의 복귀를 위해 친위 쿠데타를 기도할 정도로 매우 극우적인 인물이었는데, 그런 성향은 절대적인 천황숭배자였던 아버지의 영향 때문이었다. 그의 부친은 전형적인 일본제국의 관료로서 어릴 때부터 아들에게 천황 숭배 및 남성다움에 대하여 줄곧 강조했다고 한다. 미시마는 평소에도 작가로서 명성을 얻은 데 그치지 않고 영화배우로도 활동하며 특히 육체미에 몰두해 보디빌딩으로 단련된 남성적 근육미를 자랑하는 등 심한 과시욕과 자기도취를 보였다. 그런 남성다움에 대한 집착과 찬미는 그의 나르시시즘과 무관치 않아 보인다.

동경대 법학부를 졸업한 미시마는 최고 엘리트 코스를 밟은 인물로 《금각사》를 비롯한 여러 수작을 발표해 일본적 미의식에 바탕을 둔 전후 최대의 작가라는 평을 들었다. 미시마처럼 역시 일본적 미학을 추구하며 탐미주의 길을 걸었던 노벨상 수상작가 가와바타 야스나리는 그의 스승 격이었는데, 줄곧 편지를 주고받았던 두 사람 모두 비슷한 시기에 자살로 생을 마감한 것은 단순한 우연치고는 너무도 기묘한 인연이 아닐 수 없다.

　물론 미시마의 비극적인 최후는 결국 자신의 뜻대로 돌아가 주지 않는 현실에 대한 분노와 좌절의 극적인 표출로 볼 수 있겠지만, 그가 할복자살이라는 극단적인 수단을 통해 일본 사무라이 정신의 미학과 진수를 보여 주고자 했던 것은 불행히도 미학이 아니라 단지 일본인의 추악한 가면을 벗어던진 것에 지나지 않은 결과가 되고 말았다. 결국 그가 내세운 시대착오적인 천황제 요구뿐 아니라 그가 벌인 무모한 행동 자체는 그야말로 일본적 객기와 만용의 실체가 무엇인지를 단적으로 보여준 사건이었을 뿐이다.

호메이니와 후세인의 대결

　20세기 후반 중동지역을 파국으로 몰아넣은 주역은 바로 이란의 종교지도자 루홀라 호메이니(Ruhollah Khomeini, 1902~1989)와 이라크의 사담 후세인(Saddam Hussein, 1937~2006)이었다. 호메이니는 시아파 무슬림의 영적 지도자로 1979년 이란에서 이슬람 혁명을 일으켜 팔레비 왕을 축출하고 89세로 죽을 때까지 10년간 강력한 카리스마로 신정통치를 이룩한 인물이었으며, 사담 후세인은 수니파 출

루홀라 호메이니

신의 이라크 대통령으로 1979년부터 2003년까지 20년 넘게 장기집권하면서 이란-이라크 전쟁, 쿠웨이트 침공, 쿠르드족 학살 등 숱한 분쟁을 일으킨 후 결국 이라크 전쟁을 통해 몰락의 길을 걸은 독재자였다.

1979년 같은 해에 이란과 이라크에서 각기 최고통치권자의 자리에 오른 호메이니와 사담 후세인은 권력을 차지한 직후인 1980년에 이란-이라크 전쟁을 통해 본격적인 대결에 들어갔는데, 지지부진하게 8년이나 끌었던 그 전쟁은 화학무기까지 사용하며 수십만의 사상자를 낸 채 결국 무승부로 싱겁게 끝나고 말았다. 사담 후세인의 선제공격으로 시작된 이 전쟁은 사실 이슬람교의 최대 종파인 시아파와 수니파 간에 벌어진 전쟁이었다고 해도 과언이 아닐 것이다. 왜냐하면 수니파였던 사담 후세인은 호메이니가 일으킨 시아파의 혁명 열기가 이라크에도 파급될 것을 가장 두려워했기 때문이다.

당시 이라크는 소수 종파인 수니파가 인구의 절대 다수를 차지하는 시아파를 지배하고 있었으며, 그에 대한 불만이 크게 고조되고 있던 참이었으니 사담 후세인으로서는 국민의 관심을 다른 데로 돌릴 필요가 있었을 것이다. 우리에게는 시아파와 수니파의 대립이 매우 생소하게 들리겠지만, 이슬람 사회에서는 오래전부터 심각한 불화를 겪어 온 고질적인 문제이기도 했다. 기독교로 치면 구교와 신교의 대립과 비슷한 현상인데, 결국 알라신을 경배하는 것은 동일하지만, 신의 대리인이자 지도자를 누구로 하느냐에 따라 시아파와 수니파로 나뉜 것이라 할 수 있다. 코란을 중시하는 수니파는 전통적인 칼리파를 계승자로 여기는 반면,

사담 후세인

시아파는 칼리파의 존재를 인정하지 않고 무함마드의 사위였던 알리를 계승자로 여기고 따른다는 점에서 서로 타협의 여지를 보이지 않는 것이다. 따라서 시아파는 코란보다 알리의 후손인 이맘의 말을 우선시하며 구세주인 이맘을 통해 구원받는다고 믿는다. 호메이니 역시 이란에서는 이맘으로 호칭되며 거의 신적인 존재로 군림했다.

이처럼 한 치의 양보도 없이 대립하고 있는 시아파와 수니파이니 서로에 대한 적대감은 이슬람 사회의 분열을 조장하는 가장 큰 원인이 되고 있는 실정이다. 수니파는 이집트와 아라비아 반도에서 다수를 차지하고 있으며, 중동 아랍국가 중에 시아파가 다수를 차지하고 있는 나라는 이란과 이라크 두 나라뿐이다. 그런 점에서 소수파인 수니파를 이끌고 다수파인 시아파를 억압하고 통치했던 사담 후세인으로서는 바로 인접한 이란의 호메이니 혁명이 두려울 수밖에 없었을 것이다. 더욱이 노골적인 반미 성향의 호메이니가 소련과 손을 잡고 서방세계를 압박하고 있었으니 시아파의 득세를 염려한 사담 후세인이 미국 등 서방세계와 손을 잡은 것은 당연한 결과였다.

하지만 중동 아랍세계의 패권을 노렸던 사담 후세인은 서방의 지원으로 막강해진 군사력을 과신한 나머지 호메이니가 사망한 이후 1990년 쿠웨이트를 침공해 점령하는 실수를 저지르고 말았는데, 결국 걸프 전쟁에서 다국적군에 패하고 퇴각하면서 스스로 몰락의 길을 재촉하였다. 패전 직후 이라크의 시아파가 대규모 반란을 일으키자 이를 잔혹한 방법으로 진압한 사담 후세인은 국제적으로 고립되고 말았으며, 마침내 이라크에 진주한 미군에 체포되어 전범재판에 회부된 후 시아파 무슬림 학살에 대한 책임으로 수도 바그다드에서 교수형에 처해졌다. 후세인의 몰락으로 이라크의 과도정부는 시아파 손에 들어갔지만, 수니파의 저항은 지금도 계속되고 있는 실정인데, 그중에서도 급진적 수니파 무장단체 '이슬람국가(IS)'가 가장 위협적인 존재로 급부상하고 있다.

낮에는 등소평, 밤에는 등려군이 지배한 중국

12억 인구가 살고 있는 중국 대륙은 문화대혁명의 홍역을 치르고 난 후 새로운 실력자로 혜성처럼 나타난 등소평(鄧小平, 1904~1997)의 흑묘백묘론(黑猫白猫論)을 통한 실용주의 노선으로 인해 역사의 물줄기가 크게 바뀌는 대전환기를 맞이하게 되었다. 검은 고양이든 흰 고양이든 쥐만 잘 잡으면 된다는 뜻을 지닌 이 노선은 1970년대 말부터 등소평이 채택한 획기적인 경제정책으로 사회주의 체제를 유지하는 가운데서도 서구식 자본주의 시장경제를 병행하는 절묘한 형태의 정경분리정책이라 할 수 있는데, 이는 소련도 시도해 보지 못하던 사상 유례가 없는 그야말로 전혀 새로운 형태의 중국식 사회주의 방식이었다. 오늘날 번영을 구가하고 있는 중국의 발전은 결국 등소평이 뿌린 씨앗을 거둔 결과라 할 수 있다.

등소평

1983년 주석 직에서 물러난 후에도 강택민을 후계자로 내정하는 등 막후 실권을 행사한 등소평은 1989년 천안문 사태의 강경진압을 주도해 충분히 국민의 원성과 국제적인 비난여론을 불러일으키기도 했으나 백년대계를 내다본 그의 안목만큼은 중국 역사에서 가장 돋보이는 탁견이었음이 오늘날 세계 2위의 대국으로 성장한 중국을 통해 충분히 입증되었다고 할 수 있다. 5척 단구의 등소평이 '오뚜기(不倒翁)'라는 별명처럼 수차례 숙청당하는 정치적 좌절을 이겨내고 다시 일어서서 마침내 12억 인구의 민생고를 해결하며 중국 역사의 흐름을 새롭게 바꿔놓은 것은 아무리 생각해도 대단한 일이 아닐 수 없다.

이처럼 중국에 대변혁을 일으킨 등소평은 1997년 92세를 일기로 사망했는데, 그보다 2년 전에 사망한 대만 출신의 여가수 등려군(鄧麗君, 1953~1995)은 등소평과 같은 성씨로 중국 대륙에 또 다른 바람을 불러일으킨 인물이기도 했다. 물론 그 바람은 등소평이 가장 두려워했던 새로운 민주화, 자유화에 대한 바람으로 그녀가 일으킨 민주화의 바람은 그녀가 부른 노래를 통해 중국 대륙에 널리 전파되었다.

홍콩영화 〈첨밀밀〉의 주제가를 불러 유명해진 등려군은 생전에 1,000곡 이상의 노래를 발표한 아시아의 가희(歌姬)로 중국과 대만, 홍콩뿐 아니라 일본, 한국 등지에서도 폭발적인 인기를 끌었으나 오랜 기간 천식을 앓아 42세 나이로 요절하고 말았다. 장개석을 추종했던 군인으로 국민당 정부와 함께 대만으로 이주했던 아버지의 영향을 받아 반공주의 신념을 지녔던 그녀는 본의든 아니든 간에 중국의 개혁, 개방정책에 보이지 않는 막강한 영향력을 행사한 것으로 알려져 있는데, 비록 그녀의 노래는 중국 당국에 의해 퇴폐적인 자본주의 문화의 상징으로 간주되어 오랜 기간 금지곡으로 지정되었으나 그녀의 노래를 담은 복사 테이프는 중국 대륙에서 엄청난 일기몰이를 하며 팔려 나갔다.

당시 중국에서는 국가주석인 등소평을 라오

등려군

덩(老鄧), 등려군을 샤오덩(小鄧)이란 애칭으로 부르며 낮에는 등소평이 지배하고 밤에는 등려군이 지배한다는 말이 유행할 정도로 그녀의 인기는 하늘 높은 줄 모르게 치솟았는데, 비슷한 시기에 우리나라에서도 낮에는 전두환 대통령이 지배하고 밤에는 코미디언 이주일이 지배한다는 유행어가 나돌았던 상황이 떠올려지기도 한다. 어쨌든 그녀는 1989년 천안문 사건이 터지자 중국의 민주화를 지원하는 콘서트에 참가하는 등 정치적인 집회에도 적극적으로 가담해 중국 당국에서 한동안 기피인물로 낙인찍혀 주목의 대상이 되었다.

대만에서 16세 때 정식 가수로 데뷔한 그녀는 70년대에는 일본에 진출해 활동했으며, 위조 여권 사용이 발각되어 추방된 후로는 대만과 홍콩, 미국 등지에서 활동했다. 하지만 홍콩이 중국에 반환되자 프랑스 파리로 거주지를 옮긴 후로는 죽었다는 소문까지 나돌 정도로 활동이 뜸해졌다. 평소 천식으로 고생하던 그녀는 그 후 휴양차 들른 태국 치앙마이의 한 호텔에서 호흡발작을 일으켜 사망하고 말았다. 대만에서 리덩후이(李登輝) 총통이 참석한 가운데 국장으로 치러진 그녀의 장례식에는 전 세계에서 수만 명의 팬들이 몰려들었는데, 그녀가 죽은 후에도 자살설, 마약복용설, 중국 당국에 의한 암살설 등 숱한 의혹이 뒤따르기도 했다.

정적 아키노를 암살한 마르코스

아시아에서는 유일하게 스페인과 미국의 식민통치를 받았던 필리핀은 리잘 등 독립운동가들의 끈질긴 투쟁과 희생에 힘입어 아시아에서는 가장 먼저 1935년에 민주공화제 독립을 선언하고 케손이 초대 대통령에

올랐다. 비록 제2차 세계대전 기간에 잠시 일본
에 점령당했지만, 종전 이후 1946년 미국으로부
터 완전 독립해 마누엘 로하스가 대통령에 선출
되었다. 하지만 1957년 비행기 사고로 숨진 7대
대통령 막사이사이처럼 훌륭한 민주적 지도자를
배출한 필리핀에서 그 후 마르코스와 같은 독재
자가 나왔다는 사실이 선뜻 이해되지 않는다.

페르디난드 마르코스

1965년부터 1986년까지 21년간 장기집권하
며 독재자로 군림했던 필리핀의 10대 대통령 페
르디난드 마르코스(Ferdinand Marcos, 1917~1989)는 1972년 계엄령 선포로
모든 정당활동을 금지하고 아키노 상원의원을 포함한 정적들과 언론인
을 대거 투옥시켰다. 당시 유력한 야당 대통령 후보였던 베니그노 아키
노(Benigno Aquino, 1932~1983)는 7년간 감옥생활을 한 뒤 미국으로 망명했
다가 1983년 귀국길에 마닐라 공항에서 암살범의 총을 맞고 현장에서
즉사하고 말았으며, 저격범 역시 경찰과 군인들에 의해 현장에서 사살
되었다.

비록 공식적으로는 참모총장 베르 장군이 저
지른 암살극으로 발표되었으나 필리핀 국민들은
마르코스 대통령 부부가 저지른 암살이라고 굳
게 믿었다. 아키노 암살사건은 그렇지 않아도 온
갖 부패와 독재로 치달은 마르코스의 장기집권
에 치를 떨던 국민들의 분노를 더욱 자극한 결과
를 낳았다. 더욱이 그때까지 평범한 가정주부였
던 코라손 아키노 여사가 죽은 남편을 대신해서

베니그노 아키노

1986년 대통령 후보로 나서며 국민들로부터 압도적인 지지를 받게 되자 마르코스는 부정선거를 통해 그녀를 낙선시키고 재선에 성공했지만, 이에 분노한 반정부 시위가 격화되면서 결국에는 자진사퇴를 선언한 후 이멜다 여사와 함께 하와이로 망명하고 말았다.

마르코스가 물러나자 대통령에 취임한 코라손 아키노 여사는 그동안 사치와 부패정치의 상징으로 비난받았던 이멜다 여사에게도 특별 사면령을 내려 귀국을 허락하는 관용을 베풀기도 했다. 하지만 자신은 한 번도 인권을 유린한 적이 없다고 주장할 정도로 뻔뻔한 이멜다 여사는 1991년 지지 세력을 규합해 대권에 도전했다가 실패하자 그 후 다시 하원의원에 도전해 당선되는 저력을 과시하며 재기에 성공함으로써 '강철나비(Steel Butterfly)'라는 별명까지 얻었다. 한편 코라손 아키노 여사는 6년 임기를 마치고 재야에 머물면서도 반정부 시위를 주도하며 필리핀의 민주화에 힘쓰다가 2009년에 사망했는데, 그 이듬해인 2010년에 아들 노이노이가 대통령에 당선되면서 세계 최초로 어머니와 아들이 나란히 대통령직에 오르는 희귀한 기록을 남기기도 했다.

30년간 항복을 거부한 오노다 소위와 나카무라 일병

1974년 한 해에 2명의 일본군이 종전 30년 만에 마지막으로 투항해 화제가 되었는데, 그들은 필리핀 정글에 숨어 있던 일본군 소위 오노다 히로(小野田寛郎, 1922~2014)와 인도네시아 모로타이 섬 정글에서 발견된 나카무라 데루오(中村 輝夫, October 1919~1979) 일병이었다. 같은 일본군이면서도 오노다 소위는 전 일본 열도를 흥분시키며 큰 감동을 준 반면에 나카무라 일병은 별다른 관심을 이끌지 못했는데,
그것은 나카무라 일병이 일본인이 아니라 대만
원주민인 아미족(阿美族) 출신이었기 때문이다.

두 사람은 30년간이나 항복을 거부하고 정글
에서 살았는데, 특히 오노다 소위는 루방 섬 정
글에서 끝까지 혼자 남아 유격전을 계속하다 일
본인 탐험가 스즈키 노리오의 끈질긴 설득으로
정식 항복의식을 치르고 투항함으로써 일본 우
익단체로부터 진정한 사무라이 정신을 보여 준

오노다 히로

일본 군인의 귀감이라는 찬사를 받으며 하루아침에 영웅으로 떠올랐
다. 더욱이 그는 일본이 패전했다는 스즈키의 말을 믿지 못하겠다면서
자신은 직속상관의 지시 없이는 절대로 근무지를 이탈할 수 없다고 주
장하였고, 결국 수소문해서 찾아낸 전직 상관 다니구치 요시미가 직접
루방 섬을 방문해 그에게 정식 투항명령서를 전달하자 그때서야 비로소
투항의식을 치르며 무기를 내주고 항복했는데, 30년의 세월이 지난 후
에도 여전히 절도 있는 태도와 전혀 흐트러짐이 없는 군인정신, 생생하
게 살아 있는 눈빛 등으로 인해 많은 일본 국민을 감동시켰다.

태평양전쟁이 막바지에 접어든 1945년 초 미군이 루방 섬을 점령하
자 오노다 소위는 항복뿐 아니라 옥쇄도 하지 말고 계속 유격전을 벌이
라는 사령관의 지시에 따라 3명의 동료와 함께 정글 속 깊이 숨어들었
다. 그들은 미군의 항복 권유를 거부한 채 계속해서 유격전을 벌였으며,
필리핀 정부군이 뿌린 선전물에 적힌 일본의 패전 사실도 일종의 기만
전술로 여기고 받아들이지 않았다. 동료였던 시마다 오장은 1954년에,
그리고 고즈카 일병은 1965년에 사망했는데, 그 후에도 오노다 소위는

단독으로 유격전을 수행해 나갔다.

오노다가 투항한 후 마르코스 대통령은 곧바로 그를 사면했으며, 20대 소대장이었던 오노다는 50대 노병이 되어 일본에 도착해 전 국민적인 환영을 받았다. 하지만 살아 있는 일본정신으로 영웅 대접을 받은 그는 변화된 일본 사회에 적응하는 데 어려움을 느낀 나머지 브라질로 이민을 떠나 목장을 경영하다가 다시 본국으로 귀국해 결혼도 했으며, 일본군 위안부 문제나 남경학살을 부인하는 등 우익활동에 전념하기도 했다. 그런 점에서 오노다는 91세 나이로 죽을 때까지 철저한 일본 제국주의 군인이었다.

반면에 나카무라 데루오는 일본이 지배하고 있던 대만의 아미족 출신으로 대만에서는 이광휘(李光輝)로 불린다. 1943년 일본군 의용대에 징집된 그는 인도네시아 모로타이 섬에 배치되었는데, 1945년 연합군이 섬을 점령하자 다른 패잔병들과 함께 정글 속으로 숨어들었다. 그 후 대열에서 떨어져 홀로 오두막을 짓고 지내던 그는 우연히 상공을 날던 한 파일럿에 의해 발견되었는데, 일본 대사관의 요청으로 수색작업을 벌인 결과 마침내 1974년 12월에 인도네시아 군인들에 의해 체포되었다.

나카무라 데루오

정식으로 항복의식을 치르고 투항한 오노다와는 달리 본의 아니게 붙들린 나카무라는 곧바로 자카르타 병원에 옮겨져 치료를 받았으며, 그 후 본인 의사에 따라 일본이 아니라 자신의 고향인 대만으로 후송되었다. 체포 당시 그는 일본어만 구사할 줄 알았으며, 중국어는 전혀 하지 못한 상태였는데, 국적 문제로 인해 나카무라는 일본에서 정당한 보상을 받지도 못한 데다가 별다른 관심조차 끌지 못했으며, 그나마 불과 5년 뒤에 폐암으로 사망하고 말았으니 식민지 백성의 설움을 톡톡히 치른 셈이었다.

킬링필드의 악마 폴 포트와 손잡은 시아누크 국왕

앙코르 와트 등 찬란한 고대문명 유적을 자랑하는 캄보디아 왕국은 1953년 프랑스의 식민지배에서 벗어나 독립한 후 노로돔 시아누크(Norodom Sihanouk, 1922~2012) 국왕이 직접 통치했는데, 1970년 미국의 사주를 받은 론놀 장군의 쿠데타로 폐위되어 자리에서 쫓겨나자 시아누크는 복위를 노리고 폴 포트(Pol Pot, 1925~1998)가 이끄는 반정부 무장단체 '크메르 루즈'를 지지했다. 이처럼 과거 국왕이었던 시아누크가 직접 크메르 루즈를 지지하고 나선 데다 미군의 캄보디아 폭격으로 피해가 극심했던 농민들이 너도나도 앞다퉈 크메르 루즈에 가담하면서 그 세력이 날로 강해졌으며, 더욱이 미군이 베트남에서 철수하게 되자 론놀 정권은 힘을 잃고 무기력 상태에 빠지고 말았다.

마침내 1975년 크메르 루즈가 수도 프놈펜에 입성하고 권력을 장악하자 폴 포트는 시아누크를 비록 상징적 존재이긴 하나 국가원수로 모시게 되었다. 하지만 그 후 참혹한 학살현장을 목격한 시아누크는 국가원수직을 사퇴할 뜻을 비쳤으며, 처음에는 그의 요청을 거부하던 폴 포트

노로돔 시아누크

도 결국 그 뜻을 받아들여 정계은퇴를 허용하긴 했으나 1979년에 이르기까지 시아누크는 연금상태에 놓이게 되었다. 급진적 공산주의자였던 폴 포트는 화폐제도 철폐, 사유재산 몰수, 산업시설 파괴, 학교 및 불교 사원 폐쇄는 물론 모든 시민들을 농촌으로 강제이주시켜 집단세뇌교육을 시키는 등 극단적인 정책을 밀고 나감으로써 캄보디아 정국을 더욱 큰 혼란에 빠트리고 말았다.

더욱이 폴 포트는 의사와 교사를 포함한 지식인, 부유층, 전·현직 공무원 등을 대상으로 남녀노소를 가리지 않고 대량학살을 주도해 크메르 루즈가 정권을 장악한 1975년부터 1979년에 이르기까지 인구 700만 명 가운데 1/3에 해당하는 200만 명의 국민을 무참하게 학살하는 끔찍한 만행을 벌였다. 그는 안경을 썼거나 글을 쓸 줄만 알아도 반동으로 간주해 처형하기까지 했는데, 물론 그것은 "썩은 사과는 상자째 버려야 한다."는 폴 포트 자신의 신념을 그대로 실천에 옮긴 결과였다. '킬링필드'로 알려진 캄보디아 대학살은 1979년 베트남군의 침공으로 크메르 루즈가 무너지면서 겨우 멈추게 되었다.

폴 포트

그동안 중국과 북한 등지에서 망명생활을 하다가 1991년 10여 년의 추방생활을 마감하고 귀국한 시아누크는 1993년 다시 국왕에 복귀하는 끈질긴 저력을 보였으나 건강이 여의치 않아 결국 2004년 왕위를 아들 시아모니에게 넘겨준 뒤 2012년에 90세를 일기로 사망했다. 한편 베트남군의 침공으로 정권을 잃은 폴 포트는 태국 국경지대 밀림으로 달아나 잔당을 이끌고 게릴라전을 계속해 벌였는데, 1997년 과거 동료였던 타목에게 체포된 후 연금상태에 있다가 얼마 가지 않아 병으로 사망했다. 어쨌든 국왕 신분이었던 시아누크와 급진적 공산주의자였던 폴 포트의 기묘한 결합은 상식적으로 이해하기 매우 힘든 현상이 아닐 수 없다.

아랍 테러 지도자 하바시와 오사마 빈 라덴

오늘날 전 세계를 테러 공포에 휩쓸리게 만든 아랍 테러조직의 원조는 팔레스타인 해방전선을 창설한 조지 하바시(George Habash, 1926~2008)라 할 수 있다. 팔레스타인 해방의 아버지로 불리는 그는 가장 과격하고도 급진적인 투쟁을 전개함으로써 전 세계적으로 악명이 자자했는데, 비행기 납치와 이스라엘 대사관 공격 등 수단, 방법을 가리지 않고 테러를 자행했다. 엔테베 공항 납치사건이 대표적인 사례였지만, 이는 이스라엘의 기습작전 성공으로 무산되고 말았다.

팔레스타인 출신인 그는 베이루트의 아메리칸 대학에서 의학을 공부하고 있던 시절에 일어난 제1차 중동전쟁으로 가족이 졸지에 난민신세로 전락하게 되자 이스라엘에 대한 무력투쟁을 다짐하고 팔레스타인 해방운동에 뛰어들게 되었다. 의대를 졸업한 하바시는 요르단에 있는 난민 수용소에서 환자들을 돌보는 가운데 나세르의 아랍 민족주의 이념에 따른 해방운동 단체를 결성했다. 하지만 1957년 요르단에서 벌어진 쿠데타 시도에 연루되었다는 의혹을 받고 부재중 실형선고를 받게

조지 하바시

되자 시리아로 달아났다. 당시 후세인 왕은 계엄령을 선포하고 모든 정치적 활동을 금지시킨 상태였다.

시리아 정부와 마찰을 빚은 그는 다시 베이루트로 활동무대를 옮기고 팔레스타인 해방기구를 이끌었는데, 그 후 아라파트에 의해 지도자의 위치에서 밀려나면서 별도로 팔레스타인 해방전선을 창설해 반이스라엘 무력투쟁을 계속해 나갔는데, 범아랍주의 대신에 마르크스-레닌주의 노선을 따르기로 방침을 바꾸었다. 하지만 건강이 점차 악화되면서 무스타파에게 의장직을 물려주고 은퇴한 하바시는 결국 요르단의 수도 암만에서 암으로 사망했다.

이처럼 과격하기로 유명한 하바스에 결코 뒤지지 않는 거물이 있었으니 2001년 9·11 테러를 일으킨 오사마 빈 라덴(Osama bin Laden, 1957~2011)이 바로 그 장본인이다. 사우디아라비아 출신으로 이슬람 근본주의 국제 테러조직 '알카에다'의 지도자였던 그는 3,000명 가까운 사망자와 6,000명 이상의 부상자를 낳은 악몽 같은 9·11 테러의 주모자로 오랜 숨바꼭질 끝에 2011년 미국 오바마 대통령이 서명한 제로니모 작전에 참가한 미 해군 특수부대에 의해 사살되었다.

오사마 빈 라덴

부유한 사우디 사업가의 열 번째 부인의 아들로 태어나 대학에서 경영학을 공부한 그는 어머니를 닮아 193cm의 장신으로 일찍부터 이슬람 근본주의에 심취한 나머지 무슬림을 억압하는 미국과 이스라엘에 대항하기 위해 무장 테러조직 알카에다를 조직하고 탈레반이 지배하는 아프가니스탄을 거점으로 삼아 9·11 테러를 실행에 옮긴 것이다.

대통령에 취임하자마자 9·11 테러를 당한 조지 부시 대통령은 곧바로 테러와의 전쟁을 선포하고 아프가니스탄 전쟁과 이라크 전쟁을 일으키면서까지 빈 라덴 체포에 온 힘을 기울였으나 그의 행방은 오리무중이었다. 결국 그토록 신출귀몰했던 빈 라덴을 찾아내어 사살한 것은 아이러니하게도 백인이 아닌 미국 최초의 흑인 대통령 오바마에 의해서였으니 참으로 기묘한 인연이 아닐 수 없다.

노벨 문학상 수상작가 가오싱젠과 모옌

중국 출신의 작가 가오싱젠(高行健, 1940~)과 모옌(莫言, 1955~)은 2010년과 2012년에 각각 노벨 문학상을 수상함으로써 이미 1968년과 1994년에 가와바타 야스나리와 오에 겐자부로 두 사람의 수상자를 낸 바 있는 일본문학에 이어 현대 중국문학의 자존심을 한껏 북돋아 준 인물들이다. 하지만 중국에 환멸을 느끼고 프랑스로 망명한 가오싱젠의 작품이 중국에서 금서로 지정되는 수모를 겪은 반면, 중국 공산당과 우호적인 관계를 유지한 모옌은 중국에서 대대적인 환영을 받으며 진정한 중국 최초의 노벨 문학상 수상자라는 예우를 받았다.

가오싱젠

중국 강서성 출신인 가오싱젠은 전후 세대로 북경 외국어대학교 불문과를 졸업하고 번역가로 활동했으나 문화대혁명이 일어나자 지식인 재교육 대상에 포함되어 농촌지역에서 밭일에 종사하며 오랜 기간 문학과는 담을 쌓고 지내야 했다. 문화대혁명이 끝난 후 상경이 허락되자 북경 인민예술극장에서 극작가로 활동한 그는《절대신호》,《버스정류장》,《야인(野人)》,《피안(彼岸)》등의 희곡과 자전적 소설《영산(靈山)》을 발표했으나 이들 작품은 모택동의 사회주의적 리얼리즘에 위배되는 작품으로 간주되어 크게 비판받으면서 당국으로부터 반체제 인사로 지목받게 되었으며, 그 후 그의 작품은 중국에서 출판 금지를 당했다.

결국 그는 1987년 유럽 방문길에 올랐다가 그 후 천안문 사태가 벌어지자 정치적 망명을 신청해 프랑스에 정착했으며, 그곳에서 천안문 사태를 소재로《도망자》를 발표했는데, 이에 따라 중국 당국은 그를 반국가 인사로 규정하고 그의 모든 작품을 금서로 지정하기에 이르렀다. 하지만 해외에서는 그의 작품이 크게 인정받아 노벨 문학상까지 수상했으며, 홍콩과 대만에서 특히 환대를 받아 홍콩 중문대학, 대만 국립대학 등 여러 대학에서 명예박사학위를 수여받는 영예를 누리기도 했다. 동양화에도 일가견이 있는 그는 30여 차례의 전시회를 열기도 했다.

중국 공산당의 탄압을 피해 프랑스로 귀화한 가오싱젠과는 달리, 모옌은 중국 당국과 매우 우호적인 관계를 유지하며 중국을 대표하는 작가로 중국 문단에서 자신의 입지를 확고히 닦았는데, 그의 필명 모옌(莫言)은 '말을 하지 않는다.'는 뜻으로 어릴 때 겪은 문화대혁명 기간 중에 부모로부터 사람들에게 절대로 속내를 드러내지 말고 말조심을 하라는 주의를 받은 데서 연유한 필명이다. 평소 그의 지침도 "말은 바람을 타고 흩어져 버리지만, 글로 남겨진 것은 결코 사라지지 않는다."는 것이었다.

산동성에서 농부의 아들로 태어난 그는 문화대혁명 당시 학교를 중

단하고 공장에서 일했으며, 그 후 인민해방군에
입대해 사병 신분으로 소설을 쓰기 시작했다. 그
는 매우 정력적인 다작가로 비교적 초기작에 속
하는《홍고량가족》을 통해 국제적인 명성을 얻
었는데, 이 소설은 중일전쟁에서 문화대혁명 시
기에 이르기까지 산동성에 사는 한 일가의 흥망
성쇠를 다룬 작품으로 그 후 장예모 감독의 영화
《붉은 수수밭》으로 더욱 유명해졌다.

모옌

그 외에도《술의 나라》,《사십일포》,《탄샹
신》,《풍유비둔》,《티엔탕 마을 마늘종 노래》,《풀 먹는 가족》등 많은 작
품을 남긴 그는 특히 미국 작가 윌리엄 포크너와 콜롬비아 작가 마르케
스의 영향을 받아 과거와 현재, 생과 사, 선과 악의 구분이 불분명한 환
영적 사실주의(hallucinatory realism) 문학을 대표하는 인물로 꼽히기도 하
는데, 오히려 그런 점이 그의 독특한 장점으로 인정되어 노벨 문학상까
지 받게 된 것이다. 하지만 생생한 사실주의 기법으로 공산주의 체제의
사회상을 묘사하기에는 현실적인 한계가 있었을 것으로 보인다.

따라서 모옌의 소설 주제는 이념적 영향과 무관하게 인간을 괴롭히
는 탐욕과 타락을 묘사하는 데 집중되어 있으며, 바로 그런 점 때문에
일부 평자들의 비판을 받기도 했다. 그는 모택동의 사회주의 리얼리즘
이 시대적 필연이었으며, 오히려 긍정적인 역할도 없는 것은 아니었다
고 평가함으로써 심종문처럼 공산당의 탄압을 받고 위축된 삶을 살았던
작가들에 대해서는 그 어떤 공감도 표시하지 않아 구설에 오르기도 했
다. 더욱이 그는 2010년 노벨 평화상을 수상한 중국의 반체제 인사 류샤
오보(劉曉波, 1955~)의 석방을 호소하는 서명운동에도 동참하기를 거부해

빈축을 사기도 했는데, 천안문 시위를 주도하다 구속된 류샤오보는 모옌과 동갑으로 지금까지도 수감생활을 계속 하고 있는 중이다.

중국 영화에 새바람을 일으킨 장예모와 천카이거

소련이 철의 장막으로 불리고 있던 시절에 죽의 장막으로 불리던 중국에서 이념과 체제 선전을 목적으로 하는 작품 이외의 예술영화가 탄생한 것은 전적으로 5세대 감독들의 눈부신 활약 덕분이었다. 그중에서도 가장 두드러진 활약을 보인 감독은 천카이거(陈凯歌, 1952~)와 장예모(張藝謨, 1951~)로 이들은 1978년 북경 영화학교에 들어가 함께 공부했으며, 졸업 후에는 영화〈황토지(黃土地)〉와〈대열병(大閱兵)〉제작에 공동으로 참여했는데, 천카이거가 감독을 하고, 장예모는 촬영을 맡았다. 1984년 로카르노 영화제에 입상해 세상을 깜짝 놀라게 만든〈황토지〉는 중국 5세대 감독의 출현을 예고하는 신호탄이 되었다.

천카이거

그 후 중국 영화는 무서운 기세로 연이어 세계 영화제를 휩쓸며 기염을 토했는데, 그동안 흥행 위주로 크게 성공한 홍콩 영화의 위세를 압도하고도 남음이 있었다. 장예모는〈붉은 수수밭〉으로 1988년 베를린 영화제 금곰상을 받은 데 이어〈홍등〉으로 1991년 베니스 영화제 황금사자상을 타고, 그 여세를 몰아〈귀주 이야기〉로 1992년 베니스 영화제 황금사자상을 수상해 세상을 놀라게 했다. 이에 뒤질세라 그 이듬해인

1993년에는 천카이거가 〈패왕별희〉로 1993년 칸 영화제에서 황금종려 상을 수상했다.

그 후 장예모 역시 〈인생〉으로 1994년 칸 영화제 심사위원 대상을 수상한 데 이어 〈책상 서랍 속의 동화〉로 1999년 베니스 영화제 황금사자상과 〈집으로 가는 길〉로 2000년 베를린 영화제 은곰상을 수상했으며, 천카이거도 〈투게더〉로 2002년 산세바스찬 영화제 감독상을 수상하며 건재함을 과시했다. 이처럼 두 사람은 우열을 가리기 힘든 맞수로 세계 유수의 영화제를 휩쓸면서 중국 영화 돌풍을 일으켰으니 그야말로 중국 영화의 전성시대를 맞이한 셈이다.

그동안 영화의 불모지로 알려진 중국에서 새 바람을 불러일으킨 5세대 감독의 선두주자 천카이거는 북경에서 영화감독의 아들로 태어나 어려서부터 영화 매체에 익숙한 분위기에서 자랐는데, 중학생 시절 문화대혁명이 일어나자 홍위병으로 활동했으며, 당시 다른 홍위병들과 마찬가지로 그 역시 자신의 아버지를 공개적으로 맹렬히 비판하기도 했다. 자신의 그런 과오에 대한 뉘우침은 결국 그의 작품활동에도 상당한 영향을 주었는데, 홍위병의 집단적 광란을 묘사한 〈패왕별희〉나 부자간의 갈등과 부성애를 다룬 〈투게더〉가 대표적인 작품이라 할 수 있다.

북경 영화학교를 졸업한 후 감독으로 데뷔한 첫 작품 〈황토지〉에서 그는 농민들의 수난을 통해 문화대혁명의 과오를 비판한 데 이어 〈대열병〉에서는 집단주의의 병폐를 암시적으로 드러냄으로써 당국의 제재를 받게 되었다. 그 후로는 좀 더 우회적인 방식으로 권위에 대한 부정과 자유로운 삶을 그린 〈현 위의 인생〉을 발표하고, 이어서 대표작인 〈패왕별희〉를 통해 격동기의 중국 현대사를 배경으로 전통적인 경극배우들의 동성애 문제를 다루기도 했다. 그 외에도 〈해자왕〉, 〈풍월〉, 〈투게더〉,

장예모

〈매란방〉 등의 문제작을 남긴 천카이거는 매우 완곡한 방식으로 시대정신에 저항하면서 중국 특유의 새로운 영상미를 선보이는 업적을 낳았다.

천카이거와 함께 5세대 감독의 대표주자로 알려진 장예모는 처음에는 천카이거의 영화 〈황토지〉, 〈대열병〉에서 촬영감독으로 활동하다가 감독으로 전향해 만든 첫 작품 〈붉은 수수밭〉이 베를린 영화제에서 금곰상을 수상하면서 데뷔 초부터 세계적인 명성을 얻게 되었는데, 그 후 계속해서 〈국두〉, 〈홍등〉, 〈귀주 이야기〉, 〈인생〉, 〈책상 서랍 속의 동화〉, 〈집으로 가는 길〉, 〈행복한 날들〉 등 많은 문제작을 발표해 명실 공히 현대 중국을 대표하는 영화의 거장으로 우뚝 서게 되었다. 특히 그가 발굴한 여배우 공리와 장쯔이는 전적으로 그의 힘에 의해 세계적인 배우로 성장했다고 볼 수 있다.

하지만 장예모 감독의 성장과정은 그의 화려한 명성과는 달리 결코 순탄치가 않았다. 중국 서안에서 피부과 의사의 아들로 태어난 그는 당시 장개석 휘하의 국민당 장교였던 아버지가 국공내전에서 패한 후 공산당을 피해 대만으로 달아나 버린 후 어머니와 함께 살았으나 반동분자의 아들로 몰린 나머지 문화대혁명 기간 중에 비판을 받고 학업마저 중단해야 했다. 당시 중학생이었던 그는 홍위병에 가담해 활동했지만, 문화대혁명이 끝난 후에도 재교육 대상이 되어 10년간 시골농장과 공장에서 노동에 종사해야 했다. 이처럼 불리한 여건 속에 힘겹게 들어간 북경 영화학교에서 천카이거를 만난 그는 졸업한 후 곧바로 천카이거와 손잡고 〈황토지〉 제작에 동참하면서 중국영화에 새바람을 몰고 온 것이다.

　장예모 감독은 처음부터 강렬한 색채의 대비를 바탕으로 역사의 소용돌이에 휘말린 중국 민중의 삶을 그렸는데, 초기작인 〈붉은 수수밭〉, 〈국두〉, 〈홍등〉, 〈귀주 이야기〉, 〈인생〉 등이 그 대표적인 경우이다. 이들 작품은 중국보다 해외에서 더욱 큰 인정을 받았으며, 중국 사회의 치부를 드러냈다는 점에서 당국으로부터 곱지 않은 시선을 받기도 했다. 장예모 감독은 40대 중반 이후부터는 사회비판적인 입장에서 물러나 소시민적 일상을 소박하게 다룬 〈책상 서랍 속의 동화〉, 〈집으로 가는 길〉, 〈행복한 날들〉 등을 발표했는데, 개방시대를 맞이하면서 자본주의와 사회주의 이념적 가치 사이에 빚어지는 중국 사회의 갈등과 고민에 초점을 맞춘 것으로 보인다.

　하지만 50대에 접어든 후로는 아예 무대를 현실이 아니라 머나먼 과거의 왕조시대로 옮겨 할리우드 스타일의 대형 스펙터클 무협영화에 기울어져 〈영웅〉, 〈인연〉, 〈황후화〉 등을 발표함으로써 민중의 삶과는 매우 동떨어진 방향으로 나가게 되었으며, 그런 이유 때문에 많은 팬들을 실망시키기도 했다. 물론 화려한 영상미는 여전했지만, 과거와는 달리 비판적 안목을 상실한 사극물은 일종의 현실도피가 아닌지 모르겠다. 어쨌든 그는 영화뿐 아니라 푸치니의 오페라 〈투란도트〉를 기획하는가 하면, 2008년 북경 올림픽에서는 개·폐막식 공연의 총감독을 맡는 등 무대예술에도 관심을 기울여 다양한 활동을 펼치기도 했다.

무술영화의 맞수 성룡과 이연걸

성룡

명절 때만 되면 여지없이 안방극장의 특선영화를 통해 만나 볼 수 있던 단골배우로는 단연 성룡(成龍, 1954~)과 이연걸(李連杰, 1963~)을 꼽을 수 있다. 이들이 왜 하필이면 꼭 명절 때만 나타나는지 그 이유는 정확히 모르겠으나 어쨌든 이런 현상은 두 사람이 우리나라에서 그만큼 인기가 있다는 사실을 반증하는 것이다. 이들의 공통점은 현란한 무술 솜씨에 바탕을 둔 액션활극 전담배우라는 점인데, 이소룡의 죽음 이후 홍콩 무술영화의 빈자리를 메우기에 충분한 실력으로 특히 동양권에서 폭발적인 인기를 누려 왔다.

홍콩에서 태어난 성룡은 어려서부터 경극학원에 맡겨져 무술과 연기를 배웠는데, 처음에는 단역배우와 스턴트맨으로 출발해 이소룡의 영화 〈정무문〉과 〈용쟁호투〉에 출연했다. 이소룡의 갑작스러운 죽음으로 홍콩 액션영화가 침체에 빠져든 시기에 성룡은 이소룡의 심각한 분위기와 전혀 다른 코믹 형태의 무협영화 〈사형도수〉, 〈취권〉을 통해 대박을 터뜨리며 일약 스타로 떠올랐다. 특히 만취상태로 코믹한 무술을 벌이는 〈취권〉은 수많은 청소년들 사이에서 폭발적인 인기를 끌었다.

그 후에도 〈쾌찬차〉, 〈폴리스 스토리〉, 〈용형호제〉, 〈미라클〉, 〈화소도〉, 〈홍번구〉, 〈성룡의 CIA〉, 〈러쉬 아워〉, 〈메달리온〉, 〈80일간의 세계일주〉, 〈신화 – 진시황릉의 비밀〉, 〈BB 프로젝트〉, 〈포비든 킹덤〉, 〈스파이 넥스트 도어〉 등 100여 편의 영화에 출연하며 끊임없이 팬들의 사랑을 받아 온 그의 비결은 다른 무엇보다도 코믹하고 익살스러운 연기와 몸을 사리지 않는 프로정신이다. 대역을 일체 쓰지 않는 배우로 알려진 그는 아무리 위험한 장면도 본인이 직접 나서서 몸을 사리지 않는 연기로 관객들을 즐겁게 해 주는데, 그런 이유 때문에 걸어 다니는 종합병원으로 불릴 정도로 수없이 많은 부상을 당하기도 했다. 어쨌든 박진감 넘치는 이소룡에 비해 신기에 가까운 몸동작으로 관객의 혼을 빼는 성룡의 연기는 가히 일품이라 할 수 있다.

한편 성룡에 결코 뒤지지 않는 인기를 누린 이연걸은 중국 심양 태생으로 어려서부터 소림무술을 익혀 전국 우슈대회에서 5회 연속 우승하는 대기록의 소유자로, 그런 뛰어난 실력에 힘입어 1982년 〈소림사〉를 통해 영화계에 데뷔했다. 그 후 홍콩으로 건너가 서극 감독의 〈황비홍〉 시리즈에 출연해 일약 슈퍼스타가 되었는데, 그가 보여 준 우아하기까지 한 무술동작은 그야말로 타의 추종을 불허하는 예술의 경지라 할 수 있다. 더욱이 그의 독특한 변발과 주제곡 〈남아당자강〉은 한국에서도 큰 화젯거리가 되었다.

그 후 〈중화영웅〉, 〈동방불패〉, 〈방세옥〉, 〈대도무문〉, 〈의천도룡기〉, 〈태극권〉, 〈보디가드〉, 〈영웅〉, 〈소림오조〉, 〈정무문〉, 〈모험왕〉, 〈히트맨〉, 〈무인 곽원갑〉 등에 출연해 이연걸 붐을 일으킨 그는 할리우드에도 진출해 〈리썰 웨폰 4〉, 〈키스 오브 드래곤〉, 〈포비든 킹덤〉, 〈미이라 3: 황제의 무덤〉 등에 출연했는데, 〈탈출〉과 〈포비든 킹덤〉에서는 성룡과 함께 사이좋게 출연하기도 했다. 티베트 불교신자인 그는 2004년 수마트

이연걸

라를 강타한 쓰나미 사태 때 가족과 함께 몰디브 섬에 있었는데, 당시 그가 사망한 것으로 알려지기도 했으나 다행히 가벼운 부상만 입었으며, 그런 경험 때문에 2008년 사천 대지진 때 한동안 연기활동을 접고 자원봉사 활동을 벌이기도 했다.

3부

•

한국의
맞수와
적수들

주몽과 대소

고구려를 건국한 주몽(朱蒙, BC 58~BC 19)과 부여의 왕 대소(帶素, ?~22)는 부여 금와왕의 아들로 이복형제 간이다. 주몽은 유화부인이 낳은 서자로 어려서부터 매우 총명하고 활을 잘 쏘아 금와왕의 총애를 받았는데, 이를 시기한 왕자들로부터 온갖 박해를 받았으며, 그중에서도 특히 장남 대소는 나중에 후환이 될 것을 두려워한 나머지 주몽을 죽여줄 것을 금와왕에게 청했으나 왕이 이를 거절하자 수시로 주몽을 죽일 음모를 꾸몄다. 대소의 음모를 눈치 챈 유화부인이 아들 주몽에게 부여를 떠나라고 권유함에 따라 결국 주몽은 화를 피해 남쪽으로 달아나 졸본에 정착해서 연타발의 딸 소서노와 혼인하고 졸본을 자신의 세력 기반으로 삼았다.

마침내 기원전 37년 21세라는 젊은 나이에 졸본부여에서 고구려를 건국하고 왕위에 오른 주

주몽

몽은 영토 확장을 위한 전쟁을 벌여 비류국과 행인국, 북옥저를 차례로 정복했으며, 말갈족까지 평정해 고구려의 영토를 넓혔다. 하지만 그동안 우호적인 관계를 유지했던 금와왕이 죽고 대소가 부여의 왕이 되면서 두 나라 관계는 급속도로 악화되기 시작했다. 다행히 그동안 부여에 살고 있던 아들 유리가 어머니 예씨 부인과 함께 부여를 도망쳐 고구려로 주몽을 찾아오자 주몽은 이를 기뻐한 나머지 아들 유리를 태자로 삼았다. 하지만 기쁨도 잠시였을 뿐 불과 5개월 뒤에 주몽은 40이라는 한창나이로 숨을 거두고 말았다.

한편 주몽의 왕비였던 소서노는 전 남편 우태와의 사이에서 낳은 두 아들 비류와 온조를 키우고 있었으나 주몽의 첫 부인 예씨와 아들 유리가 고구려에 나타나자 두 아들의 장래를 걱정하게 되었다. 결국 소서노는 비류와 온조를 데리고 고구려를 떠나 남쪽으로 내려가서 미추홀에 새로운 나라 백제를 세우기에 이르렀다. 주몽의 뒤를 이어 왕위에 오른 유리는 그 후 여러 차례 부여 대소왕의 침략에 시달렸으나 태자 무휼이 잘 막아 내었다. 무휼은 나중에 대무신왕이 되어 부여를 정벌하고 대소를 죽였으니 손자가 할아버지의 원수를 갚은 셈이다. 대무신왕은 부여뿐 아니라 한나라와도 전쟁을 벌여 낙랑을 정복했는데, 그의 아들 호동왕자와 낙랑공주의 애달픈 사랑 이야기는 자명고에 얽힌 설화로 엮어져 전해지고 있다.

2006년 드라마 〈주몽〉

주몽의 손자 대무신왕에게 죽임을 당한 대소는 46년간 부여를 지배하면서 수시로 고구려를 괴롭혔는데, 유리왕 때 수차례 고구려를 공격했으나 번번이 실패하고 말았다. 그 후 대무신왕의 공격을 받고 싸우던 중에 대소가 전사하자 그의 막내 동생 갈사왕은 해두국으로 도주해 그곳에 갈사부여를 세웠으나 3대에 이르러 멸망하고 결국 고구려에 귀속되고 말았다.

황산벌에서 맞붙은 계백과 김유신

백제의 운명이 달린 황산벌 전투는 서기 660년 8월에 벌어졌다. 당시 나당 연합군은 육로와 수로를 통해 협공작전으로 백제를 침공했는데, 김유신(金庾信, 595~673)이 이끄는 신라군 5만과 소정방이 이끄는 당나라 군사 13만이 동시에 백제로 쳐들어간 것이다. 이에 다급해진 의자왕이 계백(階伯, ?~660) 장군을 황산벌에 보내 신라군을 막도록 명했는데, 스스로 가족을 죽이고 결전에 나선 계백은 불과 5,000의 병력으로 10배가 넘는 신라군을 상대로 맞서 싸우다 장렬히 전사했다.

당시 계백은 절대적으로 열세인 상황임에도 더 이상 물러설 곳이 없다는 각오로 병사들을 독려해 수차례 전투에서 승리했으며, 김유신 일가인 반굴과 관창도 황산벌에서 전사했다. 특히 관창은 백제군에 포로로 잡혔으나 계백이 나이가 어린 그를 그대로 돌려보내자 다시 적진으로 달려가 장렬히 죽음을 맞이했는데, 이에 사기가 오른 신라군이 죽을 각오로 돌진해 마침내 백제군은 전멸하다시피 했으며, 계백 역시 전사해 시신

계백

조차 확인되지 못했다. 의자왕은 소정방에 의해 당나라로 끌려가 그곳에서 죽었다.

황산벌에서 승리한 김유신은 김춘추를 도와 삼국통일의 대업을 이루는 데 결정적인 역할을 했던 인물로 진평왕, 선덕여왕, 진덕여왕, 무열왕, 문무왕 등 5명의 주군을 섬기며 79세까지 장수했다. 그는 원래 가야 왕족의 후손으로 15세에 화랑이 되어 불과 18세 때 화랑의 우두머리인 국선이 될 정도로 출중한 인물이었다. 그는 진평왕 때 낭비성 전투에서 고구려군을 항복시키고 선덕여왕 때는 백제의 여러 성을 함락시켰으며, 비담의 반란도 진압해 신라 왕실을 지켰다.

그는 진덕여왕 때도 백제에 빼앗긴 대야성을 되찾고 12개의 성을 함락시켰으며, 무열왕에 이르러 마침내 계백을 물리치고 백제를 멸망시켰는데, 문무왕 때 나당 연합군이 고구려를 칠 무렵에는 너무도 고령이라 직접 원정에 참여하진 못하고 서라벌에 머물며 전략적인 자문만 도왔다. 고구려가 멸망한 후 벌어진 나당전쟁에서 자신의 아들 원술이 전투에 패하고 살아 돌아오자 가문의 수치라며 왕에게 아들의 처형을 간했

김유신

으나 문무왕이 아무런 처벌도 내리지 않자 원술은 산으로 들어가 김유신이 죽을 때까지 숨어 지냈다. 그리고 이듬해 김유신은 79세를 일기로 눈을 감았다.

물론 계백과 김유신은 충신이자 뛰어난 장수임에 틀림없지만, 용기나 지략 면에서는 계백이 김유신을 앞섰다고 볼 수 있다. 황산벌 전투에서 계백은 단 5,000의 군사로 신라군 5만 가운데 1만에 달하는 병력에 큰 손실을 입혔는데, 그런

점에서 사실상 김유신이 패한 전투라고 할 수 있다. 더욱이 압도적인 병력을 지니고도 어린 화랑들의 희생에 힘입어 군사들의 사기를 높이고 승리한 것은 너무도 비정하다는 평가도 있다.

더욱이 삼국통일도 외세인 당나라를 끌어들여 이룩한 것으로 고구려의 멸망 역시 연개소문의 아들들 사이에 벌어진 정권 다툼에 의한 자중지란의 결과였지 결코 군사력의 열세로 망한 것이 아니라는 점에서 김유신의 역할은 지나치게 과대포장된 것이라는 주장도 만만치 않다. 사실 당시 고구려는 당태종의 50만 대군을 안시성에서 격파할 정도로 막강한 전력을 갖춘 상태였으니 더욱 그렇다. 또한 고구려 멸망 후 김유신은 나당전쟁에 직접 참가하지도 않았으며, 발해를 건국한 대조영이 고구려의 옛 영토 대부분을 차지했기 때문에 신라가 고구려를 점령한 것으로 보기도 어렵다고 할 수 있다.

서역을 정벌한 백제 유민 흑치상지와 고구려 유민 고선지

백제와 고구려가 멸망한 후 수많은 유민들이 당나라에 뿔뿔이 흩어져 살아가던 시절에 고구려 장수 출신 걸걸중상의 아들 대조영(大祚榮, ?~719)은 고구려 유민들과 말갈족을 이끌고 당나라에 저항해 고구려의 옛 영토에 발해국을 세웠다. 당시 망국인의 신분으로 당나라에 귀의한 백제 유민 출신의 흑치상지(黑齒常之, 630~689) 장군과 고구려 유민 출신 고선지(高仙芝, 702~755) 장군은 티베트를 포함한 서역의 광대한 땅을 정벌함으로써 한국인의 용맹을 만방에 떨친 장수들이었으나 두 사람 모두 당나라 조정의 모함으로 억울하게 처형당하고 말았다.

흑치상지

백제 유민 출신으로 당나라 장수가 되어 서역을 처음으로 정벌한 흑치상지는 원래 백제 왕족 출신으로 의자왕 때 달솔 벼슬에 있던 장수였으나 나당 연합군이 사비성을 함락시키자 당나라 장수 소정방에게 항복했다가 도주한 후 다른 장수들과 함께 힘을 모아 백제를 다시 일으키려는 저항운동을 벌이며 당나라 군사에 맞서 싸웠다. 하지만 내분에 휘말린 저항세력은 자중지란을 일으킨 결과 당군에 대패하고 말았으며, 당에 항복한 흑치상지는 황제의 배려로 당의 장수가 되어 변방의 토벌작전에 나서게 되었다.

당시 토번국(티베트)이 당을 공격하자 흑치상지는 서역에 출전해 큰 공을 세웠는데, 특히 당군의 대총관 이경현이 적군에 포위되어 몰살당하기 직전 수백 명의 결사대를 이끌고 기습을 감행해 그의 목숨을 살린 공로로 장군으로 승진했으며, 그 후 7년간 청해에 머물면서 당의 영토를 굳건히 지켰다. 측천무후가 권력을 잡으면서 특히 그녀의 총애를 얻은 흑치상지는 서경업의 반란을 진압하고 대장군이 되어 수차례 돌궐의 침입을 격퇴하기도 했으나 이민족 출신의 출세를 시기한 조정 신하들로부터 반역을 모의했다는 누명을 쓰고 처형되고 말았다.

고구려 무장 출신의 유민으로 당나라 장수를 지낸 고사계의 아들로 태어난 고선지는 나이 스물에 이미 당나라 장수가 되어 서역지방에 출정한 후 토번국을 정벌함으로써 당의 영토를 타클라마칸 사막 너머까지 넓힌 인물이다. 또한 그는 1만 명의 군사를 이끌고 험준한 파미르 고원을 넘어 드넓은 서역지방을 평정한 후 수많은 제국들이 당에 조공을 바

치게 되었는데, 그 공으로 안서도호부의 부도호
가 되었으며, 그 후 절도사의 지위에까지 올
랐다.

고선지 장군은 751년 투르키스탄의 탈라스 전
투에서 이슬람 세력의 연합군에 대패해 한때 정
치적 위기를 맞기도 했으나 그동안 그가 이룬 공
적이 너무 컸기 때문에 별다른 문책을 당하지는
않았다. 당시 이슬람군에 포로로 잡힌 당의 제지
기술자들을 통해 제지기술이 처음으로 서방에

고선지

전해지기도 했다. 하지만 고선지 장군의 불운은 외적과의 싸움이 아니
라 오히려 당나라 내분에 의해 빚어졌는데, 755년 안녹산의 난이 벌어
지자 그는 조정으로부터 반란을 진압하라는 명령을 받았으나 부하의 모
함을 받고 억울하게 참수형을 당하고 말았다.

고려의 여걸 천추태후와 기황후

고려의 여인으로 권력의 중심에 서서 세상을 호령했던 여걸 두 사람을
꼽는다면 천추태후(千秋太后, 964~1029)와 기황후(奇皇后, 1315~1369)를 들 수
있다. 태조 왕건의 손녀로 고려 5대 왕 경종의 왕비이며, 7대 왕 목종의
어머니이기도 했던 천추태후는 아들 목종의 섭정으로 무소불위의 권력
을 휘두르다 강조의 난으로 몰락의 길을 걸었다. 기황후는 몽고군에 끌
려간 공녀 출신으로 황궁의 궁녀로 들어갔다가 원나라 황제 혜종의 총애
를 받고 황후 자리에까지 오른 입지전적 여인으로 몽고제국을 호령하고

고려 왕실까지 마음대로 조종하는 등 막강한 권력을 휘둘렀으나 내전에 휘말려 비극적인 최후를 맞고 말았다.

헌애왕후가 공식호칭인 천추태후는 원래 자신의 동생 헌정왕후와 함께 경종의 비로 간택되어 입궐함으로써 자매가 동시에 왕비가 된 기묘한 관계에 있었는데, 그녀는 경종과의 사이에서 아들 왕송(목종)을 낳고 동생이 왕순(현종)을 낳으면서 이들 자매는 훗날 왕위 계승문제로 치열한 접전을 벌이게 되었다.

경종이 죽고 자신의 오빠 성종이 즉위한 후 천추태후는 궐 밖의 천추궁에 머물며 승려 출신 김치양과 통정을 나누는 등 왕실 체면에 먹칠을 하게 되었는데, 성종이 두 사람의 만남을 금지시켰음에도 불구하고, 그녀가 말을 듣지 않고 계속 관계를 유지하며 분란을 일으키자 결국 김치양을 멀리 귀양 보내 버렸다. 하지만 성종이 죽고 아들 목종이 왕위에 오르면서 천추태후는 섭정을 통해 마음대로 권력을 휘둘렀으며, 귀양가 있는 김치양까지 다시 불러들여 그에게 막강한 권력을 줌으로써 많은 신하들의 불만을 샀다. 더욱이 김치양과의 사이에서 아들까지 낳게 되면서 병약한 목종의 뒤를 잇게 할 목적으로 동생 헌정왕후의 아들인 왕순을 여러 차례 죽이려 했으나 모두 실패하고 말았다.

비록 그녀는 눈엣가시인 조카 왕순을 강제로 출가시켜 스님이 되게 했으나 그래도 안심이 안 되어 살해까지 하려 든 것인데, 승려들이 필사적으로 왕순을 보호하는 바람에 그 뜻을 이루지 못하고 말았다. 모든 권력을 독점한 천추태후와 김치양이 이처럼 전횡을 일삼자 결국 무신이었던 강조가 난을 일으켜 목종을 폐위시키고 왕순을 왕으로 추대해 현종이 되었다. 목종은 유배지로 가던 도중에 강조의 부하들에게 살해당했으며, 김치양도 목숨을 잃고 말았다. 김치양과의 사이에서 얻은 여섯 살짜리 어린 아들 역시 무참히 살해당했는데, 모든 것을 잃은 천추태후는 유배를 갔다가 풀려난 후 황주 명복궁에서 죽었다.

기황후는 원래 고려 귀족 출신의 여인으로 원나라에 강제로 끌려간 공녀였으나 황궁의 궁녀로 들어갔다가 원나라 황제 혜종의 총애를 받고 귀빈에 책봉되어 아들 아유르시리다르를 낳았으며, 이 아들이 커서 원나라 소종이 되었다. 그녀는 자신을 학대했던 타나

2013년 드라마 〈기황후〉

실리 황후가 역모죄로 죽임을 당한 후 당당히 원나라 황후 자리에 올랐지만, 고려 출신이라는 이유로 조정대신들의 반대가 워낙 극심해 고초를 겪기도 했다.

황제의 총애만으로는 자신의 입지가 보장되기 어려운 상황임을 깨달은 그녀는 고려 출신 환관 고용보를 심복으로 삼고 자신의 주위에 고려인 출신 관리들로 이루어진 인맥을 형성해 강력한 친위세력을 구축하는 한편 고려 출신 환관 박불화에게 군사를 통솔하는 최고책임자 직책을 부여함으로써 원제국 군사력까지 장악하는 치밀함도 보였다. 심지어 그녀는 아들인 황태자의 배우자 역시 고려 여인으로 정해 권씨를 황태자비로 삼을 정도였다.

한편 그녀에게는 5명의 오빠가 있었는데, 특히 장남 노릇을 했던 기

철은 누이동생인 기황후의 후광을 등에 업고 덕성부원군이라는 직책으로 고려 조정에서 막강한 권세를 누리고 있었다. 친원파의 우두머리였던 기철을 비롯해 기씨 일가 모두가 공민왕에 의해 멸족을 당하게 되자 분을 참지 못한 기황후는 복수를 다짐하고 원나라 군사를 동원해 고려를 침공했으나 최영과 이성계 장군에 패함으로써 그 뜻을 이루지 못하였다. 이처럼 그녀는 모국을 공격하는 배덕행위를 저지르기도 했으나 사실 그녀가 존재함으로써 오히려 고려는 원나라에 합병되지 않고 그나마 자주권을 보장받을 수 있었다고 본다.

그녀는 비참한 공녀 신분에서 황후의 자리에까지 오른 여성이었지만 밑바닥 생활이 어떤지 누구보다 잘 이해하고 있었기에 힘없는 백성들의 처지를 딱하게 여겨 대기근이 닥쳤을 때는 관청의 곡간을 열어 굶주린 백성들에게 식량을 나눠 주게 하고 국고를 털어 10만 명에 달하는 아사자들의 장례까지 치러 주었다고 한다. 하지만 원나라는 황태자의 지위 문제로 의견이 엇갈려 내전상태에 놓이면서 국운이 기울기 시작했으며, 기황후는 한때 반대파의 지도자인 볼루드 테무르의 포로가 되기도 했다. 게다가 명나라를 세운 주원장이 25만 대군을 이끌고 북경을 점령하자 결국 원나라는 몽골고원의 응창으로 밀려나 몰락하고 말았는데, 기황후는 그곳에서 최후를 마쳤으며, 그 이듬해 혜종도 죽었다.

고려를 뒤흔든 승려 신돈과 묘청

불교를 국교로 삼은 고려는 '팔만대장경' 등 세계적인 불교유산을 남기기도 했으나 일부 승려들의 전횡으로 나라의 질서가 무너지고 풍기가

문란해지는 등 숱한 폐
해를 입기도 했는데, 그
대표적인 인물이 묘청
(妙淸, ?~1135)과 신돈(辛旽,
1322~1371)이다. 고려 중
기의 승려였던 묘청은
고려 17대 왕 인종의 왕
사로 서경천도를 주장
하다 무산되자 난을 일

묘청과 김부식

으켜 스스로 대위국을 세웠으나 토벌대장 김부식에게 죽임을 당했으며,
신돈은 고려 말의 승려로 공민왕에 의해 등용되어 토지개혁과 노비 석
방 등 과감한 개혁정책을 펼치기도 했으나 문란한 사생활과 지나친 강
압정책으로 귀족들의 반발을 산 나머지 결국 역모를 도모한 혐의로 참
수되었다.

서경(평양) 출신 승려인 묘청은 서경천도를 주장하는 서경파의 우두
머리로 수도 개경을 고수하는 개경파의 김부식과 첨예하게 대립했는데,
묘청은 풍수지리설에 입각해 이미 운세가 기운 개경을 떠나 수도를 왕
기가 서려 있는 서경으로 옮기고 금나라를 정벌해 국운을 다시 일으켜
야 한다는 북벌론을 내세워 왕을 설득했으나 유학자 김부식을 중심으로
한 개경파의 필사적인 반대에 부딪혀 뜻을 이루지 못하고 말았다.

결국 극단적인 선택을 한 묘청은 서경파를 중심으로 군사를 일으켜
서경에 대위국을 세웠으나 승려 출신으로 태봉국을 세우고 스스로 왕위
에 오른 궁예와는 달리 자신이 직접 왕이 될 생각은 없었다. 그의 목적은
단지 개경파를 제거하고 인종을 서경으로 모시기 위한 것이었지만, 이

미 역모의 주동자로 낙인찍힌 그는 김부식이 이끄는 대규모 토벌군에 의해 거병 일 년 만에 완전히 몰락했으며, 부관참시까지 당하는 수모를 겪어야 했다. 묘청의 난이 진압된 후 불교세력은 큰 타격을 입고 쇠퇴의 길로 접어들었으며, 대신 김부식을 비롯한 유학자들의 세력이 힘을 얻게 되었다.

고려 말에 이르러 불교는 극도의 사치와 향락에 빠졌는데, 공민왕이 당시 생불로 소문난 신돈을 찾아 대담을 나눈 끝에 그의 총명함과 달변에 매료되어 그를 개경으로 불러들여 왕사로 임명하게 되었다. 원래 서자 출신으로 떠돌이 승려였다가 왕의 신임을 얻어 궁궐에 출입하게 된 신돈은 때마침 노국공주를 잃고 잔뜩 실의에 빠진 공민왕이 거의 정사를 돌보지 않고 자신에게 막강한 권력을 위임한 채 불사에만 전념하자 급진적인 개혁정책을 밀고나가 귀족들의 강한 반발을 사게 되었다. 더욱이 그는 과거 묘청이 그랬듯이 도참설에 근거해 또다시 천도론을 들고 나오자 그 반발은 더욱 거세져 '중놈이 나라를 망치고 있다.'는 말이 거침없이 터져 나왔다.

신돈

더군다나 신돈은 많은 첩을 두고 아이까지 낳았으며, 자신이 데리고 있던 노비 반야(般若)를 공민왕에게 상납해 아들 우왕(禑王)을 낳게까지 했는데, 이런 행적으로 인해 귀족뿐 아니라 승려 사회에서도 평판이 좋지 않았으며, 당대의 고승 보우(普愚)조차도 신돈을 권력에 맛을 들인 사승(邪僧)으로 비난할 정도였다. 결국 권력을 독차지하며 세도를 누리던 신돈은 역적 누명을 쓰고 참수형에 처해졌는데, 그의 두 살배기 아들 역시 죽임을 당했다.

신돈이 죽은 후 고려가 멸망하고 조선왕조가 출범하면서 고려의 마지막 왕 우왕과 창왕이 신돈의 혈육이라는 소문이 널리 퍼졌는데, 이는 조선의 개국을 합리화시키기 위해 성리학자들이 조작한 내용으로 우왕은 신돈의 노비 반야와 공민왕 사이에서 태어난 아들이었으며, 공민왕 자신도 그 아들이 신돈의 후손이라는 의혹을 살까 염려해 궁인 한씨의 소생으로 공식 발표하기까지 했다.

그 후 공민왕이 반란군에게 시해를 당하자 어린 우왕이 즉위하고 이인임이 섭정을 맡았는데, 그때 반야가 몰래 궁에 들어가 자신이 우왕의 생모임을 주장했다가 오히려 이인임의 지시로 임진강 강물에 던져져 수장을 당하고 말았으니 아들을 아들이라 부르지도 못하고 억울하게 죽은 그녀야말로 참으로 가련한 운명의 여인이었다고 할 수 있다. 어쨌든 불교를 억압하고 유교를 숭상한 조선왕조 오백년을 통해 묘청과 신돈은 세상에 둘도 없는 요승으로 매도당하며 비판받기에 이르렀으나 최근에 와서는 과감한 개혁을 추진했던 인물들로 재평가되기도 한다.

이성계에 배신당한 최영 장군

고려 말기의 장군이자 충신인 최영(崔瑩, 1316~1388)과 위화도회군으로 고려를 멸망시키고 조선을 개국한 이성계(李成桂, 1335~1408)의 대립은 어찌 보면 피할 수 없는 숙명이기도 했다. 기골이 장대하고 풍채가 뛰어난 최영은 유서 깊은 학자 집안 출신임에도 무장의 길을 걸었는데, 황금 보기를 돌같이 하라는 부친의 유언을 일생의 좌우명으로 받들어 평생 동

최영

안 여색을 멀리하고 재물을 탐내지 않았다. 공민왕을 밀어내고 덕흥군을 왕으로 세우기 위해 원나라의 기황후가 보낸 군대를 물리쳐 왕실을 보호한 최영은 여러 차례 왜구와 홍건적의 침입을 격퇴해 고려를 위기에서 구해 낸 명장이었다. 한때 최영은 신돈의 모함으로 관직에서 물러나기도 했는데, 신돈의 죽음으로 복직해 왜구 토벌에 나서 공을 세웠다.

이후 최영은 우왕 때 명나라가 철령 이북 땅을 요구하자 요동정벌을 주장하며 이성계, 조민수를 부장으로 삼아 원정에 나섰으나 요동정벌에 반대한 이성계가 압록강을 넘으라는 최영의 지시를 어기고 위화도에서 회군하여 개경으로 향하자 이에 동조한 부하 장수들에게 체포되어 개경으로 압송되었다. 이성계는 곧바로 최영의 처형을 지시했는데, 그 시신을 저잣거리에 내버리도록 하는 모욕까지 주었다. 하지만 최후를 맞이하는 최영의 자세가 너무도 당당하고 의연해 그의 시신을 지나치는 백성들이 모두 경의를 표했다고 한다.

당시 73세 노장이었던 최영은 만약 자신에게 탐욕이 있었다면 무덤에 풀이 자랄 것이고, 결백하다면 무덤에 풀이 자라지 않을 것이라 유언하고 최후를 맞이했는데, 실제로 그의 무덤에 풀이 자라지 않아 그 후 오래도록 적분(赤墳)이라 불렸으나 1976년 이후부터는 풀이 다시 자라나고 있는 것으로 알려졌다. 물론 최영은 강직한 성품을 지닌 고려 최고의 충신임에 틀림없으나 시대의 흐름을 제대로 헤아리지 못한 고집스러운 장수이기도 했다. 선죽교에서 이방원에게 죽임을 당한 정몽주도 고려의 충신으로 간주되고 있으나 원래 그는 이성계의 위화도 회군을 찬성했던 인물로 처음에는 이성계에 협력하다가 조선 개국 움직임이 보이자 뒤늦게 반대 입장으로 돌아서 변을 당한 것이니 상황 판단을 잘못한 것은 최영과 비슷하다고 하겠다.

이성계

최영과 정몽주를 제거하고 조선을 건국한 이성계는 한양으로 도읍을 옮기고 국교도 불교에서 유교로 바꾸는 등 국정을 쇄신했으나 왕씨 성을 가진 고려 왕족들을 배에 실어 몰살시키고 두문동에 모여 살던 고려의 옛 신하들을 모조리 불에 태워 죽이는 등 잔혹한 만행도 서슴지 않았다. 그 후 왕자의 난으로 아들 이방원과 사이가 틀어진 이성계는 함흥으로 가서 두문불출했는데, 태종이 수시로 차사(差使)를 보내 화해를 시도했으나 가는 사람마다 활로 쏘아 죽이는 바람에 '함흥차사'라는 말이 생겼다고 한다. 무학대사의 설득으로 힘겹게 환도한 이성계는 최영과 똑같이 73세를 일기로 생을 마감했다.

성삼문의 충절과 신숙주의 변절

성삼문

집현전 학사로 세종대왕의 《훈민정음》 창제를 도운 성삼문(成三問, 1418~1456)과 신숙주(申叔舟, 1417~1475), 정인지, 박팽년 등은 세종이 몹시 총애하던 학자들로 병석에 누운 세종으로부터 어린 손자 홍위(단종)를 부탁한다는 마지막 유지를 받았으나 문종이 일찍 죽고 왕위에 오른 단종이 수양대군(세조)에 의해 폐위되자 신숙주와 정인지는 변절하여 세조 편으로 돌아섰으며, 성삼문과 박팽년, 이개 등은 단종 복위운동을 시도하다가 김질의 밀고로 하옥되어 극심한 고문을 받다가 처형되고 말았다. 그렇게 죽은 사육신은 성삼문과 박팽년, 하위지, 유응부, 이개, 유성원 등으로 처형장에 그대로 버려진 시신들은 생육신의 한사람인 김시습이 몰래 거두어 노량진에 묻었다고 한다.

성삼문은 하위지와 함께 나란히 과거에 급제한 후 집현전 학사로 세종의 명에 따라 신숙주와 함께 십여 차례 중국을 오가며 음운 연구에 힘을 기울였는데, 생육신의 한 사람인 성담수는 그의 6촌 동생이다. 성삼문은 불에 달군 쇠로 다리를 지지고 팔이 잘리는 참혹한 고문을 당하면서도 끝까지 세조의 불충을 나무라고 신숙주를 배신자라며 꾸짖는 의연함과 기개를 보였는데, 결국에는 그의 아버지 성승을 비롯해 박팽년, 하위지, 유응부 등과 함께 사지가 찢기는 거열형을 당했으며, 그의 세 형제와 세 아들을 포함해 일가에 속한 남자들 역시 모조리 멸족을 당해 대가 끊기고 말았다. 그뿐 아니라 그의 아내와 딸들은 모두 노비가 되었으며, 이복 여동생은 신숙주의 노비로 전락했으니 참으로 가혹한 처사가 아닐 수 없다.

신숙주

반면에 신숙주는 집현전 학사 중에서도 가장 총명했던 인물로 뛰어난 학식과 글재주로 세종의 총애와 기대를 한 몸에 받았으나 동료들을 배신하고 단종 복위운동에 가담하기를 거절했으며, 그 후 세조의 최측근이 되어 출세 가도를 달리며 영의정 자리에까지 올랐다. 그의 변절로 인해 사람들은 만두소를 만들 때 짓이겨 넣는 녹두나물에 숙주나물이라는 이름을 붙였는데, 상하기 쉬운 나물이라는 점에서 그런 이름이 붙었다는 설이 있다. 어쨌든 신숙주는 사육신 처형 이후에도 단종의 처형을 강력히 주장해 그 뜻을 성사시켰을 뿐 아니라 남이 장군의 처형에도 적극 가담해 사람들로부터 지탄의 대상이 되었다. 신숙주는 한명회와 더불어 세종 때부터 성종에 이르기까지 6명의 왕을 섬기며 부귀영화를 누리다가 세상을 떴다.

조선의 팜므파탈 어우동과 황진이

엄격한 가부장적 유교사회였던 조선시대에 숱한 사대부 남성들을 유혹하고 굴복시킴으로써 사회적 물의를 빚기도 했던 두 여성 어우동(於宇同, 1430~1480)과 황진이(黃眞伊, 1506~1567)는 조선시대를 통틀어 음란한 여인의 대명사가 되어 그녀들에 대한 언급이 오랜 기간 금기시되기도 했지만, 어찌 보면 남성 본위의 완고한 유교사회체제에 과감히 도전했다가 희생양이 된 대표적인 팜므파탈의 전형이라 할 수 있겠다.

어우동은 조선 성종 때 온갖 사회적 물의를 일으킨 기생으로, 원래는 양반 가문의 딸로 왕족의 후손과 혼인했으나 남편에게 버림받고 기녀가 된 이후 난잡한 성생활로 악명이 자자했으며, 수많은 고위 관료들과 섹스 스캔들을 일으켜 그녀의 처벌을 둘러싸고 찬반양론이 엇갈리는 큰 논

어우동 미인도

란이 벌어지는 등 한동안 조정을 시끄럽게 만들었던 장본인이다.

충북 음성 태생인 그녀는 승문원 지사 박윤창의 딸로 태어나 왕손인 이동에게 시집갔는데, 신랑은 태종의 차남이자 세종대왕의 형인 효령대군의 서자 출신 손자였다. 그러나 아들을 낳지 못한다는 이유로 시댁의 냉대와 구박이 심했으며, 남편마저 기생에게 정신이 팔려 마음고생이 많았다. 결국 은그릇을 만드는 은장이와 정을 통했다는 혐의로 계집종과 함께 친정으로 쫓겨났는데, 친정에서조차 받아 주지 않자 따로 집을 구해 지내게 되었으며, 그 후 기녀 수업을 받고 기생으로 활동하기 시작했다.

이혼당한 몸으로 거리낄 것이 없어진 그녀는 대담하고도 적극적인 태도로 남성들을 유혹하기 시작했는데, 지위 고하를 막론하고 숱한 남성들과 성관계를 맺었다. 특히 세종대왕의 서자 출신 손자 이난은 재색을 겸비한 어우동에 매료되어 자신의 팔뚝에 그녀의 이름을 먹물로 새기기까지 했는데, 그녀는 자기 마음에 드는 남자에게는 자신의 이름을 문신하도록 요구했기 때문이다. 그래도 나중에 어우동을 끝까지 변호하고 선처를 호소한 인물은 이난밖에 없었다.

어우동에 대한 소문이 나돌자 수많은 선비와 유생들, 고관대작들이 그녀의 집을 드나들었다. 그녀는 찾아오는 손님들은 물론이고 길을 가다가 마음에 드는 남성이 있으면 스스로 다가가서 유혹해 정을 통할 정도로 대범했는데, 이웃에 살던 남성과는 그의 조상을 모신 사당에서 정을 통할 정도였으니 당시 사회 분위기에서 볼 때 그녀는 실로 위험하기 그지없는 폭발물과도 같은 존재였을 것이다. 그녀와 관계를 맺는 상대가 고위관직 사회에까지 이르게 되고 그런 소문이 장안에 파다하게 퍼지자 조정에서조차 그녀의 문란한 행실을 문제 삼기 시작해 결국 그녀는 의금부로 끌려가게 되었다.

어우동뿐 아니라 그녀와 관계한 모든 남성들까지 문초를 당하게 되자 이난을 제외한 모든 고관대작들이 자신의 혐의를 강하게 부인하고 나섰으며, 결국 그들은 나중에 모두 사면되거나 복직되고 어우동만 억울하게 처형되고 말았다. 성종도 처음에는 유배 정도에서 일을 마무리할 생각이었으나 조정 대신들이 들고 일어나 처형을 강력히 요구하는 바람에 어쩔 도리가 없었다. 어쨌든 당시 통용되던 간통죄 처벌 규정에 따르자면 곤장 80대로 끝날 형벌이었음에도 사형까지 시킨 것은 지나친 일이었으며, 어쩌면 그것은 그녀의 존재로 인해 양반 사회의 위선적 행태가 적나라하게 드러나게 되면서 뒤가 켕긴 조정 대신들을 더욱 불안하게 자극했기 때문일지도 모른다.

박연폭포, 서경덕과 함께 송도 3대 명물로 꼽히는 황진이는 조선 중기에 활동한 기생으로 뛰어난 미모에 시가와 춤, 가야금 연주뿐 아니라 학문적 지식도 해박해서 많은 선비, 문인들과 교류하며 전국을 유람하기도 했던 명기이다. 그러나 당시 생불이라 불리며 존경을 받았던 지족선사를 파계시키고, 왕족인 벽계수의 콧대를 보기 좋게 꺾어 놓기도 하는 등 사대부와 종교계의 위신을 떨어트리는 행적으로 인해 조선시대 내내 음탕한 기녀의 상징이 되기도 했던 그녀는 비록 화담 서경덕을 유혹하는 데에는 실패했으나 오히려 그의 고결한 인품에 매료되어 사제지간을 맺고 그에게서 개인지도를 받기도 했다.

개성 출신인 황진이는 양반 가문의 서녀로 태어났는데, 어머니 역시 기생 출신으로 알려졌으며, 맹인이었다고 전해지기도 한다. 비록 홀어머니 밑에서 자랐지만 어려서부터 한학을 배우고 한시에도 재능을 보였다. 그녀가 기생이 된 이유는 분명치 않는데, 서출 신분을 비관해서 스스로 기녀가 되었다고도 하고, 그녀를 짝사랑하던 남자가 상사병에 걸

황진이의 묘(황해북도 개성시)

려 죽은 사실을 알고 기생이 되었다는 말도 전해진다. 기생이 된지 얼마 되지도 않아 그녀에 대한 소문이 조선 팔도에 퍼졌는데, 그 소문을 듣고 찾아든 일류 명사들과 정을 나누며 많은 시가와 그림을 남겼으나 대부분 유실되고 말았다.

황진이는 당대의 명창 이사종과 6년을 함께 살았는데, 그와 헤어진 뒤 지족선사를 다시 찾았으나 선사는 요지부동이었다. 그녀는 외로운 말년을 보내다 60 전후 나이로 죽은 것으로 알려졌는데, 죽기 전에 자신의 과거를 돌이키며 관조차 쓰지 말 것을 당부했다고 한다. 젊었을 때는 매우 활달하고 호기에 충만해 많은 남성을 굴복시키며 사대부의 위선을 조롱했던 그녀로서는 매우 쓸쓸하고도 초라한 말로였다.

용상에서 쫓겨난 연산군과 광해군

조선왕조 오백년의 역사에서 유일하게 묘호(廟號)를 받지 못하고 군호로만 호칭되는 연산군(燕山君, 1476~1506)과 광해군(光海君, 1575~1641)은 재위 도중에 반정으로 인해 왕위에서 폐위되었기 때문에 종묘에도 오르지 못하는 수모를 겪어야 했다. 특히 연산군은 무오사화와 갑자사화를 일으켜 숱한 피를 흘리게 했으며, 온갖 사치와 방탕으로 백성들의 원성이 자자해 결국 중종반정으로 강화에 유배되어 30세 나이로 죽었으며, 광해군은 임진왜란 이후 민생안정과 실리외교에 힘쓰는 등 업적을 쌓았으나 친형인 임해군과 이복동생 영창대군을 살해한 패륜을 저질러 인조반정을 초래한 끝에 제주도로 유배되어 66세 나이로 죽었다.

조선왕조 10대 임금인 연산군은 성종의 맏아들로 어머니는 폐비 윤씨다. 만 7세에 세자로 책봉된 후 성종이 승하하면서 18세 나이로 왕위에 오르자 처음에는 남해안에 자주 출몰하는 왜구를 격퇴하는 등 국방에 주력하며, 빈민 구제와 사서 간행 등 다소 치적을 쌓는 듯했다. 그러나 그동안 자신의 생모인 윤씨가 후궁들의 모함으로 사약을 마시고 억울하게 죽은 사실을 까맣게 모르고 있다가 즉위 후에 비로소 그 사실을 알고 점차 타락하기 시작해서 재위 12년 동안 온갖 횡포와 향락을 일삼으며 두 차례의 큰 사화 등 많은 실정을 저질렀다.

그의 무도하고 잔혹한 행적은 조선왕조에서 유례를 찾기 어려울 만큼 광폭하기 그지없었다. 생모인 폐비 윤씨를 모함해 죽게 만든 부왕의 후궁 정씨와 엄씨를 묶어 놓고 정씨의 아들인 안양군과 봉안군으로 하여금 손수 곤장을 치라고 명했는데, 그들이 적당히 때리는 시늉만 내자 화가 머리끝까지 난 연산군은 몽둥이를 빼앗고 자신이 직접 두 후궁을 때려 죽였으며, 그들의 시신을 모두 찢어 젓갈로 만들게 한 후 아무데나 뿌리게 했다고 전해지기도 한다. 그리고 정씨의 두 아들은 유배를 보냈다가 이듬해 죽여 버렸다. 더군다나 폐비 윤씨의 복위 문제로 조모 인수대비와 심하게 다투다가 그녀의 머리를 들

연산군의 묘(서울특별시 도봉구)

이받아 죽게 하는 패륜까지 저질렀다.

연산군의 횡포는 날이 갈수록 심해져 '흥청망청'이라는 말의 어원이 되기도 했던 흥청(興淸)이라는 제도를 만들어 주색에 빠지는가 하면, 전국 각지에 채홍사들을 파견해서 미녀들을 차출해 수청을 들게 했으며, 그 명을 거역하면 사정없이 죽여 버렸다. 당시 궁궐에서 잡일만 하는 인원만도 2만 명이 넘었다고 하니 그 사치와 향락이 어떠했을지 짐작이 가고도 남는다. 이를 보다 못한 내관 김처선이 계속 왕에게 바른 말을 올리니 화가 머리끝까지 오른 연산군은 그의 두 팔과 다리를 칼로 잘라 버리는 만행을 저지르기도 했다.

이처럼 연산군이 폭군으로 돌변한 이유는 생모의 억울한 죽음을 알게 되었기 때문인데, 그런 사실을 연산군에게 처음 알려 준 장본인은 당시 그를 손아귀에 쥐고 흔들던 10년 연상의 기녀 출신 장녹수였다. 장녹수를 통해 외할머니의 소식을 알게 된 연산군은 그 길로 예종의 딸 현숙공주의 집에 머물고 있던 외할머니 신씨를 찾아가 그동안 있었던 억울한 사연을 듣고는 하염없이 눈물을 흘리며 그 자리에서 어머니의 복수를 다짐하게 된 것이다.

연산군은 곧바로 폐비 윤씨의 명예를 복권시키는 조치를 취함과 동시에 그런 왕의 조치가 부당함을 상소한 선비들을 비롯해 과거 윤씨의 폐비에 찬성했던 신하들까지 모조리 참살하는 갑자사화를 일으켰다. 그러나 피바다를 이룬 잔혹하기 그지없는 참극을 계기로 반정의 움직임이 노골화되기 시작했으며, 결국 연산군은 유배를 떠나 병으로 죽고 장녹수는 형장으로 끌려가던 도중에 백성들이 던진 돌에 맞아 죽었다.

조선의 15대 임금 광해군은 선조와 공빈 김씨의 둘째 아들로 임진왜란이 일어나자 세자의 신분으로 의병을 모집하고 군량미를 조달하는 등 왜군을 물리치는 데 공을 세웠으나 부왕인 선조의 인정을 받지 못하고 계속해서 푸대접을 받아야 했다. 선조가 승하하고 왕위에 오른 뒤에도 민생 수습을 위해 이원익을 영의정에 앉히고 실리외교를 펼쳐 후금과의 전쟁을 피하는 등 여러 치적을 쌓기도 했다.

광해군의 묘(경기도 남양주시)

하지만 그 후 당쟁에 휘말린 광해군은 친형인 임해군을 역모혐의로 죽이고, 계축옥사를 일으켜 계모인 인목대비의 아버지와 그의 세 아들을 모두 죽였으며, 그 후 이복동생인 영창대군을 강화도에 유배시켰다가 방안에 가둔 채 장작불을 계속 지펴 죽게 만들었다. 이듬해에는 어린 능창대군을 역모죄로 몰아 스스로 목을 매 죽게 만들었는데, 능창대군의 형은 바로 반정으로 왕위에 오른 인조였다.

당시 이원익과 이항복, 이덕형 등 충신들은 인목대비의 폐모와 영창대군 처형에 끝까지 반대하다가 결국 이원익과 이항복은 유배되고, 이덕형은 삭탈관직을 당한 직후 병으로 사망하고 말았다. 비록 이항복은 유배지에서 죽었지만, 4년 뒤에 풀려난 이원익은 인조반정 이후 다시 영의정이 되어 민심 수습에 힘썼으며, 광해군의 처형을 고집한 인목대비에게 간청해 목숨만은 살려 주도록 했다. 어쨌든 오성과 한음으로 유명한 이항복과 이덕형을 잃고 이이첨과 상궁 김개시 등에 놀아난 광해군은 결국 스스로 자기 무덤을 판 셈이 되고 말았는데, 그동안 광해군의 신임을 믿고 온갖 횡포를 일삼으며 권력을 남용하던 이이첨과 상궁 김개시는 인조반정 이후 참수형에 처해졌다.

왕실을 농락한 요부 장녹수와 정난정

조선왕조의 역대 임금 가운데 가장 무능한 군주를 꼽는다면, 10대 임금 연산군과 13대 임금 명종이라 할 수 있다. 포악한 연산군은 무오사화와 갑자사화를 일으켜 숱한 목숨을 잃게 했고, 병약하고 어렸던 명종은 어머니 문정왕후가 섭정을 맡은 시기에 을사사화를 일으켜 100여 명의 목숨을 잃게 만들었는데, 이들 사화는 조선왕조 역사상 가장 큰 참화로 기록된다. 그런 참극의 배경에는 희대의 악녀로 꼽히는 장녹수(張綠水, ?~1506)와 정난정(鄭蘭貞, ?~1565)이 있었으니 이들 요부의 농간이 아니었다면 그런 참혹한 일도 벌어지지 않았을 것이다.

장희빈과 더불어 조선시대 2대 악녀로 꼽히는 장녹수는 연산군의 후궁이 되어 그를 마음대로 농락하면서 온갖 사치와 향락에 빠져 지냈는데, 질투심도 심해 다른 후궁들을 죽음으로 몰아넣는가 하면, 연산군의 어머니 폐비 윤씨가 억울하게 모함을 당해 사약을 받고 죽은 사실을 귀띔해 줌으로써 갑자사화를 일으켜 숱한 피를 뿌리게 만든 장본인이기도 하다.

1995년 드라마 〈장녹수〉

원래 노비 출신의 창기였던 그녀는 가무에 능해 소문이 자자했는데, 우연히 연산군의 눈에 띄어 입궐한 후 그의 총애를 배경으로 엄청난 권세를 부리기 시작했다. 연산군은 그녀가 죽으라면 죽는 시늉까지 할 정도로 장녹수는 남자 다루는 솜씨가 매우 능숙했으며, 마치 아기 다루듯 연산군을 마음대로 농락하고 조종해 그녀의 뜻이 곧 왕의 뜻이 되고 그녀의 뜻에 따라 모든 상벌이 결정되기까지 했다.

연산군이 얼마나 그녀를 아꼈는지 한번은 한 기생이 장녹수의 치마를 밟았다는 이유로 즉각 목을 베어 죽이도록 지시할 정도였다. 그렇게 연산군과 장녹수의 횡포가 극심했으니 백성들의 원성이 하늘을 찌를 수밖에 없었다. 결국 참다못한 신하들이 들고 일어나 중종반정을 성공시킴으로써 연산군은 폐위되고 장녹수는 참수되었는데, 수많은 백성들이 그녀의 시체에 돌을 던지며 욕을 했다고 하니 그녀에 대한 원성이 얼마나 컸는지 알 수 있다.

조선 중기의 악녀로 알려진 정난정은 첩의 딸로 태어나 기생이 되었다가 명종의 외숙인 윤원형의 애첩이 되었다. 그녀는 시누이인 문정왕후의 두터운 신임을 받고 마음대로 궁궐을 드나들며 권세를 부렸는데, 이재에도 밝아 상권까지 장악하여 엄청난 부를 축적했으며, 수많은 피를 흘린 을사사화에서 가장 결정적인 역할을 했던 여인이다.

인종이 죽고 명종이 즉위하면서 벌어진 을사사화는 결국 같은 파평 윤씨끼리 왕위 계승 문제를 둘러싸고 벌인 당쟁에서 비롯된 것인데, 칼자루를 쥔 장본인은 윤원형으로 그는 정난정을 시켜 명종과 문정왕후를 선동하도록 부추겼으며, 마침내 윤임을 비롯해 많은 사림파들이 죽임을 당해야 했다. 중종은 장경왕후가 젊은 나이로 일찍 죽자 문정왕후를 왕비로 맞아들였는데, 두 사람 모두 파평 윤씨로 특히 장경왕후의 동생 윤임과 문정왕후의 동생 윤원형 간에 세력 다툼이 극심했다.

정난정은 문정왕후와 남편 윤원형의 권

2016년 드라마 〈옥중화〉 속의 정난정

세만 믿고 너무 설쳐대다가 많은 사대부들의 미움을 샀으며, 결국 문정왕후가 죽기만을 기다리고 있던 반대파들은 왕후가 죽자 마침내 칼을 빼들고 반격에 나서 정난정을 천민으로 강등시킨 후 윤원형과 함께 멀리 유배를 보냈다. 그 후 윤원형의 본부인 김씨 집안에서 정난정을 독살 혐의로 의금부에 고발하고 그 문제로 사대부가 다시 들고 일어서자 그녀는 바다에 뛰어들어 스스로 목숨을 끊었으며, 윤원형도 그녀의 뒤를 이어 자결했는데, 정난정은 윤원형의 본부인을 독살했다는 혐의를 받아 오랜 기간 악녀의 대명사로 불리기도 했다.

조선을 대표하는 여류문인 신사임당과 허난설헌

여필종부의 유교사상이 세상을 지배하던 조선시대에 기녀가 아닌 사대부의 아녀자 신분으로 예술활동에 종사한다는 것은 실로 상상하기 어려운 일이다. 그런 사회적 편견에도 불구하고 문인으로 활동한 신사임

신사임당

당(申師任堂, 1504~1551)과 허난설헌(許蘭雪軒, 1563~1589)은 조선을 대표하는 여류문인으로 뚜렷한 족적을 남김으로써 후대의 여성들에게 훌륭한 귀감을 남긴 인물들로 기억되고 있다. 특히 신사임당은 한시와 서예, 그림에 뛰어났으며, 허난설헌은 수필에 뛰어났다.

이율곡의 어머니로 알려진 신사임당은 비록 47세 나이로 일찍 죽고 말았지만, 그림과 서예, 시뿐만 아니라 십자수와 옷감 제작에도 뛰어난

솜씨를 발휘했으며, 성리학, 역사, 고전 지식에 해박한 지식인 여성으로서 아들 이율곡은 대학자로, 딸 이매창은 화가로 키우는 등 자녀교육은 물론 시댁과 친정을 오가며 어른들을 극진히 모심으로써 조선시대부터 오늘날에 이르기까지 현모양처의 상징으로 존경받고 있다. 더욱이 그녀는 동시대 여성으로 온갖 사회적 지탄의 대상이 되었던 문정왕후와 정난정, 황진이 등과 비교되면서 사대부로부터 유교적 가치관을 대표하는 여인상으로 널리 추앙받기도 했다. 그러나 실제 그녀의 삶은 단순히 남편에게 순종하는 이미지와는 거리가 멀었다.

강릉 오죽헌에서 가난한 선비의 딸로 태어난 신사임당은 부친이 정해준 이원수와 혼인했는데, 다소 소심하고 결단력이 부족했던 남편이 과거시험을 준비하기 위해 산으로 들어갔다가 도중에 집으로 돌아오자 그녀는 가위로 자신의 머리카락을 자르며 공부를 마치지 않으면 스스로 비구니가 되겠다고 위협하며 남편을 나무랄 정도로 당찬 모습을 보이기도 했다. 하지만 결국 남편은 과거시험을 포기하고 낮은 관직을 맡는 것에 만족하고 말았다.

문제는 그런 남편이 외도를 시작했다는 데 있었다. 더욱이 남편은 단순히 외도에 그치지 않고 주막집 여인 권씨를 첩으로 들여 딴살림을 차렸으며, 게다가 권씨는 술주정까지 심한 여인이었으니 신사임당의 충격과 상심이 매우 컸을 것이다. 그녀는 자녀교육 문제를 들어 자신이 죽은 후에도 재혼하지 말 것을 강력히 주장했지만, 남편 이원수는 말을 듣지 않고 신사임당이 심장병으로 일찍 죽자 곧바로 권씨를 아내로 맞아들였다.

이처럼 속을 썩인 남편 이원수는 높은 벼슬을 얻지 못하게 되자 먼 친척인 세도가인 이기를 찾아가 청탁을 하기도 했는데, 신사임당은 그런 남편을 말리기도 했다. 왜냐하면 이기는 당대의 실력자 윤원형과 결탁해 을사사화를 일으킨 장본인이었기 때문이다. 어쨌든 다소 칠칠치 못한 남편 때문에 숱한 마음고생을 겪으면서도 항상 온화한 태도로 자녀들을 대한 신사임당 덕분에 그녀의 자녀들은 그나마 온전하게 자랄 수 있었다.

특히 어머니에 대한 효성이 지극했던 이율곡은 병석에 누운 어머니를 빨리 낫게 해 달라고 매일 사당을 찾아 기도를 올리기도 했는데, 어머니가 세상을 뜨자 3년간 무덤 옆에 묘막을 짓고 지내며 어머니의 명복을 빌었다. 그 후 아버지가 술주정뱅이 권씨와 재혼해 본가로 불러들이자 그 자녀들은 온갖 시련을 겪게 되었는데, 항상 술에 절어 지내 살면서 툭하면 빈 독에 머리를 박고 울어대는가 하면 수시로 죽어 버리겠다며 자살소동을 벌이는 행패로 인해 참다못한 이율곡이 한때 가출을 시도할 정도였다. 결국 삶에 회의를 느낀 이율곡은 금강산에 들어가 승려가 되었으며, 환속한 후에도 화목한 가정을 이루고 사는 일을 평생소원으로 삼았다. 하지만 당시 그의 입산 경력은 그 후 정적들로부터 공격의 빌미를 주는 약점으로 작용하기도 했다.

허난설헌

신사임당처럼 강릉 태생인 허난설헌은 《홍길동전》으로 유명한 허균의 누나로 어릴 때부터 글재주가 뛰어나 신동 소리를 들으며 가족들로부터 귀여움을 독차지했으며, 아버지에게서 직접 글과 서예, 그림 등을 배웠다. 15세 때 안동 김씨 집안의 김성립과 혼인했으나 남편의 바람기와 질투심 많은 시어머니의 학대로 불행한 세월을 보내야 했는데, 자신의 그런 불행한 처지를 시와 수필로 달래며 지냈다.

그녀는 수백 편의 시와 산문, 수필 등을 남겼으며, 서예와 그림에도 정통했다. 그러나 밤낮으로 기생집만 드나드는 남편의 무관심과 고부 갈등에 시달리는 일 외에도 그녀에게는 불행이 계속 찾아들었는데, 자상하던 친정아버지가 병으로 객사하고 그 후 어린 아들과 딸을 연거푸 잃었으며, 임신 중이던 아이도 사산하고 말았다. 그뿐 아니라 어머니까지 객사하고 오빠 허봉과 동생 허균마저 귀양을 가는 바람에 그녀는 그 야말로 고립무원의 상태에 빠지고 말았다.

이처럼 연이은 불행으로 삶의 의욕을 완전히 잃은 그녀는 불과 26세에 갑자기 유언 비슷한 시를 남긴 후 시름시름 앓다가 숨을 거두었는데, 죽기 직전 자신이 보관하던 모든 작품들을 불태워 버리고, 친정집에 보관 중인 작품도 모두 태워 버리라 명했으나 동생인 허균이 누이의 재능을 너무 아깝게 여긴 나머지 차마 불태우지 못하고 그대로 보관했다가 나중에 중국 명나라에 사신으로 갔을 때 그곳 관리들의 지원을 받아 책으로 펴냄으로써 오늘날까지 전해지게 되었다.

이순신과 원균의 불화

임진왜란으로 유사 이래 최대의 국난 위기를 맞이했을 때 조선의 삼도수군통제사가 되어 탁월한 지략과 통솔력으로 숱한 해전에서 연전연승하며 왜군을 물리쳐 나라를 위기에서 구한 이순신(李舜臣, 1545~1598) 장군은 오늘날에 이르기까지 성웅(聖雄)으로 추앙받는 난세의 영웅이다. 세계 해전 사상 영국의 넬슨 제독과 더불어 가장 뛰어난 명장으로 꼽히는 이순신과 달리 원균(元均, 1540~1597)은 칠천량 해전에서 패하고 도주하다가 왜군에게 사살된 패장으로 조선 수군의 역사에서 가장 무능한 제독으로 평가되고 있다.

한성에서 출생한 이순신은 32세라는 늦은 나이에 무과에 급제한 후 함경도에서 여진족과 전투를 벌이다가 패전의 책임을 상사가 덮어씌우는 바람에 한때 백의종군하기도 했다. 어린 시절 친구였던 류성룡의 추천으로 정읍현감이 된 후 진도 군수에 이어 47세에 전라도 지역 수군절도사에 임명되면서 거북선을 개발하는 등 전력 강화에 힘썼다. 1592년 임진왜란이 발발하면서 고니시 유키나가가 이끄는 왜군 함대 700척이 부산포를 침략했는데, 이순신은 옥포해전을 시작으로 거북선이 첫 출전한 사천해전, 100여 척의 왜선을 궤멸시킨 한산도대첩, 역시 100척을 격파한 부산해전, 131척을 침몰시킨 명량대첩, 200여 척을 격파한 노량해전 등 실로 세계 해전 사상 그 유례가 없는 놀라운 전과를 올렸다.

이처럼 경이적인 승리로 인해 왜군들조차 이순신의 존재를 몹시 두려워하게 되었지만, 오히려 이순신의 적은 왜군이 아니라 우리 내부에 있었으니 원균과 조정 대신들, 그리고 의심이 매우 많은 선조가 바로 그

이순신

장본인들이었다. 특히 원균은 자신보다 나이가 어린 이순신이 삼도수군통제사가 되자 질투심에 사로잡힌 나머지 이순신의 지시에 반발하고 명령을 제대로 따르지 않는 등 많은 문제를 일으켰으며, 더 나아가 이순신을 모함하는 유언비어를 퍼뜨려 그를 곤경에 빠트리기도 했다.

원래 개전 초기에 부산 방어를 맡고 있던 경상우수사 원균은 왜선 700척이 몰려오자 지레 겁을 먹고 스스로 전함 100척을 불사른 채 노량진

으로 도주했는데, 당시 전라좌수사였던 이순신에게 구원 요청을 했으나 그가 즉각적인 출동을 하지 않자 이에 앙심을 품고 그 후부터 더욱 이순신을 미워하게 되었다. 하지만 당시 이순신은 불과 30척의 함선으로 수백 척의 왜선을 상대하기가 불가능하다고 판단해 원균의 요청에 응하지 않았던 것뿐이다.

한산도대첩 이후 한동안 교착상태에 빠진 시기에 별다른 승전 소식이 들려오지 않자 선조를 비롯한 조정 대신들은 이순신의 능력에 의구심을 품고 무리한 공격을 강요했으나 왜군의 유인책에 말려들 위험이 있다는 이유로 이순신이 공격을 계속 미루자 선조는 이순신을 해임하고 한성으로 압송해 투옥했으며, 원균에게 수군통제사 직책을 맡겼다. 다행히 우의정 정탁의 상소로 간신히 사형을 모면한 이순신은 권율 장군 밑에서 백의종군하라는 지시를 받았으나 당시 아들을 만나기 위해 먼 길을 오고 있던 어머니가 도중에 세상을 뜨게 되자 이루 말할 수 없는 비통함에 젖어야 했다.

이순신을 대신해 삼도수군통제사에 오른 원균은 칠천량 해전에서 왜군을 맞아 전투를 벌였으나 거북선을 포함해 대부분의 함선을 잃고 대패한 후 수군들과 함께 상륙해 도주하다 왜군에 의해 사살되고 말았으며, 이에 다급해진 조정에서는 병조판서 이항복의 건의를 받아들여 다시 이순신을 삼도수군통제사로 복귀시켰다. 하지만 당시 남아 있던 12척의 배로는 도저히 왜군에 대항하기 힘들다고 판단되어 조정에서 수군을 폐지할 움직임이 일자 이순신은 그래도 12척의 배를 이끌고 끝까지 싸우

원균

겠다는 비장한 결의로 명량대첩에 나서게 되었다.

물살이 매우 빠른 울돌목의 특수한 지형을 이용해 새로 합류한 1척을 포함한 불과 13척의 함선으로 왜군 함대의 1/3에 해당하는 131척의 왜선을 격파한 명량해전은 세계 해전사에 빛나는 기적에 가까운 승리였으며, 임진왜란의 전세를 일거에 역전시킨 쾌거이기도 했다. 이듬해 도요토미 히데요시가 죽자 마침내 왜군은 철수를 서두르기 시작했는데, 이미 제해권을 확보한 이순신은 진린이 이끄는 명나라 수군과 힘을 합쳐 노량에서 일본으로 돌아가려던 왜선 500척을 상대로 전투를 벌인 결과 거의 절반에 가까운 200척을 격파하는 전과를 올렸다.

하지만 이순신은 퇴각하는 왜군을 계속 추격하다 적군의 총에 맞아 장렬히 전사하고 말았는데, 숨을 거두기 전에도 자신의 죽음을 알리지 말라는 유언을 남겨 마지막 순간까지 군사들이 동요하지 않도록 하는 세심함도 보였다. 어쨌든 노량해전을 끝으로 7년에 걸친 전쟁의 악몽은 막을 내렸지만, 조선은 최고의 명장 이순신을 잃었으며, 국난의 위기를 넘긴 이후에도 당쟁은 계속 멈추지 않았으니 참으로 통탄할 일이 아닐 수 없다.

비록 오늘날 광화문 사거리에 그의 동상이 우뚝 서 있으나 500원짜리도 아니고 100원짜리 동전에 새겨진 인물이 이순신 장군이라는 사실을 아는 사람이 몇이나 되는지 갑자기 궁금해진다. 그런 점에서 현재 유통되는 지폐 도안의 인물로 세종대왕, 이퇴계를 선정한 것은 충분히 납득할 수 있으나 이율곡과 신사임당 모자를 동시에 선정한 것은 다소 무리한 선정이 아닐 수 없다. 차라리 단군의 초상을 싣는 것이 더 낫지 않겠는가.

장희빈과 최숙빈의 대결

　조선왕조에서 가장 사색당쟁이 치열했던 숙종 시절에 왕위 계승을 둘러싼 희빈 장씨(禧嬪 張氏, 1659~1701)와 숙빈 최씨(淑嬪 崔氏, 1670~1718)의 불꽃 튀는 대결은 결국 소론과 노론의 권력 다툼에서 비롯된 결과이기도 했다. 원래 남인, 소론 세력을 등에 업은 장희빈과 서인, 노론 세력의 지지를 받은 인현왕후 사이에는 엎치락뒤치락하는 권력 다툼이 극에 달했는데, 그 와중에 숱한 사화가 일어나 많은 사람들이 희생되었다. 그 후 인현왕후가 죽고 장희빈이 왕비가 되자 인현왕후를 따르던 최숙빈이 등장해 숙종의 총애를 받으면서 두 여성 간에는 한 치의 양보도 없는 신경전이 벌어지게 되었다.

　조선 최고의 악녀로 알려진 장희빈은 숙종의 후궁 출신으로 경종의 어머니이다. 본명이 장옥정인 그녀는 궁녀 출신으로는 유일하게 왕비의 지위에까지 오른 여성이기도 하다. 원래 역관의 딸로 태어나 어린 나이에 궁녀로 입궁해 자란 그녀는 그 후 숙종의 눈에 들어 총애를 받기 시작하면서 권력욕에 사로잡힌 나머지 당파 분쟁을 일으키고 온갖 술수를 동원하여 자신의 권력 기반을 유지하려 들었다. 결국 왕자까지 낳고 눈엣가시였던 인현왕후마저 폐위시킨 뒤 왕비의 자리를 차지하는 데 성공했으나 우여곡절 끝에 인현왕후가 다시 복위되자 신변의 위협을 느낀 나머지 자신의 거처 주변에 몰래 신궁을 차리고 인현왕후를 저주하는 굿을 벌였다.

장희빈의 묘(경기도 고양시)

　그런데 실제로 인형왕후가 시름시름

최숙빈을 다룬 드라마 〈동이〉

앓다가 죽자 그 사실을 숙빈 최씨가 숙종에게 알림으로써 결국 오빠 장희재를 포함해 모의에 가담한 모든 공범들이 처형당하고 장희빈도 사약을 마시고 죽었다. 비록 그녀는 그렇게 죽었지만, 그녀의 아들은 그 후 경종이 되어 어머니의 명예를 회복시키려다가 즉위한 지 불과 4년 만에 죽는 바람에 그 뜻을 이루지 못했다. 그리고 경종의 뒤를 이어 숙빈 최씨의 아들 영조가 왕위에 오르면서 세상은 노론의 천하가 되었으며, 장희빈은 세상에 둘도 없는 악녀로 알려지게 되었다.

비록 장희빈은 질투의 화신으로 악명이 자자했지만, 인현왕후 역시 투기가 만만치 않았던 것으로 알려졌다. 특히 장희빈이 왕자를 낳자 인현왕후는 그녀를 출궁시키라고 수시로 숙종에게 요구했는데, 그런 이유로 숙종과 심한 말다툼까지 벌였으며, 그 일을 계기로 숙종을 더욱 크게 자극해 스스로 폐위를 자초한 결과를 낳고 말았다. 결국 숙종은 인현왕후를 폐위시킨 뒤 장희빈을 왕비로 격상시켜 버렸다.

인현왕후의 복위와 장희빈의 몰락에 결정적인 역할을 한 것으로 알려진 숙빈 최씨는 숙종의 후궁이며 영조의 어머니이다. 장희빈처럼 어릴 때 궁녀로 들어와 숙빈의 자리에까지 오른 그녀는 장희빈과는 대조적으로 매우 온화한 성격에 항상 겸손한 태도로 자신을 스스로 낮출 줄 알았으며, 매사에 신중했다고 한다. 결국 오빠 장희재

최숙빈의 묘 소령원(경기도 파주시)

와 함께 권력을 휘두르며 기고만장했던 장희빈은 조용하고 말수가 적은 최숙빈에게 뒤통수 한 방을 얻어맞고 나가 떨어진 셈이다. 그러나 평소 건강이 좋지 못했던 최숙빈은 아들 영조의 즉위를 보지도 못하고 48세를 일기로 세상을 뜨고 말았다.

아들 사도세자를 뒤주에 가두어 죽인 영조

어려서부터 무수리 출신 최숙빈의 자식이라는 이유로 멸시를 당했던 영조(英祖, 1694~1776)는 장희빈의 아들이었던 경종이 재위 4년 만에 일찍 병사하자 그 뒤를 이어 조선의 21대 임금이 되었는데, 82세까지 장수하며 무려 52년간 재위함으로써 조선의 역대 왕 가운데 가장 오랜 기간 나라를 다스린 인물로 기록된다. 비록 노론 세력을 등에 업고 왕위에 올랐으나 즉위한 후에도 경종의 독살설에 휘말린 그는 탕평책을 써서 사색당쟁

영조

을 근절시키려 했으나 이인좌의 난 등으로 마음 편할 날이 없었다.

영조는 왕위를 물려줄 마땅한 후손이 없어 애를 태우다 40세가 넘은 늦은 나이에 귀한 아들을 얻어 대단히 기뻐했다. 영조는 그를 즉각 세자로 봉하고 10세가 되었을 무렵 혜경궁 홍씨와 혼인을 시켰는데, 1749년 영조가 세자에게 대리청정을 시켰을 때부터 부자간에 불화가 깊어지게 되었다. 당시 노론은 부자 사이를 이간질시켜 갈등의 골을 더욱 깊게 했는데, 어려서부터 자신을 보필하던 나인들로부터 경종 독살설과 노론에

사도세자

대한 부정적인 이야기를 듣고 자란 사도세자(思悼世子, 1735~1762)는 병석에 누운 영조에게 약을 직접 올리라는 신하들의 요청을 거부해 왕의 노여움을 사기 시작했다.

사도세자는 평소에도 매우 비정상적인 행동을 보여 영조를 노하게 만들기 일쑤였는데, 금주령을 어기고 술을 마시는가 하면 부왕의 꾸중에 화를 이기지 못하고 시종들에게 화풀이를 하다가 촛대를 쓰러트려 화재를 일으키기도 했다. 영조가 불러 호통을 치자 세자는 자신이 고의로 불을 지른 것처럼 말한 뒤 우물에 뛰어들어 죽겠다고 해서 시종들을 놀라게 했다. 하지만 그의 이상한 행동은 거기에 그치지 않았다.

평소에도 그는 소리에 민감하여 놀라기를 잘했으며, 또한 무명옷을 걸친 채 칼을 꽂아 만든 상장(喪杖)을 지니고 다니기도 하고, 심지어는 땅을 파서 그 안에 세 칸짜리 집을 지어 뚜껑을 덮고 그 속에 옥등을 켜 달고 앉아 있는 때가 많았으며, 무기와 말을 그 안에 감추는 등 기묘한 행동을 보였다고 전한다. 세자의 기묘한 행각은 이에 그치지 않고 자신의 거처를 마치 빈소처럼 차려 놓고 상여 앞에 들고 가는 깃발을 세워 놓은 채 시체를 염하는 자세로 누워 잠을 자기도 했다.

그뿐 아니라 세자는 갑자기 모르는 사람이 보인다고 주장하는가 하면, 외출 시에는 바깥 동정을 살피다가 옷을 바꿔 입기도 하고 비단 군복을 여러 벌 불에 태우기도 했다. 더욱이 울화가 치밀면 아무데서나 욕설을 내뱉는가 하면, 여승을 포함한 시녀들, 기생들을 불러 모아 잔치를 벌이고 한데 엉키어 노는 등 잡된 행각을 보이기도 했다. 그렇게 세자의 행태가 날로 극심해지면서 죽어 나가는 내관, 나인들도 부지기수였으며, 장님들을 불러다 점을 치다가 그들이 말을 잘못하면 가차 없이 죽이고, 기타 의관, 역관 등을 포함해 하루에도 시체를 여러 명 대궐 밖으로 쳐내는 일이 빈발하자 모두들 언제 죽을지 몰라 벌벌 떠는 일이 다반사였다.

물론 사도세자의 이런 모습은 정상적인 정신상태가 아니었음이 분명하지만, 다른 한편으로는 대리청정을 맡으면서 그가 추진했던 급진적인 개혁정책과 선대왕인 경종의 독살설에 동조하는 듯한 처신을 보인 것이 화근을 불러일으켰다는 주장도 만만치 않다. 당시 노론과 소론의 대립이 한창일 때 영조의 지지 세력인 노론을 압박한 것이 특히 세자에게는 치명타가 되었다는 것이다. 결국 아버지의 반대파인 소론과 손을 잡은 세자는 스스로 자기 무덤을 판 결과를 낳고 말았는데, 장희빈의 아들 경종과 최숙빈의 아들 영조가 왕위에 오르기까지 벌인 피 튀기는 당쟁을 생각하면 당시 영조의 지나친 과민반응을 이해할 수 있을지도 모르겠다. 평소 경종 독살설에 휘말려 그렇지 않아도 자격지심을 갖고 있던 영조의 아킬레스건을 아들인 사도세자가 수시로 건드렸으니 아무리 마음이 여린 영조라 할지라도 왕권에 도전하는 불충을 보인 세자를 도저히 묵과할 수 없었을 것이다.

어쨌든 부왕의 권위에 정면으로 도전하는 불충을 보인 사도세자는 조선왕조 오백년의 역사에서 가장 참혹한 최후를 마친 왕세자로 기록되는데, 그는 부왕의 명에 따라 여드레 동안 뒤주 안에 갇혀 있다가 결국 굶어죽고 말았다. 도중에 뒤주 한 부분에 난 구멍을 통해 세자의 측근들이 음식과 옷가지를 건네준다는 밀고를 듣고 영조는 손수 구멍을 밀봉하기도 했는데, 70을 바라보는 나이에 영조가 보인 행동은 평소의 그답지 않은 모습이었다. 영조는 원래 눈물과 정이 유달리 많은 임금으로 알려져 왔기 때문이다. 하지만 영조는 세자가 뒤주 안에 갇혀 있는 동안 아들의 비호세력들을 모조리 색출하고 처벌했으며, 사도세자의 여승 출신 후궁도 참형에 처했다. 그리고 나중에 정조가 된 사도세자의 아들은 이 사실을 잊지 않고 자신의 아버지를 죽음으로 몰고 간 배후세력들을 모조리 극형으로 다스렸다.

망국을 앞당긴 대원군과 민비의 갈등

조선왕조 마지막 26대 임금이며 대한제국 초대 황제였던 고종의 아버지 흥선대원군(興宣大院君, 1820~1898)과 고종의 왕비였던 민비(閔妃, 1851~1895)는 조선 말기 동학농민혁명과 임오군란, 청일전쟁, 을미사변, 갑오경장 등 숱한 격변을 겪은 혼란의 와중에서 나라의 운명을 좌지우지한 중심인물들로, 이들 사이에 벌어진 피 터지는 세력 다툼으로 인해 결국 망국을 앞당기는 참담한 결과가 빚어졌다고 해도 결코 무리가 아닐 것이다.

대원군은 철종이 후사 없이 죽고 자신의 아들 고종이 어린 나이로 즉위하자 섭정을 맡아 초기 10년간 쇄국정책을 밀고 나갔으며, 아들의 왕비 간택에도 친히 나서 의도적으로 권문세도가와 거리가 먼 민자영을 며느리로 맞아들이는 등 전횡을 일삼았다. 하지만 처음에 얌전하고 순종적이었던 민비는 궁인 이씨가 고종의 첫아들 완화

흥선대원군

군을 낳자 대원군이 이를 크게 반기며 자신을 무시한 데다 그가 보낸 인삼을 달여 먹고 연달아 사산하게 되면서 대원군을 의심하고 증오하기에 이르렀다. 더욱이 대원군이 완화군을 세자로 책봉할 뜻을 보이자 시아버지에 대한 적개심은 더욱 커졌다.

대원군의 천주교 탄압과 무리한 경복궁 증축으로 백성들의 원성이 잦아지자 민비는 마침내 대원군을 밀어내고 남편인 고종의 친정체제를 이루어 냈는데, 그 후 쇄국정책을 버리고 문호를 개방하는 개화정책을 폈으나 민씨 일족의 횡포가 극심해지면서 민비에 대한 원성도 덩달아 커지게 되었다. 민비와 고종을 몰아낼 기회만 엿보고 있던 대원군은 마침내 임오군란을 통해 재집권을 노렸으나 실패하고 청나라 장수 이홍장에게 납치되어 중국으로 압송되고 말았다. 당시 민비는 변복을 한 채 궁궐 밖으로 달아나 간신히 죽음을 모면했으나 모래가 섞인 쌀을 배급해 임오군란의 직접적인 도화선이 되었던 민겸호는 현장에서 살해당했다.

원세개의 배려로 4년 만에 귀국한 대원군은 운현궁에 칩거하면서도 장남 이재면과 그 아들 이준용을 왕에 앉히려는 음모를 계속 꾸몄으나 뜻대로 되지 않자 동학의 전봉준과 비밀리에 접촉해 동학농민군을 이용할 뜻도 있었으나 동학군이 진압되고 전봉준마저 처형당하자 이번에는 일본에 손을 내밀어 민비를 폐출시킬 뜻을 품기까지 했다. 마침내 1894년 일본 낭인들이 궁궐에 난입해 민비를 잔혹하게 살해하고 그 시신을 불에 태워 버리는 을미사변이 일어났는데, 당시 대원군을 호위해 경복궁으로 진입한 인물 가운데 한 사람이었던 우범선은 바로 우장춘 박사의 아버지였다.

어쨌든 고종을 사이에 둔 민비와 대원군의 암투와 내분은 외세의 간섭을 불러들이는 결과를 초래하고 말았다. 민비는 일본을 등에 업은 개화파를 적대시하고 청국과 러시아라는 외세에 의존하고자 했기 때문에 일제의 입장에서는 민비야말로 자신들의 대륙 침탈 야욕에 가장 큰 걸림돌로 비쳐질 수밖에 없었다. 쇄국정치를 고집했던 대원군에 대항해 민비는 조선의 근대화를 이룩하고자 했으니 민비의 존재가 눈엣가시라는 점에서는 대원군과 일본이 같은 배를 타고 있었던 셈이다.

당시 일본 공사 이노우에는 고종의 면전에서 간하기를, 암탉이 울면 집안이 망한다며 으름장을 놓았는데, 물론 이 말은 민비를 염두에 두고 한 말이다. 이노우에는 민비 시해에 관한 모든 세부 계획을 완료하고 거사 직전에 일본으로 귀국해 버렸으며, 그의 후임으로 새로 부임한 미우라의 주도하에 민비 시해가 실행에 옮겨졌다. 민비 시해 작전의 암호는 '여우 사냥'이었는데, 당시 일본인들은 민비를 여우라고 부르고 있었기 때문이다.

미우라는 민비 시해가 조선 조정의 내부 문제인 것처럼 위장하기 위해 친일파 인물들을 동원하여 대원군을 강제로 가마에 모시고 궁궐로 향하게 했는데, 이처럼 친위 쿠데타를 위장한 틈을 이용하여 한성신보사 사장 아다치 겐소오가 지휘하는 일본 낭인들이 궁궐에 난입해 민비를 시해한 것이다. 폭도의 일원으로 그날 밤 현장에 있었던 기쿠치 겐조의 기록에 따르면, 이들 무리는 술에 취한 상태였으며 복장도 제멋대로 흐트러져 있었다고 한다. 궁궐에 난입한 낭인들은 닥치는 대로 궁녀들의 머리채를 잡아끌고 폭행하며 민비의 처소를 대라고 위협했다. 그러나 겁을 먹고 도주한 1,500명에 달하는 궁궐 수비대와는 달리 궁녀들은 끝까

민비

지 입을 열지 않고 저항했다.

　어렵게 민비를 찾아낸 낭인들은 두 팔을 벌려 앞을 가로막는 궁내부 대신 이경직의 팔을 잘라 버린 뒤 달아나는 왕비를 쫓아가 바닥에 내동댕이치고 가슴을 짓밟으며 사정없이 난자한 후 그 시신을 장작더미 위에 올려놓고 석유를 뿌려 불태웠다. 그러고도 안심이 안 되어 민비와 닮은 궁녀들을 무차별적으로 살해했다. 이들은 고종의 침전까지 침입하여 총칼을 휘두르는 만행을 저질렀으며, 민비의 시해 현장은 왕세자도 보고 있었다. 또한 수많은 궁녀들이 현장을 목격했으며, 당시 궁궐에 있던 미국인 교관 다이를 포함해 러시아인 건축기사 사바틴 등 외국인 목격자들도 있었다.

　외국 공사들도 자신이 직접 목격한 사실을 본국 정부에 보고했는데, 그중에서도 러시아 공사 베베르의 보고서가 가장 자세하게 기록된 내용이라 할 수 있다. 국모 시해 사건을 은폐하고 단순한 조선의 내정 문제로 사실을 호도하려 했던 일본 정부는 수많은 목격자들로 인해 그 만행이 전 세계에 알려지면서 국제적인 비난 여론에 시달리며 궁지에 몰렸지만, 시해 가담자들에 대한 재판도 형식적으로 치렀을 뿐 얼마가지 않아 증거불충분으로 미우라 등 폭도 56명 전원을 무죄 석방하고 말았다.

　그런데 최근에 와서 민비는 일본도로 무참하게 난자당한 후 시신이 불태워진 것에 그친 것이 아니라 시해를 당하기 직전에 일국의 국모로서는 상상도 할 수 없는 치욕을 당했다는 주장이 나오고 있다. 당시 시해현장에 동참했던 이시즈카 에조(石塚英藏)의 보고서가 그 증거로, 그의 보고에 의하면 민비는 온몸을 발가벗겨진 채 능욕을 당했으며, 그 후 살해당하여 시신이 불태워졌다는 것이다. 당시 20대의 젊은 낭인이었던 에조는 같은 일본인으로서도 차마 입에 담기 괴로운 행위가 시해 현장에서 있었음을 보고한 것이다. 이처럼 중요한 에조 보고서는 일본 정부에 의해 철저히 숨겨져 오다가 1966년 일본의 사학자 야마베 겐타로(山健太郎)에 의해 처음 발견되었으며, 여기서 그는 사체 능욕이라는 완곡한 표현을 썼다.

어쨌든 국모의 참혹한 죽음은 만백성의 슬픔과 좌절, 분노를 일으켰다. 국모 시해가 일어난 후 전국적으로 의병이 일어난 것도 결코 우연이 아니었다. 그리고 이는 안중근이 하얼빈 역에서 이토 히로부미(伊藤博文)를 암살하는 계기를 만들기도 했다. 국모 시해를 당한 조선의 백성들이 크게 동요하자 당시 김홍집 내각은 을미사변 직후 단발령을 내림으로써 더욱 큰 혼란을 일으키고 말았는데, 목이 잘릴지언정 머리카락만은 절대로 손 댈 수 없다는 유생들의 구호는 실로 비장하기까지 했으며, 심지어는 조상 뵐 면목이 없다며 스스로 목숨을 끊는 사람들도 있었다. 그런 점에서 국모 시해와 단발령이 있었던 1895년은 우리 민족 역사상 가장 치욕스러운 해 중 하나로 기억될 만하다.

사람들은 흔히 민비를 명성황후로 부르고 있으나 그것은 그녀가 죽고 난 후 대한제국이 출범하면서부터 붙여진 칭호로 민비 생전에 그런 호칭은 존재하지 않았다. 따라서 민비라는 호칭은 결코 명성황후에 대한 비하적인 호칭이 아니라 오히려 공식적인 명칭이었다. 민비는 대한제국이 선포된 1897년에 들어서 명성황후로 추존된 후 비로소 국장이 치러졌으며, 한동안 민비 시해의 배후 인물로 지목된 대원군은 운현궁에서 유폐생활을 보내다가 1898년에 세상을 떴는데, 고종은 부친의 장례식에 참석조차 하지 않았다.

이승만의 정부 수립과 김구의 건국 반대

한국 현대사의 중심인물로 독립운동과 광복 이후 대한민국 건국에 지대한 영향을 준 백범 김구(金九, 1876~1949)와 이승만(李承晩, 1875~1965)은 그 누구도 부인할 수 없는 한국 정치사의 거물들이다. 중국으로 망명해 상해 임시정부 주석으로 항일무력투쟁을 주도하며 이봉창, 윤봉길 등의 의거를 지휘했던 김구는 자타가 공인하는 항일독립운동가로 누가 보더라도 광복 이후 민족을 이끌어 나갈 대통령 감이었다. 반면에 미국으로 망

이승만

명한 이승만은 한민족의 독립을 위해 외교적인 노력에 힘을 기울인 애국자로 미군정을 종식시키고 대한민국 건국의 일등공신으로 초대 대통령에 취임했을 뿐만 아니라 북한의 적화통일 기도를 막아내 자유민주주의 체제를 수호한 공을 세운 인물이기도 했다.

하지만 광복 이후 귀국한 두 애국자의 행보는 크게 차이를 보였다. 미군정의 지지를 받은 이승만이 남한만의 단독정부를 수립하려는 뜻을 지닌 데 반해, 김구는 반쪽 정부의 수립에 반대하고 한반도 통일정부를 주장했기 때문이다. 당시 미군정은 상해 임시정부의 정통성을 인정하지 않았는데, 미국과 소련의 신탁통치에 반대한 김구는 1948년 남한만의 단독 총선거를 실시한다는 국제연합의 결의에 반대하고 통일정부 수립을 위한 남북협상을 제안해 김규식과 함께 평양을 방문했다. 그러나 김일성과의 협상에 실패하고 돌아온 후 정부수립에 참가하지 않고 지내던 중에 1949년 육군 소위 안두희가 쏜 총을 맞고 숨졌다. 물론 그 암살

김구

배후는 지금까지도 밝혀지지 못했지만, 거물급 민족 지도자의 암살은 온 세상에 큰 충격과 슬픔을 안겨 주고 말았다.

반면에 이승만은 광복 이후 좌우익이 극렬하게 대립한 가운데서도 일찌감치 반공주의 노선을 분명히 하고 김구와 함께 우익을 대표하는 지도자로 나섰으나 처음에는 단독정부 수립에 찬성했던 김구가 돌연 태도를 바꿔 반대 입장으로 돌아서자 김구와도 결별의 길로 들어서게 되었다. 물론 두 사람의 결별에는 당시 벌어진 장덕수 암살사건이 결정적인 역할을 한 것으로 알려지기도 했다. 한때 일장기 말소사건을 일으켜 동아일보에서 쫓겨나기도 했던 독립운동가 장덕수의 암살사건으로 김구가 미군정에 끌려가 조사를 받을 때 이승만에게 도움을 요청했으나 김구를 배후인물로 간주한 이승만이 그의 요청을 거부하자 이에 배신감을 크게 느낀 나머지 그 이후로 김구는 이승만에 대한 지지를 철회하고 단독정부 수립에 반대하는 입장으로 급선회했기 때문이다.

어쨌든 김구는 신익희, 조소앙, 이철승 등의 반대를 무릅쓰고 삼팔선을 넘어 평양을 방문했으나 결과적으로는 소련군정과 김일성에게 이용만 당했을 뿐 아무런 성과 없이 귀환하고 말았다. 물론 김구가 그렇게 단독정부 수립을 반대하며 남북협상에 임했던 것은 통일정부가 수립될 경우 자신이 대통령이 될 것이라는 확신 때문이었다는 말도 있다. 하지만 결국 협상에 실패한 김구는 자신이 김일성에게 이용만 당했다는 사실을 깨닫고 몹시 침울한 상태에서 두문불출하며 지냈는데, 평양을 다녀온 직후 다짜고짜 미국에서 팔자 좋게 지내다가 이제 와서 애국자 노릇한다고 이승만을 욕했다고 한다. 그런 김구에 대해 이승만은 "김구는 혁명가는 될 수 있어도 정치가는 될 수 없는 인물"이라며 조롱했다고 한다.

이처럼 감정의 골이 깊어진 두 사람의 엇갈린 행보로 인해 국론은 분열되고 서로 힘을 합쳐도 모자랄 판에 전혀 다른 동상이몽에 젖어 있던 김구와 이승만의 반목은 모처럼 광복의 기쁨에 겨워 있던 국민들에게 엄청난 실망을 안겨주기에 족했다. 더욱이 당시 국무총리였던 이범석이 그 무렵 터진 여순반란 사건의 배후자로 김구를 지목하자 김구는 더욱 분통이 터졌으며, 결국 반란이 진압된 직후 공식 기자회견을 열어 자신의 관련 사실을 극구 부인하기도 했다. 하여튼 남한만의 단독정부 수립이 조국을 영원히 분단시킬 것이며, 결국에는 군사 대결로 치달을 것이라고 확신했던 김구의 생각은 어김없이 맞아떨어지고 말았다. 1949년 6월 26일 그가 안두희에게 암살당한지 정확히 일 년 만에 북한이 남침을 개시했기 때문이다.

여성운동의 선구자 나혜석과 김일엽

일제강점기에 신여성으로 남성 본위의 사회에 과감히 도전장을 던지고 외로운 투쟁을 벌였던 나혜석(羅蕙錫, 1896~1948)과 김일엽(金一葉, 1896~1971)은 신식교육을 받은 동갑내기 신여성으로 여성운동을 통해 만나 서로 의기투합했을 뿐만 아니라 두 사람 모두 불행한 결혼으로 남다른 고통을 겪었다는 점에서도 서로에 대해 깊이 공감

나혜석

하던 사이였다. 두 여성은 성해방과 자유연애를 외치며 개화기 신여성 운동에 앞장섰으며, 고루한 남성들의 횡포에 맞서 투쟁함으로써 당시 보수적인 인사들로부터 거센 비난과 멸시를 당해야 했다.

우리나라 최초의 여류화가로 알려진 나혜석은 경기도 수원에서 소문 난 부잣집 딸로 태어나 아무런 부족함이 없이 자랐으나, 구한말과 일제 강점기에 걸쳐 군수를 지낸 아버지는 막강한 재력과 권세에 힘입어 여러 명의 첩까지 두고 있었으니 어려서부터 그런 아버지의 모습을 직접 목격하고 자란 그녀는 여성으로서의 자의식에 일찍 눈을 뜰 수밖에 없었다. 부유한 집안 배경으로 일찌감치 일본 유학을 떠날 수 있었던 그녀는 동경여자미술전문학교에서 서양화를 배우며 화가의 꿈을 키웠는데, 당시 유학시절에 만난 유부남 최승구와 열애에 빠지면서 그녀의 삶은 점차 어려운 길로 접어들기 시작했다. 두 남녀는 양가 부모의 반대를 무릅쓰고 약혼을 강행했지만, 당시 결핵까지 앓고 있던 최승구는 얼마 가지 않아 사망하고 말았다.

아버지의 일방적인 결혼 강요에 끝까지 저항하던 그녀는 오빠가 소개한 법학도 출신의 김우영과 마지못해 결혼하기에 이르지만, 그때까지도 최승구를 잊지 못한 입장에서 치러진 그 결혼은 당연히 진정한 사랑에 의한 것이 아니었다. 비록 그녀는 일제강점기의 참담한 상황 속에서도 외교관이었던 남편 덕에 프랑스 유학을 떠날 정도로 특권을 누리고 살았으나 이미 자유연애에 대한 신념이 강했던 그녀는 파리에서 만난 최린과 불륜을 일으켜 결국에는 남편으로부터 일방적인 이혼까지 당하게 되었다.

자식의 양육권까지 빼앗기고 아이들을 만날 수조차 없게 되자 그녀는 마침내 이혼고백서를 발표해 위선적인 남성들의 횡포와 결혼제도의 모순에 대해 맹공격을 가하기 시작함으로
써 엄청난 사회적 파문을 불러일으키며 온
갖 비난과 멸시를 당하게 되었는데, 친정식
구들조차 그녀를 외면해 오갈 데 없는 고립
무원의 상태로 내몰리게 되었다. 극도의 신
경쇠약과 우울증에 빠진 그녀는 결국 자신

김일엽

과 비슷한 처지를 겪고 불가에 귀의한 친구
김일엽을 찾아가 승려가 될 뜻을 비쳤으나 일엽은 일언지하에 거절하고
말았다.

　과거 여러 차례 결혼에 실패하고 불가에 귀의하려던 김일엽을 현실
도피성 출가라며 만류하기도 했던 나혜석이었지만 유일하게 믿었던 친
구마저 자신을 받아주지 않자 크게 낙심한 그녀는 여기저기를 떠돌며
힘겨운 세월을 보냈는데, 중풍과 관절염, 파킨슨병까지 겹쳐 최악의 상
황에 몰리게 되었다. 그렇게 비참한 신세로 전락한 그녀는 광복 후에도
계속 부랑자 신세로 떠돌다가 마침내 행려병자로 숨을 거두고 말았는
데, 그녀의 무덤조차 제대로 알려져 있지 않다. 가족과 친지들은 그녀가
한국전쟁 중에 죽은 줄로만 알고 있었으며, 그녀가 숨졌을 때도 아무도
나혜석인 줄 알아보지 못했다고 한다.

　반면에 수덕사의 여승으로 알려진 김일엽은 일제강점기에 활동한 시
인이자 언론인이며 여성운동가였다. 일엽이라는 필명은 일본 유학시절
에 만난 춘원 이광수가 지어 준 것이다. 본명이 원주(元周)인 그녀는 평안
남도 용강에서 목사의 딸로 태어났다. 일찍 부모형제를 모두 잃고 고아
신세가 된 그녀는 이화학당에서 신학문을 배우고 일본 유학을 떠나 동
경의 일신여학교에서 공부했는데, 유학 중에 문인으로 데뷔해 시와 소

설 등을 발표했으며, 귀국한 후에는 신문기자로 일하며 나혜석과 같이 성해방운동을 벌여 거센 비난과 함께 많은 논란을 일으켰다.

특히 일엽의 복잡한 남자관계는 나혜석보다 더욱 큰 반발을 불러일으켰는데, 일본 유학을 마치고 귀국한 직후 주위의 만류를 뿌리치고 서둘러 결혼을 강행한 상대는 연희전문 교수 이노익이었다. 하지만 그녀는 곧 자신의 선택을 후회하게 되었는데, 20년 연상에 이혼남이었던 이노익은 비록 자상한 인품의 소유자였으나 한쪽 다리가 없는 장애인이었다. 남편의 의족을 보기만 해도 끔찍한 공포심을 느낀 그녀는 결국 일본 유학을 다시 떠났지만, 마음이 너그러웠던 남편은 그녀의 입장을 충분히 이해하고 오히려 경제적 지원도 마다하지 않았다. 귀국 후 그녀는 남편의 지원 아래 여성잡지 《신여자》를 창간하고 이 잡지를 통해 나혜석과 함께 자유연애를 외치며 신여성운동을 주도했지만, 세상에서 외면당한 잡지는 얼마 가지 않아 곧 폐간되고 말았다.

이래저래 열등감과 좌절감에 빠진 그녀는 결국 1921년 이혼을 선언했으며, 남편도 그녀의 고충을 이해하고 이혼을 받아들인 후 미국으로 훌쩍 떠나 버렸다. 그러나 장애인임에도 불구하고 헌신적으로 아내를 보살피던 남편을 헌신짝처럼 내버린 그녀의 행동은 세상에서 거센 비난의 대상이 되었다. 특히 기독교계 인사들의 반발이 컸다. 그녀가 목사의 딸이었으니 더욱 그랬을 것이다. 스스로 조선의 로라임을 자처했던 일엽은 입장이 난처해진 나머지 다시 일본으로 건너가 이번에는 일본인 법학도 오오타 세이조와 사랑에 빠져 아들 마사오까지 낳고 그와 결혼하고자 했으나 명문가 출신인 세이조의 부모가 결혼을 결사적으로 반대하는 바람에 결국 포기하고 말았다. 한국명이 김태신인 그 아들은 나중에 커서 화가가 되었다가 어머니처럼 불교 승려가 되었다.

세이조와 헤어진 직후 일엽은 유부남인 시인 임노월을 만나 잠시 동거생활을 했으며, 그 후에도 처자식이 있는 임장화와 동거해 문제를 일으키고, 친구의 애인이었던 작가 방인근과 삼각관계에 빠지는가 하면, 기자였던 국기열과도 동거하는 등 숱한 잡음을 일으켰다. 그러나 일엽이 가장 사랑했던 남자는 독일 유학파 철학자이자 불교학자인 백성욱으로 그와 동거에 들어간 그녀는 생애 최고의 행복감에 젖었지만, 백성욱은 얼마 가지 않아 편지 한 통만을 달랑 남기고 금강산에 들어가 승려가 되었다. 당시 그녀는 처음으로 남자에게 버림을 받고 가장 큰 충격과 상처를 입었다.

그 후 일엽은 불교에 더욱 심취하기 시작했으며, 대처승인 하윤실과 재혼해 새살림을 차렸으나 결국 4년 만에 이혼하고 승려가 되기로 결심하기에 이르렀다. 당시 그녀는 유부남이었던 이광수도 잠시 사랑했지만 거절당하기도 했다. 출가를 결심한 일엽은 당시 자신처럼 이혼으로 힘겨워하는 나혜석을 만나 함께 승려가 되자고 제안했으나 나혜석은 오히려 그것은 현실도피 수단밖에 되지 않는다며 면박을 주고 거절했다.

어쨌든 일엽에 대한 인신공격이 날이 갈수록 거세지자 그녀는 세상에 환멸을 느낀 나머지 마침내 1933년 이광수, 나혜석의 만류에도 불구하고 수덕사의 여승이 되었다. 그 후 만공 스님의 뜻에 따라 문필활동도 중단한 채 수행하고 있을 때 일본에 있던 세이조가 아들을 데리고 나타나 일엽과 결혼하려 했으나 이미 그녀가 출가한 사실을 알고 크게 낙담하고 그 아들을 황해도에 사는 친구에게 양자로 맡긴 뒤 일본으로 돌아갔다. 아들 마사오는 14세 무렵인 1937년에 생모인 일엽을 찾아 수덕사를 방문하지만, 이미 속세의 인연을 끊어버린 일엽은 아들에게 어머니라 부르지도 못하게 하고 돌려보냈다. 이처럼 매몰차게 아들과 친구 나혜석을 물리친 일엽은 오로지 수행에만 몰두하며 세월을 보내다가 75세를 일기로 수덕사에서 조용히 눈을 감았다.

세계적인 육종학자 우장춘과 나비 박사 석주명

일제강점기에 이미 세계적인 학자로 명성을 날린 두 인물을 꼽자면 육종학의 권위자 우장춘(禹長春, 1898~1959) 박사와 나비 연구의 권위자 석주명(石宙明, 1908~1950)을 들 수 있다. '종의 합성'으로 유명한 우장춘은 일본 동경 태생으로 어머니가 일본 여성이었지만, 아버지 우범선은 한국인으로 1895년 민비 시해 사건에 연루되어 일본으로 도주한 대역 죄인이었다. 광복 이후 우장춘은 그런 아버지의 죄를 씻기 위해 한국으로 와서 종자 개발에 힘써 식량난 해소에 큰 공을 세우고 병으로 사망했으며, 석주명은 나비 연구에 일생을 바치다가 한국전쟁 중에 인민군으로 오인되어 총에 맞아 죽는 참변을 당했다.

우장춘

우장춘의 아버지 우범선은 일본에 망명한 후 일본 여인 사카이 나카와 결혼해 우장춘을 낳았는데, 망명객 신분으로 숨어살던 그는 우장춘이 다섯 살 때 자객 고영근의 손에 살해되고 말았다. 어릴 때부터 조센징으로 불리며 괴롭힘을 당한 우장춘은 어머니의 정성어린 보살핌과 격려에 힘입어 마침내 동경제국대학 농학과를 졸업한 후 농림성 산하 농사시험장에 취직해 종자 개량 연구에 몰두하기 시작했으며, 그 무렵 어머니의 소개로 만난 일본인 여성 고하루(小春)와 결혼했다. 1936년 드디어 그 유명한 「종의 합성」이라는 논문으로 농학박사 학위를 받으면서 세계적인 육종학자로 명성을 얻게 된 그는 얼마든지 성공가도를 달릴 수 있는 입장에 있었음에도 자신의 여생을 조국 동포를 돕는 일에 바치겠다는 각오로 한국행을 결심했다.

일본인 어머니와 아내의 격려에 힘입어 처자식을 등지고 마침내 1950년 3월 우장춘 박사는 그리운 고국 땅을 밟았는데, 당시 부산에서 혼자 자취를 하며 무와 배추, 벼, 감자 등의 각종 품종 개량에 돌입했으나 곧이어 터진 한국전쟁으로 아무런 관심이나 지원도 받지 못한 상태에서 홀로 외로운 투쟁을 벌여야만 했다. 그것은 누구와의 전쟁도 아닌 새로운 품종과의 씨름이었다. 하지만 그의 굳은 의지는 마침내 결실을 맺어 1954년 처음으로 무와 배추의 개량품종을 생산하는 데 성공하고 뒤를 이어 새로운 품종의 강원도 감자를 포함해 제주도 감귤 재배기술도 개발해 냈다. 더욱이 북위 36도선 이북에서는 생산이 불가능하다는 통념을 깨고 새로운 볍씨를 개발해 실제로 벼의 생산이 가능하도록 만들기도 했으며, 한국 최초로 씨 없는 수박도 개발했다.

이처럼 누구도 해 내지 못했던 농업기술의 혁신은 실로 놀라운 업적이었지만, 당시 이승만 정부 당국에서는 그런 박사의 노력에 고마움을 표시하는 데 매우 인색했으며, 감사의 표시는커녕 오히려 그에게 크나큰 정신적 고통만을 안겨 주었을 뿐이다. 단적인 예로 당시 일본에 있는 장녀 결혼식은 물론 어머니 장례식에 참석하는 것조차 허락하지 않고 출국금지 처분을 내린 것이다. 비통에 젖은 그는 시신 없는 어머니의 장례식을 별도로 국내에서 치러야 했으니 참으로 비인간적인 처사가 아닐 수 없다. 심지어 그가 병석에 앓아눕게 되자 그의 간병을 원하는 부인의 간청조차 끝까지 거절하다가 임종 무렵에서야 마지못해 그녀의 입국을 허락할 정도였다.

아버지가 저지른 대역죄를 아들이 대신 씻고자 속죄하는 마음으로 마지막 순간까지 조국에 헌신한 우장춘 박사는 그런 수모와 푸대접을 받고도 임종이 다가오면서 정부가 마지못해 체면치레용으로 수여한 문화포장을 받고 감격의 눈물을 흘렸다고 한다. 사실 따지고 보면 비록 그는 대역죄인의 아들이었으나 그것은 우장춘 박사와는 아무런 관련도 없을 뿐 아니라 그에게 책임을 물을 일도 아니었다. 매우 역설적인 일이지만 우리 민족은 그런 대역죄인의 아들이 이 땅에 와서 평생 동안 심어 놓은 씨앗으로 기아 문제를 해결할 수 있었으니 참으로 역사의 아이러니가 아닐 수 없다.

한편 평생을 나비 연구에 바쳐 나비 박사로 불리는 석주명은 일제강점기에 활동한 생물학자이자 곤충학자, 박물학자로 나비 연구뿐 아니라 제주 방언과 에스페란토를 연구한 언어학자이기도 했다. 41세라는 젊은 나이로 아깝게 눈을 감기까지 그는 오로지 나비 연구에만 몰두해 한

석주명

반도 전역에 그의 발길이 닿지 않은 곳이 거의 없을 정도였다. 그는 나라를 잃고 창씨개명으로 이름까지 잃어버린 일제 치하 암흑기에 전국을 돌아다니며 주인 없이 떠돌던 조선의 나비들에게 이름과 주소를 찾아주는 일에 평생을 바쳤는데, 그렇게 해서 탄생한 《조선 나비 총목록》은 그동안 일본 학자들에 의해 엉터리로 분류된 한국의 나비들에게 올바른 학명과 분포도를 제시한 역사적인 기록으로 평가된다.

평양 출생인 그는 일찌감치 일본 유학길에 올라 가고시마 고등농림학교를 졸업하고 귀국한 후 모교인 송도고보 생물교사로 10년간 근무하면서 75만 마리에 달하는 나비를 채집해 연구에 몰두했는데, 그런 각고의 노력 끝에 나온 《조선 나비 총목록》은 한국인의 저서로는 처음으로 영국왕립도서관에 소장됐으며, 석주명을 세계적인 학자의 반열에 오르게 만든 명저가 되었다.

일제강점기에 세계적인 학자의 명성을 얻은 한국인은 육종학자 우장춘 박사 외에 석주명이 유일하다 하겠지만, 그런 명성에도 그의 사생활은 불행하기 그지없었다. 다른 무엇보다 연구에만 몰두하다 보니 결혼생활이 순탄할 리가 없었다. 그는 집에서도 굳게 걸어 잠근 서재에만 틀어박혀 나비만 들여다보고 있었으니 젊은 아내가 그런 그를 달가워할 리가 없었다. 신혼 초부터 삐걱대며 불화를 겪은 그들 부부는 끊임없이 다투었으며, 결국 일 년에 걸친 법정싸움 끝에 4년 만에 파경을 맞고 말았다.

당시 언론에서는 그런 석주명에 대해 '꽃을 모르는 나비 학자'로 지칭하기도 했는데, 사실 그것은 매우 적절한 표현이었다. 그는 한 여성과 결혼한 게 아니라 나비와 결혼한 것이나 마찬가지였으니 말이다. 실제로 그는 꽃향기를 외면한 나비였을 뿐만 아니라 숲속을 홀로 날아다니는 고립된 나비이기도 했다. 그는 세상과 철저히 단절되어 오로지 나비에만 관심을 기울였기 때문이다. 그런 점에서 그는 나비와 결혼한 한국의 파브르라 할 수 있다.

불행은 그것으로 끝나지 않았다. 광복의 기쁨이 가시기도 전에 한국전쟁이 터진 것이다. 그는 자신의 방대한 나비 표본을 지키느라 피난도 가지 않고 서울에 머물렀는데, 폭격으로 국립과학관이 불길에 휩싸이면서 자신이 20년에 걸쳐 수집한 그의 분신이나 다름없는 나비 표본을 모조리 잃어버리는 아픔을 겪어야 했다.

　나비들이 한 줌의 재로 변하자 크게 상심한 나머지 식음을 전폐하다시피 하던 그는 얼마 후 과학관 복구를 위한 회의에 참석하러 서둘러 가던 도중에 그를 인민군으로 오인한 우익 청년들이 쏜 총에 맞아 숨졌는데, 그가 남긴 마지막 일성은 "나는 나비밖에 모르는 사람이야."라는 말이었다. 그렇다. 정말 나비밖에 모르고 살았던 그는 허망하게 불에 타죽은 나비들의 뒤를 쫓아 나비처럼 훨훨 날아가 버린 것이다. 거적에 싸인 그의 시체를 뒤늦게 발견한 제자들은 위대한 학자의 처참한 최후에 더 이상 할 말을 잃고 말았다.

김원봉의 의열단과 염동진의 백의사

　한국 현대사의 일부를 장식한 테러리스트 김원봉(金元鳳, 1898~1958?)과 염동진(廉東振, 1902~1950?)은 두 사람 모두 일제에 항거한 독립운동가 출신으로, 김원봉은 의열단과 조선의용대를 창설해 광복군과 경쟁하며 일제를 상대로 암살과 폭탄투척 등을 통해 테러활동을 계속한 공산주의 아나키스트였던 반면, 염동진은 광복 이후 백의사를 창설해 극우적인 백색테러를 자행해 악명을 날린 반공주의자였다. 이들의 존재는 2015년에 상영된 최동훈 감독의 영화 〈암살〉을 통해 비로소 세상에 널리 알려지게 되었다.

김원봉

　경남 밀양 태생인 김원봉은 보통학교 시절에

이미 일장기를 변소에 내버린 사건으로 퇴학조치를 당했으며, 그 후 20세 때 중국으로 망명해 한때 남경의 진링대학과 만주의 신흥무관학교를 다니기도 했으나 도중에 자퇴하고 길림성에서 12명의 동지들과 함께 무정부주의적 항일단체 의열단을 조직해 요인 암살과 친일파 제거, 관공서 파괴 등을 목적으로 무기와 폭탄을 구입하기 시작했다.

김원봉은 1920년 부산경찰서와 밀양경찰서, 조선총독부 건물에 폭탄 투척을 지시했으나 동지들이 모두 희생되었으며, 그 후 1922년 사이토 총독과 다나카 육군대장의 암살 시도, 1923년 종로경찰서와 일본 황궁 폭탄 투척 계획도 모두 실패로 돌아가면서 자체적으로 노선 갈등이 불거진 결과 1926년 마침내 의열단은 해체되고 말았다.

그 후 광동의 황포군관학교를 졸업한 김원봉은 중국군 장교로 복무하면서 동지들을 규합해 군사조직인 조선의용대를 창설했으나 워낙 소규모인데다 상해 임시정부의 비협조와 일부 사회주의자 대원들의 이탈로 그 활동은 유명무실해졌다. 결국 광복군에 합류한 그는 부사령관에 임명되었으나 그를 공산주의자로 확신한 장준하, 이범석 등으로부터 계속 견제를 받았으며, 해방이 되면서 귀국한 후에도 그의 사상을 의심한 미군정으로부터도 냉대를 받았다.

그 후 여운형, 박헌영과 손을 잡았으나 박헌영과도 갈등을 빚었으며, 여운형이 암살당하자 우익세력의 테러 위협에 시달리게 된 그는 1948년 김구, 김규식 등과 함께 평양을 방문했다가 그대로 북한에 눌러앉아 김일성의 공산정권에 합류했다. 한국전쟁 이후 연안파가 숙청되는 과정에서 김원봉도 덩달아 고위직에서 해임되었는데, 그 후로는 총살설, 자살설 등 추측만 난무할 뿐 그의 행적에 대해서는 전혀 알려진 사실이 없다.

염동진

밀양 출신으로 월북해 북한정권에 합류한 김
원봉과는 달리 평양 태생인 염동진은 극우적 반
공주의자로 광복 이후 백색테러를 자행함으로써
악명이 자자했던 인물이다. 선린상업학교를 졸
업한 후 중국으로 망명한 그는 그곳에서 낙양군
관학교를 마치고 장개석 휘하의 정보기관 남의사
요원으로 만주에 밀파되어 활동하다가 1936년
일본 관동군 헌병대에 붙들려 모진 고문을 받고
그 후유증으로 시력이 약화되기 시작했다.

1940년 감옥에서 풀려난 그는 평양에서 만공 스님의 제자인 영명사
주지 박고봉의 권유로 비밀결사조직 '대동단'을 결성해 활동했으며, 광
복 이후 북한에 진주한 소련군의 만행을 감싸고 돈 평남도당 위원장 현
준혁을 암살하고 곧바로 월남해 대동단을 우익테러 비밀결사단체 '백의
사'로 개칭했다. 그 후 대원들을 북한에 잠입시켜 김일성과 김책 암살을
기도했으며, 남한에서는 박헌영 납치시도 등 좌익인사를 상대로 테러를
자행했는데, 1947년에는 여운형까지 암살하기도 했다.

미국의 자본주의와 소련의 공산주의 모두를 거부하고 나치 독일과
같은 강력한 국가사회주의를 꿈꾼 염동진은 김구가 한국의 지도자가 될
경우 강력한 군사력을 지닌 반공국가가 될 것으로 굳게 믿었다고 하는
데, 그런 점에서 한때 김구 암살의 배후로 백의사가 지목을 당하기도 했
지만, 평소 김구를 존경했던 염동진의 태도로 봤을 때 그럴 가능성은 적
어 보인다.

어쨌든 미군정 당국으로부터도 광기에 물든 매우 악질적인 맹인 장
군이라는 평가를 받았던 그는 실제로 잠을 잘 때에도 검은 안경을 벗지

않았으며, 항상 권총을 지닌 채 잠들 정도로 편집증적 성향을 보였다고 한다. 하지만 그가 이끌던 백의사는 1948년 이승만이 정부 수립을 선포하고 김구가 암살당하면서 완전히 와해되고 말았으며, 곧이어 한국전쟁이 터지자 피난을 거부하고 서울에 남아 있던 염동진은 인민군에 붙들려 간 후 생사를 알 수 없게 되었다.

남과 북에서 억울하게 처형당한 조봉암과 박헌영

광복 이후 한국의 현대 정치사에서 남과 북 모두에서 억울한 누명을 쓰고 처형된 조봉암(曺奉岩, 1898~1959)과 박헌영(朴憲永, 1900~1955)의 존재는 이념과 관계없이 정략적인 차원에서 희생된 대표적인 경우라 할 수 있다. 1956년 대선에서 돌풍을 일으키며 이승만 대통령을 긴장시켰던 조봉암은 진보당 사건에 연루되어 북한의 사주를 받은 간첩 혐의로 사형 선고를 받고 교수형에 처해졌으며, 남로당의 총책이었던 박헌영은 월북한 후 김일성에게 위협적인 존재로 비쳐져 엉뚱하게도 미국의 스파이로 몰려 총살당했다.

강화도 태생인 조봉암은 일제강점기에 소련으로 건너가 모스크바공산대학에서 공산주의 이론을 공부하고 귀국한 후 중국과 소련을 오가며 독립운동에 힘쓰다가 일본 경찰에 체포되어 신의주 형무소에서 7년간 복역했다. 출옥한 뒤에도 인천에서 지하활동을 계속하다 다시 투옥된 그는 해방과 동시에 석방되자 조선공산당에 합

조봉암

류했으나 박헌영과 갈등을 빚고 사상적으로 전향해 공산당을 탈당했으며, 그 후 좌우합작 운동에 참여해 남북협상을 지지했으나 그를 배신자로 간주한 북한 당국의 거부로 평양을 방문할 수 없었다.

1948년 대한민국 정부수립 후 초대 농림부장관과 국회부의장을 지낸 그는 1952년 대선에서 무소속으로 출마해 낙선했으나 이승만의 3선에 도전한 1956년 대선에서는 30%의 지지율을 얻어 일대 파란을 일으켰다. 당시 이승만은 사사오입 파동이라는 억지를 부리며 3선에 나섰는데, '못살겠다, 갈아보자!'라는 구호를 내걸고 대선에 나선 민주당의 신익희 후보가 선거운동 기간 중에 급서하자 무소속 후보였던 조봉암이 강력한 도전자로 떠오르게 된 것이다. 당시 조봉암은 자유당과 민주당 양측으로부터 노골적인 견제와 공격을 받으면서도 놀라운 지지율을 얻은 셈인데, 무효표가 20%였다는 점을 감안한다면 이승만의 지지율이 형편없이 떨어졌음을 알 수 있다.

부정선거로 간신히 3선에 성공한 이승만은 당시 진보당을 창당한 조봉암을 가장 부담스러운 정적으로 간주하고 마침내 1958년 북한으로부터 정치자금을 받은 간첩 혐의로 그를 구속했으며, 장택상의 구명운동과 미국 정부의 반대를 무릅쓰고 이듬해 사형을 집행시켰다. 그 후 50여 년이 지난 2011년 대법원의 무죄판결로 조봉암은 사후 복권되었지만, 사형선고가 내려진 당시에도 치졸한 사법살인이라는 비난여론이 국내에 거세게 일기도 했다.

조봉암이 북한의 간첩이라는 이유로 사형당한 것과는 대조적으로 월북한 박헌영은 미국을 위해 간첩활동을 했다는 죄목으로 총살형에 처해졌다. 충남 예산에서 지주 집안의 서자로 태어난 박헌영은 일제강점기에 경기고의 전신인 경성고보를 졸업하고 한때는 미국 유학을 꿈꾸며 미국 선교사 언더우드가 이끌던 YMCA에서 영어를 배우기도 했는데, 그런 과거 경력이 나중에 빌미가 되어 미국의 스파이라는 누명을 쓰게 되었다.

어쨌든 미국 유학의 꿈이 좌절된 후 중국으로 건너가 고려공산당에 가입한 그는 모스크바로 가서 공산주의 교육을 받고 국내에 침투해 동아일보와 조선일보에 근무하는 동시에 조선공산당을 조직하고 항일 독립운동을 전개했다. 당시 그는 여러 차례 투옥되어 혹독한 고문을 당하면서도 인분을 먹고 괴성을 지르는 등 정신이상자 행세를 하며 조직의 비밀을 발설하지 않을 정도로 지독한 골수분자였는데, 상당한 인텔리였던 그는 무신론자로 선회해 기독교조차도 제국주의 침략군을 편드는 아편으로 간주하며 신랄하게 비판하기도 했다.

광복 이후에는 공산당을 재건해 남로당 총책으로 활동하면서 북로당을 이끈 김일성과 맞먹는 위치에 있었으나 결국 미군정의 탄압으로 1948년 월북했으며, 그 후 북한 정권 수립에 가담해 부수상 겸 외무상이 되었다. 박헌영은 김일성과 함께 모택동과 스탈린을 직접 만나 남침 허가를 받아내기도 했지만, 김일성의 전면 남침 주장에 반대하고 국지전을 주장하기도 했는데, 그것은 남한에 잔류한 남로당 20만 명이 총궐기할 것으로 굳게 믿었기 때문이다. 하지만 김일성은 박헌영의 주장을 묵살하고 전면전을 감행했다.

그러나 미군의 인천상륙작전으로 전세가 역전되자 박헌영과 김일성 사이에는 전략적인 견해 차이로 갈등이 더욱 심해졌으며, 인민군이 열세에 몰린 책임을 서로에게 전가하며 막말을 주

박헌영

고받는 지경에까지 이르렀다. 결국 정전협정이 이루어진 후 김일성은 패전의 책임을 박헌영에게 뒤집어씌우고 그를 미국의 간첩으로 몰아 처형하고 말았다. 조봉암의 사형을 철회하도록 이승만에게 압력을 행사한 미국처럼 소련과 중국 역시 박헌영의 사형을 철회하도록 김일성에게 압력을 행사했으나 이에 고무된 연안파의 김일성 축출 모의가 발각되자 김일성은 박헌영을 즉시 처형하라고 지시했다. 결국 박헌영은 평양 근교 야산으로 끌려가 총살당했다.

한국 최초의 여자비행사 권기옥과 박경원

이미 작고한 여배우 장진영이 주연을 맡은 윤종찬 감독의 2005년도 영화 〈청연〉이 개봉하면서 한동안 과연 누가 한국 최초의 여자비행사인가 논란이 일기도 했지만, 결론적으로 말하자면 1925년 중국 운남항공학교를 졸업하고 공군 조종사로 활약했던 권기옥(權基玉, 1901~1988)이 한국

권기옥

최초뿐 아니라 동양 최초의 여자비행사라 할 수 있다. 영화 〈청연〉에서 한국 최초의 여자비행사로 소개된 박경원(朴敬元, 1901~1933)은 일본 가마다 비행학교를 졸업하고 1927년에 비행사 자격을 땄으니 동갑내기인 권기옥보다 간발의 차이로 한 발 늦게 비행사가 된 셈이다. 더욱이 독립운동에 헌신한 권기옥에 비해 박경원은 친일 의혹까지 받음으로써 한국 최초의 민간인 여자비행사라는 영예가 오히려 무색해지고 만 느낌이다.

그런 점에서 권기옥의 존재가 더욱 빛을 발한다고 볼 수 있는데, 평양에서 몰락한 양반 가문의 딸로 태어난 그녀는 숭의 여학교 시절에 이미 항일 비밀결사 단체인 송죽회에 가담해 활동했으며, 16세 때 평양에서 미국인 비행사가 펼치는 곡예비행을 구경한 뒤부터 비행사의 꿈을 키웠다. 권기옥은 3·1 만세 운동이 일어나자 시위에 가담했다가 일본 경찰에 붙들려 잠시 구금되기도 했는데, 그 후에도 임시정부를 위한 군자금 확보에 동참했다가 다시 체포되어 6개월간 옥살이를 했다.

19세 때 평남 도경 건물 폭파 임무를 띠고 국내에 잠입한 임시정부 청년단원들을 숨겨 주고 폭탄 운반을 돕다가 계획이 발각되면서 체포될 위기에 놓이자 중국 상해로 망명한 그녀는 마침내 비행사가 되어 독립운동에 헌신하겠다는 뜻을 상해 임시정부에 밝히고 운남항공학교에 지원했다. 처음에는 여자라는 이유로 입학을 거절당했지만, 임시정부의 적극적인 지원과 그녀의 남다른 용기와 열의가 인정되어 입학이 허용되었다.

1925년 운남항공학교 1기생으로 졸업해 한국 최초의 여자비행사가 된 그녀는 조선총독부를 폭파할 뜻을 품고 임시정부에 비행기를 마련해 달라고 요청했으나 재정상태의 어려움으로 그녀의 요구는 보류되었다. 당시 일본 영사관은 그녀를 암살하기 위해 자객을 보내기도 했으나 미수에 그치고 말았다. 적절한 활동무대를 찾지 못한 그녀는 중국 공군에 들어가 대령까지 진급했으며, 만주를 점령한 일본군이 1932년 상해를 공격하자 직접 비행기를 몰고 날아가 일본군에 기총소사를 가하기도 했다. 상해 전투에서 보인 용맹으로 그녀는 중국 정부로부터 무공훈장까지 받았다.

그 후 장개석의 부인 송미령이 비행을 두려워해 공군 지원을 기피하는 중국 청년들의 용기를 북돋기 위해 권기옥에게 시범비행을 부탁했는데, 그녀는 그 비행을 마치는 대로 일본 본토 폭격을 계획했지만, 정국의 불안정으로 시범비행 자체가 취소되고 말았다. 중일전쟁 당시 중경에서 육군참모학교 교관으로 활동하던 그녀는 미국과 중국의 지원을 받아 동료들과 함께 한국 비행대를 편성해서 직접 비행기를 몰고 조선총독부와 천황궁을 폭파할 뜻까지 품었으나 일본의 갑작스러운 패망으로 실행에 옮기지 못하고 말았다. 광복 직후 사망한 남편 이상정 역시 독립운동가였으며, 시인 이상화와 체육인 이상백은 그의 동생들이며 작가 최남선은 그녀와 사돈 간이다. 권기옥은 광복 후에는 귀국하여 한국 공군 창설에 산파 역할을 했으며, 한국 최초의 여성 출판인이기도 했다.

한때 권기옥과 함께 한국 최초의 여자 비행사 자격 논란의 대상이 되었던 박경원은 경북 대구 출신으로 부잣집 딸들만 다닐 수 있다는 신명여학교를 졸업한 후 일본 유학을 떠나 요코하마 기예학교에서 신학문을 배웠으며, 귀국한 후에는 오빠가 의사로 근무하고 있던 대구 자혜의원에서 간호사로 근무했다. 하지만 1922년 한국 최초의 비행사 안창남이

박경원

펼친 시범비행을 보고 나서부터 비행사가 되기로 작심하고 부모의 반대를 무릅쓰고 다시 일본으로 건너가 가마다 자동차학교에서 운전시험에 합격한 후 가마다 비행학교에 입학했다. 당시 비행사가 되려면 우선 자동차 운전시험부터 합격해야 했기 때문이다.

당시만 해도 여자의 몸으로 비행기를 몬다는 것은 상상조차 할 수 없었던 시절로 비행학교에 입학한 3명의 여자 중 2명이 조선인이었는데, 박

경원보다 1년 후배인 이정희는 광복 이후 한국 최초의 공군 장교로 임
관했다가 한국전쟁 당시 피랍되었다. 비록 부모의 학비 지원이 끊겨 어
려움이 컸지만, 어려서부터 여장부 소리를 듣고 자란 박경원은 자신의
고집대로 밀고나가 마침내 1927년 정식 비행사 자격을 따게 되었다. 비
행사 자격을 따고도 비행할 기회가 없었던 그녀는 다행히 당시 일본 체
신대신이었던 고이즈미의 추천으로 비행기 '청연(靑燕)'을 하사받게 되었
는데, 고이즈미 대신은 전 일본 총리 고이즈미의 조부였다.

결국 그녀는 일본에서 한반도를 거쳐 만주까지 2,000km를 비행할 계
획을 세우고 1933년 8월 '푸른 제비'라는 뜻을 지닌 애기 청연을 몰고 장
도에 올랐으나 하네다 공항을 이륙한 지 50분 만에 악천후를 만나 일본
시즈오카 현의 산악지대에 추락해 사망하고 말았다. 당시 여의도에서
그녀의 도착을 학수고대하며 기다리고 있던 수많은 인파들은 그녀의 사
망 소식으로 크게 낙심할 수밖에 없었다.

하지만 그녀는 고이즈미 대신과 함께 신사참배를 하는 등 내선일체
를 강조하는 일제의 선전도구로 이용되기도 해서 그 빛이 한결 바랜 느
낌이다. 그녀가 시도했던 장거리 비행 역시 일본과 만주국의 친선을 도
모하고 황군 위안을 목적으로 한 것이어서 더욱 그렇다. 어쨌든 그런 이
유 때문에 그녀의 일대기를 다룬 영화 〈청연〉도 흥행에 참패하고 말
았다.

손기정의 그늘에 가려 빛을 보지 못한 남승룡

사람들은 1936년 베를린 하계 올림픽에 출전해 마라톤에서 우승하고

금메달을 딴 손기정(孫基禎, 1902~2002)은 기억해도, 같은 날 같은 장소에서 동메달을 따고 그 옆에 나란히 섰던 남승룡(南昇龍, 1912~2001)은 기억하지 못한다. 물론 그것은 당시 동아일보의 일장기 말소사건으로 사회적인 물의가 크게 일어나자 손기정에게만 세상의 이목이 집중되었기 때문이다.

하지만 히틀러에게 직접 금메달을 수여받고 그와 악수까지 했던 손기정의 얼굴에서는 결코 기쁨의 흔적을 찾아볼 수 없었으며, 가슴에 일장기를 달고 시상대 위에 올라선 그의 모습도 고개를 푹 숙인 채 게양된 일장기를 애써 외면한 상태였다. 당시 그의 곁에 서 있었던 남승룡은 훗날 회고하기를 손기정이 금메달을 딴 것보다도 손에 쥔 월계수로 가슴의 일장기를 가릴 수 있었던 사실이 가장 부러웠다고 말하기도 했다. 월계관과 월계수는 금메달리스트에게만 주었기 때문에 남승룡은 일장기를 가릴 수 없었던 것이다.

당시 손기정의 기록은 2시간 29분 19.2초로 올림픽 신기록이었으며, 남승룡의 기록은 2시간 31분 42초였다. 손기정이 1935년에 세운 2시간 26분 42초의 세계신기록은 12년이 지난 1947년 보스턴 마라톤 대회에 출전해 동양인으로서는 최초로 우승한 서윤복(徐潤福, 1923~)의 2시간 25분 39초 세계신기록 수립으로 비로소 깨졌는데, 1947년과 1950년 보스턴 마라톤에서 각각 우승한 서윤복과 함기용은 바로 손기정이 훈련시킨 마라토너였으니 한국이 마라톤 강국으로 떠오른 배경에는 손기정의 힘이 매우 컸다고 할 수 있다. 그런 전통에 힘입어 황영조는 1992년 바르셀로

손기정

나 올림픽 마라톤에서 우승함으로써 손기정 이후 56년 만에 올림픽 마라톤을 제패했으며, 이봉주 역시 2001년 보스턴 마라톤에서 강적 케냐를 물리치고 2시간 9분 43초로 우승했던 것이다.

베를린 올림픽에서 일본 대표팀의 일원으로 일본 이름을 사용하며 출전해야 했던 손기정은 귀국할 당시에도 일장기 말소사건으로 인해 경찰의 감시를 받아야 했으며, 마치 범인을 다루듯이 몸수색까지 당하게 되자 마라톤 우승을 반납하고 싶을 정도로 참담한 심정이었다. 그는 다시는 육상을 하지 않는다는 조건으로 일본 메이지 대학을 졸업했는데, 광복 이후 손기정은 대한체육회, 대한육상경기연맹 간부를 역임했으며, 1966년 방콕 아시안 게임에는 한국 대표단장으로 참가했다. 그 후 서울 올림픽 개회식에서 성화 최종 봉송 주자로 뛰기도 했던 그는 2002년 91세를 일기로 세상을 떴는데, 그의 유해는 국립대전현충원에 안장되었으며, 사후 체육훈장 청룡장이 추서되었다.

이처럼 온갖 영예를 누리다 세상을 떠난 손기정과는 달리 남승룡은 손기정의 그늘에 가려 세상의 주목을 전혀 받지 못했다. 그러나 솔직히 말해 남승룡은 베를린 올림픽 참가 전까지만 해도 손기정을 훨씬 능가하는 마라톤의 기대주였다. 그는 1932년 전 일본 마라톤선수권대회와 1933년 극동선수권대회에서 연거푸 우승했으며, 1934년과 1935년 일본건국기념 국제마라톤에서도 계속 1위를 차지했을 뿐만 아니라 올림픽 대표 선발전에서도 양정고보 1년 후배인 손기정을 제치고

연습 중인 손기정과 남승룡

1위로 뽑혔으니 더욱 그랬다. 당시 일본 육상연맹은 일본 마라톤 대표 선수 3명 가운데 2명이 조선인이라는 사실을 꺼린 나머지 올림픽 출전 방해공작을 펼치기도 했으나 결국 조선인 선수 2명이 나란히 메달을 땄으니 더 이상 할 말이 없었을 것이다.

베를린 올림픽 이후 육상을 포기한 손기정과는 달리 광복 이후에도 선수생활을 계속한 그는 1947년 35세라는 노장에도 불구하고 가슴에 태극 마크를 달고 보스턴 마라톤 대회에 서윤복과 함께 출전했으나 나이는 어쩔 수 없었던지 10위에 그치고 말았다. 하지만 남승룡은 손기정도 느껴보지 못한 감격을 만끽할 수 있었으니 그것은 바로 자랑스러운 태극기를 가슴에 달고 한국을 대표하는 선수로 국제대회 마라톤 코스를 일주한 것이다.

그 후 대한육상경기연맹 이사와 전남대 교수를 지내는 등 육상 발전에 힘쓴 그는 1964년 동경 올림픽에 마라톤 코치로 참가한 것을 마지막으로 육상계를 떠났으며, 2001년 88세를 일기로 타계했는데, 그 이듬해 손기정도 세상을 떴다. 두 사람 모두 양정고보와 메이지 대학을 졸업한 동문으로, 베를린 올림픽에서 나란히 시상대에 올라 한국인의 긍지를 세계 만방에 과시했으며, 비슷한 시기에 눈을 감았으니 참으로 깊은 인연이 아닐 수 없다.

세계적인 명성을 얻은 작곡가 안익태와 윤이상

안익태(安益泰, 1906~1965)와 윤이상(尹伊桑, 1917~1995)은 한국이 자랑하는 세계적인 음악가들이다. 이들 두 사람은 생의 대부분을 자의반 타의반 자신이 태어난 조국을 떠나 각기 스페인과 독일에서 보냈으며, 그곳에서 생을 마쳤다. 비록 그들은 누구보다 조국을 그리워하기는 했지만, 결코 자랑스럽게 생각하지는 않았던 것으로 보인다. 유달리 자존심이 강했던 안익태는 서울에서 개최되었던 제1회 국제음악제를 주도했으나 조국에 대한 실망감으로 스페인에 그대로 안주하고 말았다. 그는 현지 스페인 여성과 결혼해 마요르카 섬에 살다가 그곳에 묻혔다. 윤이상은 항상 조국 땅을 밟아 보기 원했으나 동백림사건으로 서울로 납치되어 모진 고초를 겪은 후 남한에 환멸을 느끼고 친북성향으로 일관함으로써 입국이 계속 거부되었으며, 결국 독일 베를린에서 생을 마감했다.

안익태는 구한말 평양에서 여관업을 하는 중류 가정의 셋째 아들로 태어났다. 어려서부터 타고난 음악적 재능을 보인 그는 일찌감치 음악가의 꿈을 키웠으며, 그의 재능을 아끼던 일본인 교장의 도움으로 일본 유학길에 올랐다가 다시 미국으로 건너갔다. 그 후 1940년대에는 독일과 이탈리아, 스페인 등 유럽 각지를 돌며 활발한 지휘 활동을 벌였다. 그러나 제2차 세계대전의 상황이 악화되자 스페인으로 피신했으며, 그곳에서 스페인 여성 롤리타 탈라베라와 결혼한 후에는 마요르카 섬에 거주하며 마요르카 교향악단의 상임지휘자가 되었다.

안익태

1948년 대한민국 정부가 수립되면서 그의 애국가를 공식 국가로 지정한 후에 1960년대 초 3회에 걸쳐 서울에서 국제음악제를 주관했으나 당시 국내 음악인들과 마찰을 빚었고, 1964년에는 NHK 방송 초청으로 동경 올림픽 기념 음악제에서 지휘하기도 했다. 1965년 7월 런던 필하모닉 오케스트라와 마지막 연주회를 가진 직후 건강 상태가 악화되어 그해 9월 스페인 바르셀로나 병원에서 생을 마감했다. 그 후 1977년 그의 유해는 고국으로 옮겨져 서울 동작동 국립현충원에 안장됐다.

안익태는 고국을 방문한 후에도 심기가 몹시 편치 못하였다. 1964년 제3회 서울 국제음악제에 참여했던 불가리아 지휘자 페터 니콜로프가 애국가의 표절 의혹을 제기한 것이 시발점이 되었는데, 애국가의 몇 소절이 불가리아 민요인 〈O! Dobrujanski Krai〉와 거의 똑같다고 주장했기 때문이다. 여기에다 안익태의 위압적인 태도에 불만을 지니고 있던 국내 음악계 인사들과의 갈등과 맞물려 물의를 빚기도 했다. 그러나 이미 공식 국가로 상당 기간 사용되어 왔다는 점을 들어 결국 사태는 적정선에서 무마되고 말았지만 뒷맛은 영 개운치 않았다.

문제는 여기에 그치지 않았다. 그 후에도 계속 불거져 나오기 시작한 안익태의 친일행적 때문이다. 그의 대표작이라 할 수 있는 〈강천성악〉의 선율이 일본의 궁중음악인 '에텐라쿠'와 동일하다는 의혹이 제기되는가 하면, 나치 독일에 협조한 리하르트 슈트라우스와의 관계를 포함한 1940년대 독일에서의 활동이 문제가 되었기 때문이다. 물론 안익태 자신은 이 시기 활동에 대하여 일체 언급한 적이 없었지만, 당시 일제의 관변단체인 일독회 일원으로 활동하며 〈에텐라쿠 환상곡〉, 〈만주국 축전곡〉 등을 작곡했으며, 에키타이 안이라는 이름의 일본인으로 행세했다는 점이 특히 문제가 되었다. 실제로 그는 당시 일독회의 강력한 후원을 받고 있었다.

안익태는 그의 스승이기도 했던 리하르트 슈트라우스가 일본 천황의 요청으로 작곡한 〈일본 축전곡〉을 직접 지휘하기도 했는데, 독일이 패망한 후 나치 독일과 유대관계를 맺었던 프랑코 정권하의 스페인에 정착한 것도 당시로서는 그곳이 가장 안전한 도피처였기 때문일 것이다. 광복 후 정부의 초청으로 잠시 귀국해 자신의 작품을 연주하기도 했지만, 타협을 모르는 독선적인 고집스러운 태도로 좋은 인상을 심어 주지 못했다. 이래저래 그는 몹시 불쾌한 기분으로 조국을 떠났으며, 오히려 자신의 존재를 인정하고 온갖 예우를 갖추어 준 일본 음악계에 더욱 호감을 지니게 되었던 것이 사실이다.

하지만 모처럼 고국을 방문한 자리에서 국내 음악인들이 세계적인 음악가에 준하는 정중한 대우를 자신에게 보이지 않는다며 노골적으로 불쾌한 심기를 드러내 보인 그의 태도뿐 아니라 그동안 일제의 혹독한 만행과 한국전쟁이라는 엄청난 비극을 겪었던 조국 동포들에 대한 위로의 말 한마디 없었다는 점에서 매우 경직된 그의 사고 유형을 확인할 수 있다. 어쨌든 그는 매우 불운한 음악가였음에 틀림없다. 자신의 조국에서조차도 그의 작품은 거의 연주되지 않고 있는 실정이기에 더욱 그렇다.

안익태처럼 독일에서 활동한 윤이상 역시 남한과는 등을 돌리고 살았다. 굳이 남한이라고 한 이유는 그가 철저한 친북인사였기 때문이다. 경남 산청 출생으로 일본 오사카 음악학교에서 공부한 후 서울에서 해방을 맞이한 그는 통영여고에서 교사로 근무하다가 1950년 국어교사 출신 이수자와 결혼했다. 1956년 홀로 유럽 유학을 떠난 그는 베를린 음악대학에서 작곡을 배우고 1959년 독일 다름슈타트 음악제에서 쇤베르크의 12음 기법에 한국의 정악 색채를 가미한 〈7개의 악기를 위한 음악〉을 발표해 유럽 음악계의 주목을 받았다. 1961년에 부인과 합류한 후

윤이상

1963년에는 북한을 방문하기도 했다.

하지만 1967년 동백림사건에 부부가 함께 연루되면서 서울로 강제 소환, 부인은 곧 풀려났으나 윤이상은 종신형을 선고받았으며, 이듬해 감형된 후 1969년 대통령 특사로 석방되기까지 2년간의 옥고를 치러야 했다. 동백림 사건은 박정희 정권시절 중앙정보부가 유럽에 체류 중인 지식인들을 북한과 연루된 간첩 혐의로 납치해 국내에 강제 송환한 사건으로 이로 인해 서독 정부와 외교적 마찰을 빚기도 했다. 어쨌든 윤이상이 풀려나기까지 스트라빈스키 등 세계 음악인들의 구명운동과 서독 정부의 강력한 항의가 큰 힘을 발휘했다. 그 후 1971년 독일로 귀화해서 베를린 음악대학 정교수로 오랜 기간 근무했다. 남한의 독재정권을 통해 그가 겪었던 혹독한 경험 때문에 윤이상은 그 후 김지하 및 김대중 구명운동에 적극적으로 나서기도 했다. 그는 1979년에 북한을 재차 방문해 김일성의 환대를 받았으며, 1982년 북한에서 〈광주여 영원하라〉가 연주된 이래 그 후 북한에서는 매년 윤이상 음악제가 개최되고 있다.

1972년 뮌헨 올림픽 개막 축하공연으로 초연한 오페라 〈심청〉을 비롯해 옥중에서 작곡한 〈나비의 꿈〉, 광주 민주화운동을 주제로 한 〈광주여 영원하라〉와 〈화염에 휩싸인 천사〉, 그리고 북한국립교향악단에 의해 초연된 칸타타 〈나의 땅 나의 민족이여〉 등 150여 편의 작품을 남긴 그는 심오한 동양철학을 서양음악에 접목시킨 새로운 음악으로 예술을 통한 동서 화합에 큰 업적을 이룬 작곡가로 평가되고 있지만, 그런 화해 정신이 유독 자신의 조국에 대한 태도에서는 보이지 않고 있다는 점에서 실로 유감이 아닐 수 없다.

왜냐하면 동백림사건이 아무리 독재정권하에서 조작된 사실이었다 하더라도 그동안 북한에서 보인 윤이상과 그의 아내 이수자의 행적마저 부인할 수는 없기 때문이다. 물론 독일시민권자라는 신분 때문에 자유롭게 북한을 오갈 수 있는 특권을 누렸겠지만, 죽을 때까지 계속해서 북한을 오가며 친북활동을 벌인 윤이상의 실체는 그 후 1992년 오길남 간첩사건을 통해 더욱 분명하게 드러나고 말았다.

오길남은 윤이상의 권유로 1985년 입북했다가 이듬해 북한을 탈출한 후 자신의 가족 구명을 위해 애쓰는 과정에서 윤이상의 협박을 받은 사실을 폭로한 것인데, 오길남의 부인 신숙자 씨와 두 딸 혜원, 규원은 그 악명 높은 요덕수용소에서 참혹한 생활을 보내고 있던 중에 최근 2012년 부인 신숙자 씨가 사망했다는 통보를 북한 당국이 전해 온 바 있다.

이들 세 모녀가 이처럼 지옥 같은 생활을 보내고 있을 동안에 윤이상의 부인 이수자와 그녀의 딸 윤정은 벤츠를 몰고 다니며 안락한 삶을 보내고 있었으니 참으로 세상일은 얄궂다 하겠다. 윤이상 부부가 그토록 흠모했던 김일성이 사망하자 이들 부부는 그의 죽음을 애도하는 편지를 북한에 보냈는데, 한결같이 '위대하신 수령님'이라는 호칭으로 입에 침이 마르도록 그를 칭송하고 그 은혜에 감사하는 태도를 보였으니 그런 윤이상에 대해 한국 정부가 입국을 허용할 리가 없었다. 물론 윤이상의 반한활동은 군사독재정권에 대한 저항이지 한국민에 대한 반감은 아니었다고 주장되기도 한다. 그러나 윤이상의 노골적인 친북활동은 결과적으로 남한 민중 역시 모욕한 셈이 된다. 왜냐하면 군사독재를 타도하고 민주화를 이루는 것은 남한 민중의 몫이지, 세습독재체제를 고수하는 북한이 나설 문제가 아니기 때문이다.

더욱이 군부독재 정권과 절대로 타협하지 않았다는 점에서 윤이상은 나름대로 도덕성을 확보할 수 있었겠지만, 그가 북한의 인권상황에 대해서 어느 정도의 인식을 지니고 있었는지는 불분명하다. 안익태는 조국인 한국에서보다 일본에서 더욱 환대를 받아 왔음을 부인하기 어려우며, 윤이상은 북한에서 더욱 큰 환대를 받아 왔다. 결국 안익태와 윤이상은 자신의 과거 친일 및 친북 경력을 철저히 은폐하고 그들이 이룩한 세계적인 명성만을 내세워 조국의 인정을 받으려 했다는 점에서 서로 일맥상통한다고 볼 수 있다.

장군의 아들 안준생과 김두한

우리나라에서 장군의 아들이라고 하면, 남에서는 김좌진 장군의 아들 김두한(金斗漢, 1918~1972), 북에서는 김일성 장군의 아들 김정일을 연상하기 마련이다. 그러나 의사 안중근의 아들 안준생(安俊生, 1907~1952)을 기억하는 사람은 거의 없을 뿐만 아니라 안중근을 장군으로 아는 사람도 별로 없다. 최근 제기된 주장에 의하면, 안중근을 의사로 호칭한 것은 오로지 한 테러리스트가 벌인 개인적 단독 범행으로 몰아가려던 일제의 간교한 음모 때문이었다는 것이다. 당시 법정에서 안중근 스스로 밝힌 그의 직책은 대한의병 참모중장이었으며, 독립을 위한 의병장 직책에 따라 자신이 행한 의거를 단독 살인범으로 몰고 가려는 재판부에 강력히 이의를 제기한 바 있는데, 이런 그의 주장에 따라 안중근도 당연히 장군으로 호칭해야 마땅하다는 것이다.

안준생과 그의 가족

그런 점에서 우리는 아직도 일제가 쳐놓은 덫에 빠져 헤어나지 못하고 있는 셈이라 하겠다. 그중에서도 가장 큰 덫은 바로 안중근의 아들 안준생을 변절시킨 행위라 할 수 있다. 그의 변절로 말미암아 안중근의 세기적인 의거가 일시에 빛이 바래고 말았기 때문이다. 오죽하면 백범 김구조차 안준생의 처단을 중국 측에 요구했을까. 그러나 역사는 비정한 법인가. 청산리전투로 이름을 드날린 김좌진 장군은 비록 공산주의자 부하의 손에 암살당하고 말았지만, 그의 아들 김두한은 스스로 뛰어든 폭력세계에서 손을 씻고 광복 후에는 반공 우익 청년으로 활동하며 급기야는 정계에 입문해 승승장구한 반면에, 안중근의 아들 안준생은 일제의 위협과 농간에 놀아나 아버지의 위업을 스스로 부정하고 이토 히로부미의 아들 앞에 백배사죄함으로써 민족 반역자라는 오명을 뒤집어써야 했다.

하지만 우리는 그토록 암울한 일제강점기에 폭력배로 전락했던 김두한이나 변절자로 전락한 안준생을 단지 팔짱만 끼고 앉아 비웃기만 할 수도 없다. 이들은 단지 민족적 영웅을 아버지로 두었다는 이유만으로 온갖 고초를 겪으며 밑바닥 인생을 감수해야만 했기 때문이다. 특히 안준생은 일제의 간악한 농간으로 생계에 심각한 위협을 받아야 했다는 점에서, 지하 폭력세계로 숨어들어 조직의 보호를 받으며 자신을 지탱했던 김두한에 비하면 오히려 측은지심마저 느끼게 만들기도 한다. 그러나 거대한 산봉우리와도 같은 아버지의 존재를 부정하고 그의 명예를 추락시킨 점은 아들로서 돌이킬 수 없는 과오를 범한 결과가 되고 말았다.

1909년 10월 26일 안중근이 하얼빈 역에서 일본 총리 이토 히로부미를 저격 암살한 사건은 전 세계를 경악케 한 실로 놀라운 쾌거였다. 이토 총리가 마지막 남긴 말은 '바보 같은 놈'이라고 알려져 있지만 과연 누가 진정한 바보인지는 후대의 역사가 이미 충분히 입증해 보여 주었다고 생각된다. 그 후 일본 법정에 세워진 안중근은 당당한 모습으로 동양평화론을 외치며 일본제국주의를 준엄하게 꾸짖고 마침내 뤼순감옥에서 처형되었다.

안중근이 처형된 후 부인 김아려 여사는 자녀들을 데리고 연해주로 이주했다가 그곳에서 장남 분도를 잃고 나서 다시 중국 상해로 거주지를 옮겼다. 상해의 백범 김구는 안중근의 처 김아려 여사는 물론 그의 동생 안공근을 돌봐 주기도 했다. 김구는 청년시절 동학군에 가담해 싸우다가 동학운동이 실패하자 안중근 의사의 부친 안태훈의 집에 기거하며 신세를 진 적도 있어 안중근의 집안을 너무도 잘 알고 있었다. 김아려 여사는 1946년 상해에서 세상을 떠났다. 안중근 의사는 두 아들과 딸을 두었는데, 장남 안분도는 복수심에 가득 찬 일제의 음모에 의해 어린 나이에 독살 당했고, 차남 안준생은 중국 상해에서 살다가 중국이 공산화되자 잠시 홍콩으로 피신했다가 한국전쟁 당시 부산으로 입국했으나 폐결핵으로 곧 사망하고 말았다.

안준생은 출생 후 한 번도 아버지의 얼굴을 본 적이 없었다. 형 분도가 일찍 죽는 바람에 장남 노릇을 떠맡아야 했던 그는 일제의 가혹한 핍박과 방해공작으로 생계마저 위협받는 입장이었다. 그에게 아버지 안중근의 존재는 민족의 영웅이기 이전에 가족을 버린 무책임한 아버지였을 뿐이다. 안중근 의사가 처형된 이후 누구도 그의 처자식을 돕고자 하는 사람들도 없었다. 물론 일제의 보복이 두려워 그랬겠지만 비참한 신세로 전락한 아들의 입장에서는 아버지가 무척이나 원망스러웠을 것이다.

이런 아들의 약점을 간교한 일제가 놓칠 리 없었다. 하얼빈 의거가 이루어진 후 30년이 지난 1939년 10월 조선총독부는 안준생을 서울로

초청하여 드디어 굴욕적인 사죄를
받아내는 데 성공하기에 이르렀다.
안준생은 우선 일제가 이토 히로부
미를 기리는 뜻에서 남산 중턱에 세
운 사찰 박문사에 들러 이토의 영전
앞에 향을 피우고 추모법회에 참석
해 사죄의 뜻을 밝혔다. 그리고 다음
날 조선호텔에서 안준생은 미나미

이토 분키치(사진 오른쪽)에게 사죄한 뒤 기념사
진을 찍은 안준생(사진 왼쪽)

총독의 중재로 이토 히로부미의 둘째 아들이며 일본광업공사 사장인 이
토 분키치(伊藤文吉)를 만난 자리에서 그 앞에 머리 숙여 아버지의 죄를
대신해 빌고 더욱이 민족말살정책으로 악명이 자자했던 미나미 총독을
아버지라 부르기도 했다.

그 후 안준생은 일제의 재정적 지원을 받아 생활고를 해결하는 대신
돌이킬 수 없는 민족 반역자의 오명을 뒤집어쓰게 된 것이다. 그래도 그
에게 일말의 양심은 있었던지 그 후 아버지의 유해를 찾기 위해 애쓰기
도 했다는 주장도 있기는 하나 사실이 아니라는 반론도 있다. 어쨌든 광
복을 맞이해 귀국길에 오른 김구는 상해를 떠나면서 민족 반역자인 안
준생을 찾아 처단해 달라는 부탁을 중국 경찰에 했으나 중국의 관리들
은 김구 선생의 청탁을 들어주지 않았다. 이처럼 안중근의 하얼빈 의거
는 우리 민족의 기개를 만천하에 과시하고 일제의 콧대를 납작하게 만
들어 놓기는 했으나 그의 가족들에게는 엄청난 시련과 고통을 안겨 주
고 말았다.

안중근의 하얼빈 거사가 있은 후 10년이 지난 1920년 청산리전투에
서 일본군을 격파하고 대승을 거둠으로써 다시 한 번 민족의 울분을 통

쾌하게 달래 준 김좌진 장군은 공산주의자였던 부하의 손에 의해 암살당하는 비운을 맞이하고 말았는데, 그의 아들 김두한은 그런 아버지 때문에 일제에 의해 불령선인으로 낙인찍혀 제대로 교육조차 받아보지 못한 채 어린 시절 부랑자 신세로 전전하다가 일제 말부터 종로 뒷골목을 중심으로 주먹 세계에 홀연히 등장했다. 하지만 그는 일본 건달들을 오로지 주먹 하나로 제압해 그들로부터 온갖 수모와 피해를 입고 있던 조선인 상인들에게는 구세주와 같은 존재로 비쳐졌다. 물론 오늘날의 시점에서 본다면 오로지 주먹 하나로 지하세계를 지배한 깡패조직에 불과했겠지만, 누구 하나 일본인의 행패로부터 조선인을 보호해 주는 사람이 없던 당시로서는 김두한이야말로 그나마 일본인을 혼내 줄 수 있는 유일한 협객으로 대우받는 존재였을 것이다.

더욱이 그는 광복 이후 자신의 아버지가 공산주의자에게 암살당한 사실을 알고 난 후부터 물불을 가리지 않는 반공투사가 되어 좌익분자를 상대로 테러와 납치, 살해 등에 앞장섰는데, 그 덕분에 정계에도 발을 들여 50, 60년대에는 국회의원으로도 활동했다. 1966년 사카린 밀수사건으로 사회적 물의가 일자 당시 정일권 국무총리, 장기영 부총리 등 고위 각료들을 상대로 국회오물투척사건을 벌여 수감되기도 했으며, 결국 1967년 의원직을 사퇴하고 은신하다 1972년 고혈압으로 쓰러져 사망했다. 배우 김을동은 김두한의 딸로 그녀의 아들 송일국 역시 배우로 활동 중이다.

물론 김두한의 생애는 영화 〈장군의 아들〉이나 드라마 〈야인시대〉 등을 통해 너무도 잘 알려

김두한

져 있지만, 그 내용을 액면 그대로 받아들이기는 곤란할 것이다. 김좌진 장군의 친자 여부에 대한 논란 역시 지금도 여전히 식을 줄 모른다. 그것은 물론 일제강점기에 일부 신문에 게재된 보도내용 때문일 수 있다. 당시 기사 내용에 의하면, 김두한은 김좌진과 기생 김계월 사이에 태어난 사생아라는 것인데, 이는 곧 김좌진 부자에 대한 조선인의 긍지와 자부심에 일격을 가하기 위한 저의에서 비롯된 것으로 볼 수도 있다.

연유야 어찌됐건 대일본제국에 국제적 망신을 톡톡히 주었던 두 거인의 존재가 바로 안중근 의사와 김좌진 장군이었다는 점, 그리고 그 보복에 안달이 나 있던 일제가 안중근의 장남을 독살하고 차남마저 굴욕적인 사죄를 하게 만듦으로써 조선인의 기를 꺾어 놓는 등 집요함을 보인 사실 등을 고려한다면, 김좌진의 아들임을 알면서도 김두한을 그대로 방치한 점은 손쉽게 이해하기 어려운 대목이기도 하다. 더욱이 경성 도심 한복판에서 불법집단인 주먹세계에 몸담고 있는 신분이었으면 얼마든지 범죄자로 몰아 체포, 구금이 가능했을 것이며, 또한 중일전쟁 및 태평양전쟁이 한창일 시기에 김두한의 나이가 20대였음에 비추어 볼 때 강제징집조차 하지 않은 점은 실로 납득하기 어려운 부분이기도 하다.

결핵으로 요절한 이상과 김유정

일제강점기에 태어나 한 번도 밝은 세상을 보지 못하고 20대 나이로 요절한 이상(李箱, 1910~1937)과 김유정(金裕貞, 1908~1937)은 참으로 불운한 천재작가들이었다고 할 수 있다. 두 사람 모두 폐결핵으로 그것도 같은 해에 불과 19일 차이로 나란히 생을 마감했는데, 생전에 매우 절친했던 그들은 죽어서도 합동영결식을 치르고 미아리 공동묘지에 안장되었으나 그 후 그들의 무덤은 유실되고 말았다.

김유정은 강원도 춘천 태생으로 일찍부터 조숙해서 휘문고보를 졸업할 무렵에 기생 박록주에게 반해 그를 짝사랑하게 되었는데, 연희전문학교 문과에 입학했다가 수업일수 부족으로 제적을 당한 후에도 계속해서 끈질기게 구애를 했으나 결국 뜻을 이루지 못하고 낙향하고 말았다. 고향인 춘천에 머무는 동안 술독에만 빠져 지내다가 다시 상경해 이번에는 보성전문학교에 입학했으나 그곳에서마저 퇴학을 당하고 말았다. 그 후 건강이 좋지 못했던 그는 매형의 주선으로 요양 겸 충청도의 광업소 현장감독 일을 맡아보기 시작했지만, 여전히 술만 마시며 지내던 끝에 결국 건강만 더욱 해치고 다시 고향으로 돌아오고 말았다.

하지만 그런 시골생활을 통해 가난하고 순박한 농민들의 삶을 직접 목격한 그는 자신의 농촌체험을 작품 소재로 삼아 소설을 쓰기 시작했는데, 《소낙비》, 《금 따는 콩밭》, 《노다지》, 《만무방》, 《산골》, 《봄봄》 등의 단편소설이 바로 그런 작품들이다. 점차 문단에 이름이 알려지면서 많은 원고 청탁이 들어왔지만, 원고료가 생기는 대로 술값으로 탕진해 버리기 일쑤였던 그는 결국 폐결핵이 악화되어 29세라는 젊은 나이로 숨을 거두고 말았다.

한때 이상이 김유정에게 함께 자살하자고 권유하기도 했으나 이를 단호하게 거절할 정도로 그는 삶에 대해 강한 집착을 지니고 있었으며, 죽기 직전까지도 건강을 회복하기 위해 구렁이를 구입할 돈을 친구에게 부탁하는 글을 남기기

김유정

도 했다. 불과 2년에 걸친 작가생활을 통해 《동백꽃》, 《땡볕》, 《따라지》 등 30편의 소설을 남긴 그는 가난한 농촌과 도시의 소시민적 삶을 특유의 토착적인 유머를 동원해 향토색이 매우 짙으면서도 인간의 원초적인 욕망의 세계를 적절히 묘사해 가장 한국적인 작가로 손꼽힌다.

항상 언변이 어눌하고 순해 빠진 김유정을 툭하면 놀리기 잘했던 이상은 그의 난해한 시만큼이나 괴짜요, 반항아인 동시에 변덕이 심하고 신경질적 기질이 농후했으나 말은 청산유수 격으로 쉬지 않고 늘어놓기 일쑤였다. 하지만 그는 술과 여자에 탐닉한 채 건강을 돌보지 않는 매우 퇴폐적인 삶으로 인해 스스로 목숨을 단축시키고 말았다. 이상의 본명은 김해경으로 서울 사직동에서 이발사의 아들로 태어났으나 생활이 어려웠던 부모가 갓난아기를 자식이 없던 백부에게 입양시키는 바람에 그는 일찍부터 부모의 곁을 떠나 백부 밑에서 자랐다. 경성고등공업학교 건축과를 졸업한 그는 한때 총독부에 건축기사로 근무하기도 했으나 관료생활이 적성에 맞지 않자 얼마 가지 않아 사직하고 작가의 길로 들어섰다.

처음에 시인으로 출발해 〈이상한 가역반응〉을 신호탄으로 〈건축무한육면각체〉, 〈오감도〉, 〈거울〉 등 띄어쓰기를 무시한 난해시를 발표한 그는 독자들의 항의가 빗발치자 소설 《날개》, 《봉별기》, 《종생기》 등을 쓰기도 했는데, 특히 자전적인 성향이 매우 높은 소설 《날개》와 《봉별기》는 실제 기생 출신 금홍과 동거하며 겪은 삶의 체험을 바탕으로 하고 있다. 한때 그녀와 함께 다방을 운영하기도 했던 그는 폐결핵으로 건강이 악화되자 죽음을 예감하고 시 〈내과〉, 소설 《종생기》 등을 쓰기도 했

이상

다. 금홍과 결별한 후 변동림과 결혼해 일본으로 건너갔으나 그곳에서 불온사상 혐의로 경찰에 끌려가 구금되었다가 병보석으로 풀려난 직후 27세 나이로 숨지고 말았다.

물론 이상이 보인 다소 기인적인 행보는 그가 처했던 시대적 모순과 광기, 그리고 개인적 불안정에 대항하는 일종의 위악적, 반항적 모습으로 이해할 수 있다. 그의 시와 소설 속에 나타나는 혼란과 괴팍스러움은 한 작가가 동시대에 던지는 객기에 불과한 몸짓이기 이전에 이상 자신의 처절한 실존적 몸부림일 수 있다. 그는 그 자신이 미치지 않기 위해서 미친 척이라도 해야 했을 것이다. 더욱이 이상이 마주했던 시대는 미래가 보이지 않는 암담한 시절이었으며, 그와 동시대의 한국인들 역시 한 치 앞도 내다볼 수 없고 말도 함부로 할 수 없었으며 제대로 들을 수도 없는 장님이요, 귀머거리, 벙어리 신세로 살아야만 했다. 이상의 난해시는 마치 장님을 위해 점자로 쓴 듯한 형식을 취하고 있는데, 이는 곧 삼중고의 장애를 겪고 있던 한국인의 심경을 대변하고 있는 것으로 볼 수도 있다.

그런 점에서 이상의 소설 또한 그 자신이 처한 개인적, 시대적 위기를 반영한다고 볼 수 있다. 특히 시에서와 마찬가지로 띄어쓰기 무시로 일관하는 《지도의 암실》에서는 일체의 노동을 거부하고 하루 종일 아무것도 하지 않는 빈둥거림과 게으름을 역설적으로 찬미하는 가운데 강한 냉소와 조롱으로 인간혐오증을 내비친다. 일종의 게으름뱅이 철학을 강변한 것처럼 보이기도 하지만, 이상에게는 자신에게 주어진 과거의 모든 상처를 포함해 미래에 대한 아무런 희망도 없는 실로 암담한 현실 전체가 어두운 암실일 뿐이었다.

하지만 이상은 《날개》를 통해 재생에 대한 희망을 버리지 않고 있다.

더 이상 탈출할 곳이 없는 막다른 상황에 처해 땅으로 꺼질 수도 하늘로 날아오를 수도 없는 일제 식민치하 조선인의 극한 심리를 반영하는 듯한 절망적인 상황을 이상은 《날개》라는 소설 제목에서 암시하고 있다. 그럼에도 불구하고 이상은 《날개》의 마지막 부분에서 이렇게 외친다. "날개야 다시 돋아라. 날자. 날자. 한 번만 더 날자꾸나. 한 번만 더 날아 보자꾸나." 그는 새로운 밝은 세상에서 다시 태어나 새로운 인생을 살고 싶은 소망을 그래도 버리지 않는다. 그런 점에서 이상과 김유정은 밝은 세상을 한 번도 보지 못하고 살다간 불운의 작가들이었지만, 그래도 한 가닥 실낱같은 희망을 안고 살았는지도 모른다.

한국 재벌의 맞수 정주영과 이병철

현대그룹의 창업주인 정주영(鄭周永, 1915~2001)과 삼성그룹의 이병철(李秉喆, 1910~1987)은 한국의 경제발전을 주도한 핵심 주역들이다. 이들은 모두 자수성가한 입지전적 인물들로 현대는 건설산업과 중공업 분야에서, 그리고 삼성은 가전제품과 반도체산업에서 두각을 나타내 한국의 기업계를 양분하며 치열한 경합을 벌였다. 한때 대우그룹의 김우중 회장이 막강한 경쟁상대로 등장하기도 했지만, IMF 금융대란에 휘말려 대우그룹은 결국 해체되고 말았다.

정주영은 강원도 통천 출신으로 학력은 소학교 졸업이 전부다. 집안이 가난해 여러 번 가출을 시도했으며, 소년시절 막노동으로 생계를 꾸리다가 쌀가게 주인의 신임을 얻어 가게를 물려받았다. 해방 직후 현대자동차공업사와 현대토건사를 설립해 본격적인 사업을 시작한 그는 한

정주영

국전쟁으로 폐허가 된 도시와 교량, 가옥, 도로 등의 복구사업으로 크게 번창했으며, 건설사업의 경험을 바탕으로 중동에도 진출해 외화벌이에도 큰 몫을 했다. 그 외에도 한국 최초로 포니 승용차를 생산했으며, 울산 조선소도 세워 아파트 건설뿐 아니라 한국 중공업 분야까지 주도해 나갔다.

한때 정경유착 의혹으로 따가운 시선을 받기도 했으나 1992년에는 정계에도 진출해 김동길과 함께 통일국민당을 창당하고 대통령 선거에 나섰지만, 김영삼과 김대중에 밀려 3위에 그치고 말았다. 그 후 김대중 대통령의 햇볕정책에 호응해 금강산 개발에 발 벗고 나섰으며, 1998년 통일소 500마리를 이끌고 판문점을 넘어 북한의 김정일과 직접 면담한 후 본격적인 금강산 관광사업이 시작되었으나 얼마 가지 않아 북한의 일방적인 취소로 사업은 실패로 끝나고 말았다. 그 후 2001년 서울아산병원에서 85세를 일기로 사망했다.

뛰어난 직감과 순발력에 힘입어 두둑한 배짱과 뚝심으로 강하게 밀어붙이는 스타일의 정주영 회장과는 달리 냉철하고 치밀한 경영 마인드를 지닌 이병철 회장은 일본 유학생 출신으로 귀국 후 정미소를 차려 사업에 손을 대기 시작했는데, 그 출발은 쌀가게를 운영했던 정주영 회장과 비슷했다고 할 수 있다. 하지만 두 사람 모두 중일전쟁의 여파로 쌀 배급 제도가 시행되면서 그 사업은 포기해야 했다.

그 후 대구에서 삼성상회를 차려 도매업에 종사한 이병철은 해방 이후 삼성물산으로 무역업을 시작하고 한국전쟁 이후에는 제일제당과 제일

모직을 창립해 제조업 분야에서 크게 성공했는
데, 생필품 부족에 허덕이던 전후 상황에 힘입은
결과였다. 그는 제조업뿐 아니라 동방생명, 신세
계백화점, 용인자연공원, 동양방송과 중앙일보
등 다양한 분야로 사업을 확장시켰으며, 고려병
원과 성균관대학을 인수해 교육과 의료 분야까지
손을 댔다.

이병철

　하지만 1966년 사카린 밀수사건으로 사회적
인 물의를 크게 일으킨 그는 그 후 심기일전해
삼성전자를 설립했는데, 삼성전자는 반도체 개발로 세계적인 기업으로
올라서 삼성그룹 성장의 토대를 이루기도 했다. 그는 1987년 폐암으로
사망했지만, 그 뒤를 이은 이건희는 반도체 산업뿐 아니라 컴퓨터산업
과 이동통신 산업에 주력해 한국 최초로 세계시장 점유율 1위인 제품들
을 생산해 내기도 했다.

　물론 세계적인 기업인으로 성장한 정주영과 이병철의 놀라운 경영능
력은 자타가 공히 인정하는 사실이지만, 오랜 기간 지속된 정경유착 관
계를 통해 동반성장했다는 비판도 없는 것은 아니다. 특히 정주영 회장
의 뒤를 이어 현대그룹 총수가 된 5남 정몽헌이 노무현 정권 때 대북 불
법송금 관련 혐의로 검찰조사를 받던 도중에 현대사옥에서 투신자살한
사건은 세상에 큰 충격을 안겨 주었는데, 그 후 그의 아내 현정은이 현
대그룹 회장이 되어 오늘에 이르고 있다.

　정주영 일가의 비극은 정몽헌 회장뿐이 아니었다. 장남 정몽필은 이
미 1982년에 교통사고로 숨졌으며, 정신질환을 앓았던 4남 정몽우는
1990년에 자살했기 때문이다. 정주영 회장의 부인 변중석 여사는 그런

내환을 두루 겪으면서도 흔들림 없이 자리를 지키다가 2007년 86세를 일기로 세상을 떴다. 한편 삼성의 이병철 회장은 사카린 밀수사건으로 도덕적인 치명타를 입었으며, 그 후 전두환이 이끈 국보위 시절에는 언론통폐합 조치로 인해 동양방송을 강제로 빼앗기는 수모를 겪기도 했다.

박정희의 새마을운동과 김일성의 천리마운동

한국 현대사에서 한반도의 운명을 양손에 움켜쥐고 첨예한 대립을 보였던 박정희(朴正熙, 1917~1979)와 김일성(金日成, 1912~1994)은 광복 이후 역대 지도자들 가운데 최장기 집권을 기록하면서 강력한 통치권을 행사했던 정계의 거물들이다. 박정희는 1961년 5·16 군사혁명으로 권력의 중심에 선 이래 3선 개헌과 유신헌법을 통해 종신대통령의 길을 연 후에 1979년 자신의 수하였던 김재규에 의해 암살당하기까지 18년간 남한 사회를 이끌었으며, 김일성은 1948년 북한공산정권을 수립한 이래 1994년 급사하기까지 무려 46년간이나 북한 사회를 통치했다.

박정희 대통령은 일제강점기에 대구사범학교를 졸업하고 한동안 교사생활을 하다가 일본 육사에 지원해 소위로 임관된 후 만주에서 복무했으며, 해방이 되자 귀국해 곧바로 육군에 입대했다. 그는 당시 남로당

박정희

에 입당했다가 여순 반란사건에 연루된 혐의로 사형선고까지 받았으나 육본 정보국장이었던 백선엽의 도움으로 간신히 사형을 면하고 강제 예편되었다. 그 후 한국전쟁이 발발하자 현역으로 복귀한 그는 4·19 혁명 후 국정 혼란을 안정시킨다는 명분으로 쿠테타를 일으켜 반공을 국시로 내세운 혁명 공약을 제정하고 국가재건최고회의 의장을 거쳐 공화당을 창당해 제5대 대통령에 취임했으며, 3선 개헌과 유신헌법을 강행함으로써 민주화를 요구하는 학생운동과 재야민주세력의 거센 항쟁을 불러일으켰다. 그 와중에 유신철폐를 외치는 부마항쟁이 일어났으며, 계엄군의 출동으로 무력진압이 이루어진 직후 궁정동 연회석상에서 당시 중앙정보부장이었던 김재규가 쏜 총에 맞아 동석했던 차지철 경호실장과 함께 현장에서 숨을 거두었다. 향년 61세였다.

물론 박정희는 민주세력에 대한 무자비한 탄압과 18년간 이어진 장기집권으로 독재자의 오명을 쓰게 되었지만, '하면 된다'와 '싸우면서 건설하자'는 구호를 내걸고 경부고속도로를 포함한 거국적인 국토개발 사업과 대규모 공업단지 건설 및 KIST 설립 등을 통한 과학과 공업 육성책, 경이적인 수출 증가 등으로 한강의 기적을 이루었으며, 새마을운동을 통한 농촌 발전과 보릿고개 해결, 의료보험제도와 산림복원사업, 그리고 베트남전쟁 파병을 통한 실전 경험과 향토예비군 창설, 현대적 무기의 국산화 추진으로 국방을 강화하는 등 수많은 업적을 쌓기도 했다.

하지만 그런 업적에도 불구하고 무리한 화폐개혁과 국민교육헌장, 새마을운동, 교련 실시, 장발 단속, 보도지침, 유신헌법 선포 등 군사적 발상에 의한 지시 일변도의 획일적 정책과 더불어 굴욕적인 한일협정, 김대중 납치사건, 김형욱 실종사건, 인혁당사건, 동백림사건, 1·21 사태, 실미도사건, 장준하의 의문사, 민청학련사건, 육영수 여사 피격사건, 판문점 도끼 만행사건, 코리아 게이트사건, 핵개발 의혹, YH 사건, 부마항쟁 등 숱한 사건들로 인해 그의 통치기간 내내 바람 잘 날이 없었으니 거리에는 항상 시위하는 학생들과 이를 진압하는 전경들의 몸싸움이 그칠 줄을 몰랐으며, 시민들 역시 최루탄 가스에 시달리는 몸살을 앓아야 했다.

어쨌든 한강의 기적을 이루고 비약적인 경제발전을 이룩한 박정희 대통령은 유신 선포 이후인 1973년부터 본격적인 새마을운동을 펼치기 시작했는데, 나중에는 농촌뿐 아니라 도시와 대학까지 범국민적인 운동으로 확대시켰다. 하지만 북한에서는 이미 1958년부터 김일성의 지시에 의해 전국적으로 천리마운동이 벌어져 집단증산운동을 통한 자력갱생뿐 아니라 공산주의 사상을 더욱 굳건하게 강화시킨다는 차원에서 전 인민이 참여하는 국가적 사업으로 발전시켰다. 천리마운동은 비슷한 시기에 중국의 모택동이 벌인 대약진운동을 모방했다는 인상을 피하기 위해 1956년부터 시작된 것이라고 북한 당국이 억지 주장을 펴기도 했는데, 김일성 사망 후에도 권력을 계승한 아들 김정일에 의해 제2차 천리마운동이 전개되기도 했다.

김일성

김일성은 천리마운동을 벌이는 가운데 1960년 이후 주체사상을 발표하면서 북한의 실정에 맞게 마르크스주의를 수정해 토착화시킨 독자적인 김일성주의라고 널리 선전했는데, 이와 비슷하게 박정희 대통령은 새마을운동과 더불어 유신체제를 한국식 민주주의라고 했으니 북한이나 남한이나 모두 한국 실정에 맞게 공산주의와 민주주의를 수정했다는 의미가 된다. 하기야 북한의 공식 국명도 조선인민민주주의공화국으로 명목상으로는 민주공화국이 되는 셈인데, 지구상 어느 나라에서 민주공화국 이름 아래 3대 세습이 이루어지고 있는지 자문해 보지 않을 수 없다. 결국 말로만 민주주의를 외치는 일은 아무 소용이 없는 짓이며, 실제로 행동을 통해 보여주는 것이어야 함은 두말할 나위도 없다.

김구 암살범 안두희를 추적한 권중희의 집념

김구 선생은 1949년 6월 26일 일요일 정오 무렵에 서대문 근처 경교장 2층 거실에서 당시 육군 소위였던 안두희(安斗熙, 1917~1996)가 쏜 총탄 네 발을 맞고 쓰러져 숨졌다. 백범이 암살당한 경교장은 현재 강북삼성병원 본관 건물이다. 현장에서 곧바로 체포된 안두희는 무기징역을 선고받았지만, 일 년이 지난 후에는 당국의 비호 아래 풀려나 군에 복귀해서 대령까지 진급했으며, 이승만 정권이 몰락하자 잠적하는 바람에 암살 배후의 실체는 끝내 밝혀지지 않았다.

배후를 밝혀내고자 곽태영, 권중희 등이 그를 집요하게 추적해 은신처를 알아내고 추궁까지 했으나 안두희는 굳게 입을 다물었을 뿐이다. 시도 때도 없이 나타나 괴롭히는 권중희(權重熙, 1936~2007)에게 그렇게 시달리면서도 끝까지 진상 밝히기를 거부한 안두희는 결국 1996년 버스기사 박기서의 습격을 받고 숨을 거두고 말았다.

비록 직접적인 배후를 밝혀내진 못했지만 경북 안동 출신의 권중희는 김구 선생 암살범을 찾아 집요한 추적을 한 끝에 마침내 1987년 숨어 살던 안두희를 찾아내어 몽둥이찜질을 가한 것을 포함해 여러 차례 그

안두희

에게 린치를 가했으나 소기의 목적을 이루지 못하고 결국 2007년 세상을 떴다.

물론 안두희는 죽어 마땅한 인물이지만 그렇다고 해서 개인적으로 처단해 버리는 일 역시 법을 무시하는 행위이다. 권력의 비호 아래 살아남은 안두희 자신도 여생을 편히 살지는 못했을 것이다. 항상 누군가에게 쫓기는 신분이었던 그는 부인과도 이혼하고 안영준이라는 가명으로 도피 행각을 계속했으나 권중희의 집요한 추적을 끝내 피하지는 못했으며, 결국 박기서가 휘두른 몽둥이에 맞아 여든의 나이로 세상을 뜨고 말았으니 정말 어리석은 사람인지 아니면 의리로 똘똘 뭉친 사람인지 아리송하기만 하다.

그것은 만사 젖혀 두고 그를 뒤쫓은 권중희나 그를 살해한 박기서도 마찬가지다. 존경받는 민족 지도자의 죽음을 두고 비통한 심정은 누구나 다 마찬가지겠지만 민족적 울분을 그런 식으로 응징한다는 것은 법치국가에서 있을 수 없는 일이기 때문이다. 나라에서 민족 반역자를 처벌하지 못한다면 공소시효가 지났더라도 개인적으로 얼마든지 응징할 수 있다는 발상은 자신이 속한 국가와 민족을 부정하는 것이요, 우습게 아는 태도이다. 아무리 그 목적이 숭고한 명분을 지니고 있다 하더라도 그 수단이 정당하지 못하면 본래의 명분 또한 퇴색할 수밖에 없다.

그렇게 따진다면 수많은 친일인사나 매국노 문제는 이제 와서 어쩔 것이고 광주학살의 주역들에 대해서는 어쩔 것인가. 현실적으로 그들에 대한 응징이 불가능하기에 그럴 바에는 차라리 그 정확한 실체 파악이나 명단을 공개함으로써 영원히 기록에 남겨 두자는 것이 아닌가. 존 케네디 대통령의 암살범 오스왈드가 호송 중에 또 다른 암살범 잭 루비가 쏜 총에 맞아 죽음으로써 사건이 더욱 미궁 속에 빠지고 말았듯이, 안두희 역시 한 버스기사의 손에 맞아 죽음으로써 김구 선생 암살의 배후는 영원히 어둠 속에 묻히고 말았다. 결과적으로는 안두희를 도운 셈이 아닌가.

안두희는 이념적 명분을 내세워 법을 무시하고 민족 지도자를 살해한 것이며, 곽태영, 권중희, 박기서 등은 민족의 이름으로 초법적인 응징을 가한 셈이다. 법을 무시하기는 이들 모두가 똑같다. 그런데 우리는 이런 초법적인 응징에 속으로는 쾌재를 부르며 박수를 치기도 한다. 감히 우리가 하지 못하는 일을 이들이 대행해 주었기 때문이다.

물론 그런 이율배반적인 감정을 불러일으키게 만든 직접적인 원인은 그동안 역대 정권들이 진정한 정의를 실현하지 못했기 때문이다. 따라서 권력자들에 대한 불신의 도가 깊어지는 바람에 나라에서 정한 법을 무시하고 우습게 아는 풍조가 몸에 밴 것이다. 우리의 준법정신이 해이해진 것은 나보다 더한 짓을 해도 멀쩡히 살아가는 놈들이 많은데 이 정도야 아무 것도 아니라는 의식 때문이다.

그래서 권중희도 아무렇지 않게 곤히 자고 있는 안두희의 방문을 박차고 들어가 그에게 몽둥이찜질을 가할 수 있었던 것이고, 그런 소식을 접한 우리는 속으로 '그 놈은 맞아도 싸지, 잘하는 짓이고말고. 속이 다 후련하구먼.'이라 중얼거리며 박수를 보내는 것이다. 그래서 우리는 걸핏하면 총장실을 점거해 총장을 인질로 삼기도 하고 고속도로를 점거해 고통을 마비시키면서도

권중희

오히려 떳떳해 하는 것인지도 모른다.

그러니 우리나라에선 법을 따르고 잘 지키면 쫀쫀하고 비겁한 인간이 되는 것이며, 법을 무시하고 큰소리치면 사나이답고 용감한 영웅이 되는 이상한 나라가 되고 말았다. 그것은 또한 법을 누구보다 잘 지켜야할 권력자들이 법을 악용하고 남용한 선례를 줄곧 보여 왔기 때문이기도 하다. 트로츠키는 말하기를, "혁명은 언제나 무례하다. 지배계급이 제때에 좋은 예절을 인민에게 가르치지 않았기 때문이다."라고 했는데, 유감스럽게도 그것은 맞는 말이다.

영원한 맞수 김대중과 김영삼

한국 정치사에서 김대중(金大中, 1924~2009)과 김영삼(金泳三, 1927~2015)만큼 오랜 세월 세상의 이목을 집중시킨 인물도 드물 것이다. 독재정권을 상대로 민주화 투쟁에 일생을 바친 두 사람은 서로 밀고 당기는 우여곡절을 거치면서도 영원한 맞수가 되어 숱한 고난과 시련을 헤쳐 나갔으며, 그런 희생에 힘입어 마침내 대통령의 자리에까지 오르게 되었으니 본인들은 물론 아무런 여한도 없겠지만, 그들에게 국정을 맡긴 국민들은 기대에 못 미친 결과로 인해 커다란 실망만을 느꼈을 뿐이다.

왜냐하면 김영삼 대통령은 국정운영의 실수로 IMF 금융대란을 불러왔으며, 김영삼이 뒤엎은 밥그릇을 채우기 위해 여념이 없었던 김대중 대통령은 자신을 믿고 집안의 모든 금붙이까지 갖다 바친 국민들의 성원에도 불구하고 햇볕정책이라는 미명하에 막대한 자금을 북한 김정일에게 퍼다 주었기 때문이다. 물론 그 대가로 2000년 역사적인 남북정상

회담을 성사시켰으며, 그 덕분에 노벨 평화상까
지 타는 영예를 누렸으니 당시 그런 겹경사를 맞
이한 국민들은 당장이라도 통일이 될 듯이 기쁨
에 겨워 그에게 뜨거운 박수로 답하며 환호했다.

　하지만 그 후 북한은 태도가 돌변해 한일 월드
컵 열기가 한창 뜨거울 때 연평해전을 일으키는
도발행위로 축제 분위기에 찬물을 끼얹었으며,
같은 해에 핵무기 개발을 추진 중에 있음을 공개
적으로 선언했으니 결국 김대중은 몸 대 주고 뺨

김영삼

맞은 꼴이 되고만 셈이다. 더욱이 김대중은 경솔하게 무력대응을 하지
말라는 지시를 내려 우리 측의 희생을 더욱 키운 결과를 낳고 말았으며,
합동영결식에 참석조차 하지 않고 월드컵 결승전 참관을 위해 일본으로
출국해 버려 유족들의 원성을 사기도 했다.

　이런저런 이유로 김영삼과 김대중은 국민에게 실망만을 안겨 준 셈
이 되었는데, 사실 이 두 사람이 국민에게 가장 큰 실망을 안겨 준 것은
박정희 대통령 시해사건으로 유신체제가 무너진 이후 서울의 봄을 맞이
했을 때였다고 할 수 있다. 당시 두 사람은 서로 힘을 합쳐도 신군부의
득세를 막아내기 힘겨운 상황이었음에도 불구하고 대권 욕심 때문에 서
로 등을 돌리고 각자 대권 행보에 나섰는데, 그것은 당시 신군부의 실체
파악에 실패했음을 의미하는 동시에 더 나아가 자신들의 지명도만 믿고
자만심에 빠져 있었기 때문으로 보인다. 결국 김영삼은 신군부에 의해
가택연금을 당한 상태에서 죽음을 불사하는 단식농성으로 군사독재에
저항했으며, 김대중은 신군부가 조작한 내란음모사건의 주모자로 몰려
사형선고까지 받았다. 비록 미국 정부와 교황 바오로 2세의 개입으로

427

구속된 지 2년 7개월 만에 풀려나 미국으로 망명할 수 있었지만, 당시 그가 전두환 대통령에게 보낸 탄원서는 사실상 목숨을 구걸하는 매우 굴욕적인 내용이었다.

어쨌든 이미 과거에 김대중 납치사건으로 목숨이 경각에 달렸을 때 미국의 도움으로 간신히 위기를 모면한 김대중은 1985년 귀국한 직후 동교동 자택에 연금되었는데, 2년 후 사면복권이 이루어진 후에도 계속해서 대선 불출마 의사를 밝힌 그는 결국 자신의 입장을 번복하고 김영삼과 협상을 벌인 끝에 통일민주당에 입당했으며, 그 후 다시 김영삼과 대통령 후보 단일화 문제를 협의했으나 의견 일치를 보지 못하고 말았다.

결국 김대중은 통일민주당을 탈당하고 평화민주당을 창당해 대선에 나섰으나 노태우와 김영삼에게 밀려 3위로 낙선하고 말았다. 서울의 봄 이후 두 번째 결렬이었다. 당시 두 사람이 후보 단일화에 성공했다면 충분히 노태우 후보를 누를 수 있었을 것이다. 하지만 야권이 분열된 데다 생각지도 못한 KAL기 폭파사고로 폭파범 김현희가 선거일 전날 서울로 압송되면서 분위기가 반전되어 결국 노태우 후보가 근소한 차이로 당선되고 말았다. 당시 득표율을 보면 더욱 큰 아쉬움이 남는다. 노태우 후보 36.6%, 김영삼 후보 28%, 김대중 후보 27%였으니 말이다.

김대중

당시 김대중의 탈당을 천추의 한으로 여긴 김영삼은 그 후 분열된 야당으로는 결코 집권할 수 없다고 여겨 노태우, 김종필과 함께 3당 합당을 통해 새로 민주자유당을 창당했으며, 우여곡절 끝에 마침내 민자당 후보로 1990년 대선에 나서 김대중 후보를 누르고 대통령에 당선되기에 이르렀다. 호랑이를 잡기 위해 스스로 자청해 호랑이굴로 들어간 김영삼으로서는 기사회생한 셈이었다.

하지만 민주화된 김영삼 정권시절에는 성수대교, 삼풍백화점 붕괴 등 유독 대형사건 사고가 많았으며, 오랜 군인정치를 종식시키고 모처럼 문민정치를 실현했으나 무능한 경제실정으로 금융대란을 일으키는 바람에 오랜 맞수요, 정적이기도 했던 김대중에게 정권을 이

김영삼과 김대중

양해야만 했다. 그 후 오랜 기간 서로 상종하지 않던 두 사람의 관계는 2009년 8월 입원 중인 김대중이 숨지기 직전 김영삼이 병문안을 함으로써 극적인 화해를 이루었으며, 6년이 지나 김영삼도 세상을 떠나게 되면서 마침내 파란 많던 양김시대의 막을 내리게 되었다.

낮에는 전두환, 밤에는 이주일 대통령

대한민국 헌정 사상 가장 어두운 공포정치 시대로 기억되는 5공화국의 통치자는 12·12 항명사태로 군부를 장악한 뒤 국보위 시절 언론통폐합과 삼청교육대, 광주민중항쟁 등을 통해 무자비한 탄압으로 수많은 피를 흘리게 만든 장본인이었던 전두환 대통령이었다. 당시 전두환(全斗

전두환

煥, 1931~)과 비슷한 외모로 인해 방송출연을 금지당했던 탤런트 박용식은 전두환 정권 이후에 가서야 비로소 방송에 출연해 〈제3공화국〉 등에서 전두환 역을 맡아 연기했는데, 5공화국 시절 내내 대머리, 주걱턱 등의 단어는 방송에서 사용할 수 없을 정도로 분위기가 살벌했다. 오죽하면 영부인 이순자 여사를 가리켜 '백성들이 설설 기는 공포의 주걱턱'이라는 말을 줄여서 백설공주라고 불렀겠는가.

당시 TV 방송 9시 뉴스는 땡전 뉴스로 불리기도 했는데, 9시를 알리는 땡 소리와 함께 뉴스가 시작될 때마다 항상 전두환 대통령의 근황부터 보도했기 때문이다. 심지어 소련군에 의해 KAL기가 격추 당한 중대사건이 벌어졌을 때조차도 여지없이 전두환 내외의 근황부터 보도할 정도였으니 그런 방송 횡포에 반발한 시민들이 수신료 거부운동까지 벌일 정도로 땡전 뉴스는 사람들에게 엄청난 짜증을 불러일으켰다. 어쨌든 항상 근엄한 표정으로 결코 웃는 법이 없었던 전두환 대통령이 뉴스에 나올 때마다 사람들은 채널을 돌리곤 했는데, 그럴 때마다 사람들의 울화증을 풀어 준 일등공신은 당대 최고의 코미디언 이주일(李朱一, 1940~2002)이었다.

본명이 정주일인 이주일은 1980년대 코미디의 황제로 불릴 만큼 폭발적인 인기를 끌었는데, MBC 〈웃으면 복이 와요〉 〈일요일 밤의 대행진〉을 통해 뒤늦게 방송에 데뷔한 그는 '못생겨서 죄송합니다' '뭔가 보여드리겠습니다' 등의 유행어를 비롯해 수지큐 음악에 맞춰 뒤뚱거리며 걷는 그만의 독특한 오리춤으로 사람들의 폭소를 자아내 유명해졌다.

당시 활동했던 배추머리 개그맨 김병조는 민정당 전당대회에서 "민주정의당은 국민에게 정을 주는 당이고, 통일민주당은 국민에게 고통을 주는 당이다."라는 말을 했다가 사회적인 물의를 일으키고 방송계를 떠날 정도로 세상 민심은 군사정권에 이골이 난 상태였다.

어쨌든 살벌한 세상 분위기에서 그나마 사람들에게 웃음을 안겨 준 이주일은 그동안 못생긴 얼굴로 당한 온갖 서러움을 떨쳐 버리고 당대 최고의 인기를 구가하며 야간업소에도 진출해 눈코 뜰 새 없이 바쁜 시간을 보냈는데, 그래서 생긴 말이 낮에는 전두환이 대통령이고 밤에는 이주일이 대통령이라는 말이었다.

이주일은 1977년 이리역 폭발사고가 일어났을 때 공연 중에 부상을 입은 가수 하춘화를 등에 들쳐 업고 살려내 화제가 되기도 했는데, 그런 인연으로 비로소 세상에 빛을 보기 시작했지만, "일단 한번 써보시라니까요."라는 말이 입버릇처럼 될 정도로 그 전까지만 해도 못생긴 얼굴 때문에 무대에 설 기회를 잡지 못해 몹시 배를 곯고 있었다.

그런 이주일이 노태우 정권시절에 정주영 회장의 통일국민당 후보로 국회의원에 당선되어 금배지를 달았으니 그야말로 뭔가를 보여 준 셈이 되었다. 하지만 동료 의원들로부터 무시를 당한 그는 별다른 의정활동을 제대로 펼치지도 못하고 재출마를 포기한 채 "코미디 공부 많이 하고 떠난다."는 말을 남기고 국회를 떠나 방송에 복귀했다. 그러나 외아들이 미국 유학 도중에 교통사고로 급사한 후 술, 담배가 늘어 결국 2002년 폐암으로 세상을 뜨고 말았다. 한동안 '왜 나만 갖고 그래'라는 유행어를

이주일

낳았던 전두환은 한때 자신의 강력한 라이벌이기도 했던 이주일의 빈소를 찾아 직접 조문하기도 했다.

고문기술자 이근안과 문귀동

이근안

군사독재 시절 가장 악랄한 고문 가운데 하나는 바로 전기고문이었다. 전두환 정권 당시 전기고문 기술자로 악명이 자자하던 이근안(李根安, 1938~) 경감은 세계 최고의 가량을 뽐내던 인물이었다. 1985년 남영동 대공 분실에서 이근안에게 지독한 전기고문을 당했던 고 김근태 씨의 회고에 의하면, 소위 칠성판 위에 누워 전기고문을 받으면서도 정작 미운 것은 그가 아니라 오히려 라디오에서 들려오는 수다스러운 진행자들의 목소리였다고 한다. 같은 하늘 밑 같은 시간에 누구는 타인의 발가락에 전선을 들이대 고문을 가하고 누구는 끔찍스러운 고통에 온몸을 뒤틀어야 하며 누구는 살판 난 듯이 낄낄대며 수다를 떨어야 한다는 말인가.

전기고문에 비하면 고춧가루고문, 물고문은 차라리 고전적인 수법에 속한다. 서울대생 박종철 군은 1987년 추운 겨울날 남영동 취조실에서 혹독한 물고문과 전기고문을 받다가 숨을 거두었다. 탁 치니 억하고 죽었다는 경찰의 발표는 당시 장안에서 한동안 조롱거리가 되기도 했지만, 사람이 사람을 어떻게 때릴 수가 있느냐며 고문 사실을 강력히 부인했던 당시 정호용 내무부 장관의 말도 사람들의 입방아에 오르내렸다.

그는 광주 학살 당시 특전사 사령관으로 현장을 지휘했던 장본인이 아니었던가.

그런데 물고문, 전기고문 이외에 희한한 고문 한 가지가 더 있었다. 그건 바로 성고문이다. 박종철 고문치사사건이 일어나기 6개월 전 부천 성고문사건이 터지면서 피해자인 권인숙 씨는 물론 그녀를 고문했던 문귀동 경장의 이름이 온 세상을 발칵 뒤집어 놓았다. 당시 사람들은 듣도 보도 못하던 성고문이라는 말을 그때 처음 듣고 알았다.

독실한 기독교신자요 장로이며 착실한 가장으로 알려진 문귀동(文貴童, 1939~) 경장은 당시 권인숙 씨의 형사고발에 대해 무고죄 및 명예훼손 혐의로 맞고소 했지만, 오히려 권인숙 씨만 구속되고 문 경장은 무혐의로 처리되고 말았다. 문귀동이 구속된 것은 6월 항쟁 이후였다. 그러나 문귀동의 이름은 성고문 전문가로 역사에 길이길이 남게 되었으니 실로 가문의 영광이 아니고 무엇이겠는가. 25년이 지난 지금 권인숙 씨는 과거의 악몽에서 벗어나 여성학 교수로 활동하고 있

문귀동

으며, 당시 그녀를 용기 있게 변호했던 조영래 변호사는 1990년 폐암으로 일찍 세상을 떴다.

불교식으로 말하면 문귀동과의 만남도 일종의 악연이라고 간단히 말할 수 있을지 모르지만, 그런 식의 설명은 가해자의 논리이지 피해자의 입장을 대변하는 논리는 결코 아니다. 기독교 장로였던 문귀동은 이웃을 사랑하라는 예수님의 말씀을 그런 식으로 잘못 왜곡 해석한 것일까? 대자대비하신 부처님은 이럴 경우 과연 어떤 판정을 내리실까. 우리 모

두가 죄인이라는 말로 이 말도 안 되는 현실을 대충 넘어갈 수 있을지 모르겠다.

성고문사건 이후 문귀동은 행방이 묘연해졌다. 가족들 얼굴 쳐다보기도 힘들었을 것이다. 반면에 전두환 대통령으로부터 훈장까지 받았던 이근안은 5공화국 이후 경찰을 그만두고 10년간 도피생활을 하다가 1999년 자수해 7년형을 언도받았는데, 옥중에서 기독교에 귀의해 모범수로 복역했으며, 출감한 후에는 목사 안수를 받고 개신교 목사가 되었으나 김근태의 사망으로 과거 그의 고문실태가 다시 논란을 불러일으키자 얼마 가지 않아 목사자격을 박탈당했다. 한때 김근태는 옥중에 있는 이근안을 찾아가 그의 사과를 받아들이기도 했지만, 과연 진심에서 우러난 사과였는지는 알 수가 없다.

이창동 감독의 영화 〈밀양〉을 보면, 주인공 신애가 기독교 신앙에 따라 자신의 아들을 유괴 살해한 살인범을 용서하기 위해 감옥으로 찾아가지만, 그는 이미 하나님의 은총을 받아 행복하기 그지없기 때문에 굳이 그럴 필요가 없다는 말을 듣고 실신해 쓰러지는 장면이 나오는데, 옥중에 있는 이근안 경감을 찾아가 그를 용서한 김근태 씨는 과연 어떤 심정이었을까 궁금해진다. 더욱이 한때 목사가 된 그가 신도들 앞에서 과연 무슨 설교를 했는지 모르겠으나 그런 인간이 천국을 간다면 솔직히 말해 다른 곳을 알아보고 싶은 심정이다.

한국 복싱의 신화를 낳은 김기수와 홍수환

요즘은 사람들의 관심을 끌지 못하고 거의 자취를 감추고 말았지만,

과거 한때에는 프로레슬링과 프로복싱이 최고의 인기를 누렸다. 특히 1960년대 세계챔피언이었던 김기수(金基洙, 1939~1997)와 1970년대 세계 챔피언을 지낸 홍수환(洪秀煥, 1950~)은 프로복싱의 전성기를 낳았던 장본 인들이었다. 물론 프로복싱이 인기를 얻기 이전에는 김일, 장영철, 천규 덕 트리오가 이끄는 프로레슬링이 폭발적인 인기를 끌었는데, 김일의 스승이기도 했던 재일동포 역도산은 일본에서 어린이들의 우상으로 군 림했으며, 한국에서는 김일의 통쾌한 박치기 묘기가 사람들의 스트레스 를 풀어 주는 효과를 톡톡히 발휘했다. 하지만 사람들의 관심은 점차 프 로레슬링을 떠나 프로복싱으로 기울기 시작했다. 물론 그 계기는 김기 수가 한국 최초로 세계챔피언에 등극하면서부터였다.

함경남도 북청 태생인 김기수는 한국전쟁 당시 월남해 전남 여수에 정착해 살았는데, 중학교 시절 씨름대회에서 김일과 맞붙어 패한 적도 있었다. 그 후 서울로 상경해 성북고 복싱부에 들어간 그는 고교생 신분 으로 1958년 제3회 동경 아시안게임에 출전해 웰터급 금메달을 땄으며, 1960년 로마 올림픽에서는 웰터급 준준결승까지 진출했으나 이탈리아 의 니노 벤베누티에게 아깝게 패해 메달을 놓치고 말았다.

그 후 프로로 전향해 1965년 동 양 미들급챔피언 타이틀을 획득 했으며, 마침내 1966년 장충체육 관에서 열린 WBA 미들급 세계챔 피언 타이틀전에서 챔피언인 벤 베누티를 판정승으로 누르고 챔 피언 타이틀을 차지해 전국을 열 광시켰는데, 당시 박정희 대통령

김기수(사진 가운데)

이 직접 경기를 참관할 정도로 거국적인 관심의 대상이 되었다. 하지만 이탈리아에서 열린 3차 방어전에서 마징기에게 패해 타이틀을 잃고 현역에서 은퇴한 후로는 서울 명동에서 챔피언 다방을 운영하며 지내다 간암으로 세상을 떠났다.

홍수환

한편 서울 태생인 홍수환은 1971년 한국 밴텀급 챔피언에 오르고, 이듬해에는 동양 챔피언 타이틀을 따며 승승장구했는데, 마침내 1974년 남아프리카공화국 더반에서 열린 WBA 밴텀급 타이틀전에서 챔피언인 아놀드 테일러를 판정으로 누르고 세계챔피언 벨트를 차지해 김기수에 이어 다시 한 번 전국을 열광시켰다. 당시 전화를 통해 흥분된 목소리로 "엄마, 나 챔피언 먹었어."라고 외치자 그의 어머니가 "그래 수환아, 대한민국 만세다."라고 응수한 말은 한동안 화제가 되기도 했다.

하지만 기적 같은 일은 그 후에 벌어졌다. 이듬해 2차 방어전에서 멕시코의 알폰소 자모라에게 패해 챔피언 벨트를 내주고 재도전에도 실패한 그는 1977년 파나마로 날아가 신설된 WBA 주니어페더급 초대 타이틀 결정전에서 11전 11KO승의 기록을 자랑하며 '지옥에서 온 악마'라는 별명으로 불리던 카라스키야를 놀랍게도 3회 KO로 제압하고 세계챔피언 자리에 오른 것이다.

당시 그는 2회에 네 번이나 다운을 당하면서도 매번 오뚝이처럼 일어나 결국 상대를 쓰러트리고 챔피언이 됨으로써 4전 5기의 신화를 낳기도 했다. 그가 네 번이나 다운을 당하자 카라스키야의 승리를 확신한 관중들은 기쁨에 날뛰며 천장에 대고 총을 쏘기도 했는데, 그런 광적인 분위기에서도 끝까지 경기를 포기하지 않고 승리를 쟁취한 홍수환은 그야말로 근성 있는 악바리였다고 할 수 있다.

김기수가 1960년대 궁핍하던 시절에 한국 남아의 위상을 떨치며 자긍심을 심어 준 계기를 마련했다면, 홍수환은 1970년대 유신정국으로 얼어붙은 시절에 불굴의 투지를 보여 줌으로써 한국인에게 용기와 희망을 불어넣어 준 선수였다고 할 수 있다. 과묵하고 신중했던 김기수와는 달리 쇼맨십에 능하고 뛰어난 말주변과 돌출적인 언행으로 유명한 홍수환은 인기가수 옥희와의 스캔들로 한때는 미국에서 택시운전을 하는 등 마음고생을 하다가 현재는 귀국해 복싱 지도자로 활동하고 있다.

물론 한국은 김기수와 홍수환 외에도 염동균, 유제두, 장정구, 유명우, 박종팔 등 수많은 세계챔피언을 배출해 왔지만, 1982년 김득구가 미국 라스베이거스에서 열린 WBA 라이트급 챔피언전에서 경기 도중 맨시니의 강타를 맞고 사망하는 모습을 생중계로 목격하며 전 국민이 큰 충격을 받은 후로는 프로복싱에 대한 열기가 점차 식어가기 시작했다.

한국의 슈바이처 선우경식과 이태석 신부

'한국의 슈바이처'라고 하면 사람들은 당연히 장기려 박사를 떠올리지만, '영등포의 슈바이처'로 불린 선우경식(鮮于景植, 1945~2008)과 아프리카 수단에서 봉사활동을 펼친 이태석(李泰錫, 1962~2010) 신부 역시 한국의 슈바이처라 할 수 있다. 반면에 세계보건기구 사무총장을 지내며 세계에

선우경식

서 가장 바쁜 사나이로 알려진 이종욱은 '아시아의 슈바이처'로 불린다.

선우경식은 평양 태생 출신으로 서울고를 거쳐 가톨릭의대를 졸업한 후 내과전문의로 활동하면서 가톨릭사회복지회 소속 자선의료기관인 요셉의원을 설립해 가난한 소외층을 상대로 무료진료 및 급식활동을 펼쳐 '영등포의 슈바이처'로 불린다. 독실한 천주교 신자인 그는 대학을 졸업한 후 도미하여 킹스브룩 메디컬센터에서 내과 수련을 받고 귀국해 한림대 교수로 근무하다 사직한 후 극빈자를 위한 의료봉사에 여생을 바치기로 작심하고 1983년 서울 신림동 철거민촌 의료봉사를 시작으로 1987년에는 신림동 동사무소 자리를 빌려 요셉의원을 설립하고 빈민들을 대상으로 무료진료를 베풀었다.

그 후 신림동에서 영등포 쪽방촌으로 이전한 요셉의원은 더욱 많은 노숙자들을 상대로 진료를 계속해 나갔는데, 아무리 행패가 심한 알코올중독자들도 선우경식 원장 앞에서는 순한 양처럼 고분고분 말을 잘 들었다. 그만큼 그의 소탈하고 자상한 인품은 사람들을 이끄는 데 무엇보다 큰 힘을 발휘했다. 그는 노숙자들과 마주 앉아 대화를 나누며 함께 식사를 할 정도로 매우 인간적인 면모를 보였는데, 그에게는 모든 환자들이 가족이요, 형제들이었다.

결혼도 마다하고 일생을 독신으로 살면서 오로지 극빈자 치료에만 헌신하던 그는 홀로 노모를 모시고 살면서도 항상 밝고 쾌활한 심성을 유지했으며, 자원봉사자들의 인화단결에도 뛰어난 리더십을 보여 주었다. 2006년 위암 판정을 받은 그는 투병 중에도 환자 진료를 멈추지 않았으며, 급기야는 2008년 뇌출혈로 쓰러져 63세를 일기로 세상을 떠났다. 그는 "오른손이 하는 일을 왼손이 모르게 하라."는 예수 그리스도의 말씀을 말로만 그친 게 아니라 행동으로 실천한 진정한 그리스도인이었다고 할 수 있다.

한편 이태석 신부는 부산 출신으로 1987년 인제의대를 졸업한 후 사제의 뜻을 품고 살레시오 수도회에 입회했으며, 그 후 아프리카 수단의 오지 마을 톤즈에서 의료 및 구호활동에 헌신했으나 2008년 말 휴가차 잠시 귀국했다가 대장암 말기 진단을 받고 수단으로 다시 복귀하지 못한 채 일 년여에 걸친 투병생활 끝에 48세 나이로 세상을 떠났다.

부산에서 가난한 집안의 10남매 중 아홉째로 태어난 그는 아버지를 일찍 여의고 부산 자갈치 시장에서 삯바느질로 어렵게 살림을 꾸려가던 홀어머니 밑에서 자랐다. 태어나자마자 유아세례를 받은 그는 어린 시절에 우연히 하와이의 나병환자들을 돌보며 그들과 함께 살았던 벨기에 신부 다미앵의 생애를 다룬 영화를 보고 자신도 나중에 커서 그런 삶을 살겠다는 다짐을 했다고 한다.

군의관 복무시절에 사제의 길을 걷기로 마음을 굳힌 그는 광주 가톨릭대학 신학과를 졸업한 후 1997년 바티칸의 살레시오 대학으로 유학을 떠났는데, 우연히 수단에 근무하다 로마를 방문한 선교사를 만나 그곳 실상을 전해 듣고 아프리카에 대한 관심을 갖게 되었으며, 로마에서 귀국한 후 2001년 서울 구로동 천주교회에서 사제 서품을 받자마자 곧바로 수단으로 건너가 톤즈 마을에 자리를 잡고 의료선교

이태석

및 구호활동에 들어갔다.

그곳에 병원과 학교를 세워 눈코 뜰 새 없이 바쁜 나날을 보낸 그는 매일 수백 명의 환자들을 돌보는 한편 어린 청소년 학생들을 직접 가르쳤으며, 브라스 밴드를 결성해 음악도 가르쳤다. 그는 톤즈뿐만 아니라 인근에 있는 80여 개 마을을 순회 진료하며 예방접종도 시행했으니 그야말로 초인적인 힘을 발휘한 셈이다. 현지 마을 사람들은 그를 부르기 쉽게 '쫄리'라고 줄여서 불렀는데, 그의 세례명인 요한과 성을 합친 존 리(John Lee)를 그렇게 부른 것이다. 그의 희생적인 봉사정신에 감명받은 사람들은 그를 '수단의 슈바이처' 또는 '톤즈의 돈보스코'라 부르기도 한다.

이태석 신부의 일대기를 다룬 다큐멘터리 영화 〈울지마, 톤즈〉는 수많은 우리나라 관객들을 감동시켰다. 특히 그를 아버지처럼 따르며 사랑했던 톤즈 마을의 청소년들이 그의 죽음을 슬퍼하며 음악을 연주하는 모습은 많은 사람의 심금을 울리고도 남는 장면이 아닐 수 없다. 오랜 내전에 만신창이가 된 현지인들의 깊은 상처를 어루만져 준 이태석 신부의 존재는 그만큼 그들에게는 잊을 수 없는 추억으로 오래도록 남을 것이 분명하다.

가요계의 판도를 바꾼 남진과 나훈아

한국의 대중가수 중에서 남진(南珍, 1946~)과 나훈아(羅勳兒, 1947~)만큼 가요계를 양분하며 치열한 경쟁을 벌인 경우도 매우 드물다. 1960년대 후반부터 1970년대에 이르기까지 두 사람은 가요계의 정상으로 군림하며 한 치의 양보도 없는 인기 경합을 벌였는데, 더군다나 지역감정이 첨예하게 대립하고 있던 시절이라 전라도 출신 남진과 경상도를 대표하는 나훈아의 대결은 불가피한 시대적 산물이기도 했다.

전남 목포에서 거부이자 국회의원인 김문옥의 아들로 태어난 남진은 일찍부터 영화배우의 꿈을 안고 한양대 연극영화과를 졸업했으나 엉뚱하게 가수로 데뷔했는데, 1967년 〈가슴 아프게〉가 히트를 치면서 인기 정상에 올랐다. 이듬해에 해병대 청룡부대에 입대해 베트남전쟁에 파병되는 바람에 수년간의 공백기를 맞이해야 했던 그는 다행히 아무런 부상 없이 제대한 후 1971년 가수로 복귀해 당시 정통 트로트로 인기를 얻고 있던 나훈아와 쌍벽을 이루며 〈마음이 고와야지〉, 〈그대여 변치마오〉, 〈님과 함께〉 등으로 인기를 회복했다.

특히 얌전한 노래 스타일의 나훈아와는 달리 엘비스 프레슬리를 모방한 화려한 몸동작으로 인기를 얻은 그는 톱가수 대열에 합류하면서 1970년대 가요계를 주름잡았다. 경상도 사나이인 나훈아는 오히려 과묵하고 조용한 성격임에 반해 전라도 출신의 남진은 익살맞고 재치가 있으며 매우 활달한 성격의 소유자였는데, 노래 또한 매우 박진감 넘치고 빠른 리듬의 노래로 인기를 얻었으며, 반면에 나훈아는 매우 구성진 목소리에 독특한 꺾기 창법으로 서정적  인 노래를 불러 인기를 얻었다. 따라서 남진은 수많은 오빠부대를 몰고 다닐 만큼 젊은 여성들에게 사랑을 받은 대신 나훈아는 중년층 여성들의 사랑을 독차지했다.

이처럼 가요계를 뒤흔들었던 남진과 나훈아는 1970년대 최고의 전성기를 구가

남진

하며 인기 정상을 다투었지만, 실제로는 남진이 항상 가수왕 1위를 차지하고 나훈아는 거의 2위에 머물러 기록상으로는 남진이 우위를 차지한 것으로 볼 수 있다. 더욱이 남진은 외모도 뛰어나서 여러 영화에 출연하기도 했는데, 1976년 가수 윤복희와 결혼하면서 점차 내리막길을 걷게 되었다. 불행한 결혼생활로 인해 마침내 1979년 이혼에 합의한 그는 설상가상으로 신군부의 등장으로 정치적 탄압을 받기에 이르렀으며, 그후 가수활동을 중단하고 재혼함과 동시에 미국 이민을 떠나고 말았다. 비슷한 시기에 나훈아 역시 이혼과 배우 김지미와의 재혼 등으로 방송출연이 뜸해졌는데, 두 정상 가수의 활동이 위축된 틈을 타 등장한 조용필이라는 거물이 이들을 대신해 가요계를 평정하게 되었다.

그후 미국생활을 청산하고 다시 귀국한 남진은 가수활동을 재개했으나 이미 가요계의 주도권을 장악한 조용필에 밀려 예전만큼의 인기를 얻지 못했으며, 결국 고향인 목포로 내려가 유흥업소를 운영하다가 조직폭력배로부터 테러를 당해 중상을 입고 대수술을 받는 고초를 겪기도 했다. 하지만 그런 테러는 남진만 당한 게 아니었다. 나훈아 역시 1972년 서울시민회관에서 공연 중에 괴한으로부터 얼굴을 피습 당해 수술을 받아야 했는데, 당시 대중매체들은 테러를 자행한 괴한이 가장 강력한 라이벌인 남진의 사주를 받은 것처럼 보도했으며, 그런 루머 때문에 남진 팬과 나훈아 팬들 사이에 거센 몸싸움이 벌어지기도 했다.

맛깔스럽고 간드러진 꺾기 창법으로 인기를 얻은 나훈아는 부산 태생으로 최홍기가 본명이다. 정통 트로트를 고집한 그는 1968년 〈사랑은 눈물의 씨앗〉을 비롯해서 〈강촌에 살고 싶네〉, 〈님 그리워〉, 〈가지마오〉, 〈고향역〉 등 수많은 히트곡을 불러 남진과 치열한 인기 경합을 벌였다. 남진과 마찬가지로 불행한 결혼생활을 청산하고 1976년 당대 최고의 인기 여배우 김지미와 재혼함으로써 세상을 놀라게 했던 나훈아는 조용필의 등장으로 가수활동이 다소 위축되기도 했으나 미국으로 훌쩍 떠나버린 남진과는 달리 그래도 꾸준히 활동을 계속해 1989년에는 본인이 직접 작사, 작곡한 〈무시로〉를, 그리고 이듬해에는 〈갈무리〉를 발표해 한때는 조용필의 인기를 능가하기도 했다.

나훈아

나훈아의 인기는 지금도 여전해서 노래방 수록곡 순위에서는 조용필과 이미자를 제치고 1위를 차지하고 있으며, 밤무대에서는 모창가수까지 등장해 너훈아, 나운하 등이 활동하기도 했다. 김지미와 7년 만에 헤어진 그는 가수 출신 정수경과 결혼했으나 부부 사이가 원만치 못해 2011년 부인이 이혼 및 재산분할 소송을 제기하기도 했다. 더욱이 그는 2008년 여자 문제로 일본 야쿠자에게 성기가 절단되는 보복을 당했다는 루머에 휘말려 곤욕을 치러야 했는데, 이에 참다못한 그는 직접 기자회견을 열어 사실무근임을 밝히는 가운데 테이블 위에 올라가 바지를 벗으려는 제스처를 보이며 직접 눈으로 확인을 해야 믿겠냐고 해서 화제가 되기도 했지만, 그 후로는 세상의 이목을 피해 두문불출한 상태이며, 최근에는 뇌경색 증세까지 보여 집에서 요양 중인 것으로 알려졌다.

저항가요의 선구자 김민기와 한대수

박정희 정권 시절 독재 타도를 외치며 민주화를 요구하는 학생 시위가 그칠 날이 없을 때 금지곡으로 지정되었음에도 대학가에 널리 퍼져 애창되었던 〈아침 이슬〉을 작곡한 인물은 놀랍게도 당시 서울대 미대에 재학 중인 19세의 대학생 김민기(金珉基, 1951~)였다. 그 후 미국에서 귀국해 〈물 좀 주소〉, 〈행복의 나라로〉 등을 작곡한 한대수(韓大洙, 1948~)와 절친한 관계를 맺기도 했는데, 두 사람의 곡들은 얼마 가지 않아 불온가요로 지정되어 공연이 금지되었다. 물론 김민기와 한대수는 자신의 곡들이 금지곡이 되리라고는 전혀 예상하지 못했으나 사실 그들이 발표한 노래는 시대적 상황과 맞물려 학생들 사이에서 저항가요로 불리기에 안성맞춤인 내용이었다.

솔직히 말해 당시 사람들에게 가장 짜증을 불러일으킨 건전가요로는 새벽부터 확성기를 통해 틀기 시작하는 새마을운동 노래와 아름다운 서울에서 살겠다는 패티 김의 노래 〈서울의 찬가〉였다. "새벽종이 울렸네, 새아침이 밝았네"로 시작되는 새마을운동 노래와 "종이 울리네 꽃이 피네 새들의 노래 웃는 그 얼굴"로 시작되는 서울의 찬가는 두 노래 모두 종이 울리는 것으로 시작한다는 점에서 똑같은데, 뭔 종소리가 그리도 신이 나는지 알다가도 모를 일이지만 어쨌든 아침이면 울리던 두부장수의 정겨운 종소리에 비하면 엄청난 스트레스를 준 것만큼은 사실이다. 하지만 최악의 건전가요는 그 후 전두환 정권 시절에 가수 정수라가 부른 〈아, 대한민국〉이었다. 하기야 주어진 악보대로 노래를 부른 정수라나 패티 김이야 무슨 죄가 있겠냐마는 그 노래를 듣는 수많은 사람들의 마음은 실로 착잡하기만 했다.

그런데 군사독재 시절 금지곡 지정 단골손님이었던 김민기의 노래 중에는 〈아침 이슬〉 외에도 〈친구〉, 〈가뭄〉, 〈저 부는 바람〉, 〈꽃 피우는 아이〉, 〈거치른 들판의 푸르른 솔잎처럼〉, 〈서울로 가는 길〉, 〈작은 연못〉, 〈새벽길〉 등 명곡들이 즐비하지만, 특히 노래극 〈공장의 불빛〉에 나오는 〈이 세상 어딘가에〉는 김민기의 작품 가운데 가장 빛나는 불후의 명곡이라 할 수 있다. 고달픈 노동에 착취당하며 살아가는 공장 직공의 힘겨운 삶을 대변한 이 노래는 단지 있는 현실을 그대로 묘사한 것일 뿐이었지만, 불온세력 색출에 혈안이 되었던 당국자들의 눈에는 이처럼 선동적인 노래도 없었을 것이 분명하다.

김민기

> 이 세상 어딘가에 있을까 있을까
> 평등과 평화 넘치는 자유의 바닷가
> 큰 물결 몰아쳐 온다 너무도 가련한 우리
> 손에 손 놓치지 말고 파도와 맞서 보아요

사실 사람들이 잘 몰라서 그렇지 김민기야말로 이 땅이 낳은 불세출의 대중가요 작곡가라 할 수 있다. 단지 시대를 잘못 만나 자신의 재능을 십분 발휘하지 못했을 뿐이다. 1951년생인 그는 전북 이리 출생으로 의사였던 아버지는 한국전쟁 당시 인민군에 의해 살해당했다. 그는 태어나기도 전에 아버지를 잃었기 때문에 아버지의 얼굴을 보지도 못하고 홀어머니 밑에서 커야 했다. 그 후 김민기는 경기고를 졸업하고 서울 미대에 입학했으나 미술과는 담을 쌓고 오히려 음악활동에 본격적으로 뛰어들기 시작했다.

그러나 그의 노래 〈아침 이슬〉이 대학가 운동권에서 저항가요를 대표하는 곡으로 널리 불리게 되면서 본의 아니게 위험인물로 낙인찍힌 그는 군대에 입대해서도 숱한 고초를 겪었으며, 이런저런 제약 때문에 대학도 7년 만에 가까스로 졸업했다. 한때는 공장에서 일하기도 하고, 시골로 내려가 머슴살이를 하며 농사를 짓기도 했다. 그러나 김민기는 분명 운동권과는 아무런 관련도 없던 인물이었다. 단지 그의 노래들이 대학가에서 널리 불렸을 뿐이다. 하기야 김민기의 노래 〈돈만 벌어라〉를 보면 불건전가요로 찍히기에 십상이다. 그러나 그건 분명 자조적인 반어법이다. 〈야근〉도 노래가사를 보면 여지없이 금지곡이 될 수밖에 없었을 것이다.

> 서방님의 손가락은 여섯 개래요
> 시퍼런 절단기에 뚝뚝 잘려서
> 한 개에 오만 원씩 이십만 원을
> 술 퍼먹고 돌아오니 빈털터리래

앞에서 언급한 〈서울의 찬가〉나 〈아, 대한민국〉과 비교해 보면 세상을 바라보는 인식의 차이가 너무도 확연하게 느껴진다. 그런 점에서 적어도 분노와 죄의식으로 몸부림치는 김민기의 노래들은 그토록 어두운 시절에 양심의 가책으로 괴로워하던 수많은 젊은이들의 마음을 그나마 달래 준 청량제였다. 그런데 김민기의 노래 말고도 금지곡 대상이 또 있었다. 바로 그건 한대수의 노래들이다. 당시 미국으로 이민 가 살던 한대수가 갑자기 히피처럼 긴 머리를 하고 김포공항에 나타난 것은 우리 대중문화에서 일대 사건이었다. 〈행복의 나라로〉, 〈바람과 나〉, 〈물 좀 주소〉 등 그가 만든 노래들은 숨조차 제대로 쉬지 못하고 억눌려 살던 시절에 숨통을 터주는 역할을 톡톡히 해 냈다.

한대수

그러나 당시 유신정국은 그런 한대수를 가만 놔둘 리가 없었다. 그의 노래들은 모두 금지곡으로 지정되어 압수되었고, 살 길이 막막해진 그는 다시 미국으로 돌아가고 말았다. 사실 한대수는 당시 쟁쟁한 집안의 자제였다. 아버지 한창석은 핵물리학자요, 어머니는 피아니스트였다. 그리고 할아버지는 언더우드 박사와 함께 연세대학교를 설립하고 초대 학장을 지낸 신학자 한영교 박사였다. 하지만 미국에서 핵물리학을 공부하던 아버지가 갑자기 실종되는 바람에 한대수는 어린 시절부터 부모와 떨어져 할아버지 밑에서 커야 했다. 어머니는 일찍 재가해 버렸고, 10년 가까이 소식이 두절된 아버지가 다시 발견된 것은 그가 경남고에 다닐 무렵이었다. 그는 아버지를 찾아 미국으로 갔지만, 이미 다른 살림을 차리고 있던 아버지와는 소원한 관계일 수밖에 없었다.

실의에 빠진 그는 골방에서 직접 만든 노래로 시름을 달래기 시작했는데, 그의 대표곡들은 모두 그때 만든 곡들이다. 그의 아버지는 죽을 때까지도 끝내 자신의 실종 배경에 대해서는 굳게 입을 다물고 세상을 하직함으로써 한대수는 마지막 순간까지도 아버지와 화해할 기회를 얻지 못하고 말았다. 어쨌든 김민기와 한대수의 공통분모는 부당한 현실에 대한 분노와 좌절이며, 그 때문에 유신정권하에서 탄압을 받았다는 점이다. 하지만 이들은 반체제 가수도 아니요, 더 나아가 영웅의 이미지와도 거리가 멀었다. 단지 자신이 처한 시대적 아픔을 노래로 부른 것뿐이다.

447

김추자의 〈님은 먼 곳에〉와 심수봉의 〈그때 그 사람〉

박정희의 제3공화국 시절 수많은 팬들을 열광시켰던 불세출의 여가수 김추자(金秋子, 1951~)와 유신정권 시절 김추자를 능가하는 인기를 누렸으나 10·26 사태로 극심한 고초를 겪어야 했던 비운의 여가수 심수봉(沈守峰, 1950~)은 전혀 다른 스타일의 노래를 하면서도 시대 상황과 맞물려 묘한 대조를 이룬 가수들이기도 하다. 박진감 넘치는 율동과 뛰어난 가창력으로 한 시대를 사로잡았던 김추자에 비해 차분하고 조용한 매너를 보인 심수봉은 특유의 비음을 섞어 부른 애절한 노래로 폭발적인 인기를 끌었다.

특히 김추자의 히트곡 〈님은 먼 곳에〉와 심수봉의 〈그때 그 사람〉은 마치 대통령을 빗댄 것처럼 사람들이 받아들여 더욱 큰 인기를 끌었는데, 그런 경향은 5공화국 시절에도 마찬가지여서 이선희가 부른 〈J에게〉가 마치 전두환 대통령의 영문 첫머리를 가리킨 것이라는 우스갯말이 나돈 사실과도 일맥상통한다. 그것은 그만큼 사람들의 자유로운 의사표현이 차단되어 있던 시대였음을 반증하는 현상으로 이해할 수 있겠다.

강원도 춘천 태생인 김추자는 춘천여고와 동국대 연극영화과를 졸업했으며, 재학생 시절에 이미 한국적 록 음악의 대가인 작곡가 신중현에 발탁되어 그야말로 환상의 콤비를 이루었다. 데뷔곡 〈늦기 전에〉를 비롯해 〈님아〉, 〈봄비〉, 〈거짓말이야〉, 〈커피 한 잔〉, 〈싫어〉, 〈왜 아니 올까〉, 〈월남에서 돌아온 김 상사〉, 〈빗속의 여인〉, 〈어떻게 할까〉, 〈미련〉, 〈나뭇잎이 떨어져서〉, 〈마른잎〉, 〈무인도〉, 〈그 사람 이름은 잊었지만〉 등 수많은 히트곡을 부른 그녀는 1970년대를 주름잡으며 인기를 독차지했는데, '담배는 청자, 노래는 추자'라는 유행어까지 생겨날 정도였다.

특히 그녀의 노래 〈거짓
말이야〉는 언론통제로 유
비통신이 난무하던 시절에
그야말로 대박을 쳤는데,
그 어떤 정부 발표도 믿을
수 없었던 당시 민심을 그
대로 반영한 현상이기도 했

김추자

다. 〈거짓말이야〉는 이창동 감독의 영화 〈밀양〉에도 나오는데, 주인공
신애가 목사의 열띤 설교로 분위기가 한창 고조되던 종교집회장을 엉망
진창으로 만들어 버리며 틀었던 곡이 바로 김추자의 〈거짓말이야〉였다.

인기 최정상을 달리던 무렵 김추자는 그녀의 매니저가 휘두른 깨진
소주병에 얼굴을 다치는 사건으로 사회적인 물의를 빚게 되자 방송출연
금지조치를 당했으며, 그 이후로 점차 무대에서 그녀의 모습을 보기 힘
들게 되었다. 대학교수와 결혼한 그녀는 좀처럼 대중 앞에 모습을 드러
내지 않아서 한때는 사망설까지 나돌 정도였다.

한편 1970년대 후반 인기 정상을 달렸던 트로트 가수 심수봉은 명지
대 경영학과 재학 중이던 시절에 MBC 대학가요제에서 본인이 직접 작
사, 작곡한 〈그때 그 사람〉을 불러 가요계에 데뷔해 공전의 대히트를 날
렸다. 인기 가도를 달리던 그녀가 가수생활에 치명타를 입게 된 것은
1979년 10월 26일 궁정동 연회장에 초청되어 노래를 부른 직후 벌어진
박정희 대통령 암살이라는 엄청난 역사적 사건에 휘말리면서부터였다.

그녀가 처음 궁정동 연회에 초대된 것은 무명시절인 1975년으로, 당시
박 대통령은 그녀가 대뜸 미소라 히바리의 노래를 부르자 일본인 가수인

줄 알고 벌컥 화를 냈지만 곧 오해가 풀려 흡족해 했다고 한다. 그 후 10·26 사태가 벌어진 날 박 대통령 앞에서 노래를 부른 것은 세 번째로, 당시 끔찍한 사건 현장을 직접 눈앞에서 목격한 그녀는 곧바로 정보사 지하실로 끌려가 조사를 받았으며, 그녀 때문에 어머니마저 심한 고초를 겪어야 했다. 취조가 끝난 직후 그녀는 곧바로 정신병원에 감금되었는데, 자신이 정신병자가 아니라고 아무리 항변해도 강제로 주사까지 맞았으며, 거의 한 달 만에 풀려나긴 했으나 그 충격은 이루 말할 수가 없었다.

어쨌든 그녀는 자신을 치료하던 심령술사와 결혼해 아이까지 낳았지만 곧 헤어지고 말았으며, 1986년 두 번째 남편인 사업가와 재혼해 딸까지 낳았으나 6년 만에 또 파경을 맞았다. 우여곡절 끝에 1995년 라디오 PD 출신인 현 남편과 결혼해 비로소 안정적인 생활을 되찾았으니 참으로 먼 길을 돌아 정상적인 삶으로 돌아온 듯하다. 오랜 기간 궁정동 여자라는 낙인이 찍힌 채 정신이상자가 되었다거나 얼굴이 못생겨서 병풍 뒤에 숨어서 노래를 불렀다는 등 온갖 모욕적인 루머에 시달리며 살았던 심수봉은 뒤늦게나마 보상을 받은 셈이다.

하지만 궁정동의 악몽은 그녀의 사생활뿐 아니라 가수경력에도 큰

심수봉

멍에로 작용했으며, 그 사건 이후부터 가수활동이 금지되었을 뿐만 아니라 그녀의 히트곡 〈그때 그 사람〉 역시 방송금지 조치를 당하고 말았다. 더욱이 그녀가 부른 〈순자의 가을〉이라는 곡도 전두환 대통령의 영부인 이름과 같다는 이유로 방송이 금지되었다. 1984년 비로소 금지 조치가 해제되면서 다시 가수로 복귀한 그녀는

〈남자는 배 여자는 항구〉가 히트하며 재기에 성공하는 듯했으나 이듬해 발표한 〈무궁화〉는 방송 하루 만에 금지 조치를 당해야 했다. 이처럼 유난히 정치적 제약을 많이 받았던 그녀는 1997년에 이르러 러시아 민요를 편곡한 〈백만 송이 장미〉로 다시 인기를 회복해 오늘에 이르고 있다.

KAL기 폭파범 김현희와 통일의 꽃 임수경

전두환 대통령이 통치하던 5공화국 말기에 벌어진 6월 항쟁으로 노태우, 김영삼, 김대중 대선후보의 3파전이 치열하게 전개될 무렵인 1987년 11월 인도양 상공에서 대한항공 858기 폭파사건이 일어나 승무원과 탑승객 115명 전원이 사망하는 참극이 빚어졌는데, 폭파사건의 주범인 북한공작원 김현희(金賢姬, 1962~)가 당국에 체포되어 대선 투표일 전날 김포공항에 내리는 순간 민심의 방향이 급변해 결국 노태우 후보가 대통령에 당선되는 이변을 낳았다.

그렇게 노태우 정권이 들어선 이후 1989년 여름 한국외국어대학 불어과 4학년에 재학 중이던 임수경(林琇卿, 1968~)이 전대협 대표로 평양에서 개최된 세계청년학생축전에 정부의 허가 없이 비밀리에 참석한 뒤 문규현 신부와 함께 판문점을 경유해 귀국함으로써 전국을 발칵 뒤집어 놓았는데, 진보세력에서는 그녀를 통일의 꽃으로 부르며 열렬한 환호를 보냈다. 물론 그녀는 귀국하자마자 안기부에 구속되어 5년형을 선고받고

임수경

복역하다가 3년 5개월 만에 가석방으로 풀려났는데, 오랜 기간 침묵을 유지하다가 2012년 민주당 비례대표로 19대 국회의원이 되어 처음으로 정계에 발을 들여놓았다.

김현희

북한 김정일의 지시로 KAL기 폭파사건을 일으킨 김현희는 평양에서 외교관의 딸로 태어난 상류 특수층에 속하는 여성으로 출생 직후 아버지가 부임했던 쿠바로 건너가 네 살 때까지 그곳에서 자랐다. 그 후 성장해서 평양외국어대학 일본어과를 졸업하고 일본인 납북자 리은혜에게서 집중적인 개인교육을 받은 그녀는 서울 올림픽 개최를 방해할 목적으로 계획된 KAL기 폭파임무를 띠고 하치야 마유미라는 일본인으로 가장해 동료 공작원인 김승일과 함께 중동으로 급파되었다. 폭파임무가 성공한 직후 두 사람은 탈출을 시도했으나 중동 현지에서 체포된 김승일은 음독자살했고, 김현희는 곧바로 서울로 압송되었다.

그런데 대통령 선거일 직전 김포공항에 마스크를 쓰고 나타난 그녀의 모습을 보고 사람들은 경악을 금치 못했다. 왜냐하면 그런 천인공노할 끔찍스러운 만행을 저지른 범인치고는 그녀가 너무도 절세미인이었기 때문이다. 솔직히 말해 당시 TV 중계를 통해 비행기 트랩을 내리는 마유미의 미모에 넋이 나간 남성들이 많았다. 비록 그녀는 특별사면으로 사형을 모면하고 자유인이 되었지만, 북한에 남아 있던 그녀의 가족들은 모두 강제수용소로 직행한 것으로 알려졌다.

어쨌든 갑작스러운 김현희의 등장으로 당시 대통령선거 여론조사에서 김영삼 후보에 밀려 2위를 달리던 민정당의 노태우 후보가 지지율이 갑자기 치솟는 바람에 김영삼, 김대중 후보를 물리치고 거뜬히 대통령에 당선되었는데, 결과적으로는 그녀가 노태우 정권이 들어서는 데 일등공신 역할을 했다는 점에서 한동안 안기부에 의한 자작극이 아니냐는 의혹을 사기도 했다. 실제로 그녀는 1990년 사형언도까지 받았다가 노대통령에 의해 특별사면되어 자유인이 되었으니 더욱 그럴 만도 했다.

당국의 보호하에 은신하며 수기집 《이제 여자가 되고 싶어요》를 출간하기도 했던 그녀는 1997년 그동안 자신을 경호했던 전직 안기부 요원과 결혼해 현재에 이르고 있지만, 노무현 대통령 시절에는 한때 거주지가 노출되어 신변에 위협을 느끼기도 했다.

한편 민간인 신분으로는 공개적으로 휴전선을 걸어서 넘은 최초의 인물인 임수경은 평양에서 북한 청년들과 통일 문제에 대한 토론에 참여했는데, 당시 그녀가 부른 동요 〈우리의 소원〉이 북한 전역에서 널리 불리게 되는 계기를 만들기도 했다. 뿐만 아니라 앳된 모습의 그녀가 입고 간 반팔 티셔츠 옷차림과 자연스러운 언행 등이 북한 주민들에게 신선한 충격을 준 것으로 알려지는 등 긍정적인 효과도 없는 건 아니었다.

그녀는 사면 복권된 후 정부의 공식 허가를 받고 평양에서 개최된 민족통일대축전에 참가했으며, 그 후 상당 기간 대학에서 언론학 강의 등으로 시간을 보내다가 탈북인사 황장엽의 국립묘지 안장에 반대하기 위해 정치에 뜻을 두게 되면서 국회에 발을 들여놓게 되었다. 그러나 개인적으로는 2005년 초등학생이던 외아들이 필리핀에서 어학연수 중에 익사하는 비극을 겪기도 했으며, 2012년에는 술좌석에서 탈북자들을 변절자라고 비하했던 발언이 문제가 되자 탈북자들이 그런 그녀를 통일의 꽃이 아니라 오히려 통일을 방해하는 통일의 독버섯이라고 맹비난을 퍼붓기도 했다.

어쨌든 비슷한 시기에 남과 북을 대표하는 상징적 존재로 전국을 충격에 빠트렸던 두 여성 김현희와 임수경은 전혀 상반된 임무를 띠었던 인물들로 김현희는 참혹한 테러를 자행한 북한공작원이었지만 남한에 정착해 평범한 삶을 누리고 있으며, 임수경은 평화를 상징하는 통일의 꽃이 되어 김일성의 뜨거운 환대를 받고 진보적 좌파로 정계에 진출하고 있으니 이들 두 여성이야말로 폭력과 평화라는 모순된 가치가 혼재된 한반도의 현실을 웅변적으로 드러내 주는 존재들이 아닐까 한다.

예능프로를 양분한 유재석과 강호동

골치 아픈 세상을 잠시나마 잊게 해 주는 데 영화나 드라마, 음악 등이 도움을 주기도 하지만 코미디와 예능프로만 한 특효약도 없다고 본다. 코미디언 출신 MC라는 점에서 이런 두 가지 요소를 모두 겸비한 유재석(劉在錫, 1972~)과 강호동(姜鎬童, 1970~)은 쟁쟁한 선배들을 제치고 당당하게 예능프로의 강자로 등극해 유례없는 인기 정상을 달리고 있다. 그중에서도 특히 유재석의 독주는 단연 돋보인다고 할 수 있다.

그런데 사실 유재석과 강호동은 개그맨으로 연예활동을 시작했지만, 초반에는 막강한 인맥에 가려 크게 빛을 보진 못했다. 더욱이 강호동은 씨름선수 출신으로 과감하게 코미디언으로 전향했으나 유달리 큰 체구와 강한 남성적 이미지로 오히려 손해를 보기도 했다. 어쨌든 이런저

유재석

런 이유로 예능프로 MC가 된 이들은 예능계의 대부로 알려진 이경규를 비롯해서 남희석, 신동엽, 김제동 등 막강한 입담가들을 제치고 예능프로를 양분해 지배했는데, 유재석은 〈일요일이 좋다〉, 〈놀러와〉, 〈해피투게더〉, 〈무한도전〉, 〈런닝맨〉 등으로, 강호동은 〈황금어장 무릎팍도사〉, 〈야심만만〉, 〈1박2일〉, 〈강심장〉, 〈스타킹〉 등을 통해 큰 인기를 얻었다.

이들의 인기는 각자 다른 성격을 통해서도 드러나고 있는데, 온순하고 나긋나긋한 태도에 재치 있는 애드립으로 좌중을 웃기는 순발력이 장기인 유재석은 분위기 메이커로 출연진들을 마음 편하게 이끄는 점이 돋보이는 반면에, 강호동은 다소 요란하고 호들갑스럽기는 하지만 특유의 경상도 말씨를 동원해 출연진을 강하게 몰아붙여 곤경에 빠트렸다가도 호탕한 웃음으로 풀어 주기도 하는 등 호방하고 시원시원한 진행으로 시청자들의 스트레스를 한 방에 날려 주는 장기를 발휘한다. 그래서 사람들은 남자의 성격을 유재석 스타일과 강호동 스타일로 구분할 정도로 두 사람의 성격 또한 매우 개성적인 차이를 보이고 있다.

비록 강호동은 한때 세금포탈 의혹을 일으켜 세무조사를 받게 되자 공식사과한 후 잠시 방송활동을 중단하기도 했으나 1년 만에 다시 복귀해 연예활동을 계속하고 있다. 반면에 유재석은 원만한 대인관계와 겸손한 태도로 꾸준히 자신의 아성을 유지하고 있으며, 적어도 인기관리 면에 있어서 타의 추종을 불허하는 진정한 프로 MC로서 사실상의 예능계 대부가 되었다고 할 수 있다.

강호동

에필로그

　지금까지 살펴본 수많은 인물들의 행적을 따라가다 보면 참으로 인간의 역사는 하루도 편히 쉴 날이 없었음을 알 수 있다. 끊임없이 이어지는 정복자들의 말발굽 소리에 짓밟히고 온갖 수모와 치욕의 세월을 겪어 온 우리 민족의 입장에서는 더욱 그렇다. 하지만 그럼에도 불구하고 우리는 실낱같은 희망의 빛줄기를 붙들고 지금 여기 이 순간까지 힘겨운 과정을 용케도 헤쳐 왔다. 물론 그러기까지는 결정적인 고비마다 나타나 위기의 순간을 넘길 수 있도록 도움을 준 인물들의 고귀한 희생이 있었기에 가능한 일이기도 했다.

　인류 역사를 통틀어 보더라도 세상에는 정복자와 영웅들만 존재했던 것은 아니었다. 수많은 철학자와 사상가, 종교인, 과학자, 예술가들 또한 그토록 많은 민초들 가운데서 솟아나 뛰어난 업적을 남겼다. 우리는 그런 인물들을 고대 그리스와 로마 시대를 비롯해 현대 유럽과 신대륙에서 얼마든지 찾아볼 수 있으며, 유구한 역사를 자랑하는 동양에서도 서양에 결코 뒤지지 않는 뛰어난 인물들이 즐비함을 알 수 있다.

다만 서양과 동양의 차이점을 군이 지적하자면 서양은 일찍부터 산업혁명과 시민정신의 확립을 통해 놀라운 속도로 사고의 전환을 이루며 국력을 신장시키고 세계를 제패한 반면, 동양은 전제정치를 고수하고 전통적 가치관에 얽매인 탓에 한 발 앞서 근대화에 성공한 일본 제국주의의 야욕을 저지하지 못하고 그토록 치욕스러운 수모와 혹독한 대가를 치러야 했던 것이다. 그런 점에서 동양 사회는 아직까지도 충분한 발상의 전환을 이루지 못하고 있다. 왜냐하면 여전히 종교와 이념의 테두리 안에 갇혀 자유로운 경쟁을 허용하지 않고 있기 때문이다.

인도는 카스트제도에서 완전히 벗어나지 못하고 있으며, 중국과 북한은 이념적 틀 안에서 벗어나기를 두려워하고 있고, 일본 역시 제국주의적 발상에서 자유롭지 못한 상태이다. 더군다나 이슬람 사회는 코란에 묶여 기독교 문명과 성전을 선언하고 단말마적인 테러에만 광분하고 있는 상태로 타협의 여지를 일체 보이지 않고 있으니 참으로 답답한 일이 아닐 수 없다. 물론 우리 한반도 역시 이념적 대립에서 한 치도 벗어나지 못한 상태니 오십보백보라 할 수 있다.

따라서 동양 사회에서는 아직까지 영원한 적수만 존재할 뿐 영원한 맞수는 존재하기 어렵다. 더욱이 학문과 예술, 정치적 발전은 민주적 방식에 따라 맞수들이 펼치는 선의의 경쟁을 통해 이루어지기 마련인데, 획일적인 사고방식에 안주한 채 자신과 다른 견해와 입장을 인정하지 못하는 그런 분위기에서는 당연히 자유로운 맞수들의 경쟁을 통한 문명의 발전을 기대하기 어려울 수밖에 없다.

결국 우리는 칼 포퍼가 《열린사회와 그 적들》에서도 말했듯이 자유민주주의 사회를 통해서만이 인류의 미래를 기대할 수 있으며, 플라톤의 철인정치나 헤겔과 마르크스조차도 전체주의의 뿌리가 된다는 사실에 공감하지 않을 수 없다. 그런 점에서 우리를 포함해 동양 사회는 아직까지 닫힌 사회에 속하며 그런 풍토에서는 건전한 맞수들의 출현을 좀처럼 기대하기 어려울 것이다. 닫힌 사회에서는 오로지 영원한 적만 존재할 뿐이니 더욱 그렇다.

참고문헌

강준만(2006). 한국현대사산책. 서울: 인물과사상사.

고　은(1974). 이상평전. 서울: 민음사.

권혁건(1997). 일본 근대 작가의 이해. 대구: 학사원.

김상엽, 김지원(2010). 세계사를 움직인 100인. 서울: 청아출판사.

김상운(2005). 세계를 뒤흔든 광기의 권력자들. 서울: 자음과모음.

김재영(1998). 조선의 인물 뒤집어 읽기. 서울: 삼인.

김창남(1986). 김민기. 서울: 한울.

김학준(1996). 해방공간의 주역들. 서울: 동아일보사

김학준(2005). 혁명가들의 항일 회상. 서울: 민음사.

도진순(1997). 한국민족주의와 남북관계: 이승만·김구 시대의 정치사. 서울: 서울대학교출판부.

박진환(1996). 소설 속에서 만난 이상과 프로이트. 서울: 자유지성사.

신동준(2010). 인물로 읽는 중국 근대사. 서울: 에버리치홀딩스.

안성일(2004). 혁명에 배반당한 비운의 혁명가들. 서울: 선인.

오길남(1993). 김일성 주석 내 아내와 딸을 돌려주오. 서울: 자유문학사.

이경분(2007). 잃어버린 시간 1938~1944. 서울: 휴머니스트.

이남희(2006). 그 남자의 아들, 청년 우장춘. 파주: 창비.

이덕일(2001). 사도세자의 고백. 서울: 푸른역사.

이덕일(2003). 여인열전. 서울: 김영사.

이병욱(2012). 정신분석을 통해 본 욕망과 환상의 세계. 서울: 학지사.

이병욱(2013). 정신분석으로 본 한국인과 한국문화. 서울: 소울메이트.

이병욱(2014). 세상을 놀라게 한 의사들의 발자취. 서울: 학지사.

이병욱(2014). 프로이트와 함께하는 세계문학일주. 서울: 학지사.

이병욱(2015). 카우치에 누운 시인들의 삶과 노래. 서울: 학지사.

이수자(1988). 내 남편 윤이상. 서울: 창작과 비평사.

이원규(2005). 약산 김원봉. 서울: 실천문학사.

이재우(1996). D. H. 로오렌스-성을 통한 현대문명의 고발. 서울: 건국대학교출판부.

장숙연(2011). 중국을 뒤흔든 불멸의 여인들. 이덕모 옮김. 서울: 글누림.

정금희(2003). 프리다 칼로와 나혜석, 그리고 까미유 끌로델. 서울: 재원.

정종진(1991). 한국 작가의 생태학. 서울: 우리문학사.

황철암(1994). T. S. 엘리어트-회의와 참회의 순례자. 서울: 건국대학교출판부.

Adams, L. S. (2013). *Italian Renaissance Art*. Boulder, Colorado: Westview Press.

Ayral-Clause, O. (2002). *Camille Claudel: A Life*. New York: Abrams.

Balaghi, S. (2005). *Saddam Hussein: A Biography*. Westport, Connecticut: Greenwood Press.

Baxandall, M. (1974). *Painting and Experience in Fifteenth Century Italy*. Oxford: Oxford University Press.

Becraft, M. B. (2014). *Bill Gates: A Biography*. Santa Barbara, CA: Greenwood.

Blackburn, S. (1996). *The Oxford Dictionary of Philosophy*. Oxford: Oxford University Press.

Brabazon, J. (2000). *Albert Schweitzer: A Biography*. Syracuse, NY: Syracuse University Press.

Caven, B. (1980). *The Punic Wars*. New York: St. Martin's Press.

Chang, I. (1997). *The Rape of Nanking: The Forgotten Holocaust of World War II*. New York: Basic Books.

Charmley, J. (1996). *Churchill's Grand Alliance: The Anglo-American Special Relationship 1940-1957*. London: Hodder & Stoughton.

Clinton, W. J. (2004). *My Life*. New York: Alfred A Knopf.

Collier, P., & Horowitz, D. (1976). *The Rockefellers: An American Dynasty*. New York: Holt, Rinehart & Winston.

Crowe, D. M. (2004). *Oskar Schindler: The Untold Account of His Life, Wartime Activities, and the True Story Behind the List*. Cambridge, MA: Westview Press.

Dedijer, V. (1992). *The Yugoslavia Auschwitz and the Vatican*. Buffalo, NY: Prometheus Books.

Doubek, K. (1999). *Das Intime Lexikon*. Frankfurt: Eichborn Verlag AG. 남문희 역(2001). 은밀한 사전. 서울: 청년사.

Dow, L. S. (1993). *Adele Hugo: La Miserable*. Fredericton, Canada: Goose Lane Editions.

Durant, W. (1991). *The Story of Philosophy: the Lives and Opinions of the Greater Philosophers*. New York: Simon & Schuster.

Elson, R. E. (2001). *Suharto: A Political Biography*. Cambridge: Cambridge University Press.

Erikson, E. H. (1962). *Young Man Luther: A Study in Psychoanalysis and History*. New York: W. W. Norton & Co.

Erikson, E. H. (1969). *Gandhi's Truth: On the Origins of Militant Nonvilolence*. New York: W. W. Norton & Co.

Fest, J. C. (1974). *Hitler*. New York: Harcourt Trade Publishers.

Freeman, C. (1999). *The Greek Achievement: The Foundation of the Western World*. New York: Viking Press.

Freud, S. (1910). Leonardo Da Vinci and a memory of his Childhood. *Standard Editions, 11*, 59-137. London: Hogarth Press.

Freud, S. (1914). The Moses of Michelangelo. *Standard Editions, 13*, 211-238. London: Hogarth Press.

Fried, R. M. (1990). *Nightmare in Red: The McCarthy Era in Perspective*. New York: Oxford University Press.

Gao, M. (2008). *The Battle for China's Past: Mao and the Cultural Revolution*. London: Pluto Press.

Gentry, C. (2001). *J. Edgar Hoover: The Man and the Secrets*. New York: W.W. Norton & Co.

Gordon, L. (2000). *T.S. Eliot: An Imperfect Life*. New York: W.W. Norton & Company. Grant M(1989). Nero. New York: Dorset Press.

Hahn, E. (1941). *The Soong Sisters*. New York: Doubleday, Doran & Co.

Isaacson, W. (2011). *Steve Jobs*. New York: Simon & Schuster.

Jadhav, N. (2005). *Untouchables: My Family's Triumphant Journey Out of the Caste System in Modern India*. New York: Scribner.

Jamison, K.R. (1996). *Touched With Fire: Manic Depressive Illness and the Artistic Temperament*. New York: Free Press.

Kaufmann, W. (1992). *Freud, Adler and Jung*. Discovering the Mind. Vol 3. New Brunswick: Transaction.

Keene, D. (1998). *Dawn to the West: Japanese Literature in the Modern Era*. New York: Columbia University Press.

Kennedy, R. G. (2000). *Burr, Hamilton, and Jefferson: A Study in Character*. New York: Oxford University Press.

Keogh, P. C. (2004). *Elvis Presley: The Man, The Life, The Legend*. New York: Simon & Schuster.

Koestler, A. (1959). *The Sleepwalkers: A History of Man's Changing Vision of the Universe*. London: Hutchinson.

Krass, P. (2002). *Carnegie*. Hoboken, NJ: John Wiley & Sons.

Kurth, P. (2001). *Isadora: A Sensational Life*. New York: Little Brown.

Langer, W. C. (1972). *The Mind of Adolf Hitler: The Secret Wartime Report*. New York: Basic Books.

Langner, R. K. (2007). *Scott and Amundsen: Duel in the Ice*. London: Haus Publishing.

Liebert, R. (1983). *Michelangelo: A Psychoanalytic Study of his Life and Images*. New Haven and London: Yale University Press.

McBride, J. (2011). *Steven Spielberg: A Biography*. Jackson, Mississippi: University Press of Mississippi.

Meier, C. (1996). *Caesar: A Biography*. London: Fontana Press.

Meissner, W. W. (1992). *Ignatius of Loyola: The Psychology of A Saint*. New Haven: Yale University Press.

Meyer, K. E., & Brysac, S. B. (1999). *Tournament of Shadows: The Great Game and the Race for Empire in Central Asia*. New York: Basic Books.

Morton, A. (1992). *Diana: Her True Story*. London: Michael O'Mara Books.

Mosley, L. (1976). *Lindbergh: A Biography*. New York: Doubleday & Co.

Noll, R. (1994). *The Jung Cult: origins of a charismatic movement*. New York: Princeton University Press.

Ostwald, P. (1991). *Vaslav Nijinsky: A Leap into Madness*. London: Robson Books.

Popper, K. (1945). *The Open Society and Its Enemies*. London: Routledge. 이한구 역(2006). 열린사회와 그 적들. 서울: 민음사.

Post, J. M. (2004). *Leaders and Their Followers in a Dangerous World: The Psychology of Political Behavior*. Ithaca, NY: Cornell University Press.

Radzinsky, E. (1996). *Stalin*. New York: Doubleday.

Robb, G. (1997). *Victor Hugo: A Biography*. W. W. Norton & Co.

Roberts, C. (2014). *Michael Jackson: The King of Pop*. London: Carlton Books.

Rolka, G. (1994). *100 Women Who Shaped World History*. San Mateo, CA: Bluewood Books.

Rosen, E. (1995). *Copernicus and his Successors*. London: Hambledon Press.

Sandblom, P. (1992). *Creativity and Disease: How Illness Affects Literature, Art and Music*. New York: Marion Boyars Publishers.

Sandison, D. (1998). *Che Guevara*. New York: St. Martin's Griffin.

Schinder, S., & Schwartz, A. (2007). *Icons of Rock: An Encyclopedia of the Legends Who Changed Music Forever*. Westport, CT: Greenwood Press.

Scott, D. (2005). *A Revolution of Love: The Meaning of Mother Teresa*. Chicago: Loyola Press.

Seagrave, S. (1988). *The Marcos Dynasty*. New York: Harper Collins.

Short, P. (2005). *Pol Pot: Anatomy of a Nightmare*. New York: Henry Holt & Co.

Shulman, S. (2008). *The Telephone Gambit: Chasing Alexander Bell's Secret*. New York: W. W. Norton & Co.

Shirakawa, S. H. (1992). *The Devil's Music Master: The Controversial Life and Career of Wilhelm Furtwangler*. New York: Oxford University Press.

Sommerstein, A. H. (2002). *Greek Drama and Dramatists*. London: Routledge.

Spoto, D. (2001). *Marilyn Monroe: The Biography*. Lanham, Maryland: Cooper Square Press.

Trotsky, L. (1970). *My Life*. New York: Pathfinder Press. 박광순 역(2001). 나의 생애. 서울: 범우사.

Trow, M. J. (2006). *Spartacus: The Myth and the Man*. Stroud, UK: Sutton Publishing.

Waldschmidt-Nelson, B. (2012). *Dreams and Nightmares: Martin Luther King Jr. Malcolm X, and the Struggle for Black Equality*. Gainesville, FL: University Press of Florida.

Wheen, F. (1999). *Karl Marx*. 정영목 역(2000). 마르크스 평전. 서울: 푸른숲.

Wolfenstein, E. V. (1967). *The Revolutionary Personality: Lenin, Trotsky, Gandhi*. Princeton, NJ: Princeton University Press.

Wright, R. (1989). *In the Name of God: The Khomeini Decade*. New York: Simon & Schuster.

저자 소개

이병욱(Lee, Byung-Wook)

서울 출생으로 고려대학교 의과대학을 졸업하고 동 대학에서 박사학위를 받았다. 한림대학교 정신건강의학과 교수로 재직하면서 정신치료와 정신분석에 주된 관심을 기울여 119편의 논문을 발표하였으며, 대한신경정신의학회 학술부장, 한국정신분석학회 간행위원장과 회장을 역임하고, 제1회 한국정신분석학회 학술상을 받았다. 현재는 한빛마음연구소를 개설하여 인간심리 연구 및 저술 활동에 전념하고 있다.

〈저서〉
프로이트, 인생에 답하다(소울메이트, 2012)
마음의 상처, 영화로 힐링하기(소울메이트, 2012)
정신분석을 통해 본 욕망과 환상의 세계(학지사, 2012)
정신분석으로 본 한국인과 한국문화(소울메이트, 2013)
세상을 놀라게 한 의사들의 발자취(학지사, 2014)
프로이트와 함께하는 세계문학일주(학지사, 2014)
카우치에 누운 시인들의 삶과 노래(학지사, 2015)
위대한 환자들의 정신병리(학지사, 2015)
자살의 역사(학지사, 2017)

영원한 맞수와 적수들의 세계
In the World of Rivals and Antagonists

2017년 4월 10일 1판 1쇄 인쇄
2017년 4월 15일 1판 1쇄 발행

지은이 • 이병욱
펴낸이 • 김진환
펴낸곳 • ㈜ 학지사

04031 서울특별시 마포구 양화로 15길 20 마인드월드빌딩
대표전화 • 02)330-5114　　　팩스 • 02)324-2345
등록번호 • 제313-2006-000265호

홈페이지 • http://www.hakjisa.co.kr
페이스북 • https://www.facebook.com/hakjisa

ISBN 978-89-997-1224-1 03300

정가 17,000원

이 도서의 국립중앙도서관 출판시도서목록(CIP)은 서지정보유통지
원시스템 홈페이지(http://seoji.nl.go.kr)와 국가자료공동목록시스템
(http://www.nl.go.kr/kolisnet)에서 이용하실 수 있습니다.
(CIP 제어번호: CIP2017006797)

교육문화출판미디어그룹 학지사

심리검사연구소 인싸이트 www.inpsyt.co.kr
원격교육연수원 카운피아 www.counpia.com
학술논문서비스 뉴논문 www.newnonmun.com